Seiter
Business Analytics

D1666684

BUSINESS ANALYTICS

Wie Sie Daten für die Steuerung von Unternehmen nutzen

von

Prof. Dr. Mischa Seiter

2., komplett überarbeitete und erweiterte Auflage

Verlag Franz Vahlen München

Dr. Mischa Seiter ist Professor für Wertschöpfungs- und Netzwerkmanagement am Institut für Technologie- und Prozessmanagement der Universität Ulm und wissenschaftlicher Leiter des International Performance Research Institute. Er verantwortet den berufsbegleitenden Master-Studiengang „Business Analytics", ist Mitautor des Standardwerks „Controlling" und hält Vorträge zu den Themen diese Buches.

ISBN Print: 978 3 8006 5871 8
ISBN E-Book: 978 3 8006 5872 5

© 2019 Verlag Franz Vahlen GmbH
Wilhelmstr. 9, 80801 München
Satz: Fotosatz Buck
Zweikirchener Str. 7, 84036 Kumhausen
Druck und Bindung: Friedrich Pustet GmbH & Co. KG
Gutenbergstr. 8, 93051 Regensburg
Umschlaggestaltung: Ralph Zimmermann – Bureau Parapluie
Bildnachweis: © Ostapius – depositphotos.com
Gedruckt auf säurefreiem, alterungsbeständigem Papier
(hergestellt aus chlorfrei gebleichtem Zellstoff)

Business Analytics ist weit mehr als das Beherrschen von Algorithmen!

Mittlerweile stellt sich nicht mehr die Frage, ob in Unternehmen Business Analytics implementiert wird, sondern in **welcher Form**. Zwar unterscheiden sich Business Analytics in unterschiedlichen Branchen mittlerweile stark, allen gemein ist aber, dass der Implementierungserfolg sehr unterschiedlich ist. Warum aber wird das Potenzial von Business Analytics in manchen Unternehmen ausgeschöpft und in anderen nicht? Der Grund hierfür ist nicht etwa die mangelnde Beherrschung der Algorithmen. Vielmehr werden andere Aspekte von Business Analytics nicht ausreichend beachtet! Dazu gehören die Interpretation und Visualisierung der Ergebnisse der Algorithmen, aber auch die organisatorische Verortung der Analytics-Funktion. Denn es ist nicht zu erwarten, dass die Ergebnisse genutzt werden, wenn sie für den Nutzer missverständlich aufbereitet werden. Und es ist ebenfalls nicht verwunderlich, dass eine unpassende Organisation der Analytics-Funktion zu Problemen führt.

Business Analytics wird in diesem Buch interpretiert als die **notwendige Reaktion** auf eine deutliche Untergewichtung betriebswirtschaftlicher Aspekte in den Bemühungen zur **digitalen Transformation**. Welche Facette auch diskutiert wird – von digitalen Geschäftsmodellen, über Smart Products, bis zu digitalen Plattformen –, nahezu immer werden technische Aspekte überbetont. Es ist aber genauso wichtig, wie die betriebswirtschaftliche Steuerung von Unternehmen weiterentwickelt werden muss, um den neuen Bedingungen gerecht zu werden.

Aktuellen und zukünftigen Führungskräften werden in diesem Buch die wesentlichen Aspekte von Business Analytics vermittelt. Den Rahmen dazu bilden vier Grundfragen:

1. Für welche betriebswirtschaftlichen Probleme sollen die knappen Analytics-Ressourcen eingesetzt werden?
2. Welche Ressourcen, also Daten, IT und Personal, sind zur Lösung der Probleme notwendig?
3. Mit welchen Algorithmen können die Probleme gelöst werden?
4. Und wie müssen die Ergebnisse der Algorithmen interpretiert und visualisiert werden, damit Führungskräfte sie korrekt einsetzen können?

Das vorliegende Werk ist also weit mehr als ein Methodenbuch. Es werden zwar auch Algorithmen vorgestellt, aber sie sind nur ein Punkt von vielen. Vielmehr geht es um den gesamten Business Analytics-Prozess. Dies entspricht dem Verständnis, dass Business Analytics eben gerade nicht nur die Anwendung von Methoden der Statistik, des Data Mining oder Machine Learning ist.

Eine Besonderheit des Buches sind die **zahlreichen Praxisbeispiele**. In diesen realen Beispielen werden sämtliche Aspekte von Business Analytics verdeutlicht. Durch eine Mischung unterschiedlicher Branchen und Größenklassen werden tiefgehende Einsichten für den Leser möglich.

Abschließend gilt mein Dank den zahlreichen Vertretern der Unternehmen, die Beispiele für dieses Buch beigesteuert haben. Darüber hinaus meinen Kollegen an der Universität Ulm und dem International Performance Research Institute, die das Manuskript kritisch geprüft haben. Insbesondere sind dies Philip Autenrieth, Christoph Bayrle, Felicitas Heering, Marcus Jung, Sebastian Kasselmann, Sebastian Künkele, Frank Liepe, Benjamin Richter, Maria Seiter und Oliver Treusch. Ebenso gilt mein Dank den zahlreichen Teilnehmern des berufsbegleitenden Master-Studiengangs „Business Analytics" der Universität Ulm für ihre Hinweise.

Prof. Dr. Mischa Seiter im Juli 2019

Inhaltsverzeichnis

Kapitel 1:

Grundlagen

»Die Kompetenz, verfügbare Daten so zu analysieren, dass betriebswirtschaftliche Probleme evidenzbasiert gelöst werden können, ist für Unternehmen eine zentrale Quelle von dauerhaften Wettbewerbsvorteilen.«

1.1   Relevanz von Business Analytics

Business Analytics als Sammlung mathematischer Verfahren zu sehen, ist ein schwerer Fehler. Sie stellen zwar einen wichtigen Aspekt dar, aber eben nur einen. Ebenso wichtige Aspekte sind der betriebswirtschaftliche Rahmen und die notwendige Informationstechnologie. In jüngster Zeit werden zudem ethische Aspekte, organisatorische Aspekte und die Akzeptanz der gewonnen Erkenntnisse durch die Nutzer diskutiert – vor allem im Kontext der Automatisierung. Die Breite von Business Analytics zeigt der **Business Analytics-Prozess**. Er begleitet uns durch das gesamte Buch.

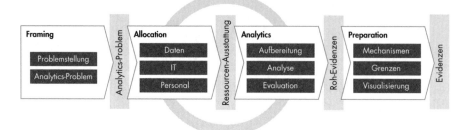

Abbildung 1: Business Analytics-Prozess

Warum aber ist Business Analytics relevant?
» Weil es die Managementaspekte der aktuell allgegenwärtigen Digitalisierungsprojekte in den Fokus rückt!

Business Analytics soll hier also interpretiert werden als die **notwendige Reaktion** auf eine deutliche Untergewichtung betriebswirtschaftlicher Aspekte in den Bemühungen zur **digitalen Transformation** in ihren verschiedenen Ausprägungen. Welche Facette auch diskutiert wird – von digitalen Geschäftsmodellen, über Smart Products, bis zu digitalen Plattformen – nahezu immer werden technische Aspekte überbetont. Es ist aber genauso wichtig, wie die betriebswirtschaftliche Steuerung von Unternehmen weiterentwickelt werden muss, um den neuen Bedingungen gerecht zu werden. An dieser Stelle setzt Business Analytics an.

Das Ziel von Business Analytics ist es, **betriebswirtschaftliche Probleme** im gesamten **Managementzyklus** von Planung, Steuerung und Kontrolle **evidenzbasiert** zu lösen. Unter Evidenzen werden begründete, objektive Einsichten in einen Sachverhalt verstanden. Sie werden im Zuge des Business Analytics-Prozesses auf Basis von Daten aus verschiedensten Bereichen innerhalb und außerhalb des Unternehmens mittels Algorithmen aus den Bereichen Statistik, Data Mining und Machine Learning gewonnen.

Belege für die **hohe Relevanz** von Business Analytics sind

- Studien zur Verbreitung von Business Analytics sowohl in produzierenden Unternehmen als auch in Banken und im Handel (vgl. bspw. KPMG/BITKOM. 2017; Gronau/Thim/Fahrholz 2016),
- Studien, die Business Analytics und verwandte Themen als prioritäres Feld sowohl für CIOs als auch CFOs aufzeigen (vgl. für eine Übersicht Holsapple et al. 2014),
- Studien, die zeigen, dass Analytics-Fähigkeiten der Schlüssel für die Umsetzung des Konzept Internet of Things sind (vgl. bspw. Jernigan et al. 2016),
- Studien, die postulieren, dass Business Analytics eine zusätzliche Facette im Kompetenzprofil vieler Mitarbeiter im Unternehmen darstellt (vgl. bspw. Egle/Imke 2018 für Controller und Kirchherr et al. 2018).
- das wachsende Angebot an Software- und Cloud-Lösungen zu Business Analytics,
- die hohe Zahl an Studiengängen, für die der Begriff Business Analytics namensgebend ist, und nicht zuletzt
- die steigende Anzahl von einschlägigen Forschungsgruppen.

Eine Einführung in das Thema Business Analytics kann auf vielerlei Weise strukturiert sein. Hier soll eine These strukturgebend sein:

> Die Kompetenz, verfügbare Daten so zu analysieren, dass betriebswirtschaftliche Probleme evidenzbasiert gelöst werden können, ist für Unternehmen eine zentrale Quelle von dauerhaften Wettbewerbsvorteilen.

Einen ersten Zugang zu dieser These geben reale Fallbeispiele zu unterschiedlichen betriebswirtschaftlichen Problemen. Tabelle 1 zeigt Beispiele aus verschiedenen Branchen. Hier zeigt sich nochmals deutlich der Charakter von Business Analytics als Instrument des Managements: Am Anfang steht das betriebswirtschaftliche Problem, und das Ergebnis ist ein konkreter Wettbewerbsvorteil.

Betriebswirtschaftliches Problem	Analysierte Daten	Wettbewerbs-vorteil
Ein Hersteller von Werkzeugmaschinen möchte durch den Aufbau einer **IoT-Plattform** datenbasierte Dienstleistungen für seine Kunden anbieten.	Daten, die der Kunde auf der IoT-Plattform zur Verfügung stellt	Passgenauere Dienstleistungen und höhere Kundenbindung
Ein Hersteller von Abfüllanlagen möchte die Effizienz seiner administrativen Prozesse erhöhen, indem Entscheidungen über Investitionsanträge durch den Einsatz von **Robotic Process Automation (RPA)** automatisiert werden.	Charakteristika bisheriger Anträge und die jeweiligen Entscheidungen	Geringere administrative Kosten
Eine klassische Filialbank möchte die Abwanderung ihrer Kunden zu Onlinebanken stoppen. Hierzu möchte sie ein **Kundenbindungskonzept** für die Bestandskunden mit der höchsten Wechselwahrscheinlichkeit entwickeln. Notwendig ist die Identifikation dieser Kundengruppe.	Sämtliche intern und extern verfügbare Kundendaten	Geringere Kundenabwanderung als bei anderen Filialbanken

Betriebswirtschaftliches Problem	Analysierte Daten	Wettbewerbs- vorteil
Ein Hersteller von Landmaschinen (u. a. Ernte- maschinen) verbessert seinen Vertriebserfolg dadurch, dass er passgenaue Rückkaufangebote bereits beim Verkauf unterbreitet. Hierfür ist eine **Prognose der Nutzungsart** der Maschine beim Kunden notwendig.	Sensordaten bisher verkauf- ter Land- maschinen	Passgenauere Rückkauf- angebote
Ein Online-Modehändler sichert den Abverkauf der Ware bis zum Saisonende durch die Bestim- mung **optimaler Rabatthöhen und -zeitpunkte**. Das Ziel eines leeren Lagers zum Ende der Saison wird damit margenoptimal erreicht.	Daten über das Kaufverhalten der frühen Kunden	Margen- optimaler Bestands- abbau
Ein Busunternehmen erzielt mittels **Social Media- Analytics** einen Wettbewerbsvorteil, indem es ein tiefgehendes Verständnis über die Struktur der Nachfrage erlangt. Auf dieser Basis optimiert es Routen und Kapazitäten und kann so dem ruinösen Wettbewerb auf Standardstrecken ausweichen.	Social Media- Daten aus den Kanälen Facebook und Twitter.	Bessere Aus- lastung der Busse
Ein Hersteller von Werkzeugmaschinen bietet seinen Kunden eine Echtzeitüberwachung („**Con- dition Monitoring**") der verkauften Maschinen an und garantiert dafür den rechtzeitigen Austausch von Betriebsstoffen und Verschleißteilen. Durch Predictive Maintenance werden die Stillstand- zeiten gesenkt.	Sensordaten über Zustand der Maschinen und Umge- bungsvariablen	Besseres Dienstleistungs- angebot sowie geringere Still- standzeiten
Eine wesentliche Kostenart bei Betrieb von Bürogebäuden ist der Energieverbrauch durch Beleuchtung, Klimatisierung und Personentrans- port (bspw. Aufzüge). Ein Hersteller von Gebäu- deautomatisierungslösungen bietet **Energieopti- mierung** ohne Qualitätseinbußen für die Personen im Gebäude an, indem er das Verhalten dieser Personen prognostiziert.	Sensordaten aus sämtlichen elektronischen Gebäudeaus- rüstungen	Besseres Energie- management und dadurch geringere Energiekosten
Ein Handelsunternehmen optimiert das Einkaufs- erlebnis seiner Kunden, indem es die Position der Waren in den Geschäften so festlegt, dass häufig im **Verbund gekaufte Produkte** auch in räumlicher Nähe sind.	Daten über sämtliche Einkäufe	Höhere Umsätze pro Fläche
Bestimmte Standardversicherungen, wie bspw. Autoversicherungen, basieren in der Regel auf Selbstauskünften im Antrag über jährliche Fahrleistung und den nächtlichen Abstellort. Ein Versicherungsunternehmen bietet individuell berechnete Prämien auf Basis des **Fahrverhaltens** an. Dabei wirken sich bspw. vorausschauendes Fahren, Tagfahrten und wenig Stadtfahrten positiv auf die Prämie aus.	Telematikdaten aus den Auto- mobilen der Kunden	Risikoärmeres Versicherten- portfolio

Betriebswirtschaftliches Problem	Analysierte Daten	Wettbewerbs-vorteil
Ein Online-Händler senkt Zahlungsausfälle durch die **Optimierung der angebotenen Zahlungsarten**. Dem einzelnen Kunden wird auf Basis von Daten wie Kundenhistorie, Anzahl und Art der Waren im aktuellen Warenkorb sowie deren Preis, eine von mehreren Zahlungsarten angeboten. Vor allem die Entscheidung zwischen Vorkasse und Rechnung ist relevant.	Daten über den Kunden und den aktuellen Warenkorb	Geringere Zahlungsaus-fälle
Eine gesetzliche Krankenkasse senkt den Rezept-betrug durch die Erkennung **typischer Betrugsmus-ter**. Auf Basis von Daten wie Alter des Patienten, Krankheitsinformationen und Tagesdosen können entsprechende Entscheidungsbäume entwickelt werden. Im Fokus stehen insbesondere teure Medikamente.	Rezept- und Patientendaten	Geringere Kosten durch Betrugsfälle

Tabelle 1: Einführende Beispiele zum Potenzial von Business Analytics

Insbesondere in der Diskussion über die **Umsetzung innovativer Geschäftsmodelle** auf Basis des Internet of Things oder der Umsetzung von Industrie 4.0 stellt Business Analytics ein wesentliches Bindeglied zwischen Daten und konkreten neuartigen Produkten und Dienstleistungen dar (vgl. u.a. Fleisch/Weinberger/ Wortmann 2014). Porter/Heppelmann postulieren, dass sich Unternehmen aufgrund der zunehmenden Verbreitung von sogenannten „smart, connected products" die grundsätzliche Frage stellen müssen, ob ihre Strategie noch zukunftsfähig ist (vgl. Porter/Heppelmann 2014).

Wenden wir uns nun essentiellen Elementen unserer Eingangsthese zu und beginnen mit der Datenverfügbarkeit: Ein weit verbreiteter Einwand ist, dass Daten auch in der Vergangenheit schon zur Verfügung standen und daher Business Analytics kein neues Feld sei. Dem ist entgegenzuhalten, dass Führungskräfte nun einer **neuen Dimension von Datenverfügbarkeit** gegenüberstehen. Dies manifestiert sich in Form von

- mehr Daten,
- neuen Datentypen,
- besserem Datenzugriff sowie
- besseren Möglichkeiten, Massendaten miteinander zur verbinden.

Die Gründe hierfür sind die schnell voranschreitende Digitalisierung der Wirtschaft und des Privatlebens. Hier soll unter **Digitalisierung** die Überführung von analogen Größen in digitale Daten verstanden werden, um diese einer effizienten elektronischen Speicherung, Verarbeitung und Kommunikation zugänglich zu machen.

Eine naheliegende **Datenquelle** für Unternehmen sind deren eigene betriebliche Prozesse. Die Datenverfügbarkeit steigt hier seit der fortschreitenden Einführung von ERP-Systemen stark an (vgl. auch die Studie von Gronau/Thim/Fahrholz 2016). In jüngster Zeit hat sich dieser Trend bedeutend beschleunigt. Der Grund dafür trägt die mittlerweile ubiquitäre Bezeichnung „Industrie 4.0". Diese von einer Vielzahl von Verbänden und Unternehmen propagierte vierte Industrielle Revolution fußt im Wesentlichen auf der Einführung von sogenannten cyberphysischen Systemen (vgl. Acatech 2013). Abbildung 2 zeigt eine Einordnung des Konzepts Industrie 4.0.

Der hier relevanten Aspekte der Digitalisierung des produzierenden Gewerbes sind der Anstieg der Anzahl der Sensoren, die die eigenen Wertschöpfungsprozesse abbilden, und den Zugriff auf diese Sensordaten über verschiedene Kanäle wie WLAN und Mobilfunk. Nicht nur die Anzahl der durchschnittlich in Werkzeugmaschinen integrierten Sensoren steigt an, sondern auch neuartige Sensoren werden verwendet, wie bspw. solche zur Erfassung der Luftqualität.

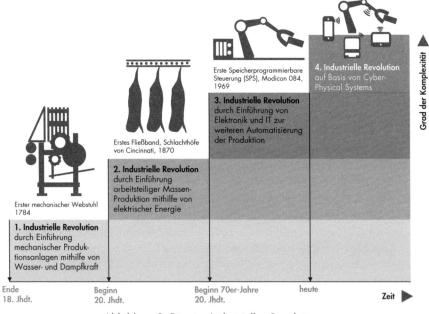

Abbildung 2: Die vier Industriellen Revolutionen
(in Anlehnung an Acatech 2013, S. 17)

Die Datenverfügbarkeit hinsichtlich der eigenen **Wertschöpfungsprozesse** erhöht sich somit sowohl hinsichtlich des Inhalts als auch der Menge. Inhaltlich werden nun Dimensionen erfasst wie Temperatur der Maschine, Schwingungen in kritischen Maschinenkomponenten, Krafteinwirkung auf das Werkzeug, Schmierzustände in Lagern, Beschaffenheit der Luft in der Fabrikhalle und die Auslastung der Maschine. Aber auch die Menge erhöht sich deutlich. Wenn man davon ausgeht, dass eine Vielzahl von Sensoren einen Datenwert pro Sekunde erfasst, entsteht in kürzester Zeit eine große Datenmenge.

Daten über die eigenen Wertschöpfungsprozesse sind der Nukleus für Effizienzsteigerungen. Für Verbesserung unseres Angebots an Kunden sind diese allerdings nur eine Facette. Wenden wir uns daher einer weiteren Art von Daten zu: **Kunden-**

daten: Diese werden unterschieden in Daten hinsichtlich Kundenbedürfnissen, wie sie sich bspw. in getätigten Käufen ausdrücken, und Daten hinsichtlich des Kundenverhaltens im Umgang mit Produkten. Dies gilt im B2B-Kontext wie auch im Endkundengeschäft.

Eine neuartige Datenquelle hinsichtlich der Kundenbedürfnisse aufgrund der Digitalisierung des Privatlebens sind **Social Media**. Im Kern stellen Social Media Kanäle dar, über die Nutzer Informationen austauschen. Beispiele sind soziale Netzwerke oder Micro-Blogging-Dienste sowie Videoplattformen. Eine weitere Kategorie sind Bewertungsplattformen, bspw. zu Hotels, Sehenswürdigkeiten und Restaurant. Viele Social Media-Plattformen stellen Schnittstellen (API) zu gezielten Datenerhebung zur Verfügung. Die Auswertung dieser oftmals frei verfügbaren Datenquellen erlaubt neuartige Einsichten in Kundenbedürfnisse. Das einführende Beispiel aus der Fernbus-Branche verdeutlicht dies:

Nachfrageorientierte Optimierung des Angebots von Fernbusverbindungen

Großveranstaltungen, wie Festivals oder Messen, bieten Fernbusunternehmen die Möglichkeit, ihre Netze temporär zu erweitern und zusätzliche Umsätze zu generieren. Fernbusunternehmen stehen dabei vor der Herausforderung, die Nachfrage nach Fernbusverbindungen zu solchen Großveranstaltungen präzise abzuschätzen und zu planen. Dafür können Fernbusunternehmen Daten über Veranstaltungsbesucher und deren Transportpräferenzen in Social Media-Plattformen wie bspw. Twitter erhalten. Im ersten Schritt werden dabei Tweets mithilfe von Text Mining-Algorithmen analysiert und ermittelt, welche Twitter-Nutzer beabsichtigen, an einem bestimmten Event teilzunehmen. Im zweiten Schritt werden die Standortinformationen dieser Twitter-Nutzer betrachtet. Aus Sicht von Fernbusunternehmen können so Standort und Anzahl potenzieller Kunden identifiziert werden.

Basis für eine Vielzahl neuartiger Dienstleistungen und Verbesserungen des eigenen Produktportfolios sind Daten über das Verhalten von Kunden im Umgang mit deren Produkten. Speziell im B2B-Kontext erschließen sich hier neuartige Datenquellen. Hierzu ein Beispiel:

Nutzung von Kundeninformationen zur Gestaltung des Produktportfolios

Ein Maschinenhersteller möchte seinen Kunden möglichst passgenaue Dienstleistungen anbieten. Neben der bei der Projektierung stattfindenden Aufnahme der geplanten Nutzung, welche ein erstes Angebot produktbegleitender Dienstleistungen ermöglicht, sind vor allem die tatsächlichen Einsatzbedingungen relevant. Diese können mittels Sensordaten erhoben werden, sofern der Kunde einer Übermittlung der Daten zustimmt. Auf dieser Basis ist es dem Hersteller möglich, über den Lebenszyklus der Maschine kontinuierlich geeignete Dienstleistungen anzubieten. Darüber hinaus können die Daten der Einsatzbedingungen für eine Verbesserung des Dienstleistungsangebots genutzt werden.

Eine Vielzahl von Maschinenbauunternehmen ist gegenwärtig bemüht, diese neue Datenquelle zu erschließen. Ein zentrales Hemmnis ist die Bereitschaft der Kunden, die Daten in umfassender Form zu übermitteln. Allerdings verändert sich gegenwärtig die Einstellung der Kunden: Wo bisher Geheimhaltung absoluten Vorrang hatte, sehen nun viele Kunden die Chance durch **(partielle)**

Offenlegung der Daten von neuartigen Dienstleistungen, wie Predictive Maintenance, also vorausschauende Wartung ohne vorab determinierte Wartungsintervalle, oder Beratungen zur Einsatzoptimierung zu profitieren. Für das Maschinenbauunternehmen wiederum ist ein Mehr an Daten die Basis für umfassendere Analysen. Anders ausgedrückt: durch die Offenlegung der Daten von immer mehr Kunden des Maschinenbauunternehmens vergrößert sich die Datenmenge, die analysiert werden kann, und damit die Aussagekraft der gewonnenen Erkenntnisse.

Weitere Datenquellen über Kundenverhalten entstehen im Zuge von **Smart Home** und **Smart Building-Systemen.** Diese umfassen Sensoren, die Auskunft u. a. über das Heizverhalten und den elektrischen Energieverbrauch und damit letztlich über die täglichen Prozesse in einem Gebäude geben. Sensoren finden hier bspw. in Form von Temperatur-, Bewegungs-, Helligkeits- und Drucksensoren Anwendung (vgl. Strese et al. 2010, S. 9). Hierzu ein Beispiel aus der Gebäudeautomatisierung:

Neuer Kanal zum Kunden

Ein Heizungshersteller möchte in Zukunft direkt mit dem Endkunden in Kontakt treten, um individuelle Leistungen anbieten zu können. Hierfür sollen ein intelligenter Thermostat sowie eine dazugehörige Software für mobile Endgeräte entwickelt werden. Zum einen können so die Heizgewohnheiten sowie Leistungsdaten der Anlage in Abhängigkeit des jeweiligen Nutzers erfasst werden, zum anderen lässt die mobile Anwendung eine Lokalisierung des Endkunden zu. Befindet sich der Nutzer auf dem Heimweg, sollen die Räumlichkeiten in Zukunft entsprechend der Präferenz vorgeheizt werden. Diese Präferenzen lernt das System automatisch aus den Thermostateinstellungen des Nutzers in Abhängigkeit von Tageszeit und Wetter. Die erfassten Leistungsdaten der Anlage können für die Weiterentwicklung und Individualisierung der Anlagen genutzt werden. So können in Zukunft passgenaue Anlagen für die entsprechende Gebäudegröße angeboten werden.

Nicht zuletzt sollen hier körpernahe Sensoren als Datenquellen erwähnt werden. Hierzu zählen bspw. Bewegungssensoren in Smartwatches oder Sensoren, die Gesundheitsdaten der Träger erfassen.

Eine weitere wesentliche Datenquelle, sind **öffentlich verfügbare Datenbanken**, die nicht wie im Falle von Social Media von Kunden generiert wurden, sondern von anderen Akteuren, wie bspw. Regierungen und ihnen unterstellten Behörden. Hierzu zählen die Datenbanken der statistischen Bundes- und Landesämter sowie Datenbanken von Behörden, wie der Bundesanstalt für Finanzdienstleistungsaufsicht oder der Bundesnetzagentur. Ein weiteres Beispiel sind nationale und internationale Patentdatenbanken.

Ein Beispiel aus Deutschland ist das Open-Data-Portal der Deutschen Bahn AG (vgl. http://data.deutschebahn.com). Dort werden u. a. Daten aus den folgenden Themenbereichen zur freien Verfügung gestellt:

- Aufzugdaten (Ort, Hersteller, Baujahr, Tragkraft etc.),
- Bahnsteigdaten (Bahnsteiglänge, Höhe der Bahnsteigkante etc.),
- Serviceeinrichtungen (Funktionskategorie etc.) sowie
- Streckennetz (Geodaten, Bauwerke, Tunnel etc.).

Ein weiteres Beispiel sind die Datenbanken des deutschen und des europäischen Patentamtes. Ein internationales Beispiel ist die U.S. Food and Drug Administration (FDA), die verschiedene Datenbanken und Softwarepakete kostenlos und öffentlich zugänglich zur Verfügung stellt. Die Datenbanken enthalten sowohl regulatorische Daten als auch Daten von ökonomischer Relevanz.

Eine andere ergiebige Datenquelle ist die Open Data-Initiative der U.S.-Regierung (www.data.gov). Dort sind Daten u. a. zu den Feldern Landwirtschaft, Klima, Bildung, Energie, Ozeane, Produktion, Gesundheit und Finanzen zugänglich. Nicht zuletzt sind Publikationsdatenbanken zu erwähnen. Sie umfassen wissenschaftliche Publikationen aus allen Forschungsdisziplinen. Bekannte Beispiele sind das kostenpflichtige Angebot „Web of Science", „EBSCOhost" und „Scopus".

Die Datenbestände richten sich an einen breiten Adressatenkreis (Politik, Verwaltung, Wirtschaft, Wissenschaft etc.) und werden im Gegensatz zu Umfragen privater Akteure oftmals nicht auf Basis von freiwilliger, sondern verpflichtender Teilnahme erhoben. Diese Datenbestände zeichnen sich in der Regel durch einen hohen Strukturierungsgrad und eine hohe Datenqualität aus – zwei für Business Analytics vorteilhafte Eigenschaften.

Die beschriebenen Datenquellen sind die notwendige Basis für Business Analytics. Bislang noch nicht erörtert wurde, warum Business Analytics notwendig ist. Hierzu nochmals die **Eingangsthese**:

> Die Kompetenz, verfügbare Daten so zu analysieren, dass betriebswirtschaftliche Probleme evidenzbasiert gelöst werden können, ist für Unternehmen eine zentrale Quelle von dauerhaften Wettbewerbsvorteilen.

Wenden wir uns nun den **betriebswirtschaftlichen Problemen** zu: Ein Gliederungskriterium ist der Funktionsbereich (vgl. Holsapple et al. 2014, S. 132). In der Literatur zu Business Analytics haben sich auf dieser Basis Begriffe wie Manufacturing-Analytics, Service-Analytics, Supply Chain-Analytics, Marketing-Analytics, R&D-Analytics und HR-Analytics etabliert (vgl. u. a. Davenport/Harris 2007; Trkman et al. 2010; Gronau 2012; Seiter/Rosentritt/Stoffel 2016).

Typische Probleme, die mithilfe von **Manufacturing-Analytics** bearbeitet werden, adressieren die Produktqualität (vgl. Davenport/Harris 2007, S. 68 f.). Dazu gehören unter anderem die Fragenkomplexe, ob zur Steigerung der Qualität bestimmte Prozessvariablen oder gar die Struktur des Produkts zu ändern ist. Gronau weist im Zusammenhang von Manufacturing-Analytics auf die umfangreiche Nutzung von Daten, quantitativen Analysen, Erklärungs- und Vorhersagemodellen hin, um ein faktenbasiertes Produktionsmanagement zu realisieren (vgl. Gronau 2012, S. 20).

Auch in der Vergangenheit wurden quantitative Instrumente zur Analyse und Optimierung der Produktion herangezogen. Zu nennen sind hier verschiedene Instrumente der Operations Research. Aber auch Instrumente unter der Sammelbezeichnung „Six Sigma" aus dem Umfeld des Qualitätsmanagements haben weite Verbreitung gefunden. Business Analytics greift diese Algorithmen auf und erweitert diese um solche, die aufgrund der nun erhöhten Datenverfügbarkeit erst möglich werden. Hierzu ein Beispiel:

Verbesserung der Montagequalität

Ein Hersteller von Nutzfahrzeugen hat eine mehrstufige Montage. Der durch Robotik unterstützten Montage der Türen folgt eine Prüfung der Spaltmaße. Nach bestandener Prüfung folgen die Montage weiterer Komponenten und eine abschließende Qualitätsprüfung. Aus unbekannten Gründen trat in einigen Fällen eine Veränderung des Spaltmaßes der Türen auf, so dass Nacharbeiten notwendig waren. Auf Basis einer Vielzahl von Produktions- und Montagedaten, wie bearbeitete Nutzfahrzeugvariante, beteiligte Mitarbeiter, Lackfarbe, Umgebungstemperatur, Lichteinfall, Montageuhrzeit, wurden komplexe Ursachenverkettungen identifiziert. Diese wurden genutzt, um sie direkt bei der Montage der Türen zu berücksichtigen. Die prognostizierte Verschiebung der Tür um einen Millimeter in den erkannten Fällen wurde in der Steuerung des Montageroboters umgesetzt.

Während sich Manufacturing-Analytics auf Produkte fokussiert, adressiert **Service-Analytics** Dienstleistungen. Dienstleistungen unterscheiden sich von Produkten dadurch, dass ein Kunde direkt in deren Erstellungsprozess einbezogen werden muss. Stellvertretend für den Kunden kann ein Objekt des Kunden im Prozess beteiligt sein, bspw. eine Maschine des Kunden bei einer Wartung derselben. Das Verhalten dieses externen Faktors ist eine wesentliche Eingangsvariable betriebswirtschaftlicher Probleme des Dienstleistungsanbieters (vgl. Seiter 2016, S. 7 f.). Die Bezeichnung „extern" soll anzeigen, dass diese Faktoren nicht dauerhaft im Weisungsbereich des Anbieters liegen (vgl. Maleri/Frietzsche 2008).

Die Erhöhung des Dienstleistungsanteils produzierender Unternehmen und die zunehmende Transformation vieler Unternehmen hin zu Lösungsanbietern, erfordert die Prognose des Kundenverhaltens (vgl. Horváth/Seiter 2012). Einen Schwerpunkt bilden Analysen zur Kapazitätsvorhaltung und Auftragspriorisierung (vgl. Seiter/Rosentritt/Stoffel 2016). Dies gilt umso mehr, wenn mit dieser Transformation ein Wechsel hin zu neuen Pricing-Modellen, wie Pay-per-Use oder Pay-per-Performance einhergehen. Diese Pricing-Modelle erhöhen das finanzielle Risiko des Anbieters immens. Hierzu ein Beispiel:

Lösungen statt Produkte

Ein Hersteller von Kehrgeräten für Böden von Fabrikhallen bietet seine Produkte vermehrt mit Full-Service-Verträgen an. In diesen Verträgen wird vereinbart, dass der Hersteller jegliche Dienstleistungen erbringt, so dass die Kehrleistung kontinuierlich zur Verfügung steht. Hierzu gehören u. a. Wartung und Geräteaustausch. Als Kompensation wird ein jährlicher Festpreis vereinbart. Der Ergebnisbeitrag dieses Vertrags hängt folglich maßgeblich vom Verhalten des Kunden mit dem Kehrgerät ab: so führt unsachgemäßer Umgang mit den Kehrgeräten zu mehr Wartungsfällen, ohne dass diese separat vergütet werden. Zur Bestimmung der Höhe des Festpreises analysiert der Hersteller das Kundenverhalten. Insbesondere identifiziert er die Determinanten des voraussichtlichen Dienstleistungsaufwands.

Die Relevanz von Business Analytics für die Erbringung neuer Dienstleistungen zeigt auch ein Modell von Fleisch et al. (vgl. Fleisch et al. 2014, S. 6 f.). Dieses unterscheidet fünf Ebenen. Die erste Ebene bildet ein Produkt – im Beispiel von Fleisch et al. eine LED-Beleuchtung. Die zweite Ebene ist die Sensorik, mit der das Produkt ausgerüstet wurde, in der Regel verbunden mit einem Aktor. Im Beispiel ist dies ein

Mikrowellensensor, der erfasst, ob Personen im Raum sind und dann über einen Aktor die Lampe ein- oder ausschaltet. Die dritte Ebene ist die Konnektivität. Diese Ebene stellt die Verbindung mit einem Dienstleister, bspw. dem Hersteller, dar. Im Falle der LED-Beleuchtung wird dies mittels einer Funkverbindung realisiert. Die vierte Ebene ist die Analytics-Ebene. In dieser werden die Daten ausgewertet und ggf. mit anderen Daten verknüpft. Im Beispiel sind dies Daten zur Leuchtdauer, -intensität sowie Bewegungsprofile. Letztendlich werden in einer fünften Ebene Dienstleistungen auf Basis dieser Daten ermöglicht. Dabei handelt es sich häufig um Komfort- oder Optimierungsdienstleistungen. Im Beispiel besteht die Dienstleistung in der energieeffizienten Steuerung der LED-Lampe, die sich ideal an die Bedarfe des Nutzers anpasst.

Dieses Beispiel zeigt eine neue Kategorie von Produkten, die im Englischen als „smart, connected products" bezeichnet werden (vgl. Porter/Heppelmann 2014). Die Einführung solcher Produkte führt zwangsläufig zu einem Bedeutungsgewinn von Business Analytics. Porter/Heppelmann unterscheiden die vier Betriebsmodi Monitoring, Control, Optimization und Autonomy für smart, connected products (vgl. Porter/Heppelmann 2014, S. 70). Es sind dafür jeweils die unterschiedlichen Modi von Business Analytics notwendig: von Descriptive Analytics bei Monitoring, über Predictive Analytics bei Control, bis hin zu Prescriptive Analytics im Falle von Optimization und Autonomy (vgl. für weitergehende Ausführungen zu Descriptive, Predictive und Prescriptive Analytics Kap. 1.3). Um nochmals das Beispiel der LED-Lampe aufzugreifen: Im Predictive-Modus wird prognostiziert, wann ein Nutzer Licht benötigt, so dass die Lampe kurz vor diesem Bedarf eingeschaltet wird.

Eine konsequente Erweiterung von Manufacturing und Service-Analytics über die Grenze eines Unternehmens hinaus führt zu **Supply Chain-Analytics** (vgl. dazu auch Trkman et al. 2010, S. 318). Typische betriebswirtschaftliche Probleme betreffen die Themenkomplexe Bestände, Lieferantenqualität, Materialflüsse und Ausfallrisiken. Ein Beispiel aus dem Themenbereich Distribution sind die stark wachsenden Lieferdienste:

Bessere Prognose für die Ankunft beim Kunden

Ein wesentlicher Faktor für die Zufriedenheit der Kunden von Lieferdiensten von frisch zubereitetem Essen ist die genaue Kenntnis der Ankunftszeit. Eine grobe Prognose erfolgt bereits bei der Bestellung – allerdings nur in Form eines Zeitfensters. Zur Steigerung der Kundenzufriedenheit prognostiziert der Lieferdienst zusätzlich während des Auslieferprozesses die wahrscheinliche Ankunftszeit. Sobald diese hinreichend stabil ist, erhält der Kunde eine Nachricht, die die ursprüngliche grobe Zeitangabe präzisiert.

Ein weiteres Beispiel ist entstammt dem Supply Chain-Risikomanagement. Das Risiko, dass ein Schlüssellieferant ausfällt sowie die zugehörige Schadensabschätzung, werden bisher von der überwiegenden Anzahl von Unternehmen mithilfe von qualitativen oder stark simplifizierten quantitativen Instrumenten ermittelt. Verbreitet sind bspw. Fragenkataloge zur Bildung eines Indexes, der dann Auskunft zur Ausfallwahrscheinlichkeit geben soll. Auf Basis der erhöhten Datenverfügbarkeit sind nun quantitative Prognosemodelle möglich. Hierzu ein Beispiel:

> **Fokussierung des Risikomanagements**
>
> Ein Hersteller von Küchengeräten hat eine geringe Wertschöpfungstiefe. Die Wertschöpfung erfolgt größtenteils in einem weitverzweigten, internationalen Lieferantennetzwerk. Er ist daher bestrebt, seine begrenzten Risikomanagement-Ressourcen auf jene Lieferanten zu konzentrieren, die ein hohes Ausfallrisiko aufweisen und gleichzeitig schwer zu ersetzen sind. Hierzu schließt der Hersteller sich mit weiteren Kunden seiner Lieferanten zusammen und vereinigt die verfügbaren Daten über Lieferausfälle der Lieferanten zu einer gemeinsamen Datenbasis. Auf dieser nun wesentlich breiteren Datenbasis ermittelt der Hersteller mithilfe eines Klassifikationsalgorithmus diejenigen Bedingungen, unter denen bestimmte Lieferanten ausfallen. Die Ergebnisse der Analyse erlauben es dem Hersteller nun seine Risikomanagement-Ressourcen fokussiert einzusetzen.

Ein bereits sehr weit entwickeltes Feld ist **Marketing-Analytics**. In diesem existiert eine lange Tradition quantitativer Modelle. Der typische Analyse-Dreiklang von Marketing-Analytics fokussiert das Kundenverhalten. Im Rahmen von **Descriptive Analytics** wird Kundenverhalten ausgewertet, um ein Grundverständnis zu entwickeln. Im Rahmen von **Predictive Analytics** wird das Kundenverhalten prognostiziert. Schließlich wird die optimale Aktion auf das Kundenverhalten im Rahmen von **Prescriptive Analytics** ermittelt.

Probleme sind u.a. Werbewirksamkeit, Kundensegmentierung, Prognose der Wechselwahrscheinlichkeit von Kunden nach Ablauf von Vertragslaufzeiten sowie das Pricing-Verhalten konkurrierender Unternehmen (vgl. auch die Studie von Gronau/Thim/Fahrholz 2016). Das Spektrum der Algorithmen reicht von einfachen deskriptiven Statistiken bis hin zu Algorithmen des Data Mining, wie Clusteranalyse oder Klassifikationsanalyse. Hierzu ein Beispiel:

> **Verständnis der Lebensstile von Kunden**
>
> Für die Wirksamkeit von Marketingmaßnahmen ist es zunehmend wichtig, die Lebensstile der Kunden zu verstehen. Die Datenbasis für dieses Verständnis ist mittlerweile vielfältig. Eine besonders reichhaltige Quelle sind Bonussysteme bei Privateinkäufen. Sie erfassen Menge und Art der erworbenen Produkte, Einkaufsfrequenz, Geodaten, soziodemographische Daten, wie Wohnort, Familienstand, Alter, Beruf, sowie das Feedback von Kunden. Mit Text Mining und Clusteranalysen werden Profile erstellt, um zielgerichtete Marketingkonzepte zu entwickeln und um die Customer Journey zu verbessern.

Ein typisches Problem, das mithilfe von **R&D-Analytics** adressiert wird, ist die Ungewissheit des Erfolgs von Ideen in den frühen Phasen der Forschung. Ein weiterer Anwendungsfall ist die quantitative Identifikation emergenter Technologien in Form von Text Mining und Zeitreihenanalysen auf Basis von Patentdatenbanken. Hierzu ein Beispiel:

> **Patentdatenanalyse für Technologie-Foresight**
>
> Ein Hersteller von Assistenzsystemen möchte sicherstellen, dass er wesentliche Trends auf dem Markt für interaktive Assistenzsysteme in der Produktion identifiziert hat. Solche Systeme sind ein Kernelement für die Umsetzung von Smart Production-Ansätzen. Um relevante Technologietrends frühzeitig identifizieren

zu können, analysiert er alle freizugänglichen Patentdaten mittels Text Mining. Die Annahme hinter diesem Vorgehen ist, dass Technologien, die patentiert werden, mit einem bestimmten Zeitversatz auch in Produkten Anwendung finden. Die Analyse gegenwärtiger Patentdaten ermöglicht demnach einen Blick in die nähere Zukunft – in der Regel mit einem Vorlauf von 2–5 Jahren. Die Auswertung der Evidenzen aus der Patentdatenanalyse kann dann zur Ausrichtung der eigenen F&E-Bemühungen verwendet werden. So können bspw. bisher nicht aufgegriffene Trends in die eigene Technologie-Roadmap integriert werden.

Die Einführung digitaler Personal-Informationssysteme waren der Beginn von **Human Resource-Analytics**. Ausgehend von Basisdaten wie Einstellungsdatum, Beförderungen und Leistungsbeurteilungen können eine Vielzahl betriebswirtschaftlicher Probleme gelöst werden (vgl. Davenport/Harris, 2007, S. 77). Eine typische Anwendung ist die Optimierung der einzelnen Phasen der Beziehung zwischen Unternehmen und Mitarbeitern: Vom Recruiting, über die Personalentwicklung, der optimalen Personallokation bis hin zur Trennung. Ein weiteres Problem ist die Prognose, mit welcher Wahrscheinlichkeit zentrale Mitarbeiter zu einem konkurrierenden Unternehmen wechseln.

Neben den bisherigen Anwendungsfällen von Business Analytics existieren weitere, wie bspw. im **Controlling**. Wesentliche Felder sind die verbesserte Informationsversorgung und Planungsunterstützung (vgl. dazu grundlegend Horváth/Gleich/Seiter 2019, Kap. 3 und 4). Verbesserte Financial Forecasts und die Weiterentwicklung von Werttreiberbäumen sind konkrete Beispiele (vgl. Mehanna/Tatzel/Vogel 2016).

Die bisherigen Ausführungen orientierten sich an einer klassischen Unterteilung von Unternehmensfunktionen. Damit einher ging eine Fokussierung auf typische Produktions- und Dienstleistungsunternehmen. Business Analytics weist aber insbesondere bei **datenzentrischen Geschäftsmodellen** eine hohe Relevanz auf. Zentrales Leistungsangebot solcher Geschäftsmodelle ist die Datenintermediation, zumeist auf Basis von Internettechnologien (vgl. Dorfer 2016, S. 316). Abbildung 3 zeigt eine Übersicht über datenzentrische Geschäftsmodelle:

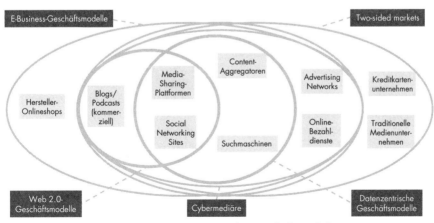

Abbildung 3: Datenzentrische Geschäftsmodelle
(in Anlehnung an Dorfer 2016, S. 316)

Zusammenfassend kann festhalten werden, dass Business Analytics Relevanz in vielen Unternehmensfunktionen aufweist unabhängig davon, welches Geschäftsmodell dem Unternehmen zugrunde liegt. Wenden wir uns nun ein drittes Mal der **Eingangsthese** zu:

> Die Kompetenz, verfügbare Daten so zu analysieren, dass betriebswirtschaftliche Probleme evidenzbasiert gelöst werden können, ist für Unternehmen eine zentrale Quelle von dauerhaften Wettbewerbsvorteilen.

Nach der Behandlung der Datenquellen und Arten betriebswirtschaftlicher Probleme steht der Themenkomplex Kompetenz im Fokus der folgenden Ausführungen.

Business Analytics als komplexe **Kompetenz** erfordert eine Vielzahl von Teilkompetenzen von Datenakquise und -aufbereitung bis Datenanalyse und -visualisierung (vgl. hierzu ausführlich Kap. 3.4.1). Dies begründet auch, warum Bücher für verschiedene Zielgruppen existieren. Eine Reihe von Büchern adressiert Spezialisten für die Analyse der Daten – in der Praxis bereits als „Data Scientist" bezeichnet (vgl. bspw. Gluchowski 2016, S. 284 f.). Diese Bücher zeichnen sich durch einen Fokus auf mathematische Algorithmen der Datenanalyse aus. Speziell für diese Zielgruppe hat sich ein Standardprozess zur Datenanalyse mit der Bezeichnung CRISP-DM herausgebildet (Provost/Fawcett 2013, S. 27). Die Phasen dieses Prozesses sind „Business Understanding", „Data Understanding", „Data Preparation", „Modeling", „Evaluation" und „Deployment". Offensichtlich sind die Schwerpunkte dieses Prozesses die Datenerfassung und die Datenanalyse. Für die Zielgruppe Data Scientists eine sinnvolle prozessuale Struktur – nicht aber für die in diesem Buch adressierten Führungskräfte. Ein spezifisch auf diese Zielgruppe ausgerichteter Business Analytics-Prozess wird daher in Kapitel 1.3 entwickelt.

Eine zweite Gruppe von Business Analytics-Büchern richtet sich an IT-Verantwortliche, die für die notwendige Infrastruktur zur Speicherung, Bereitstellung und Verteilung der Daten verantwortlich sind. Bücher für diese Zielgruppe befassen sich u. a. mit Datenbanken, Zugriffsoptimierungen und Datensicherheitsaspekten (vgl. hierzu bspw. Eckert 2014; Coronel/Morris 2014; Kimball/Ross 2013).

Dieses Buch richtet sich an eine dritte – bisher wenig beachtete – Zielgruppe: **Führungskräfte in Unternehmen**. Zwar existieren für diese Zielgruppe durchaus Bücher, allerdings vermitteln diese vorrangig die Relevanz von Business Analytics oder spezielle Teilaspekte (vgl. bspw. Finlay 2014 zu Predictive Analytics). Nach der Lektüre hat die Führungskraft gelernt, dass Business Analytics relevant ist. Es wurde allerdings weder ein notwendiges Verständnis für Business Analytics vermittelt noch wurden erörtert, was zu tun ist, um im eigenen Unternehmen einen eigenen Business Analytics-Prozess zu etablieren. Dieser Lücke widmet sich das vorliegende Buch: Für Führungskräfte ist es nicht erforderlich, selbstständig jede Art von Datenanalyse durchzuführen zu können. Vielmehr sollen Führungskräfte nach Lektüre dieses Buches in der Lage sein, ein Business Analytics-Team zu führen. Dies stellt eine Analogie zu einem F&E-Manager und den Forschern und Entwicklern dar. Die Führungskraft benötigt ausreichend Informationen, um die Arbeit der Mitarbeiter zu beurteilen.

Der Perspektive einer Führungskraft folgend, weist der vorgestellte Business Analytics-Ansatz eine **betriebswirtschaftliche Logik** auf. Diese Ausrichtung ist eine klare Abgrenzung zu alternativen Business Analytics-Ansätzen, denen in der Regel eine datenzentrierte Perspektive zugrunde liegt. Der Aufbau „Datensammlung – Datenauswertung – Ergebnispräsentation" ist für Führungskräfte eine untaugliche Unterteilung. Die Fragen von Führungskräften lauten vielmehr:

- Für welche **betriebswirtschaftlichen Probleme** sollen die knappen Business Analytics-Ressourcen eingesetzt werden (vgl. Kap. 2)?
- Welche **Ressourcen**, insbesondere Daten, IT und Personal, müssen für die Lösung eingesetzt werden (vgl. Kap. 3)?
- Mit welchen **Algorithmen** werden Evidenzen zur Lösung der betriebswirtschaftlichen Probleme gewonnen (vgl. Kap. 4)?
- Wie sind **Roh-Evidenzen** aufzubereiten, damit diese durch die Führungskraft optimal zur Lösung der Problemlösung eingesetzt werden können (vgl. Kap. 5)?

Diese Fragen lassen erkennen, dass Datenerfassung und -analyse auch für Führungskräfte eine Rolle spielen. Allerdings nicht eine solch dominante Rolle wie für Data Scientists. Vielmehr stellen erst die anderen genannten Themenkomplexe den betriebswirtschaftlichen Kontext her – und begründen somit den Unterschied zwischen „Analytics" und „Business Analytics".

Nach Klärung der wesentlichen Elemente der Einführungsthese sollen zur weiteren Begründung der Relevanz von Business Analytics einige **Studienergebnisse** referiert werden:

Eine erste Gruppe von Studien versucht, leistungssteigernde Effekte der Nutzung von Daten in Unternehmensentscheidungen zu quantifizieren. Die Boston Consulting Group kommt in einer Studie zum Ergebnis, dass Unternehmen, die verfügbare Daten konsequent nutzen, einen durchschnittlich 12 % höheren Umsatz aufweisen als jene Unternehmen, die dies nicht tun (Wagner, K. et al. 2014). In einer quantitativen Studie über 179 Großunternehmen kommen Brynjolfsson/Hitt/Kim zum Ergebnis, dass Unternehmen, die Entscheidungen konsequent datenbasiert treffen – als Gegensatz zur intuitiven Entscheidung – höhere Werte in typischen Erfolgsmaßen, bspw. der Faktorproduktivität, aufweisen (Brynjolfsson/Hitt/Kim 2011).

Eine zweite Gruppe von Studien fokussiert die Datenverfügbarkeit, deren Treiber sowie die Nutzung der Daten. Die Studie des McKinsey Global Institute zeigt, dass die verfügbare Datenmenge in Unternehmen bereits gegenwärtig enorme Ausmaße angenommen hat. Abbildung 4 verdeutlicht u. a., dass die größten Datenmengen in der produzierenden Industrie gespeichert werden. Interessant ist auch die Erkenntnis, dass auf Rang 2 direkt Regierungsinstitutionen folgen. Diese werden im Rahmen von Open Data-Initiativen für Unternehmen zunehmend erschlossen.

Verschiedene aktuelle Initiativen von Unternehmen lassen überdies erwarten, dass die Datenmenge weiterwachsen wird. Einige seien hier beispielhaft aufgeführt (in Anlehnung an Manyika et al. 2011, S. 78):

- Einführung Supply Chain-weiter Datenbanken über F&E-Daten,
- Ausweitung der Sammlung von Kundendaten (bspw. über Sensoren),
- zunehmende Verbreitung von Open Innovation-Initiativen,
- Ausweitung von Forecasting- und Planungssystemen auf Lieferanten sowie
- voranschreitende Digitalisierung der eigenen Werke und Steigerung der Sensorenanzahl.

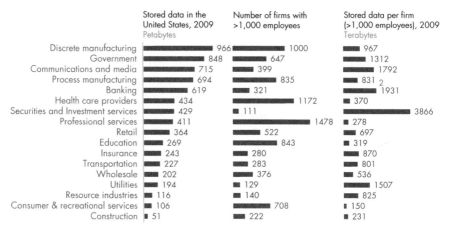

Abbildung 4: Datenverfügbarkeit in Unternehmen der USA im Jahr 2009
(in Anlehnung an Manyika et al. 2011, S. 19)

Darüber hinaus ist zu erwarten, dass die Datenmenge, die ein einzelnes Unternehmen für Analysen zur Verfügung hat, auch deshalb wächst, weil durch die Umsetzung des Internet of Things der **Datenaustausch** zwischen den Unternehmen zunehmen wird (vgl. Jernigan et al. 2016).

Die Datenverfügbarkeit ist allerdings nur der Ausgangspunkt. Relevant ist daher auch die Frage nach der tatsächlichen Nutzung. Abbildung 5 zeigt das Ergebnis einer Studie von KPMG/BITKOM aus dem Jahr 2015, die Branchen danach einord-

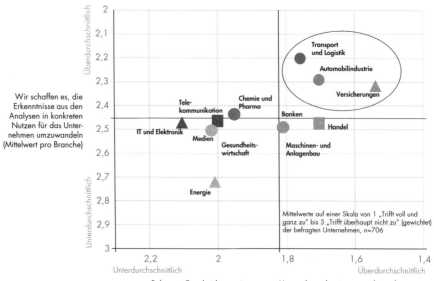

Abbildung 5: Einstellung zu Datenanalysen
(in Anlehnung an KPMG/BITKOM 2015, S. 19)

net, zu welchem Grad die Daten für relevante Entscheidungen genutzt werden und inwieweit es gelingt, daraus einen Nutzen zu ziehen.

Eine weitergehende Analyse der Nutzung von verschiedenen Datentypen ist Ergebnis einer TDWI-Studie aus dem Jahre 2015. Abbildung 6 zeigt eine Übersicht über unterschiedliche Datentypen, jeweils unterschieden in die Kategorien „heutige Nutzung", „geplante Einführung innerhalb der nächsten drei Jahre", „kein Einsatz geplant" und „unentschlossen". Transaktionale Daten, bspw. aus den ERP-Systemen der Unternehmen, werden erwartungsgemäß häufig genutzt. Es zeigt sich allerdings auch, dass vieldiskutierte Datentypen, wie Sensordaten und Videodaten, bislang noch nicht umfangreich genutzt werden. Ergänzend dazu zeigt eine Studie von KPMG/BITKOM, dass Unternehmen auch unstrukturierte Daten zur freien Suche von Zusammenhängen zunehmend nutzen: von 9 % der befragten Unternehmen im Jahr 2015 zu 17 % der befragten Unternehmen im Jahr 2017 (vgl. KPMG/BITKOM 2017, S. 48).

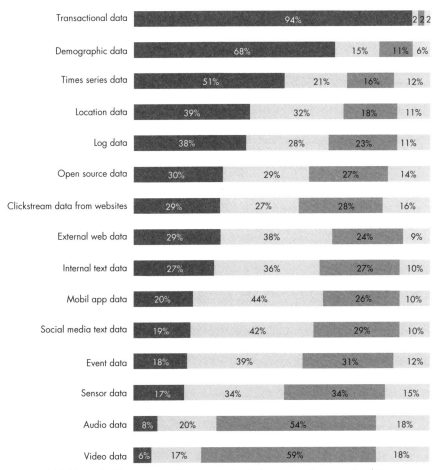

Abbildung 6: Nutzung von Datentypen im Rahmen von Business Analytics (in Anlehnung an Halper 2015, S. 12)

Eine dritte Gruppe von Studien adressieren schließlich den Bedarf an Akteuren im Berufsfeld Business Analytics: Data Scientists und entsprechend geschulte Führungskräfte. Davenport/Patil weisen in ihrer Annäherung an das Berufsbild Data Scientist auf die sich abzeichnende Mitarbeiterknappheit hin (vgl. Davenport/ Patil 2012). In Zahlen fasst dies eine Studie des McKinsey Global Institute aus dem Jahre 2011 (Manyika et al. 2011). Die Autoren prognostizieren, dass bis zum Jahr 2018 140–190 Tsd. Data Scientists und 1,5 Mio. mit Business Analytics vertraute Führungskräfte allein in den USA notwendig seien, um das volle Potenzial vorhandener Daten auszuschöpfen.

Zusammenfassung

Als Abschluss dieses einführenden Abschnitts wollen wir uns nochmals die Eingangsthese in Erinnerung rufen: Die Kompetenz, verfügbare Daten so zu analysieren, dass betriebswirtschaftliche Probleme evidenzbasiert gelöst werden können, ist für Unternehmen eine zentrale Quelle von dauerhaften Wettbewerbsvorteilen.

In diesem Kapitel wurden die wesentlichen Elemente dieser These erörtert. Den Anfang bildete die Datenverfügbarkeit. Im Fokus war dabei die neue Dimension der **Datenverfügbarkeit** aufgrund der schnell voranschreitenden Digitalisierung der Wirtschaft (u. a. durch das Konzept Industrie 4.0) und des Privatlebens (u. a. durch SmartHome-Initiativen).

Als zweites Element wurden Beispiele für **betriebswirtschaftliche Probleme** vorgestellt, die mittels Business Analytics gelöst werden sollen. Anhand des Gliederungskriteriums Funktionsbereich wurden Manufacturing-Analytics, Service-Analytics, Supply Chain-Analytics, Marketing-Analytics, R&D-Analytics und HR-Analytics eingeführt.

Den Abschluss bildeten Ausführungen zu **Kompetenzen**, die für Business Analytics notwendig sind. Dabei wurde insbesondere erörtert, dass die Fokussierung auf mathematische Kompetenzen zu eng ist. Vielmehr ist es notwendig, mathematische Kompetenzen mit ausgewählten betriebswirtschaftlichen und informationstechnischen zu ergänzen, um den hier vorgestellten Ansatz von Business Analytics realisieren zu können.

Ein grundlegendes Verständnis von Business Analytics ist nun gelegt, so dass im folgenden Abschnitt die Abgrenzung des Begriffs Business Analytics von verwandten Begriffen erfolgen kann.

1.2 Business Analytics und dessen Verhältnis zu verwandten Begriffen

Für den Begriff Business Analytics werden in der Literatur verschiedene Definitionen vorgeschlagen (vgl. bspw. Kumar 2017, S. 7). Keine der Definitionen hat sich bisher als allgemeingültig erwiesen. Die Basis für die Annäherung an eine sinnvolle Arbeitsdefinition bietet der Literaturüberblick von Holsapple et al. (Holsapple et al. 2014). Sie unterscheiden sechs Klassen von Definitionen:

1. **Business Analytics als eine Bewegung im Sinne einer Umwälzung im Denken der Mitarbeiter eines Unternehmens**: Probleme in Unternehmen, die Business Analytics anwenden, werden streng evidenzbasiert gelöst. Business Analytics wird hier als eine bestimmte Art des Denkens und Handelns beim Erkennen und Lösen von Problemen charakterisiert. Man kann hier auch von einer kulturellen Dimension sprechen.

2. **Business Analytics als eine Sammlung von Vorgehensweisen und Technologien**: Diese Perspektive ist die dominante Perspektive der Anbieter von Business Analytics-Software und -Hardware. Es wird nicht die Frage gestellt, was mit Business Analytics bewirkt werden soll, sondern sie fokussiert auf die Prozesse und die notwendige IT-Unterstützung. Kern solcher Definitionen sind in der Regel Algorithmen aus den Bereichen Statistik, Machine Learning und Data Mining (vgl. dazu auch Gluchowski 2016, S. 274).

3. **Business Analytics als ein Transformationsprozess**: Gemeint ist hier die Überführung von Daten in konkrete Aktionen. Business Analytics endet demgemäß nicht im Stadium der Analyse und deren Ergebnisse, sondern erst in der Phase der Umsetzung von darauf basierenden Aktionen. Diese Umsetzung ist der essentielle Aspekt dieser Definitionsklasse.

4. **Business Analytics als eine Ansammlung von Kompetenzen einer Organisation**: Oft genannte Kompetenzen sind: die Kompetenz zur Nutzung von quantitativen Techniken, die Kompetenz im Umgang mit deskriptiven, prädiktiven und präskriptiven Modellen sowie die Interpretation und Anwendung der gewonnenen Evidenzen. Führungskräfte stehen hiernach vor allem vor der Herausforderung des Aufbaus eines optimalen Kompetenzportfolios.

5. **Business Analytics als konkretes Prozessmodell**: Im Gegensatz zu den in der vierten Definitionsklasse genannten Kompetenzen fokussieren Definitionen dieser Klasse auf konkrete Prozesse. Dazu gehören u. a. die Prozesse Datensammlung und -erfassung, Datenanalyse sowie Ergebnisinterpretation und -visualisierung. Führungskräften sind nach dieser Perspektive der Aufbau und das Steuern der Prozesse vorbehalten.

6. **Business Analytics als ein spezifischer Ansatz zur Lösung von Problemen**: Definitionen dieser Klassen weisen auf einen wichtigen Sachverhalt hin: Nicht jede Organisation ist in jeder Phase ihres Bestehens bereit oder fähig, Business Analytics anzuwenden (vgl. dazu auch Finlay 2014, S. 12). Es bleibt der Führungskraft vorbehalten, anderen Arten der Problemlösung den Vorzug zu geben.

Jede der sechs erörterten Definitionsklassen bringt jeweils ein neuartiges Element in eine Definition von Business Analytics ein. Daher ist es nicht verwunderlich, dass Definitionen mehrere Dimensionen umfassen. Ein Beispiel ist die Definition von Davenport/Harris: "By analytics we mean the extensive use of data, statistical and quantitative analysis, explanatory and predictive models, and fact based management to drive decisions and actions. The analytics may be input for human decisions or may drive fully automated decisions." (Davenport/Harris 2007, S. 7).

Die im Folgenden gültige **Arbeitsdefinition** nimmt explizit die Perspektive einer Führungskraft ein und greift ausgewählte Elemente aus den erörterten Dimensionen auf:

> Aus der Perspektive von Führungskräften ist Business Analytics ein auf Daten und Algorithmen basierender Prozess zur Gewinnung von Evidenzen mit dem Ziel, betriebswirtschaftliche Probleme im gesamten Managementzyklus von Planung, Steuerung und Kontrolle evidenzbasiert zu lösen.

Der Kern von Business Analytics ist folglich nicht ein ungerichteter Prozess der Mustererkennung innerhalb von Daten, sondern vielmehr eine Mustererkennung mit einer klaren **Verwendungsidee**. In jüngster Zeit wird die Automatisierung von Business Analytics unter dem Begriff Operational Analytics diskutiert (vgl. Franks 2014). Konkret handelt es sich um die Einbettung von Prescriptive Analytics-Algorithmen in Geschäftsprozesse. Ziel sind autonome Entscheidungen in Echtzeit, wie bspw. die Anpassung der Reihenfolge im Produktionsprozess.

In der Literatur zu Business Analytics wird oftmals eine bessere Entscheidungsfindung in den Mittelpunkt gestellt (vgl. bspw. Finlay 2014, S. 22). Typische Begriffe sind „better decision-making" und „data-driven decision". Der Begriff **Problem** ist daher in der Arbeitsdefinition bewusst gewählt, da nicht jede Aktivität einer Führungskraft eine Entscheidung ist. Dies wird deutlich vor dem Hintergrund der Definition von Entscheidung als „[...] einer Handlung unmittelbar vorhergehende[r] Entschluss [...]" (Mittelstraß 2004a, S. 553). Vielmehr existieren auch vorgeschaltete Aktivitäten, wie das Aufbauen eines Verständnisses. Die Wahl des umfassenderen Begriffs Problem korrespondiert überdies mit der üblichen Dreiteilung von Business Analytics in einen deskriptiven, eine prädiktiven und einen präskriptiven Modus (vgl. dazu auch Kap. 1.3.1).

Gluchowski weist zurecht auf die Ähnlichkeit dieser drei Business Analytics-Modi mit Modelltypen der Betriebswirtschaftslehre hin (vgl. Gluchowski 2016, S. 276). Abbildung 7 zeigt die entsprechenden Korrespondenzen.

Abbildung 7: Business Analytics-Modi und Modelltypen der Betriebswirtschaftslehre (in Anlehnung an Gluchowski 2016, S. 276)

Das vollständige Verständnis eines Begriffs erfordert die klare Abgrenzung von verwandten Begriffen. Speziell bei neuartigen Begriffen wie Business Analytics ist eine sorgfältige Klärung der Relation zu bereits bestehenden Begriffen notwendig. Im Fokus sind solche Begriffe, die in der Literatur oft im Zusammenhang mit Business Analytics auftreten.

Ein erster Begriff ist Teil der Arbeitsdefinition: **Management**. Der Begriff Management ist selbst nicht einheitlich definiert. Nach Ulrich/Fluri ist Management „[...] die Leitung soziotechnischer Systeme in personen- und sachbezogener Hinsicht mithilfe von professionellen Methoden." (Ulrich/Fluri 1995, S. 13, vgl. dazu auch

Staehle/Conrad/Sydow 1999, S. 74 f.). Die sachbezogene Dimension umfasst dabei jene Aufgaben, die sich aus den Zielen des Unternehmens ableiten. Business Analytics nimmt gegenüber dieser Dimension des Managements eine dienende Funktion ein: **Ausgangspunkt** für Business Analytics sind nicht etwa Daten, sondern klar definierte betriebswirtschaftliche **Probleme**, die im Rahmen des Managementzyklus von Planung, Steuerung und Kontrolle auftreten. Business Analytics liefert für diese Probleme valide Lösungen – hier als Evidenzen bezeichnet.

Management kann folglich als übergeordneter Begriff verstanden werden. Auf diese Weise sind auch die mittlerweile populären Begriffe „evidence-based management" und „fact-based management" zu erklären (vgl. Pfeffer/Sutton 2006; Lehner 2016). Sie zeigen auf, dass Management auch Verhaltensweisen umfasst, die nicht evidenzbasiert sind. Ein zweiter, ebenfalls übergeordneter, Begriff ist **Data Science**. Dies macht auch die Definition von Chen et al. deutlich: Sie definieren Business Intelligence & Analytics als „data science in business" (Chen et al 2012, S. 1181). Nach Dhar umfasst Data Science die „generalisierbare Extraktion von Wissen aus Daten" (Dhar 2013, S. 64). Business Analytics kann daher als angewandte Data Science in der Domäne Betriebswirtschaft verstanden werden.

Ein dritter Begriff, dessen Verhältnis zu Business Analytics nicht einfach zu bestimmen ist, ist **Business Intelligence**. Zeitlich gesehen existiert der Begriff Business Intelligence länger als der Begriff Business Analytics. Daraus darf allerdings nicht abgeleitet werden, dass Business Analytics eine Weiterentwicklung im Sinne einer Erweiterung des Begriffs Business Intelligence sei.

Davenport/Harris definieren Business Intelligence als eine „Sammlung von Technologien und Prozessen, die Daten nutzen, um die Geschäftsperformance zu verstehen und zu analysieren" (Davenport/Harris 2007, S. 7). In der Regel basieren Business Intelligence-Systeme auf strukturierten Daten, die in sogenannten Data Warehouses und Data Marts organisiert sind (vgl. Holsapple et al. 2014, S. 131). Ursprünglich auf Abfragen für die Weiterentwicklung des Reportings ausgerichtet, wird der Begriff weiter ausgedehnt, bspw. hin zu prädiktiven Elementen. Begründet ist dies auch dadurch, dass der Begriff Business Intelligence mittlerweile im Wesentlichen für die korrespondierende IT-Lösung steht (vgl. Laursen/Thorlund 2010, S. xxi). Es ist daher zu erwarten, dass Software-Hersteller, die ihre Business Intelligence-Lösungen um weitere Funktionalitäten erweitern, bestrebt sind, auch den Begriff Business Intelligence mit weiterer Bedeutung zu versehen.

Eine exakte Abgrenzung der Begriffe Business Analytics und Business Intelligence soll hier nicht vorgenommen werden, da beide Begriffe im Wandel sind. Auch Abgrenzungsversuche in der Literatur bleiben eher vage. Hierzu zwei Beispiele: Schniederjans/Schniederjans/Starkey nennen als wesentlichen Unterschied, dass im Falle von Business Analytics nicht das Sammeln von Daten im Vordergrund steht, sondern die Erklärung der Ergebnisse und die darauf aufbauende betriebswirtschaftliche Steuerung (vgl. Schniederjans/Schniederjans/Starkey 2015, S. 6). Ereth/Kemper zeigen, dass beide Begriffe in bestimmten Kontexten gar als Wortkombination verwendet werden: „Business Intelligence and Analytics" (vgl. Ereth/ Kemper 2016, S. 459). Als Abgrenzung wird bspw. das Einsatzgebiet herangezogen. Abbildung 8 zeigt einen Abgrenzungsvorschlag.

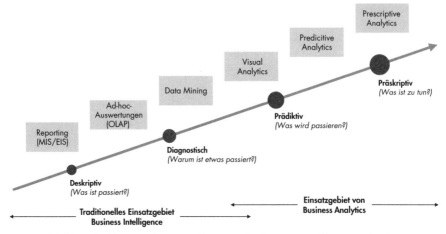

Abbildung 8: Einsatzgebiete von Business Intelligence und Business Analytics
(in Anlehnung an Ereth/Kemper 2016, S. 459)

Ein weiterer verwandter Begriff ist **Data Mining**. Auch zu Data Mining existiert eine Vielzahl von Definitionen (vgl. bspw. Tan/Steinbach/Kumar 2014, S. 2 f.). Hofmann/Klinkenberg definieren Data Mining wie folgt: "*Data Mining* is the extraction of implicit, previously unknown, and potentially useful information from data." (Hofmann/Klinkenberg 2014, S. xxiv). Cleve/Lämel definieren Data Mining als die weitgehend automatisierte Extraktion von vormals unbekanntem nützlichem Wissen aus Daten (Cleve/Lämmel 2016, S. 38 f.). Es ist ersichtlich, dass sich die beiden Definitionen zwar begrifflich unterscheiden, allerdings deutliche Ähnlichkeiten aufweisen. Data Mining umfasst eine Menge von Algorithmen, mit denen aus Daten etwas gewonnen werden kann, was oftmals als Information, Wissen, Insight oder wie hier als Evidenz bezeichnet wird (vgl. dazu auch die Abgrenzung der Begriffe in Kap. 3.2.1).

Data Mining soll hier als ein wichtiges Element von Business Analytics, präziser: dem Modus Descriptive Analytics, eingeordnet werden. Prozessual gesehen in jenen Teilprozess von Business Analytics, in dem die Daten analysiert werden. Diese Relation zwischen Business Analytics und Data Mining zeigt sich ebenfalls in der Definition von Gartner: "Business analytics includes data mining, predictive analytics, applied analytics and statistics, and is delivered as an application suitable for a business user." (Gartner IT Glossary 2016, o. S.).

Die Definition leitet uns zu einer letzten Gruppe von Begriffen über, die in Relation zu Business Analytics eingeordnet werden müssen: **statistische Verfahren** und **Machine Learning**. Beides sind Sammelbegriffe für Algorithmen, die im Rahmen von Business Analytics Anwendung finden können. Während statistische Verfahren der weitaus umfangreichere Begriff ist, bezieht sich Machine Learning auf eine Gruppe von Algorithmen, „[...] bei denen Modelle nicht explizit von einem Programmierer vorgeben, sondern algorithmisch aus einem bestehenden Datenbestand „erlernt" werden." (Baars 2016, S. 175). Dabei kann überwachtes und unüberwachtes Lernen unterschieden werden (vgl. Kumar 2017, S. 22). Ein Beispiel für überwachtes Lernen ist die Klassifikation, da sowohl Segmentierungsattribute als auch das Klassenattribut Teil der Daten sind. Ein Beispiel für unüberwachtes Lernen ist die Clusteranalyse. Die Zugehörigkeit zu einem bestimmten Cluster ist eben gerade nicht Teil der Daten.

Es existieren noch weitere Begriffe, die man von Business Analytics abgrenzen könnte, wie bspw. Mustererkennung. Auch sind die Meinungen in der Literatur über das Verhältnis der Begriffe nicht einheitlich. Als Beispiel zeigt Abbildung 9 das Begriffsfeld rund um den Begriff Predictive Analytics.

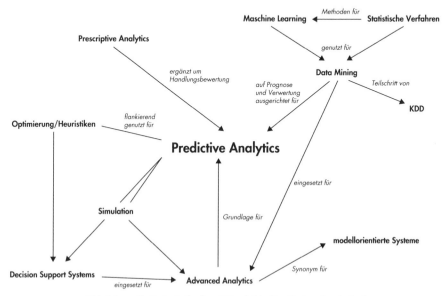

Abbildung 9: Beispielhaftes Wortfeld „Predictive Analytics"
(in Anlehnung an Baars 2016, S. 175)

Auch in Zukunft werden weitere verwandte Begriffe etabliert werden – vor allem von Seiten der Software-Hersteller und spezialisierten Beratungshäusern, die neue Begriffe nicht zuletzt mit dem Ziel der Markenbildung etablieren. Auch durch die interne Differenzierung von Business Analytics in unterschiedliche Kompetenzgrade entstehen neue Begriffe. Ein Beispiel ist **„Data Literacy"** . Für die Zwecke dieses Buches ist an diesem Punkt allerdings ein hinreichendes Grundverständnis des Begriffs Business Analytics gelegt. Da die hier vertretene Arbeitsdefinition Business Analytics als einen Prozess beschreibt, ist die Entwicklung dieses Prozesses Gegenstand des folgenden Abschnitts.

1.3　Entwicklung des Business Analytics-Prozesses

» Teilprozess Framing

Ziele des Teilprozesses Framing sind die Identifikation des **betriebswirtschaftlichen Problems** und die Ableitung eines zugehörigen **Analytics-Problems** mithilfe einer **grundsätzlichen Lösungsidee.**

Für das Verständnis von Business Analytics ist es von zentraler Bedeutung, den Unterschied zwischen betriebswirtschaftlichen Problem und Analytics-Problem nachzuvollziehen: Erstes repräsentiert, wie der Begriff bereits aussagt, ein reales Problem eines Unternehmens, das aber nicht direkt mittels Algorithmen gelöst werden kann. Das Analytics-Problem enthält bereits die Lösungsidee für das betriebswirtschaftliche Problem und kann mithilfe von Algorithmen gelöst werden. Es wird aus dem betriebswirtschaftlichen Problem abgeleitet und ist nicht deckungsgleich. Hierzu ein Beispiel:

Betriebswirtschaftliches Problem und Analytics-Problem

Ein typisches Problem vieler Unternehmen ist das Absinken der Kundenzufriedenheit. Das betriebswirtschaftliche Problem lautet dann: Wie kann die Kundenzufriedenheit wieder auf ein branchenübliches Niveau angehoben werden? Um dies sinnvoll bewerkstelligen zu können, ist es notwendig, diejenigen Faktoren zu kennen, welche die Kundenzufriedenheit beeinflussen. Die Lösungsidee ist folglich die gezielte Beeinflussung dieser Faktoren. Das Analytics-Problem lautet dann: Welche Faktoren beeinflussen die Zufriedenheit der Kunden?

Warum ein bestimmtes **betriebswirtschaftliches Problem** in den Fokus von Führungskräften gerät hat vielfältige Gründe. Ein Grund ist das selbstständige Auffinden eines Problems durch die Führungskraft. Sei es durch Intuition, Erfahrung, zufällige Beobachtungen oder eigenständige Erstanalysen. Ein anderer Grund kann der Hinweis durch Externe sein. Für solche Hinweise kommen Kunden, Kooperationspartner, bspw. innerhalb der Supply Chain, Konkurrenten, Unternehmensberater oder Vertreter von Verbänden infrage. Diese erste noch rudimentäre Version des Problems erfordert weitere Ausarbeitung, hier als Operationalisierung bezeichnet.

Das im Rahmen des Framing identifizierte Problem liegt regelmäßig nicht in einer Form vor, in der festgestellt werden kann, ob diese eine Mindestrelevanz aufweist. Dafür notwendig ist die **Operationalisierung.** Hier soll unter Operationalisierung die Zuordnung einer oder mehrerer quantitativer Messgrößen verstanden werden, die anzeigt, welcher **positive Effekt** durch die Lösung des betriebswirtschaftlichen Problems erzielt werden soll. Die quantitativen Messgrößen müssen dazu drei Qualitätskriterien entsprechen: Validität, Aktualität und Wirtschaftlichkeit. Verstöße gegen diese Kriterien führen zu spezifischen Fehlern im Business Analytics-Prozess.

Aufgrund begrenzter Analytics-Ressourcen ist es notwendig, einen **Relevanznachweis** für das operationalisierte Problem zu führen. Maßstab für Relevanz ist in der Regel der intendierte **Effekt**, der durch die Lösung des Problems erzielt werden soll. Es stellt sich allerdings die Frage nach dem Relevanzniveau, also der Ausprägung des Maßstabs, ab der eine ausreichende Wichtigkeit des Problems angenommen wird. Quellen für ein solches Niveau sind vielfältig. Eine Möglichkeit ist die Setzung durch das Top-Management oder die Eigner, bspw. durch Festlegen eines bestimmten Mindestumsatzes. Andere Quellen sind technische Größen, wie bspw. Auslastungsgrade. Eine dritte Option, oft als Benchmarking bezeichnet, sind Vergleichswerte, die aus ähnlichen Problemen und deren Lösungen abgeleitet werden. Diese Vergleichswerte können aus dem eigenen Unternehmen, aber auch aus anderen Unternehmen abgeleitet werden.

Aus dem betriebswirtschaftlichen Problem wird das **Analytics-Problem** abgeleitet. Erst dieses Problem ist für Algorithmen zugänglich, das betriebswirtschaftliche Problem hingegen nicht. Für die Ableitung ist eine grundsätzliche Lösungsidee für das Problem notwendig, die dann den Kern des Analytics-Problems bildet. In der Literatur zu Business Analytics und Data Mining haben sich drei Business Analytics-Modi etabliert: Descriptive Analytics, Predictive Analytics und Prescriptive Analytics (vgl. Gluchowski 2016, S. 276). Die **grundsätzlichen Lösungsideen** der drei Modi haben unterschiedliche Bezugspunkte:

- die Identifikation von unbekannten Mustern im Fall von Descriptive Analytics,
- die Konstruktion von Prognosemodellen im Fall von Predictive Analytics und
- die Konstruktion von Optimierungsmodellen im Fall von Descriptive Analytics.

Im Folgenden wird dies vertieft erörtert: **Descriptive Analytics** adressiert Explorationsprobleme. Im Fokus stehen folglich Probleme, deren grundsätzliche **Lösungsidee** einen Bezug zur Identifikation unbekannter Muster aufweist. Beispiele für **Muster** sind Korrelationen, Cluster, Ausreißer und Trends (vgl. Tan/Steinbach/Kumar 2014, S. 7). Weitere spezielle Muster sind Topics in Texten und Communities in sozialen Netzwerken. Es handelt sich folglich um die Beschreibung relevanter Merkmale realer Phänomene (vgl. Provost/Fawcett 2013, S. 46). Eine typische Problemklasse ist die mangelnde Kenntnis der Charakteristika der eigenen Kundenbasis:

- Welche Charakteristika zeichnen unsere A-Kunden aus?
- Können unsere Kunden in homogene Gruppen eingeteilt werden?
- Verhalten sich bestimmte Kunden signifikant verschieden von den anderen Kunden?

Eine weitere typische Problemklasse ist die mangelnde Kenntnis der Charakteristika der eigenen Produkte und Dienstleistungen:

- Werden manche Produkte und Dienstleistung in der Regel gemeinsam verkauft?
- Fallen bestimmte verkaufte Maschinentypen besonders häufig aus?
- Zu welchem Ausmaß werden Full-Service-Verträge in der Regel genutzt?

Typische Algorithmen sind einfache deskriptive Statistiken, Assoziationsanalyse, Clusteranalyse und Ausreißeranalysen sowie Social Network-Analysen. Ein Teil von Descriptive Analytics ist in Reporting-Systems von Unternehmen bereits fest etabliert. Daten werden zu einfachen Evidenzen über die Vergangenheit aggregiert, wie bspw. welcher Deckungsbeitrag in einer bestimmten Region mit einem bestimmten Produkt in einer bestimmten Kundengruppe erzielt wurde.

Predictive Analytics hingegen adressiert Prognoseprobleme. Im Fokus stehen folglich Probleme, deren grundsätzliche **Lösungsidee** einen Bezug zur Konstruktion von Modellen zur **Prognose** eines unbekannten Attributs aufweist (vgl. Provost/ Fawcett 2013, S. 45). Beispielhafte Probleme, die auf Basis von Algorithmen wie Klassifikation, Regression und Zeitreihenanalysen gelöst werden können, sind:

- Wann werden unsere verkauften Maschinen ausfallen?
- Unter welchen Bedingungen wird ein Kunde einen Dienstleistungsvertrag kündigen?
- Welcher Kunde wird einen bestimmten Customer Lifetime Value überschreiten?
- Wie oft wird ein bestimmter Kunde nächstes Jahr Leistungen aus seinem Servicevertrag abrufen?
- Woran ist zu erkennen, dass ein Kunde in der nächsten Zeit zur Konkurrenz wechseln wird?

Prescriptive Analytics adressiert schließlich Optimierungsprobleme. Im Fokus stehen folglich Probleme, deren grundsätzliche **Lösungsidee** einen Bezug zur Konstruktion von **Optimierungsmodellen** aufweist. Beispielhafte Probleme sind:

- Wie sind Bestände in einem Ersatzteillager-Netzwerk zu verteilen, damit ein bestimmtes Service-Level erreicht werden kann?
- Welcher Produktpreis führt zum höchsten Gewinn bei einer bestimmten Mindestumsatzmenge?

Am Beispiel der Ersatzteillogistik sollen die drei Modi nochmals verdeutlicht werden:

> **Die drei Business Analytics-Modi am Beispiel der Ersatzteillogistik**
>
> Die Ersatzteillogistik ist für viele Unternehmen zum erfolgskritischen Prozess geworden. Vor allem für jene produzierenden Unternehmen, die sich von ihren Konkurrenten durch Dienstleistungen differenzieren. Eine typische Anwendung von Descriptive Analytics ist die Analyse der Ersatzteilverbrauche. Im Fokus steht die Frage: An welche Kunden wurden wann wie viele Ersatzteile geliefert? Eine typische Fragestellung im Rahmen von Predictive Analytics ist die Prognose von Ersatzteilbedarfen. Mit Prescriptive Analytics werden schließlich Optimierungsprobleme adressiert. Beispiele sind die Optimierungen von Lagerbeständen und Transportrouten.

Da die drei Modi als aufeinander aufbauend interpretiert werden können, kann ein Analytics-Problem Elemente der jeweils davorliegenden Modi enthalten. So kann bspw. ein präskriptives Analytics-Problem auch ein deskriptives Element erfordern. Allerdings sollten diese dann als getrennte Probleme betrachtet werden, da die verschiedenen Modi unterschiedlicher Algorithmen bedürfen.

Im letzten Schritt des Framing wird die **Eingrenzung der Datendomänen**, die für die Lösung des Analytics-Problems notwendig sind, vorgenommen. Hier sei bereits darauf hingewiesen, dass im Rahmen von späteren Phasen des Business Analytics-Prozesses eine Änderung der Datendomänen vorgenommen werden kann, bspw. wenn mithilfe der betrachteten Daten kein hinreichend gutes Prognosemodell gefunden werden kann.

» Teilprozess Allocation

Ziel des Teilprozesses Allocation ist es, die **notwendigen Ressourcen** bereit zu stellen, um das Analytics-Problem lösen zu können. Die für Business Analytics relevanten Ressourcen lassen sich in drei Gruppen unterteilen: **Daten, IT** und **Personal**.

Daten stellen die Basis für Algorithmen dar. In der Regel sind die Datenmengen so groß und die Algorithmen dadurch derart rechenintensiv, dass ohne Unterstützung leistungsstarker IT eine Gewinnung der angestrebten Evidenzen nicht möglich ist. Eine vollständige Automatisierung von Business Analytics ist aufgrund der heutigen Begrenzungen der zur Verfügung stehenden Algorithmen nicht möglich. Daher ist als dritte Ressource qualifiziertes Personal notwendig.

Wenden wir uns zuerst der Ressource **Daten** zu. Ein für Business Analytics besonders günstiger Fall sind strukturierte Daten. Die typische Darstellungsform strukturierter Daten ist eine **Datenmatrix** (oftmals synonym verwendete Begriffe sind Datentabelle und Datensatz). Sie besteht aus n Zeilen und m Spalten. Die Zeilen repräsentieren die **Instanzen**, oftmals synonym verwendete Begriffe sind Fall, Datensatz oder Entity, und die Spalten repräsentieren die **Attribute** der Instanzen, oftmals synonym verwendete Begriffe sind Charakteristika oder Variable (vgl. van der Aalst 2011, S. 61; Witten et al. 2017, S. 53 f.). In manchen Kontexten ist ein weiteres Synonym für Attribut der Begriff **Feature**. Allerdings wird unter einem Feature auch ein Attribut verstanden, das mittels dimensionsreduzierender Verfahren (wie der Hauptkomponentenanalyse) gewonnen wurde und mehrere andere Attribute repräsentiert.

Abbildung 10 zeigt einen Ausschnitt einer der Datenmatrizen unserer Fallstudie Ausrüster GmbH (vgl. zur Einführung in das Beispiel die Ausführungen in Kap. 1.4). Instanzen sind hier die Servicefälle, die die Ausrüster GmbH bisher bearbeitet hat. Die Servicefälle werden einheitlich durch eine gewisse Anzahl Attribute in den Spalten beschrieben. Dazu gehören bspw. Angaben über den Servicetechniker, der eingesetzt wurde, die benötigten Ersatzteile und das vorherrschende Wetter während des Einsatzes.

Daten können nicht nur in strukturierter Form, sondern auch in semistrukturierter oder unstrukturierter (bspw. einfacher Text) Form vorliegen (vgl. Cleve/Lämmel 2016, S. 37 f.). Beispiele für semistrukturierte Daten sind Webseiten, E-Mails oder XML- und JSON-Daten. Einfache Texte und Videos sind hingegen Beispiele für unstrukturierte Daten. Diese müssen zunächst in eine strukturierte Form überführt werden.

Daten müssen in einer bestimmten **Menge** und in einer bestimmten **Qualität** bereitgestellt werden. Anforderungen an Menge und Qualität der Daten leiten sich aus den anzuwendenden Algorithmen ab. Diese sind zu diesem Zeitpunkt des Business Analytics-Prozesses u. U. noch nicht vollständig geklärt. Daher sind die Teilprozesse Allocation und Analytics in der Regel iterativ in zweierlei Hinsicht. Einerseits aufgrund der potenziellen Ergebnislosigkeit im Analytics-Teilprozess trotz Erfüllung der Anforderungen an Datenmenge und -qualität, wenn bspw. kein Prognosemodell auf Basis der Daten entwickelt werden konnte. Andererseits ist ein nochmaliger Durchlauf des Teilprozesses Allocation notwendig, wenn im Rahmen der Datenanalyse höhere Anforderungen an Datenmenge und -qualität gestellt werden.

Nr.	Kunde	Gesamt-dauer in Min.	Umsatzvolu-men mit die-sem Kunden in TSD €	Garantie-fall	Name des durchgeführten Services	Gesamt-kosten des Servicefalls in TSD €	Alter des Primär-produkts in Jahren	Ersatzteil-art: Werk-zeug A	Retouren-quote Ersatz-teile	Umgebungs-bedingung: Luftfeuch-tigkeit	Einsatz-bedingungen des Primärprodukts	Produkt mit Servicefall: Drehma-schine D1
1	Meister GmbH	344	364	Ja	Wartung/ Inspektion	0,7	9	1	0%	mittel	Durchgängig im Einsatz	1
2	Adenova GmbH	152	1185	Ja	Verbrauchs-materialien	7,9	11		17%	gering	2-Schicht-Betrieb	0
3	Reuchle AG	320	177	Nein	Wartung/ Inspektion	38,7	21		0%	gering	3-Schicht-Betrieb	0
4	Wullenstein GmbH	976	1459	Nein	Montage	2,0	0		0%	gering	2-Schicht-Betrieb	0
5	Presswerk GmbH	346	624	Nein	Kunden-schulung	144,5	3			hoch	3-Schicht-Betrieb	0
6	Belmondo AG	199	1377	Ja	Wartung/ Inspektion	61,2	4	1	0%	mittel	2-Schicht-Betrieb	0

Abbildung 10: Ausschnitt aus einer der Datenmatrizen der Fallstudie Ausrüster GmbH

Während die Datenmenge über die beiden Dimensionen Attribute und Instanzen vergleichsweise einfach definiert ist, sind die Anforderungen an die Datenqualität vielschichtiger. In der Literatur existiert eine Vielzahl von Ansätzen, die sich in Anzahl und Inhalt der **Qualitätsdimensionen** unterscheiden. Beispiele sind Vollständigkeit, Korrektheit und Konsistenz (vgl. hierzu auch Kap. 3.2.2).

Grundsätzlich soll bei der Datenbereitstellung die eigenständige Erhebung von Daten (Primärdaten) und die Erhebung durch Externe, die nicht durch das Unternehmen beauftragt wurden (Sekundärdaten), unterschieden werden. Primärdatenerhebung kann wiederum differenziert werden in eine Erhebung durch eigene Mitarbeiter oder durch Externe, die gezielt mit der Erhebung von Daten beauftragt werden. Kennzeichen der Sekundärdaten ist, dass diese nicht speziell für die Zwecke des betrachteten Analytics-Problems erhoben wurden und daher regelmäßig geringere Passung aufweisen als Primärdaten.

Wenden wir uns nun der **Ressource IT** zu. Die klassische Einteilung unterscheidet zwischen Hardware und Software. Allerdings verliert diese Unterteilung durch die starke Zunahme von Business Analytics-Cloud-Lösungen an Relevanz, da diese beides kombiniert zur Verfügung stellen. In diesem einführenden Abschnitt ist die recht grobe Unterscheidung in Hard- und Software allerdings ausreichend. Eine tiefergehende Differenzierung erfolgt im Kap. 3.3.

Die Ressource **Hardware** lässt sich hinsichtlich ihrer Hauptfunktionen im Business Analytics-Prozess weiter unterteilen in Hardware zur Speicherung von Daten und zur Verarbeitung von Daten. Im Falle der Datenspeicherung spielen In-Memory-Lösungen eine immer wichtigere Rolle, da sie enorme Geschwindigkeitsvorteile ermöglichen. Im Falle der Hardware zur Datenverarbeitung steht die Rechenleistung des IT-Systems im Fokus.

Die Ressource **Software** kann ebenfalls hinsichtlich ihrer Funktionen im Business Analytics-Prozess gegliedert werden: Daten speichern, Daten transformieren und Ergebnisse visualisieren. Innerhalb dieser drei Funktionen können weitere Subfunktionen unterschieden werden. Kommerziell erhältliche Softwarelösungen folgen dieser Differenzierung in der Regel nicht. Vielmehr integrieren diese die genannten Funktionen in unterschiedlicher Qualität. So existieren Softwarelösungen speziell zur Visualisierung der Ergebnisse, die aber nur rudimentäre Instrumente zur Datenanalyse umfassen. Anderseits existieren Softwarelösungen, die versuchen alle Funktionen zu integrieren.

Der Aufbau der Ressource IT erfordert Antworten auf zwei zentrale Fragen: Wie leistungsfähig muss die IT sein? Und: Wer ist für den Betrieb der IT verantwortlich? Die notwendige Leistungsfähigkeit wird im Wesentlichen determiniert durch die Datenmenge, durch die anzuwendenden Algorithmen und der geforderten Verarbeitungsgeschwindigkeit. Die Frage nach dem Betreiber stellt sich sowohl für Hardware als auch für die Software. Beides kann, auch kombiniert, von Externen betrieben werden. Determinanten der Entscheidung sind u. a. Datenschutzaspekte, Verfügbarkeiten und Kosten (vgl. hierzu Kap. 3.3).

Befassen wir uns abschließend mit der **Ressource Personal**. Personal ist der Träger der notwendigen Kompetenzen für Business Analytics. Nach Lamprecht/Tucker ist es einer der meistbegangenen Fehler im Umgang mit Analytics das Unterschätzen genau dieser Ressource (vgl. Lamprecht/Tucker 2016). Um diesen Fehler zu vermeiden ist ein Überblick über die notwendigen Rollen und Kompetenzprofile notwendig. Hierzu gehören in einer ersten groben Unterteilung (vgl. hierzu auch die Übersicht bei Cegilski/Jones-Farmer 2016):

- **Fach-Experten**: Diese Mitarbeiter sind vom adressierten Problem direkt betroffen. Ein Beispiel sind Mitarbeiter der Vertriebsabteilung, die vor der Aufgabe stehen, ein Key Account Management aufzubauen und daher die Frage stellen, welche Bestandskunden einen bestimmten Customer Lifetime Value übersteigen. Ein anderes Beispiel ist ein Produktmanager, der vor der Aufgabe steht, zu einem seiner Produkte die Dienstleistung „Predictive Maintenance" einzuführen und als Basis dafür ein Prognosemodell der Ausfallhäufigkeit benötigt. Ein drittes Beispiel ist ein Mitarbeiter der Controlling-Abteilung, ein verbessertes Vorgehen zur Erarbeitung von Ergebnis-Forecasts etablieren möchte. Die Aufgabe dieser Personalkategorie ist die Problemdefinition im Rahmen des Framing – und die Nutzung der Evidenzen, die am Ende des Business Analytics-Prozesses stehen.

- **Analytics-Experten**: Diese Mitarbeiter sind auf den Umgang mit Algorithmen spezialisiert. Oftmals wird auch die bisher unzureichend abgegrenzte Bezeichnung Data Scientist verwendet, die vergleichsweise neu und als Berufsbezeichnung in Deutschland noch nicht durchgängig eingeführt ist. Im englischen Sprachraum ist sie allerdings bereits etabliert, was Studien aufzeigen (vgl. bspw. Davenport/Patil 2012; Dhar 2013). Data Scientists sind mit allen datenbezogenen Aktivitäten betraut. Von der Aufbereitung der Daten, der Wahl der Methode zur Datenanalyse, der Durchführung derselben, bis hin zur Visualisierung der Ergebnisse (vgl. Finlay 2014, S. 27). In der Literatur wird die Rolle unterschiedlich weit postuliert. Zu dem hier angenommenen engen Verständnis sollten Fachwissen über die Anwendungsdomäne, also des adressierten Problems, sowie Kompetenzen aus dem Themenbereich Business Development hinzutreten (vgl. hierzu auch Baars 2016, S. 179). Der Data Scientist, so die Logik dieses Kompetenzentwurfs, wäre sodann kompatibler zu Mitarbeitern der Fachabteilungen.

- **IT-Experten**: Diese Mitarbeiter sind zuständig für die Bereitstellung und die Betreuung der für den Business Analytics-Prozess notwendigen IT-Ressourcen. Im Kern handelt es sich um Technologien zur Sammlung, Speicherung und Integration von Daten bis hin zu deren Visualisierung sowie zur Überführung der Erkenntnisse in konkrete Applikationen. Sie wirken in der Phase der Beschaffung der IT mit und halten deren Funktionsfähigkeit aufrecht. Wenn Teile der IT oder auch die gesamte IT von Externen betrieben wird, so fällt den IT-Mitarbeitern die Koordination dieser Kooperationspartner zu.

Die Ressource Personal kann auch **externe Mitarbeiter** umfassen. Im Falle von Mitarbeitern der Fachabteilungen bspw. Berater, die dabei unterstützen, die Probleme zu identifizieren. Zudem können es Mitarbeiter von Kooperationspartnern sein, bspw. Lieferanten, wenn es sich um unternehmensübergreifende Probleme handelt. Auch Data Scientists können durch externe Mitarbeiter ergänzt werden. Gründe dafür sind ein quantitativer oder qualitativer Mangel für ein bestimmtes Analytics-Problem. Vor allem kleine Unternehmen sind regelmäßig nicht in der Lage, eigene Data Scientists einzustellen. Eine detaillierte Einführung der unterschiedlichen Rollen erfolgt im vertiefenden Kapitel (vgl. Kap. 3.4).

Hinsichtlich der Ressource Personal sind drei Aufgaben vorrangig: Bestimmung des qualitativen Bedarfs, Bestimmung des quantitativen Bedarfs sowie deren organisatorische Verortung. Ein zentrales Instrument für die Bestimmung des qualitativen Bedarfs sind definierte **Rollen**. Hingegen ist der quantitative Bedarf von der erforderlichen Geschwindigkeit des Business Analytics-Prozesses abhängig. Die organisatorische Verortung ist vorrangig eine Frage nach dem **Zentralisierungsgrad**.

» Teilprozess Analytics

Ziel des Teilprozesses Analytics ist die **datenbasierte Gewinnung von Evidenzen**, um damit ein vorab definiertes Analytics-Problem zu lösen. Er unterteilt sich in Datenaufbereitung, Datenanalyse und Evaluation der Ergebnisse.

Datenaufbereitung umfasst alle Aktivitäten, die die Daten in einen Zustand überführen, dass sie den Anforderungen des anzuwendenden Algorithmus entsprechen. Dazu gehören Datenkonsolidierung, Datenbereinigung, Datentransformation und Datenreduktion.

Datenkonsolidierung ist die Zusammenführung von Daten aus unterschiedlichen Quellen. Eine typische Entscheidung im Rahmen der Datenbereinigung ist der Umgang mit sogenannten Missing Values, also fehlender Werte. Im Rahmen der Datentransformation werden Daten u.a. normalisiert aber auch neue Attribute konstruiert, denen eine höhere Aussagekraft zugeschrieben wird. Ein Beispiel ist die Bildung eines Quotienten aus zwei vorher getrennten Attributen, wie Kraft und Fläche zu Druck. Typisches Verfahren zur Datenreduktion sind Faktoranalyse und Hauptkomponentenanalyse. So werden verschiedene Attribute durch ein Attribut ersetzt, das die ursprünglichen Attribute repräsentiert.

Der Umfang der Datenaufbereitung wird wesentlich durch die Wahl des Algorithmus bestimmt. So haben die verschiedenen Algorithmen spezifische Anforderungen an die Datenaufbereitung. Diese werden in den Kapiteln erörtert, in denen die betreffenden Algorithmen eingeführt werden.

Die **Datenanalyse** umfasst jene Menge von Aktivitäten, in denen aus den Daten die Evidenzen zum Zwecke der Problemlösung gewonnen werden. In der Regel werden diese Aktivitäten am stärksten mit dem Begriff Business Analytics assoziiert, obwohl es nur ein Schritt von mehreren ist. Im Mittelpunkt stehen die **Algorithmen**. Darunter ist ein „[...] generelles Rechenverfahren, das nach schematischen Regeln verläuft [...]" zu verstehen (Mittelstraß 2004a, S. 85).

Die Algorithmen zur Datenanalyse sind vielfältig. Für ein einführendes Buch ist es notwendig, sich auf die Besprechung der Hauptklassen zu fokussieren. Sie lassen sich den drei Business Analytics-Modi zuordnen. Für Descriptive Analytics sind dies

- Maße der deskriptiven Statistik,
- Clusteranalyse,
- Assoziationsanalyse,
- Ausreißeranalyse sowie
- Text Mining und
- Social Network-Analyse.

Wichtige Algorithmenklassen der Predictive Analytics sind

- Regressionsanalyse,
- Klassifikationsanalyse und
- Zeitreihenanalyse.

Optimierung und Simulation bilden schließlich die wesentlichen Algorithmenklassen der Prescriptive Analytics (vgl. dazu auch die Übersicht bei Aggarwal 2015).

Der abschließende Schritt im Rahmen des Teilprozesses Analytics ist die **Evaluation** der Ergebnisse. Die verschiedenen Algorithmen erfordern jeweils spezifische Evaluationsformen. Ein Beispiel ist die Prüfung der Prognosequalität eines Entscheidungsbaums mittels ROC-Kurven. Die Evaluation basiert in der Regel auf einer Teilung der Datenmatrix in Trainingsdaten und Testdaten. Mit den Trainingsdaten werden die Modelle erarbeitet und mit den Validierungsdaten werden die Modelle evaluiert. Unterschiedliche Algorithmen bedürfen unterschiedlicher Evaluationsmaße. Allerdings gibt es auch Evaluationsmaße, die für eine ganze Algorithmenklasse anwendbar sind. Ein Beispiel ist der Prognosefehler im Falle von Predictive Analytics.

» Teilprozess Preparation

Ziel des Teilprozesses Preparation ist die **Aufbereitung** der gewonnenen **Roh-Evidenzen**, so dass Nutzer diese in optimaler Weise einsetzen können. Die Aufbereitung umfasst drei Themenkomplexe: Klärung der Mechanismen, die Feststellung der Gültigkeitsgrenzen und die Visualisierung.

Die **Klärung der Mechanismen**, die den gewonnenen Roh-Evidenzen zugrunde liegen, ist einer der meist unterschätzten Aufgaben im Rahmen von Business Analytics. Durch die hier vorgestellten Algorithmen werden zwar Roh-Evidenzen gewonnen, aber deren Nutzung ist erst dann sicher möglich, wenn die zugrunde liegenden Mechanismen geklärt sind. Hierzu ein Beispiel: Ergebnis der Regressionsanalyse ist ein Modell, das auf Basis bestimmter Attribute den numerischen Wert eines anderen Attributs prognostiziert. Der Zusammenhang zwischen den Attributen wurde anhand der Korrelation festgestellt. Eine Kausalität kann aber durch den Algorithmus nicht postuliert werden. Weder sagt die Korrelation etwas über die Richtung der Wirkung aus, noch kann ausgeschlossen werden, dass nicht eine unberücksichtigte Drittvariable für den (Schein-)Zusammenhang ursächlich ist. Erst die Klärung des Mechanismus erlaubt die Annahme einer Kausalität. Kann ein Mechanismus nicht aufgeklärt werden, etwa durch Detailanalyse, Experimente oder Befragung von Fachexperten, ist die Verwendung der Evidenz im Rahmen einer Managemententscheidung ein großes **Risiko.**

Eine zweite Aufgabe im Rahmen der Preparation ist die Feststellung der Gültigkeitsgrenzen der gewonnen Evidenzen. Die Annahme einer absoluten räumlichen, zeitlichen und inhaltlichen **Generalisierbarkeit** der Evidenzen ist in aller Regel nicht zulässig. Begrenzend wirken vor allem die angenommenen Prämissen sowie die Daten und Algorithmen. Sind diese **Gültigkeitsgrenzen** der Evidenzen nicht bekannt, drohen negative Effekte, die die positiven überwiegen können. Hierzu ein Beispiel: Entstammen die analysierten Daten einer bestimmten Branche, so ist eine Übertragbarkeit auf eine andere Branche nur dann zulässig, wenn eine nachvollziehbare Begründung dafür vorliegt. Ist den Nutzern der Evidenz diese Grenze nicht bewusst, droht eine **Fehlanwendung.**

Business Analytics ist in der Regel ein arbeitsteiliger Prozess. Die Gewinnung der Evidenzen erfolgt durch andere Personen als deren Nutzung. Es ist daher notwendig, dass die Evidenzen so aufbereitet werden, dass die Übergabe so erfolgt, dass die Evidenzen für die Nutzer verständlich und damit erst verwendbar sind. Hierzu müssen die Evidenzen visualisiert werden. **Visualisierung** ist die Überführung der Roh-Evidenzen in eine geeignete bildhafte Darstellung. Identifizierte Cluster können, wie in Abbildung 11 gezeigt, bspw. als Dendrogramm, tabellarisch, aber auch als abgegrenzte Punktwolke dargestellt werden (vgl. Witten et al. 2017, S. 87 f.) Typische Visualisierungsform der Ergebnisse von Klassifikationen sind Entscheidungsbäume oder logische Regeln.

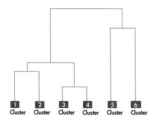

Instanz	Cluster A	Cluster B	Cluster C	Cluster D
1	0,1	0,7	0,0	0,2
2	0,3	0,2	0,4	0,1
3	0,5	0,4	0,1	0,0
4	0,0	0,0	0,9	0,1
5	0,7	0,3	0,0	0,0
6	0,5	0,1	0,2	0,2
7	0,2	0,3	0,4	0,1
8	0,3	0,3	0,1	0,3
9	0,1	0,1	0,1	0,7
10	0,2	0,4	0,1	0,3

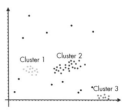

Abbildung 11: Drei alternative Visualisierungsformen von Clustern

Analog zur Datenaufbereitung wollen wir festhalten, dass es sich bei der Visualisierung nur um einen teilautomatisierbaren Prozess handelt. Die Auswahl der jeweils geeigneten Formen, aber auch Farben, ist nicht trivial. Zu beachten sind hier nicht zuletzt die Rezeptionspräferenzen der Betrachter.

Zusammenfassung

Abbildung 12 zeigt den **Business Analytics-Prozess** in der Übersicht. Hervorgehoben sind die jeweiligen Ergebnisse der Teilprozesse, die an die nächsten Teilprozesse übergeben werden. Dies sind nach dem Framing das konkrete Analytics-Problem, nach Allocation die Ressourcen-Ausstattung und nach dem Teilprozess Analytics die Roh-Evidenzen. Diese Bezeichnung hebt nochmals hervor, dass diese Roh-Evidenzen der weiteren Aufbereitung im Rahmen der Preparation bedürfen, bevor sie angewendet werden können. Das finale Ergebnis des Gesamtprozesses sind dann die direkt verwendbaren Evidenzen.

Es sei hier nochmals darauf hingewiesen, dass es sich grundsätzlich um einen **linearen Prozess** handelt. Allerdings können die Phasen Allocation und Analytics mehrfach durchlaufen werden, da sich in der Phase Analytics herausstellen kann, dass die bereitgestellten Ressourcen (bspw. die Daten) nicht ausreichend zur Gewinnung der erwünschten Evidenzen sind.

Abbildung 12: Business Analytics-Prozess

Der Business Analytics-Prozess kann in zwei Varianten differenziert werden. Sie unterscheiden sich in der Art der betriebswirtschaftlichen Probleme. Handelt es sich um ein einmaliges Problem, so manifestiert sich der Business Analytics-Prozess in Form eines **Projekts**. Das Problem wird in einem einmaligen Durchlauf, ggf. mit mehrmaligem Durchlauf der Teilprozesse Allocation und Analytics, gelöst und die Ressourcen werden anschließend für andere Verwendungen wieder freigegeben. Handelt es sich jedoch um ein kontinuierliches Problem, dass immer wieder oder gar automatisiert im Rahmen eines regulären betrieblichen Prozesses gelöst werden muss, so manifestiert sich der Business Analytics-Prozess in einer Dauerstruktur. In dieser auch als **Operational Analytics** bezeichneten Variante, erfolgt eine fortdauernde automatisierte Durchführung der Teilprozesse Analytics und Preparation mit dauerhaft zugewiesenen (IT-)Ressourcen (vgl. Franks 2014, S. 5 f.). Ein Beispiel ist die automatische Priorisierung von Kunden anhand ausgewählter Charakteristika in Fällen, in denen nicht alle Kunden gleichzeitig adressiert werden können (vgl. hierzu die Fallstudie Ausrüster GmbH in Kap. 2.5.2).

Abschließend zeigt Abbildung 13 die hier eingeführte **Nomenklatur** in der Übersicht und damit den Zusammenhang zentraler Begriffe, wie betriebswirtschaftliches Problem, grundsätzliche Lösungsidee, Analytics-Problem und Evidenz.

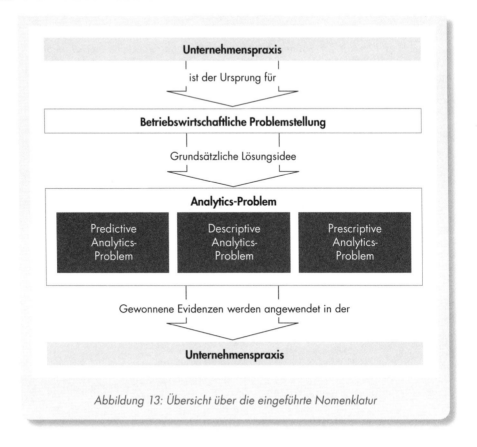

Abbildung 13: Übersicht über die eingeführte Nomenklatur

1.4   Aufbau des Buches

Die nun folgenden Kapitel befassen sich mit den vier **Teilprozessen** des Business Analytics-Prozesses: Framing, Allocation, Analytics und Preparation.

In **Kapitel 2 (Framing)** stehen die Identifikation des betriebswirtschaftlichen Problems und die Formulierung des Analytics-Problems im Fokus. Dazu werden Instrumente zur systematischen Identifikation möglicher betriebswirtschaftlichen Probleme sowie deren Operationalisierung erörtert. Daraufhin stehen die Instrumente zum Relevanznachweis im Fokus. Es folgen Erläuterungen, wie aus dem betriebswirtschaftlichen Problem mithilfe einer grundsätzlichen Lösungsidee das Analytics-Problem abgeleitet wird. Abschließend wird die Eingrenzung der notwendigen Datendomänen thematisiert.

Kapitel 3 (Allocation) adressiert die notwendigen Ressourcen, die zur Lösung des Problems benötigt werden. Zu Beginn steht die Ressource Daten. Wesentliche Themen sind Datentypen und Dimensionen der Datenqualität. Im Anschluss daran erfolgt eine Einführung in die Elemente der Ressource IT. Hier werden wesentliche Elemente einer Business Analytics-spezifischen IT-Architektur erörtert. In Mittelpunkt der Ausführungen zur Ressource Personal stehen die unterschiedlichen Rollen sowie aufbauorganisatorische Aspekte.

In **Kapitel 4 (Analytics)** werden wesentliche Algorithmen eingeführt. Diese sind nach den drei Modi von Business Analytics in Descriptive Analytics, Predictive Analytics und Prescriptive Analytics gegliedert. Erörtert werden Einsatzgebiete, Anwendung sowie Ergebnisse der verschiedenen Algorithmen. Eine wichtige Rolle kommt der Evaluation der Ergebnisse der Algorithmen zu.

Kapitel 5 (Preparation) behandelt die Aufbereitung der mithilfe von Algorithmen gewonnenen Roh-Evidenzen. Im Fokus sind die Klärung der Mechanismen, die den Roh-Evidenzen zugrunde liegen, die Feststellung von Gültigkeitsgrenzen der Roh-Evidenzen sowie die Visualisierung.

Das Buch schließt mit vier realen **Fallstudien**, anhand derer das Erlernte vertieft wird. Abbildung 14 zeigt die Struktur des Buches in der Übersicht. Zum Zweck

Kap. 1: Grundlagen

| Relevanz von Business Analytics | Begriffliche Grundlagen | Business Analytics-Prozess |

Kap. 2: Teilprozess Framing

| Identifikation des Problems | Operationalisierung und Relevanznachweis | Ableitung des Analytics-Problems |

Kap. 3: Teilprozess Allocation

| Daten | Informationstechnologie | Personal |

Kap. 4: Teilprozess Analytics

| Descriptive Analytics | Predictive Analytics | Prescriptive Analytics |

Kap. 5: Teilprozess Preparation

| Mechanismen | Grenzen | Visualisierung |

Kap. 6: Fallstudien

| Bodenbelag GmbH | BrainMine GmbH | InnoMA GmbH | Raumklima GmbH |

Abbildung 14: Struktur des Buchs

des Selbststudiums endet jedes Kapitel mit einer Reihe von **Wiederholungs- und Vertiefungsfragen**. Darüber hinaus werden Hinweise auf **weiterführende Literatur** gegeben, in denen die behandelten Inhalte weiter vertieft werden können.

Neben den Fallstudien im Abschlusskapitel begleitet uns am jeweiligen Ende der Kapitel die **Fallstudie Ausrüster GmbH**. Im Rahmen dieser Fallstudie werden die im jeweiligen Kapitel erörterten Instrumente realitätsnah angewendet. Die Ausrüster GmbH ist ein Hersteller von Werkzeugmaschinen zur Metallbearbeitung. Ihr Produktportfolio umfasst:

- die Drehmaschinen D1 und D2,
- die Schleifmaschinen S1 und S2 sowie
- die Presse P1.

Sie hat parallel zur ihrem Produktportfolio ein Portfolio industrieller Dienstleistungen aufgebaut. Für dieses Dienstleistungsgeschäft verfolgt die Ausrüster GmbH eine Verstetigungsstrategie (vgl. Seiter 2016, S. 13 f.). Das Dienstleistungsgeschäft dient somit der Verstetigung des Gesamtumsatzes des Unternehmens. Konjunkturelle Einbrüche des Produktgeschäfts sollen durch ein ansteigendes Dienstleistungsgeschäft zumindest teilweise kompensiert werden. Daher umfasst das Dienstleistungsportfolio 15 After Sales-Dienstleistungen der Kategorien:

- Instandhaltung,
- Retrofitting sowie
- Optimierungsberatung.

Die Ausrüster GmbH gehört einem internationalen Konzern an und hat u. a. das Schwesterunternehmen Maschinen AG, das nicht in Konkurrenz zur Ausrüster AG steht, aber ein ähnliches Dienstleistungsportfolio anbietet. Allerdings für ein gänzlich anderes Produktportfolio. Daten erhebt die Ausrüster GmbH u. a. zu Servicefällen. Aktuell umfasst die entsprechende Datenmatrix mehr als **50 Attribute** zu über **800 Servicefällen**. Zu den Attributen gehören u. a.:

- Attribute des Dienstleistungsprozesses: Name des Servicetechnikers, die verwendete Ausrüstung, die benötigten Verbrauchsmaterialien, Anfahrtszeiten, Arbeitszeiten, beteiligte Kooperationspartner, Kommentare des Servicepersonals etc.
- Attribute der Kunden: Größe, Dauer der Geschäftsbeziehung, prognostizierter Customer Lifetime Value, Anzahl gebuchter Dienstleistungsarten, Anzahl der Beschwerden, Ergebnis einer Kundenzufriedenheitsumfrage etc.
- Attribute des Servicepersonals: Alter, Betriebszugehörigkeit, Anzahl der Fortbildungen etc. sowie
- weitere Attribute, wie die Wetterlage während des Serviceeinsatzes.

Mit fast 50.000 Werten sind die Datenmatrizen weder vom Umfang noch von der Diversität als „Big Data" zu klassifizieren. Allerdings erlauben sie das sinnvolle Nachvollziehen der verschiedenen Algorithmen. Sie sind so umfangreich, dass reine „Sichtanalysen" nicht mehr möglich ist. Darüber hinaus ist ein Mindestmaß an Datendiversität gegeben, da die Datenmatrizen nominalskalierte und metrische Attribute sowie Textelemente umfassen.

Alle Beispiele in diesem Buch können mithilfe der Daten nachvollzogen werden. Sie sind unter http://www.ipri-institute.com verfügbar. Die Analyse der Datenmatrix erfolgt mit der **OpenSource-Software KNIME**, die unter www.knime.org verfügbar ist. KNIME unterstützt die hier behandelten Algorithmen und wird kontinuierlich durch eine große Nutzer-Community erweitert. Daneben ist es durch seine graphische Benutzerschnittstelle intuitiv bedienbar und durch kostenpflichtige Module auch im industriellen Maßstab anwendbar.

Wiederholungs- und Vertiefungsfragen

- Was ist das Ziel von Business Analytics?
- Weshalb ist Business Analytics relevant?
- Welche Rolle spielt Business Analytics im Rahmen des Managementzyklus von Planung, Steuerung und Kontrolle?
- Ist Business Analytics ein linearer Prozess?
- Welcher Datenquellen bedient sich Business Analytics?
- Was sind typische betriebswirtschaftliche Probleme, die mit Supply Chain Analytics adressiert werden?
- Was sind typische betriebswirtschaftliche Probleme, die mit R&D Analytics adressiert werden?
- Was unterscheidet Descriptive Analytics von Predictive Analytics?
- Was versteht man unter Mustern? Nennen Sie Ausprägungen von Mustern?
- In welcher Relation stehen die Begriffe Business Analytics und Data Mining?
- Aus welchen Teilprozessen besteht der Business Analytics-Prozess? Wie bauen diese aufeinander auf?
- Was könnte die Bedeutung der Kennzahl „Time to Insight" im Zusammenhang mit dem Business Analytics-Prozess bedeuten?
- Wie unterscheiden sich betriebswirtschaftliches Problem und Analytics-Problem?
- Welche Ressourcen sind zentral für Business Analytics?
- Weshalb ist die Aufbereitung der Ergebnisse der Algorithmen notwendig, bevor ein Nutzer diese einsetzt?
- Welche Rolle spielt Visualisierung im Rahmen von Business Analytics?
- Was versteht man unter Operational Analytics?

Weiterführende Literatur

Eine mittlerweile schon als klassisch zu bezeichnende **Einführung in das Themengebiet** Business Analytics aus betriebswirtschaftlicher Perspektive bieten Davenport/Harris (2007).

Eine tiefgehende Auseinandersetzung mit der **Definition** des Begriffs Business Analytics bieten Holsapple/Lee-Post/Pakath (2014).

Einen weiteren Überblick über **Methoden und Einsatzpotenziale** von Business Analytics bietet der Beitrag von Gluchowski (2016).

Darüber hinaus existieren mittlerweile zahlreiche Werke, die Business Analytics aus der Perspektive der unterschiedlichen **betrieblichen Funktionen** beleuchten, bspw Horváth/Gleich/Seiter (2019) aus Sicht des Controllings.

Kapitel 2:

Teilprozess Framing

»Ziele des Teilprozesses Framing sind die Identifikation des betriebswirtschaftlichen Problems und die Ableitung eines zugehörigen Analytics-Problems mithilfe einer grundsätzlichen Lösungsidee.«

2.1 Kapitelüberblick

Wie Abbildung 15 zeigt, umfasst Framing drei Schritte. Im ersten wird ein betriebswirtschaftliches Problem identifiziert. In zweiten wird es operationalisiert und seine Relevanz nachgewiesen. Schließlich wird es mittels einer grundsätzlichen Lösungsidee in eine Form überführt, die Algorithmen zugänglich ist – das Analytics-Problem.

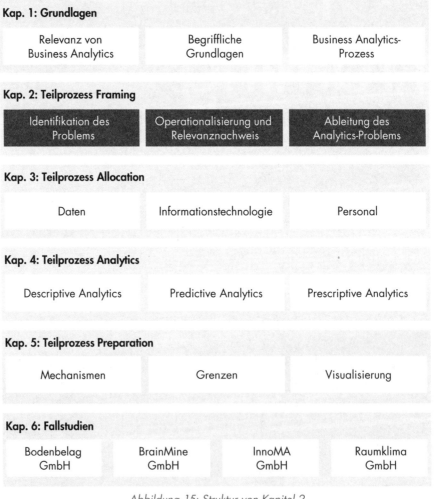

Kap. 1: Grundlagen

| Relevanz von Business Analytics | Begriffliche Grundlagen | Business Analytics-Prozess |

Kap. 2: Teilprozess Framing

| Identifikation des Problems | Operationalisierung und Relevanznachweis | Ableitung des Analytics-Problems |

Kap. 3: Teilprozess Allocation

| Daten | Informationstechnologie | Personal |

Kap. 4: Teilprozess Analytics

| Descriptive Analytics | Predictive Analytics | Prescriptive Analytics |

Kap. 5: Teilprozess Preparation

| Mechanismen | Grenzen | Visualisierung |

Kap. 6: Fallstudien

| Bodenbelag GmbH | BrainMine GmbH | InnoMA GmbH | Raumklima GmbH |

Abbildung 15: Struktur von Kapitel 2

Die **Identifikation eines betriebswirtschaftlichen Problems** beruht oftmals auf Intuition, Erfahrungen, zufälligen Beobachtungen oder eigenständigen Erstanalysen von Führungskräften. Aber auch Hinweise durch Externe, wie bspw. Kunden, Kooperationspartner, Konkurrenten, Unternehmensberater, können Anlass sein,

ein bestimmtes Problem aufzugreifen (vgl. Kap. 2.2). Die erste, noch rudimentäre, Version des Problems erfordert eine weitere Ausarbeitung im Rahmen der **Operationalisierung**. Er dann ist der Nachweis möglich, dass ein **relevantes Problem** vorliegt, dass den Einsatz von Business Analytics rechtfertigt (vgl. Kap. 2.3). Aus dem Problem wird im letzten Schritt mithilfe einer Lösungsidee das **Analytics-Problem** abgeleitet, das dann im Rahmen der weiteren Teilprozesse von Business Analytics gelöst wird (vgl. Kap. 2.3). Für das Verständnis von Business Analytics ist es von zentraler Bedeutung, den Unterschied zwischen betriebswirtschaftlichem Problem und Analytics-Problem zu verstehen. Hierzu ein Beispiel:

> Ein Unternehmen hat als **betriebswirtschaftliches Problem** eine mangelnde Vertriebsleistung identifiziert. Die Ausrichtung der Vertriebsmitarbeiter erfolgt bislang ohne eine Spezialisierung auf ein bestimmtes Kundensegment. Als **grundsätzliche Lösungsidee** möchte das Unternehmen seine Vertriebsmitarbeiter jeweils möglichst homogenen Kundengruppen zuordnen. Durch diese Spezialisierung können die Vertriebsmitarbeiter wesentlich spezifischere Vertriebsmaßnahmen ergreifen. Allerdings sind die Kundensegmente nicht bekannt. Das **Analytics-Problem** besteht folglich in der Frage, in welche möglichst homogenen Segmente die Bestandskunden des Unternehmens eingeteilt werden können. Gelöst werden kann dieses Problem mithilfe von Clusteranalysen.

Das betriebswirtschaftliche Problem ist, wie das Beispiel zeigt, durch Algorithmen nicht direkt lösbar. Vielmehr muss auf Basis einer grundsätzlichen Lösungsidee aus dem betriebswirtschaftlichen Problem ein Analytics-Problem abgeleitet werden. Dieses kann dann mithilfe von Algorithmen, hier: Clusteranalysen, gelöst werden. Abbildung 16 zeigt den Teilprozesses Framing im Gesamtprozess von Business Analytics:

Abbildung 16: Teilprozess Framing

2.2 Identifikation des betriebswirtschaftlichen Problems

Warum ein bestimmtes **betriebswirtschaftliches Problem** in den Fokus von Führungskräften gerät, hat vielfältige Gründe. Ein Grund ist das selbstständige Auffinden eines Problems durch Führungskräfte. Sei es durch Intuition, Erfahrung, zufällige Beobachtungen oder eigenständige Erstanalysen. Ein anderer Grund kann der Hinweis durch Externe sein. Für solche Hinweise kommen Kunden, Kooperationspartner, bspw. innerhalb der Supply Chain, Konkurrenten, Unternehmensberater oder Vertreter von Verbänden infrage.

Die beschriebenen Wege unterscheiden sich in ihrem Strukturierungsgrad. Von weitgehender Strukturlosigkeit der Intuition bis hin zur vollkommen strukturierten Erstanalyse. Im Folgenden werden Instrumente zur strukturierten Problemidentifikation erörtert. Diese sind besonders nützlich, wenn Führungskräfte zwar die Relevanz von Business Analytics realisiert haben, aber unklar ist, welches der potenziell vielen Probleme prioritär behandelt werden soll.

Ein Strukturierungsinstrument ist das **Business Model Canvas**. Es ist ein besonders extensives Suchschema, da es als Repräsentation des Geschäftsmodells eines Unternehmens entwickelt wurde (vgl. Osterwalder/Pigneur 2011). Hier soll unter einem Geschäftsmodell eine Konkretisierung der Strategie eines Unternehmens verstanden werden. Ein Geschäftsmodell kann somit als Bindeglied zwischen Strategie und der operativen Ebene interpretiert werden. Abbildung 17 zeigt die Elemente des Suchschemas.

Kernpartner	Kernprozesse	Wertangebote	Kundenbeziehungen	Kundensegmente
Bestimmte Aktivitäten werden ausgelagert und bestimmte Ressourcen werden außerhalb des Unternehmens beschafft.	Kernkompetenzen sind zusammen mit den Ressourcen zur Erstellung des Leistungsangebots notwendig.	Wertangebote versuchen Kundenprobleme zu lösen und die Kundenbedürfnisse zu befriedigen.	Mit jedem Kundensegment werden Kundenbeziehungen hergestellt und gepflegt.	Ein Unternehmen bedient ein oder mehrere Kundensegmente.
	Kernressourcen		**Kanäle**	
	Ressourcen sind die Güter, die zur Erstellung des Leistungsangebots notwendig sind.		Unterbreitung der Wertangebote durch Kommunikations-, Distributions- und Verkaufskanäle.	
Kostenstruktur			**Umsatzquellen**	
Durch die Erstellung und den Verkauf von Wertangeboten entsteht eine Reihe von Kosten.			Mit dem erfolgreichen Verkauf von Wertangeboten an die Kunden werden Umsätze generiert.	

Abbildung 17: Business Model Canvas als Suchschema
(in Anlehnung an Osterwalder/Pigneur 2011, S. 22 f.)

Die Untergliederung in verschiedene Elemente strukturiert den Prozess der Problemidentifikation. Jedes Element stellt einen wichtigen betriebswirtschaftlichen Aspekt dar. Im Folgenden werden diese Elemente erörtert.

Das Element **Kundensegmente** beschreibt, welche unterschiedlichen Kundengruppen ein Unternehmen adressiert. Die Kundensegmente unterscheiden sich u. a. durch deren Bedürfnisse, deren Verhaltensweisen sowie die Art, wie ein Unternehmen diese befriedigt (vgl. Osterwalder/Pigneur 2011, S. 24). Typische Probleme adressieren die Prognose des Verhaltens der Kunden oder die Strukturen innerhalb einer Kundengruppe.

Das Element **Kundenbeziehungen** beschreibt den Modus, in dem das Unternehmen die Kundensegmente adressiert. Grundmuster sind persönliche Unterstützung, Selbstbedienung, automatisierte Dienstleistung, Communities sowie die Co-Wertschöpfung durch Kunden (vgl. Osterwalder/Pigneur 2011, S. 33). Die Art der Kundenbeziehung ist allerdings nicht vollkommen frei wählbar, sondern wird wesentlich durch die Erwartungen der Kundensegmente bestimmt. Charakteristika der verschiedenen Modi, und somit Ansatzpunkte für die Identifikation von betriebswirtschaftlichen Problemen, sind Intensität und Art der Kommunikation, der Grad der Automatisierung und die Kostenintensität.

Das Element **Kanäle** umfasst sämtliche Kommunikations- und Distributionskanäle, mit denen den verschiedenen Kundensegmenten das Wertangebot vermittelt wird. Typische Kanäle sind die eigenen Vertriebsmitarbeiter, das Internet, eigene Filialen, Partnerfilialen sowie Großhändler (Osterwalder/Pigneur 2011, S. 30f.). Jeder Kanal kann über spezifische Charakteristika beschrieben werden, die Ansatzpunkte darstellen, um ein betriebswirtschaftliches Problem zu identifizieren. Dazu gehören bspw. der Interaktionsgrad mit dem Kunden und die Wirtschaftlichkeit eines Kanals.

Das Element **Wertangebot** repräsentiert das Angebot an Produkten und Dienstleistungen für die jeweiligen Kundensegmente. Wertangebote unterscheiden sich in Dimensionen wie Neuigkeitsgrad, Funktionalität, Bedienbarkeit, Design, Image, Verfügbarkeit und Kosten (vgl. Osterwalder/Pigneur 2011, S. 27–29). Wiederum bieten die Charakteristika die Ansatzpunkte für die Identifikation von Problemen. Ein Beispiel ist Identifikation wesentlicher Faktoren, die das Image eines Produkts bestimmen.

Das Element **Umsatzquellen** repräsentiert die Varianten der Wertaneignung der Unternehmen. Grundsätzliche Muster, die auch als Mischformen Anwendung finden können, sind (vgl. Osterwalder/Pigneur 2011, S. 35f.):

- Verkauf in unterschiedlichen Varianten (u. a. Auktionen),
- Nutzungsgebühren,
- Mitgliedsgebühren,
- Vermietung und zugehörige Derivate,
- Betreibermodelle,
- Verfügbarkeitsgarantien,
- Lizenzmodelle sowie
- Maklergebühren.

Ein wesentliches Charakteristikum ist die zeitliche Struktur der Umsätze: vom einmaligen Umsatz beim Kauf, über unregelmäßige mehrmalige Umsätze bei Betreibermodellen, bis hin zu regelmäßigen Umsätzen bei Vermietung. Ein zweites Charakteristikum ist die Unterscheidung zwischen festen und variablen Preisen, bspw. im Rahmen von Auktionen.

Das Element **Kernprozesse** umfasst nicht sämtliche Prozesse eines Unternehmens, sondern zentrale Prozesse. Allerdings ist nicht definiert, um welche es sich konkret handelt, oder wie diese von weniger wichtigen Prozessen zu unterscheiden sind (vgl. Osterwalder/Pigneur 2011, S. 40f.). Im Falle von produzierenden Unternehmen hat sich ein Prozessmodell etabliert, das hier zur Vertiefung dieses Elements dient: Diese sogenannte Portersche Wertkette ist in primäre und unterstützende Aktivitäten gegliedert. Primäre Aktivitäten befassen sich mit der physischen Herstellung und der Versorgung des Marktes (vgl. Welge/Al-Laham 2012, S. 363). Tabelle 2 zeigt diese Aktivitäten und zugehörige Ausprägungen.

Primäre Aktivitäten	
Eingangslogistik	Warenannahme, Ein- und Umlagerung, Teile der Intralogistik.
Produktion	Prozessschritte zur Erzeugung eines Produktes. Dazu gehören u. a. Fertigung, Vor- und Endmontage, Verpackung sowie Teile der Intralogistik.
Marketing & Vertrieb	Aktivitäten zur Absatzsteigerung wie Werbung, Verkaufsaußendienst, Vertriebswege, Preisgestaltung usw.
Ausgangslogistik	Tätigkeiten am fertigen Produkt wie Lagerung, Auslieferung, Auftragsabwicklung, die in der Abgabe an den Abnehmer enden.
Kundendienst	Produktbezogene Dienstleistungen wie Installation, Reparatur, Beratung usw.
Unterstützende Aktivitäten	
Unternehmensinfrastruktur	Das gesamte Unternehmen umfassende Aktivitäten wie Geschäftsführung, Rechnungswesen, IT usw.
Personalwirtschaft	Mitarbeiterbezogene Aktivitäten wie Rekrutierung, Ausbildung, Einsatzplanung, Fortbildung usw.
Technologieentwicklung	Produkt- und Dienstleistungsweiter- oder -neuentwicklung.
Beschaffung	Einkauf der für die Geschäftstätigkeit notwendigen Inputs, d. h. Maschinen, Dienstleistungen, Büro- und Geschäftsausstattung usw.

Tabelle 2: Aktivitäten in der Porterschen Wertkette
(in Anlehnung an Baum et al. 2013, S. 91 f.)

Aufgrund der großen Relevanz des Kernprozesses Produktion existieren hierfür weitere Vertiefungsmöglichkeiten. Abbildung 18 zeigt hierzu eine typische Untergliederung in die Elemente Produktprogramm, Potenzial, also den einzelnen Produktionsfaktoren, und Produktionsprozess (vgl. Corsten/Gössinger 2016, S. 28 f.). Jedes der Elemente ist ein Ansatzpunkt für die Identifikationen einer Vielzahl von Problemen: Ist die gegenwärtige typische Losgröße konkurrenzfähig und sinnvoll? Ist die Fehlerrate der Maschinen konkurrenzfähig? Ist die Maschinenauslastung optimal? Ist der Produktionsprozess effizient gestaltet?

Eine zunehmende Anzahl von Unternehmen weist keine Produktion im klassischen Sinne auf, sondern stellt **digitale Plattformen** zur Verfügung. Unter einer Plattform versteht man in der Regel eine Technologie, die es ermöglicht, verschiedene Partner, die vorher nicht oder anders in Interaktion traten, zu vernetzen. Ziel dieser Vernetzung ist der Austausch von Produkten, Dienstleistungen oder Informationen. Der Plattformanbieter profitiert dann bspw. von einer Nutzungsgebühr oder von Werbeeinnahmen. Typische Beispiele sind Handelsplattformen wie Amazon und Ebay oder Buchungsplattformen wie AirBnB und Uber. Eine weitere wichtige Form von Plattformen sind die Internet-of-Things (IoT) Plattformen. Sie spielen in einer Vielzahl von Branchen, bspw. im Maschinenbau, eine zunehmend wichtige Rolle (vgl. Seiter 2018). Kernprozesse solcher Geschäftsmodelle sind die Gewinnung von

Abbildung 18: Elemente des Produktionsmanagements
(in Anlehnung an Corsten/Gössinger 2016, S. 29)

Partnern, die sogenannte Skalierung, die Prozesse zur Steuerung des Verhaltens der Partner auf der Plattform, sowie Prozesse zur Zusammenführung der Partner.

Das **Element Kernressourcen** umfasst jene Ressourcen, mit denen Unternehmen die Wertangebote bereitstellen, die Kernprozesse ermöglichen und die Kanäle betreiben. Typische Ressourcenarten sind physische Ressourcen, wie Maschinen und Gebäude, intellektuelle Ressourcen, wie Patente, Wissen, Personal unterschiedlichster Qualifikation und IT im Sinne von Hardware und Software sowie finanzielle Ressourcen aus unterschiedlichen Finanzierungsquellen (vgl. Osterwalder/ Pigneur 2011, S. 38 f.).

Das **Element Kernpartner** umfasst jene Partner, die Unternehmen benötigen, um die Wertangebote zu realisieren. Die Kernfrage in diesem Element lautet: Make, Buy or Ally? Im Modus Make sind Partner nicht vorgesehen. Im Modus Buy sind Partner reine Transaktionspartner für Waren und Dienstleistungen im Sinne eines Lieferanten oder eines Distributionskanals. Im Modus Ally sind Partner dauerhafte Kooperationspartner mit vertiefter Verknüpfung der Wertschöpfungsprozesse. Typische reale Ausprägungen der Form Ally sind strategische Allianzen, Joint Ventures und Betreibermodelle.

Die Charakteristika der beiden Modi Buy und Ally sind vielfältig und abhängig von der jeweiligen Form. Wesentlich für Buy-Partnerschaften sind Liefertreue und Qualitätsmaße, die die Produktqualität beschreiben (vgl. hierzu für eine Übersicht die klassische Veröffentlichung von Dickson 1966). Charakteristika für Ally-Partnerschaften sind abhängig von der Zielsetzung der Kooperation. Beispiele sind:

- Zeitvorteile (bspw. kürzere Entwicklungszeiten, schnellere Vermarktung),
- Know-how-Vorteile (bspw. Zugang zu Produkt- und Produktionstechnologien),
- Kostenreduktion (bspw. Reduktion von Produktionskosten),
- Erlössteigerungen (bspw. Erschließung neuer Absatzquellen) und
- Risikoteilung (bspw. gemeinsame Finanzierung, kürzere Amortisationsdauer).

Betriebswirtschaftliche Probleme resultieren häufig aus dem Verhalten der Partner oder deren Charakteristika, wie bspw. deren Ausfallrisiko.

Das **Element Kostenstruktur** ist die wertmäßige Abbildung der bisher erörterten Elemente. Dadurch besteht eine gewisse Redundanz. Allerdings bietet speziell dieses Element besonders vielfältige Ansatzpunkte für die Identifikation von Problemen. Ansatzpunkt sind häufig Kostentreiber – von deren Identifikation, über deren Wirkung bis zu deren Interdependenzen zwischen verschiedenen Kostentreibern.

Die vorgestellten Instrumente unterstützen bei der **Problemidentifikation** insofern, dass sie relevante Suchbereiche aufzeigen. Die konkrete Identifikation des betriebswirtschaftlichen Problems bleibt den Nutzern der Instrumente vorbehalten. An dieser sei darauf hingewiesen, dass die vorgestellten Instrumente, wie das Business Model Canvas und die Porter'sche Wertkette, Begrenzungen aufweisen. So kann durch die Aufteilung des Suchfelds in Elemente das Auffinden von Problemen erschwert werden, die durch das Zusammenwirken mehrerer Elemente begründet sind. Weiterhin kann das jeweils betrachtete Unternehmen Spezifika aufweisen, die in den vorgestellten Instrumenten keine Berücksichtigung finden. Ein Beispiel sind Non-Profit-Unternehmen.

2.3   Operationalisierung des Problems und Relevanznachweis

Häufig liegt das identifizierte betriebswirtschaftliche Problem in einer Form vor, die es nicht erlaubt, direkt zu entscheiden, ob es eine ausreichende Relevanz aufweist. Dann ist eine **Operationalisierung** notwendig. Konkret soll eine quantitative Messgröße konstruiert werden, die anzeigt, welcher **positive Effekt** durch die Lösung des betriebswirtschaftlichen Problems erzielt werden soll.

Grundsätzlich kann zwischen formativen und reflektiven Messmodellen unterschieden werden (vgl. Eberl 2006). In der Regel ist eine formative Operationalisierung zu bevorzugen. Grundannahme eines formativen Messmodells ist, dass die Indikatoren, also die zu bestimmenden quantitativen Messgrößen, das Konstrukt, also den positiven Effekt, determinieren (vgl. Diamantopoulos/Winkelhofer 2001). Das Konstrukt ist folglich als Funktion der Indikatorvariablen zu interpretieren. Nur die Gesamtheit der Indikatoren misst das Konstrukt, also den intendierten positiven Effekt, korrekt, da jeder Indikator eine bestimmte Facette des Konstrukts repräsentiert. Das Vernachlässigen eines Indikators führt zu einer fehlerhaften Messung (vgl. Homburg/Klarmann 2006, S. 732).

Hierzu ein Beispiel: Eine Vielzahl von betriebswirtschaftlichen Problemen, die im Rahmen von Business Analytics behandelt werden, kann durch bilanzielle Kennzahlen operationalisiert werden. Dazu gehören Kennzahlen wie Umsatz, Working Capital oder Gewinn. Allerdings existieren auch Probleme, bei denen der intendierte Effekt komplexerer Natur ist. Ein Beispiel aus dem Marketing ist: Wie erreichen wir mehr Kundennähe? Der **intendierte positive Effekt** „mehr Kundennähe" ist ein komplexes Konstrukt. Einen Vorschlag zur Messung des Konstrukts Kundennähe zeigt Abbildung 19.

Das Konstrukt „Kundennähe" weist nach Homburg zwei Dimensionen auf: Kundennähe des Leistungsangebots und Kundennähe des Interaktionsverhaltens. Beide Dimensionen besitzen verschiedene Facetten, die hier als Faktoren bezeichnet werden. Die eigentliche Messung erfolgt dann über Indikatoren, die die einzelnen Faktoren messen. Diese Indikatoren konstituieren mehrstufige Rating-Skalen und werden als intervallskaliert angenommen.

Der Unterschied zwischen einfachen und komplexen Effekten besteht in deren **Dimensionalität**. Während einfache Effekte eindimensional sind und daher

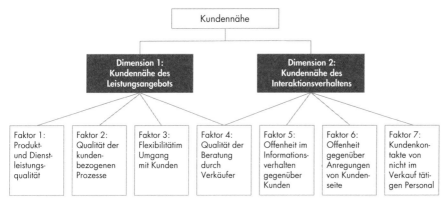

Abbildung 19: Struktur des Konstrukts „Kundennähe"
(in Anlehnung an Homburg 2000, S. 123)

durch eine einzelne Messgröße abgebildet werden können, erfordern komplexe Effekte einen Zwischenschritt. Dieser vorbereitende Schritt ist die Zerlegung des Effekts in alle relevanten Dimensionen, also den Facetten des Konstrukts. Für jede Dimension wird dann eine Messgröße definiert (vgl. hierzu auch die Vorschläge von Diamantopoulos/Winkelhofer 2001 und Rossiter 2002). Die Bestimmung der Dimensionen ist allerdings nicht trivial, wie das Beispiel Kundennähe zeigt. In der Regel müssen daher Experten für diesen Effekt mit einbezogen werden. Eine Alternative können Skalenhandbücher bieten. In solchen sind bereits eine Vielzahl von komplexen Konstrukten operationalisiert (vgl. u. a. Schäffer 2007 und Rössler 2011).

Das Beispiel Kundennähe zeigt, dass Probleme nicht immer mithilfe von metrischen Skalen, wie bspw. monetären Größen wie Umsatz und Gewinn, präzisiert werden können (vgl. zu den Eigenschaften von verschiedenen Skalen Backhaus et al. 2016, S. 12). Weite Verbreitung haben **Rating-Skalen** gefunden. Die zu messende Facette des Konstrukts wird verbal beschrieben und einem bewertenden Akteur zur Einschätzung vorgelegt. Diese Einschätzung erfolgt auf einer Ordinalskala, die in der Regel mit der Zahl 1 beginnt und unterschiedlich viele Abstufungen hat. Übliche Spannbreiten sind 1–4, 1–5, 1–7 oder 1–10. Ein zentrales Charakteristikum solcher Skalen ist die Existenz oder Nicht-Existenz eines mittleren Wertes. Gerade Skalen zwingen den Messakteur zu einer Entscheidung, die einem der Extremwerte zuordenbar sind und verhindern die Wahl eines Mittelwerts. Allerdings kann ein solcher Mittelwert in der Realität von großer Bedeutung sein, weshalb in der Regel eine ungerade Skala verwendet wird (vgl. dazu auch Stier 1999). In Abbildung 20 wird dies für das obige Beispiel „Kundennähe" gezeigt – konkret für den Faktor „Offenheit im Informationsverhalten gegenüber Kunden".

Rating-Skalen sind nur dann akzeptabel, wenn die Forderung nach Äquidistanz erfüllt ist. Die benachbarten Skalenausprägungen weisen dann einen immer gleichen Abstand auf, so dass diese Rating-Skala intervallskaliert ist. Einen natürlichen Nullpunkt weisen solche Skalen nicht auf. Bestimmte mathematische Operationen, wie die Bildung von Differenzen und eines Mittelwerts, sind möglich (Backhaus et al. 2016, S. 11 f.).

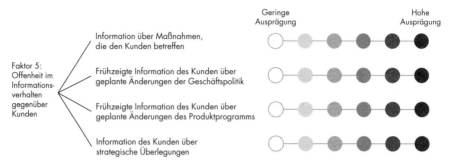

Abbildung 20: Operationalisierung des Faktors „Offenheit im Informationsverhalten gegenüber Kunden" (in Anlehnung an Homburg 2000, S. 108)

Die zu bestimmenden Messgrößen, gleich welcher Skalierung, müssen drei **Kriterien** genügen:

- Validität,
- Aktualität und
- Wirtschaftlichkeit.

Unter **Validität** versteht man die Gültigkeit der Messung. Sie ist keine binäre Größe, vielmehr können unterschiedliche Validitätsgrade unterschieden werden (vgl. Eckstein 2016, S. 311). Eine Messgröße ist dann vollständig valide, wenn diese den intendierten Effekt vollständig erfasst, wenn also die Messgröße sämtliche Charakteristika des intendierten Effekts vollständig und nichts darüber Hinausgehendes erfasst (vgl. Peter 1981) Das Gegenteil, also keine Validität liegt vor, wenn der intendierte Effekt in keiner Weise erfasst wird. In der klassischen Messtheorie ist Validität als Abwesenheit sämtlicher Messfehler definiert (vgl. Hildebrandt/ Temme 2006, S. 621).

Gegen die Forderung nach vollständiger Validität kann in zweifacher Weise verstoßen werden. Die Messgröße erfasst mehr als den intendierten Effekt oder die Messgröße erfasst den Effekt nicht vollständig. Abbildung 21 zeigt diese beiden Fälle und eine Kombination aus beiden.

Der blaue Kreis repräsentiert den intendierten Effekt, der mit der Lösung des betriebswirtschaftlichen Problems erzielt werden soll. Vollständige Validität einer

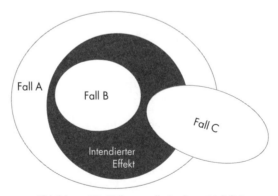

Abbildung 21: Fälle unvollständiger Validität

quantitativen Messgröße läge dann vor, wenn diese den Kreis vollständig abdeckte. Fall A beschreibt eine Messgröße, die zwar den Effekt vollständig abbildet, aber auch Teile darüber hinaus. Fall B zeigt eine Messgröße, die den Effekt nicht vollständig abbildet. Fall C zeigt eine Kombination der beiden Fälle: die Messgröße bildet den intendierten Effekt nicht vollständig ab und misst zudem noch Sachverhalte darüber hinaus.

Alle drei gezeigten Verstöße gegen die Validitätsforderung führen zu einer fehlerhaften Operationalisierung. Mit solchen Messgrößen kann nicht korrekt erfasst werden, ob der intendierte Effekt eingetreten ist – anders ausgedrückt: es kann nicht festgestellt werden, ob die Nutzung der gewonnenen Evidenzen das Problem auch tatsächlich gelöst haben. Abbildung 22 zeigt diesen Fall.

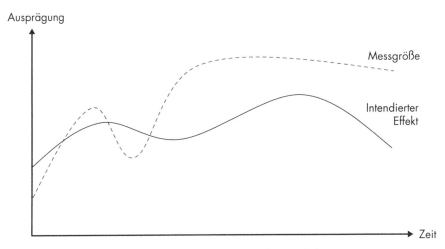

Abbildung 22: Folge unvollständiger Validität
(in Anlehnung an Austin 1996, S. 16)

Eine Korrektur der gezeigten Verstöße ist in begrenztem Maße möglich. Im Fall A existieren dazu zwei Ansätze: Wahl einer neuen Messgröße oder Abschätzung des Messfehlers. Die Wahl einer valideren Messgröße ist in der Praxis nicht immer möglich. In der Regel wird daher eine Messgröße gewählt, die dem Fall B entspricht. Die Abschätzung des Messfehlers hingegen entspricht der Akzeptanz der Messgröße mit gleichzeitigem Versuch, den Messfehler möglichst präzise abzuschätzen.

Im Fall B wird eine Korrektur in der Regel durch Hinzunahme weiterer Messgrößen herbeigeführt (vgl. dazu die Diskussionen bei Fuchs/Diamantopoulos 2009 sowie Sarstedt/Wilczynski 2009). Der intendierte Effekt wird dann nicht mehr durch eine Messgröße, sondern durch einen Verbund von mehreren Messgrößen abgebildet (vgl. Sarstedt/Wilczynski 2009, S. 214). Idealerweise erfassen die zusätzlichen Messgrößen die mit der ersten Messgröße nicht abgebildeten Facetten. In der Praxis ist es allerdings häufiger, dass die zusätzlichen Messgrößen Überschneidungen mit der ersten Messgröße aufweisen. Ein und dieselbe Facette würde dann doppelt erfasst. Die linke Seite der Abbildung 23 zeigt diesen Fall.

Der Korrektur durch Hinzunahme von Messgrößen ist durch das später zu besprechende Kriterium der Wirtschaftlichkeit allerdings Grenzen gesetzt. Jede zusätzliche Messgröße muss den mit ihrer Erhebung verbundenen Aufwand durch einen Zuwachs an Validität rechtfertigen. In der praktischen Umsetzung wird in der Regel keine vollständige Validität erreicht, sondern nur eine Annäherung. Eine solche entspricht in der Regel einem Zustand, wie er auf der rechten Seite der Abbildung 23 dargestellt ist.

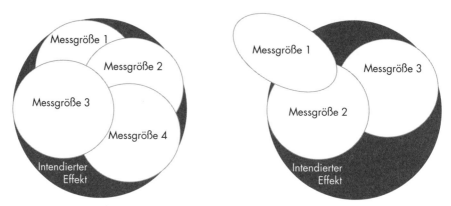

Abbildung 23: Validität im Falle mehrerer Messgrößen

Eine weitere Problematik bei der Hinzunahme von weiteren Messgrößen ist die damit verbundene Notwendigkeit, die Messgrößen zu gewichten (vgl. Ittner et al. 2003, S. 726). Aufgrund des mangelnden Informationsstands hinsichtlich eines gerechtfertigten Gewichts der einzelnen Messgrößen, wird oftmals eine Gleichgewichtung der Messgrößen vorgenommen.

Das zweite Kriterium, dem die Messgrößen genügen müssen, ist die **Aktualität**. Eine Messgröße ist umso aktueller, je kürzer der zeitliche Abstand zwischen einer Veränderung des gemessenen Effekts und der Anzeige dieser Veränderung in der Ausprägung der Messgröße ist. Vollständige Aktualität entspricht einer Anzeige der Veränderung in Echtzeit. Durch die Verwendung von formativen Messgrößen ist ein zeitlicher Vorlauf oder Gleichlauf gewährleistet. Es ist ja gerade Kennzeichen eines formativen Messansatzes, dass die Messgrößen das zu messende Konstrukt, hier den intendierten Effekt, determinieren. Ein zeitlicher Versatz kann allerdings nach der eigentlichen Messung, also der konkreten Erhebung der konkreten Ausprägung der Messgröße, entstehen. Dies ist dadurch begründet, dass die Rohdaten noch weiterverarbeitet, bspw. verdichtet, und an den Nutzer übermittelt werden müssen. In diesen beiden Phasen kann ein erheblicher zeitlicher Nachlauf entstehen.

Vollständige Aktualität ist nicht notwendig. Vielmehr ist es wichtig, dass die zeitliche Distanz zwischen Eintritt des intendierten Effekts und Anzeige derselben in der Messgröße den Führungskräften bekannt ist. Ist dies nicht der Fall, kann der Effekt der evidenzbasierten Maßnahme nicht korrekt beurteilt werden. Wie Abbildung 24 zeigt, führt eine mangelnde Aktualität zu einer Fehlinformation. **Wendepunkte** im Verlauf des intendierten Effekts, als zentrale Signale für Führungskräfte, werden jeweils nur mit Zeitversatz sichtbar.

Das dritte Qualitätskriterium für Messgrößen ist deren **Wirtschaftlichkeit**. Dieses Kriterium unterscheidet sich von den ersten beiden bereits dadurch, dass Validität und Aktualität das Messergebnis adressieren. Die Wirtschaftlichkeit fokussiert dagegen den Messprozess. Absolute Wirtschaftlichkeit liegt vor, wenn alle im Zusammenhang mit der Einführung und Anwendung der Messgrößen verbundenen Nutzen deren Kosten übertreffen. Dem relativen Wirtschaftlichkeitsbegriff liegt ein Vergleich verschiedener alternativer Messgrößen zugrunde. Beide Varianten sind in der Praxis aufgrund der Komplexität der Nutzenbestimmung oftmals nicht umsetzbar. Da eine Operationalisierung allerdings notwendig ist, bleiben als Kriterium die **Kosten**. Sie setzen sich zusammen aus den Kosten der Rohdatenerhebung für die Messgrößen und den Kosten der Verarbeitung der Rohdaten zu den Messgrößen. Wir können festhalten: Von alternativen Messgrößen gleicher Validität ist der mit den geringsten Kosten zu wählen. Als Nebenbedingung muss eine absolute Kostengrenze definiert werden, ab der keine der verfügbaren Alternativen gewählt wird. Eine solche Grenze ist unternehmensspezifisch und kann hier nicht allgemein postuliert werden.

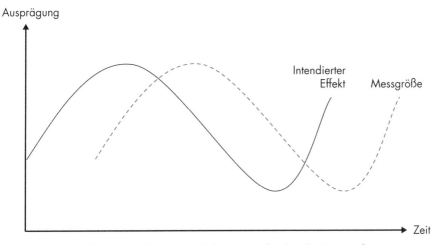

Abbildung 24: Vollständig valide, aber nicht aktuelle Messgröße

Die Operationalisierung des betriebswirtschaftlichen Problems eröffnet erst die Möglichkeit, dessen **Relevanz** festzustellen. Notwendig dazu ist die Bestimmung eines Relevanzniveaus, also die Ausprägung der im Rahmen der Operationalisierung bestimmten Messgröße, ab der Relevanz angenommen wird. Im Kern stellt sich folglich die Frage: Ist der erwartete positive Effekt, der durch die Lösung des betriebswirtschaftlichen Problems erreicht werden soll, ausreichend hoch, um dieses Problem zu priorisieren? Ein adäquates Verfahren hierfür ist das Benchmarking.

Benchmarking ist ein Prozess, in dessen Rahmen Benchmarkingobjekte, wie Produkte und Dienstleistungen, Prozesse sowie Methoden, mit Vergleichsobjekten hinsichtlich eines bestimmten Attributs verglichen werden. Ziel ist nicht nur der Vergleich, sondern auch das Auffinden der Ursachen für den ggf. festgestellten Unterschied (vgl. Horváth/Herter 1992). Benchmarking erfordert die Festlegung des Benchmarkingobjekts, des Attributs, das verglichen werden soll und die Bestimmung des Vergleichsobjekts (vgl. Böhnert 1999). Hier ist das Benchmarkingobjekt durch das betriebswirtschaftliche Problem determiniert. Das zu betrachtende Attribut wurde im Rahmen der Operationalisierung definiert. Nachfolgendes Beispiel aus dem Bereich Smart Building soll dies verdeutlichen.

Benchmarking als Relevanznachweis

Ein Heizungshersteller möchte in Zukunft direkt mit dem Kunden in Kontakt treten, um individuelle Dienstleistungen anzubieten. Bislang verkauft der Heizungshersteller über Großhändler an Heizungsinstallateure und hat keinen direkten Kontakt zum Endkunden. Ein Heizungsinstallateur vertreibt meist nur eine Heizungsmarke und ist der Ansprechpartner für alle Belange des Endkunden. So entsteht keine Markenbindung, sondern lediglich eine Bindung zum jeweiligen Heizungsinstallateur. Bei Wartungs- und Reparaturfällen wenden sich die Endkunden direkt an ihren Heizungsinstallateur und dieser an den Heizungshersteller.

Trends in dieser Branche zeigen jedoch, dass Heizungskunden in Zukunft eine größere Auswahl an Heizungssystemen und -marken wünschen, als von einem einzigen Heizungsinstallateur geliefert werden kann. Diesen Trend haben Internetplattformen für sich genutzt und bieten genau dies an. Nutzer der Plattform können zwischen verschiedenen Systemen und Marken wählen und die Plattform vermittelt dann den passenden Heizungsinstallateur und das Heizungssystem. Die Kundendaten verbleiben exklusiv beim Betreiber der Plattform.

Der Heizungshersteller sieht in diesem Trend eine Gefahr für sein Unternehmen. Entwickelt sich diese Plattform weiter, so wird er nur noch Hersteller der Heizung mit einer geringen Marktmacht sein, da der Plattformbetreiber durch seine Marktmacht die Preise und das Listing von Marken vorgeben kann. Ziel des Heizungsherstellers ist es deshalb, durch vorausschauende Wartung dem Kunden einen Vorteil gegenüber anderen Marken und der Plattform zu bieten, um so auch in Zukunft von Kunden gewählt zu werden. Dieser **Effekt** dient als Relevanzmaßstab. Als Messgröße für Profitabilität verwendet der Heizungshersteller die Kennzahl **EBIT** (Earnings Before Interest and Taxes). Vergleichsobjekte sind Unternehmen aus der Branche der technischen Gebäudeausrüstung, die bereits vorausschauende Wartung ihrer Anlagen anbieten und eine vergleichbare Unternehmensgröße aufwiesen. Die Werte werden auf Basis einer Recherche der Geschäftsberichte dieser Unternehmen erhoben.

Mögliche **Vergleichsobjekte** im Rahmen des Benchmarkings können mittels der Nähe zum eigenen Unternehmen differenziert werden. Die höchste Nähe weist die erste Variante auf: der Vergleich mit sich selbst im zeitlichen Verlauf. Betrachtet werden dann vergangene Leistungen der eigenen Einheit. Eine immer noch hohe Nähe weisen Vergleichsobjekte aus dem eigenen Unternehmen auf. Hierzu zählen vergleichbare Aktivitäten. Ein Beispiel sind die Vertriebsprozesse in unterschiedlichen Vertriebsabteilungen desselben Unternehmens. Eine weitere Möglichkeit zum Vergleich sind verbundene Unternehmen in einer Konzernstruktur. Die Nähe ist hier bereits geringer.

Weitere Vergleichsobjekte existieren außerhalb der eigenen Unternehmensgrenze. Vergleichsobjekte sind hier zuallererst konkurrierende Unternehmen. In der Literatur wird diese Variante als kompetitives Benchmarking bezeichnet. Die geringste Nähe weisen schließlich Unternehmen auf, die anderen Branchen angehören und somit nicht konkurrieren (vgl. zur Unterscheidung verschiedener Benchmarkingvarianten auch Siebert/Kempf 2008). Abbildung 25 zeigt die fünf Varianten in der Übersicht mit jeweils einer möglichen Ausprägung im Falle der Fallstudie Ausrüster GmbH (vgl. Kap. 2.5). Benchmarkingobjekt ist hier der Dienstleistungsvertrieb für Optimierungsdienstleistungen; betrachtetes Attribut sind die Kosten desselben.

Kosten des Dienstleistungsvertriebs für Optimierungsdienstleistungen des branchenfremden
Unternehmens Traktor GmbH

Kosten des Dienstleistungsvertriebs für Optimierungs-
dienstleistungendes Konkurrenten Anlagen KG

Kosten des Dienstleistungsvertriebs für
Optimierungsdienstleistungen des
Schwesterunternehmens Maschinen AG

Kosten des Dienstleistungsvertriebs für
Retrofittingdienstleistungender Ausrüster GmbH

Kosten des eigenen Dienstleistungsvertriebs für
Optimierungsdienstleistungen des letzten Jahres

Abbildung 25: Varianten von Vergleichsobjekten im Rahmen des Benchmarkings

Die fünf **Benchmarkingvarianten** weisen jeweils spezifische Vor- und Nachteile auf. Das Vergleichsobjekt „**Vergangenheit**" hat den Vorteil des barrierefreien Datenzugriffs. Nicht gewährleistet ist, ob die notwendigen Daten im notwendigen Aggregationsgrad, in der notwendigen Frequenz und Qualität vorliegen. Typische Probleme sind fehlerhafte oder lückenhafte Aufzeichnungen. Im Gegensatz zu den anderen Varianten können diese Mängel allerdings in einfacherer Weise überwunden werden. Ein Nachteil an diesem Vergleichsobjekt ist das Fehlen einer unternehmensexternen Perspektive. Da jedes Unternehmen im Wettbewerb steht, ist diese erste Variante nur bedingt sinnvoll.

Auch das zweite Vergleichsobjekt „**Eigenes Unternehmen**" weist diesen Nachteil auf. Allerdings besteht hier eine größere Varianz, da zu erwarten ist, dass unterschiedliche Organisationseinheiten im eigenen Unternehmen unterschiedlich agieren. Problematisch ist hier das Vorliegen einheitlicher Vorgehensstandards, die varianzmindernd wirken. Bereits bei dieser Variante ist aufgrund einer möglichen Konkurrenzsituation zwischen den Organisationseinheiten der barrierefreie Datenzugang nicht mehr gewährleistet. Allerdings existiert hier das Mittel der hierarchischen Weisung einer übergeordneten Stelle. Weniger stark ausgeprägt ist das Mittel der hierarchischen Weisung im Falle des Vergleichsobjekts „**Verbundenes Unternehmen**". Der Datenzugang ist zwar in der Regel gewährleistet, allerdings sind Brückenrechnungen notwendig, damit die Daten ein Mindestmaß an Vergleichbarkeit aufweisen. Hierzu gehört bspw. die Korrektur um Währungseffekte, wenn Unternehmen unterschiedlichen Währungsräumen angehören. Weitere Anpassungen sind aufgrund des Verrechnungssystems vorzunehmen, wenn auf Größen des Rechnungswesens zurückgegriffen wird.

Besonders aufschlussreich ist das Vergleichsobjekt „**Konkurrierendes Unternehmen**". Allerdings ist hier der Datenzugang am geringsten ausgeprägt. Diese Benchmarkingvariante ist möglich, wenn entweder auch beim konkurrierenden Unternehmen ein gleichlautendes Interesse besteht, oder wenn für den Datenzugang eine wie auch immer gestaltete monetäre oder nicht-monetäre Kompensation vereinbart wird. Das Vergleichsobjekt „**Nicht-konkurrierendes Unternehmen**" unterliegt in der Regel dem Problem der geringen Strukturgleichheit der Unternehmen. Diese Benchmarkingvariante erfordert folglich im Vergleich zu den anderen eine deutlichere Eingrenzung des Benchmarkingobjekts. Die Granularität ist so zu wählen, dass eine Vergleichbarkeit hergestellt wird. Ein Beispiel ist die Eingrenzung auf einen Teilprozess, der in den Unternehmen annähernd strukturgleich ist.

Für ein effizientes Benchmarking ist es notwendig, die Anzahl der Vergleichsobjekte zu limitieren. Der Erhebungsaufwand übersteigt ab einer bestimmten, nicht vorab festlegbaren Grenze, den Informationsgewinn. Besonders leistungsstarke Vergleichsobjekte sind bei der Auswahl zu bevorzugen, da nur auf diese Weise ein sinnvolles Relevanzniveau ermittelt werden kann (vgl. hierzu auch Böhnert 1999).

2.4 Ableitung des Analytics-Problems

Basis für die Ableitung des Analytics-Problems ist eine **grundsätzliche Lösungsidee**, mit der das betriebswirtschaftliche Problem gelöst werden soll. Die Art der Lösungsidee unterscheidet sich in den drei Business Analytics-Modi grundsätzlich. Daher sind folgenden Ausführungen nach den drei Modi gegliedert. Wenden wir uns zunächst der Ableitung des Analytics-Problems im Rahmen von Descriptive Analytics zu.

Descriptive Analytics adressiert Explorationsprobleme. Im Fokus stehen Probleme deren grundsätzliche **Lösungsidee** einen Bezug zur Identifikation von unbekannten Mustern einer Datenmatrix aufweist. Abbildung 26 zeigt hierzu beispielhaft einen Auszug einer der Datenmatrizen der Fallstudie Ausrüster GmbH.

Muster auf Ebene der **einzelnen Attribute** manifestieren sich in einfachen deskriptiven Statistiken wie Häufigkeiten, Mittelwerten und Varianzen. Ein Beispiel aus der obigen Datenmatrix ist das durchschnittliche Alter der gewarteten Primärprodukte. Muster unter Beteiligung **verschiedener Attribute** manifestieren sich u. a. in Form von Korrelationen. Ein Beispiel aus der obigen Datenmatrix ist eine Korrelation zwischen der Gesamtdauer der Wartung und dem Alter der gewarteten Primärprodukte.

Nr.	Kunde	Gesamtdauer der Wartung in Min.	Umsatzvolumen mit diesem Kunden in TSD €	Garantiefall	Name des durchgeführten Services	Gesamtkosten des Servicefalls in TSD €	Alter des Primärprodukts in Jahren	Ersatzteilart: Werkzeug A	Retourenquote Ersatzteile	Umgebungsbedingung: Luftfeuchtigkeit	Einsatzbedingungen des Primärprodukts	Produkt mit Servicefall: Drehmaschine D1
1	Meister GmbH	344	364	Ja	Wartung/Inspektion	0,7	9	1	0%	mittel	Durchgängig im Einsatz	1
2	Adenova GmbH	152	1185	Ja	Verbrauchsmaterialien	7,9	11		17%	gering	2-Schicht-Betrieb	0
3	Reuchle AG	320	177	Nein	Wartung/Inspektion	38,7	21		0%	gering	3-Schicht-Betrieb	0
4	Wullenstein GmbH	976	1459	Nein	Montage	2,0	0		0%	gering	2-Schicht-Betrieb	0
5	Presswerk GmbH	346	624	Nein	Kundenschulung	144,5	3			hoch	3-Schicht-Betrieb	0
6	Belmondo AG	199	1377	Ja	Wartung/Inspektion	61,2	4	1	0%	mittel	2-Schicht-Betrieb	0

Abbildung 26: Ausschnitt aus einer der Datenmatrizen der Fallstudie Ausrüster GmbH

Ein typisches Muster unter Beteiligung mehrerer **Instanzen** sind Cluster, die durch Ausprägungen ausgewählter Attribute der beteiligten Cluster charakterisiert sind. Ein Beispiel aus der obigen Datenmatrix ist die Segmentierung der Servicefälle in homogene Gruppen. Ein weiteres Beispiel sind Communities in sozialen Netzwerken, also Gruppen von Akteuren, die eng vernetzt sind. Ein komplementäres Muster sind Ausreißer, also Instanzen, die sich signifikant von anderen Instanzen unterscheiden. Im obigen Beispiel ist dies ein Servicefall, der sich grundsätzlich von anderen Servicefällen unterscheidet.

Während Descriptive Analytics Explorationsprobleme adressiert, fokussiert **Predictive Analytics** Prognoseprobleme. Diese umfassen Probleme, deren grundsätzliche **Lösungsidee** einen Bezug zur Konstruktion von Prognosemodellen aufweist. Auch hier können verschiedene Fälle unterschieden werden. Ein Fall ist die Prognose zukünftiger Attributausprägungen auf Basis vergangener Ausprägungen desselben Attributs, wie im Falle einiger Zeitreihenanalysen. Ein anderer Fall ist die Prognose zukünftiger Attributausprägungen auf Basis anderer Attribute, wie im Falle von Regressions- und Klassifikationsanalysen.

Die Prognose zukünftiger Attributausprägungen auf Basis vergangener Ausprägungen desselben Attributs basiert auf dem Erkennen von Mustern wie Trends oder Saisoneffekten im zeitlichen Verlauf des Attributs. Ein Beispiel aus der der obigen Datenmatrix ist ein Modell zur Prognose der Gesamtdauer der Bearbeitung eines Servicefalls bestimmter Art im nächsten Jahr.

Eine Prognose zukünftiger Attributausprägungen auf Basis der Ausprägungen anderer Attribute kann mithilfe der Regressionsanalyse erfolgen. Ziel von Regressionen ist es, einen Zusammenhang zwischen einer abhängigen und einer oder mehreren unabhängigen Variablen zu bestimmen. Auf Basis des ermittelten Zusammenhangs kann prognostiziert werden, welchen Wert die abhängige Variable zu einem bestimmten Zeitpunkt in der Zukunft aufweisen wird. Ein weiteres Beispiel ist die Klassifikationsanalyse. Ziel ist es, anhand meist mehrerer Attribute zu prognostizieren, zu welcher vorab definierten Klasse eine Instanz gehört. Hierzu ein Beispiel:

> **Ausfallwahrscheinlichkeit von Ratenzahlungen**
>
> Ein Händler hat als **betriebswirtschaftliches Problem** ein zu hohes Ausfallrisiko bei Ratenzahlungen identifiziert. Als grundsätzliche **Lösungsidee** möchte er nur noch solchen Kunden Ratenzahlung anbieten, deren Zahlungsausfallrisiko gering ist. Als **Analytics-Problem** leitet er folglich ab: Auf Basis welcher Attribute kann prognostiziert werden, ob ein Kunde ein geringes Zahlungsausfallrisiko aufweist? Basis für die Klassifikationsanalyse sind die Kundendaten der vergangenen Jahre. Als Prädiktoren wurden Geschlecht, Alter des Kunden, Warenwert und Art der Ware (Verbrauchsgut vs. langfristiges Konsumgut) identifiziert. Unter anderem wurde gefunden, dass männliche Kunden unter 30, die Verbrauchsgüter im Bereich Garten für einen Wert von unter 260 € kaufen, eine hohe Zahlungsausfallwahrscheinlichkeit aufweisen. Die Anwendung dieser und weiterer Evidenzen führt zur Lösung des betriebswirtschaftlichen Problems.

Der dritte Business Analytics-Modus, **Prescriptive Analytics**, adressiert Optimierungsprobleme. Im Fokus stehen betriebswirtschaftliche Probleme deren grundsätzliche **Lösungsidee** einen Bezug zur Konstruktion von Optimierungsmodellen aufweist. Basis jeder Optimierung ist eine Zielfunktion. Eine Zielfunktion ist eine eindeutige Zuordnung sämtlicher Ausprägungen von Attributen zu den Ausprägungen eines zu optimierenden Zielattributs. Im Rahmen der Optimierung sollen diejenigen Ausprägungen der Attribute ermittelt werden, die das Zielattribut optimieren. Optimieren kann in den Ausprägungen Maximieren und Minimieren vorliegen. In der Regel erfolgt die Optimierung unter Nebenbedingungen, welche bspw. Ressourcenbeschränkungen abbilden. Typische Nebenbedingungen bei der Optimierung der Lagerbestände sind die Lagerkapazität, Lagerhaltungskosten sowie die Lieferfähigkeit und -geschwindigkeit von Zulieferern.

Im Rahmen von Prescriptive Analytics bezieht sich die **Lösungsidee** auf das Verständnis, welche Attribute einen Einfluss auf das zu optimierende Attribut haben und somit auf ein Optimierungsmodell. Daher ist es oftmals notwendig Vorabanalysen durchzuführen. Der Unterschied von Prescriptive Analytics zu den anderen beiden Modi besteht vor allem darin, dass das zu optimierende Attribut bereits im Problem angelegt ist. Oftmals gilt dies zudem für jene Attribute, deren Ausprägungen bestimmt werden sollen, um das Optimum zu erreichen.

Wenden wir uns nach den Ausführungen zu grundsätzlichen Lösungsideen dem abschließenden Schritt im Rahmen des Teilprozesses Framing zu: der **Eingrenzung der adressierten Datendomänen**. Für eine effiziente Durchführung des Business Analytics-Prozesses ist es notwendig, bereits im Rahmen der Ableitung des Analytics-Problems die dafür notwendigen Daten einzugrenzen. Hier sei bereits darauf hingewiesen, dass im Rahmen des später folgenden Teilprozesses Analytics eine Änderung der Datendomänen notwendig werden kann, bspw. wenn mithilfe der betrachteten Daten kein hinreichend gutes Prognosemodell gefunden werden kann.

Die größte Herausforderung bei der Eingrenzung der adressierten Datendomänen stellt sich im Fall von **Descriptive Analytics**. Da es Ziel ist, unbekannte Muster in einer Datenmatrix zu identifizieren, ist es grundsätzlich vorteilhaft, wenn die Datenmatrix so groß wie möglich gewählt wird. Dem stehen als begrenzender Faktor die Kosten für Beschaffung, Speicherung, Aufbereitung und Analyse gegenüber. In der Praxis wird oftmals ein Vorgehen gewählt, das ausschließlich auf Daten aus den eigenen operativen Systemen zurückgreift, wie bspw. solche aus ERP-, MES- und CRM-Systemen. Dieses Vorgehen ist allerdings problematisch, da nicht ausgeschlossen werden kann, dass entscheidende Muster nur durch die Integration von externen Daten identifiziert werden können. Der wesentliche Ansatzpunkt für die Eingrenzung ist das adressierte betriebswirtschaftliche Problem. Hierzu ein klassisches Beispiel aus dem Handel:

> Ein Supermarkt möchte analysieren, welche Produkte oftmals zusammengekauft werden. Die Datendomäne könnten sämtliche Bondaten in einem bestimmten Zeitraum sein. Eine zeitliche Eingrenzung kann aus den typischen Zyklen der Sortimentsbereinigung und -veränderung abgeleitet werden. Allerdings stellt sich die Frage, ob auch externe Daten mit einbezogen werden sollten. In einer Kooperation mit anderen Supermarktketten könnten diese erworben werden. Aufgrund der Tatsache, dass bestimmte Produkte ebenfalls bei Konkurrenten erhältlich sind, könnten diese Daten eine wichtige Ergänzung sein.

Das Beispiel zeigt, dass es oftmals eine Ermessensentscheidung ist, wo die Grenze gezogen wird. Auf andere Weise erfolgt die Eingrenzung der Datendomänen im

Falle von **Predictive Analytics**. Da das Ziel die Erarbeitung eines Prognosemodells ist, besteht zumindest für das zu prognostizierende Attribut Eindeutigkeit. Dieses Attribut muss in der für das Problem notwendigen Menge und Qualität in der Datenmatrix vorhanden sein.

Für die Prädiktorvariablen, also jene Variablen, mit denen die Prognose vollzogen werden soll, liegt ein analoges Problem vor, wie im Falle von Descriptive Analytics. Die grundsätzliche Unkenntnis über mögliche Prädiktoren verleitet dazu, zu umfangreiche Daten zu sammeln. Zur Eingrenzung können einerseits Hypothesen basierend auf Expertenschätzungen und Voranalysen und andererseits auf Basis wissenschaftlicher Theorien herangezogen werden (vgl. hierzu auch die Ausführungen in Kap. 5.3.).

In der Regel existieren bereits im eigenen Unternehmen Hypothesen darüber, aus welchen Feldern Prädiktorvariablen stammen könnten. Quellen solcher Hypothesen sind oftmals Erfahrungswissen von Mitarbeitern der Fachabteilungen. Bei der Erhebung innerhalb des Unternehmens ist insbesondere darauf zu achten, nicht nach dem Mehrheitsprinzip vorzugehen. Vielmehr sollten Einzelmeinungen gleichberechtigt in die Sammlung möglicher Prädiktoren eingehen.

Eine zweite Möglichkeit zur Bestimmung möglicher Prädiktorvariablen ist die Nutzung wissenschaftlicher Theorien über den zu prognostizierenden Sachverhalt. Vorliegende Theorien bilden bereits eine große Bandbreite ab. Einige Beispiele sind:

- Theorien zu Mitarbeitern (Motivation, Wechselwillen, Leistung etc.),
- Theorien zu Kunden (Wiederkauf, Zufriedenheit etc.),
- Theorien zu Lieferanten (Innovationsverhalten, Leistung, Opportunismus etc.) sowie
- Theorien zu Kosten (Verlauf, Remanenz etc.).

Diese Theorien wurden nicht speziell für ein einzelnes Unternehmen oder eine Branche entwickelt, sondern in generalisierter Form. Die Eingrenzung von Prädiktoren erfordert daher eine Interpretation der Theorien im konkreten Unternehmenskontext.

Die Eingrenzung von Datendomänen im Falle von **Prescriptive Analytics** folgt direkt aus der Entscheidung über den Bereich, den die Optimierungs- und Simulationsmodell erfassen sollen. Hierzu ein Beispiel:

> Ein Unternehmen möchte die Lieferzeit seiner Ersatzteile im Servicefall verringern. Als **Lösungsidee** soll die Verteilung von Ersatzteilen im vorhandenen Distributionsnetzwerk optimiert werden. Mithilfe eines Optimierungsmodells wurde dies auch erreicht. Allerdings trat zudem ein negativer Effekt auf: eine starke Erhöhung der Lagerkosten aufgrund gestiegener Lagerbestände besonders in Lagern mit geringer Energieeffizienz. Diese Rückmeldung führte zu einer Veränderung des Optimierungsmodells. Nun wurde das Attribut „Energieeffizienz der genutzten Lager" integriert. Dies führte zu einer anderen Verteilung der Ersatzteile, die frei von den genannten negativen Effekten war.

Das Beispiel zeigt, dass durch die Wahl der Modellgrenzen das Ergebnis wesentlich beeinflusst wird. Gleichzeitig determinieren sie die notwendigen Datendomänen.

Die **Ergebnisse des Teilprozesses Framing** dienen Führungskräfte als Basis für die Entscheidung, ob der nächste Teilprozess des Business Analytics-Prozesses eröffnet werden sollte. Es ist daher sinnvoll, diese Ergebnisse in übersichtlicher Form zusammenzufassen. Abbildung 27 zeigt eine mögliche Form einer Business Analytics-Freigabe.

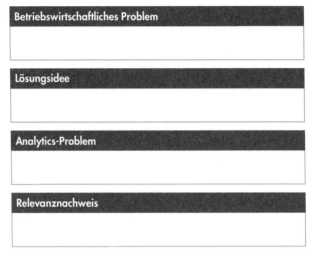

Abbildung 27: Beispielhafte Struktur einer Business Analytics-Freigabe

Dieses Schema wird im folgenden Abschnitt im Rahmen unserer Fallstudie Ausrüster GmbH auf drei Probleme angewendet.

2.5   Fallstudie Ausrüster GmbH

Wie in den Ausführungen zum Aufbau des Buches erörtert, begleitet uns die Fallstudie Ausrüster GmbH, mit deren Hilfe die im jeweiligen Kapitel erörterten Instrumente angewendet werden. Die Ausrüster GmbH ist ein Hersteller von Werkzeugmaschinen zur Metallbearbeitung. Ihr Produktportfolio umfasst, die Drehmaschinen D1 und D2, die Schleifmaschinen S1 und S2 sowie die Presse P1. Ergänzend zu ihrem Produktportfolio bietet sie Dienstleistungen an. Mit diesem Dienstleistungsgeschäft verfolgt die Ausrüster GmbH eine Verstetigungsstrategie (vgl. Seiter 2016, S. 13 f.). Ziel ist es, den Gesamtumsatz des Unternehmens mithilfe des Dienstleistungsgeschäfts zu verstetigen. Konjunkturelle Einbrüche des Produktgeschäfts sollen durch ein ansteigendes Dienstleistungsgeschäft zumindest teilweise kompensiert werden. Daher umfasst das Dienstleistungsportfolio 15 After Sales-Dienstleistungen aus den Bereichen Instandhaltung, Retrofitting sowie Optimierungsberatung. Das Management der Ausrüster GmbH möchte nun die zentralen **betriebswirtschaftlichen Probleme** identifizieren, die mithilfe von Business Analytics gelöst werden sollen.

» Problem Serviceverträge

Auf Basis einer Analyse des Elements Umsatzquellen des Business Model Canvas hat der Leiter des Servicebereichs festgestellt, dass die Anzahl der Serviceverträge pro verkaufte Maschine seit zwei Jahren kontinuierlich sinkt. Dieses erste, rudimentär gefasste betriebswirtschaftliche Problem, wird weiter operationalisiert. Hierzu soll eine geeignete quantitative Messgröße ermittelt werden.

Um den mit der Verstetigungsstrategie angestrebten Kompensationseffekt zu erreichen, ist nicht die Anzahl der Serviceverträge relevant, sondern deren Volumen. Die Serviceverträge sind so ausgestaltet, dass mit einer festen Jahresrate eine maximale Anzahl von Servicefällen gedeckt ist. Das **betriebswirtschaftliche Problem** lautet folglich: Wie kann der initiale Umsatz mit Serviceverträgen, die beim Kauf der Maschinen abgeschlossen werden, wieder gesteigert werden?

Die grundsätzliche **Lösungsidee** des Managements der Ausrüster GmbH ist die Einführung von Service-Bundles. Ein solches Bundling kann allerdings nur dann erfolgreich sein, wenn die Bundles den Bedürfnissen entsprechen. Mittels dieser Lösungsidee wird aus dem betriebswirtschaftlichen Problem das **Analytics-Problem** abgeleitet: Welche Dienstleistungen werden von Kunden oft gemeinsam gekauft?

Den **Relevanznachweis** erbringt die Ausrüster GmbH mittels internen Benchmarkings der durchschnittlichen ersten Jahresrate der bei Verkauf einer Maschine abgeschlossenen Serviceverträge. Als Vergleichsobjekt dienen die Aufzeichnungen über die Serviceverträge der letzten Jahre. Diese müssen allerdings bereinigt werden, da im Laufe der Zeit das Dienstleistungsportfolio angepasst wurde. Neue Dienstleistungen wurden angeboten, andere wurden eingestellt. Ein Nachteil an

Betriebswirtschaftliches Problem

Wie kann der initiale Umsatz mit Serviceverträgen, die beim Kauf der Maschinen abgeschlossen werden, wieder gesteigert werden?

Lösungsidee

Einführung von Service-Bundles

Analytics-Problem

Welche Dienstleistungen werden von Kunden oft gemeinsam gekauft?

Relevanznachweis

In einem internen Benchmarking wurde festgestellt, dass die durchschnittliche Jahresrate der bei Verkauf einer Maschine abgeschlossenen Serviceverträge über mehrere Jahre hinweg fällt.

16.000 €
15.000 €
14.000 €
13.000 €

2012   2013   2014   2015

Abbildung 28: Freigabe für das Problem Serviceverträge

diesem Vergleichsobjekt ist das Fehlen einer unternehmensexternen Perspektive. Allerdings stehen keine Daten von anderen Unternehmen zur Verfügung, weshalb dieses Vergleichsobjekt verwendet wird. Abbildung 28 zeigt das betriebswirtschaftliche Problem, den Relevanznachweis und das Analytics-Problem in der Übersicht.

» Problem Auftragspriorisierung

Neben dem Problem der sinkenden Serviceumsätze treten im Rahmen der Serviceprozesse aufgrund des Fachkräftemangels zunehmend Personalengpässe auf. Im Falle eines Ressourcenkonflikts muss das Management der Ausrüster GmbH entscheiden, welche Kunden prioritär behandelt werden sollen und welche Kunden einen verspäteten Service erhalten. Hierbei handelt es sich in der Regel um eine mehrtätige Verspätung.

Eine Kundenpriorisierung erfolgt bislang unsystematisch, was auch dadurch begründet ist, dass Vertragsstrafen für geringe Verspätungen im Dienstleistungsvertrag ausgeschlossen sind. Das Management der Ausrüster GmbH möchte diese Priorisierung nun systematisch gestalten. Das **betriebswirtschaftliche Problem** lautet folglich: Welche Kunden sollen im Fall eines Ressourcenengpasses prioritär behandelt werden?

Die **Lösungsidee** des Managements der Ausrüster GmbH ist die Priorisierung auf Basis des Kundenwerts. Als Maßstab für den Wert eines Kunden möchte das Management den Customer Lifetime Value heranziehen. Im Falle der verfolgten Verstetigungsstrategie ist darunter der Barwert sämtlicher vergangener und zukünftiger Umsätze zu verstehen. Eine Auswertung ergab, dass aktuell nur ca. 10 % der Bestandskunden einen Umsatz von mehr als 500 T€ aufweisen. Dieser Wert soll daher als Charakteristikum von sogenannten A-Kunden verwendet werden.

Betriebswirtschaftliches Problem und Lösungsidee
Welche Kunden sollen im Fall eines Ressourcenengpasses prioritär behandelt werden?

Lösungsidee
Priorisierung auf Basis des Kundenwerts

Analytics-Problem
Aufgrund welcher Attribute können Bestandskunden als A-Kunden klassifiziert werden?

Relevanznachweis
Im Rahmen einer Interviewserie mit wichtigen ehemaligen Kunden konnte festgestellt werden, dass einer der wesentlichsten Gründe für den Wechsel die Unzufriedenheit mit den Dienstleistungen ist. Insbesondere wurden lange Wartezeiten betont.

Abbildung 29: Freigabe für das Problem Auftragspriorisierung

Da der Customer Lifetime-Value neben den bereits getätigten Umsätzen auch die zukünftigen berücksichtigt, liegt ein Prognoseproblem insbesondere dann vor, wenn Kunden erst seit kurzem Kunden sind und daher noch nicht klar ist, ob diese den Status als A-Kunde erreichen werden. Das Management der Ausrüster GmbH benötigt aber als Basis für die Priorisierung eine klare Prognose. Das **Analytics-Problem** lautet folglich: Aufgrund welcher Attribute können Bestandskunden als A-Kunden klassifiziert werden?

Der **Relevanznachweis** wird aufgrund fehlender Vergleichsmöglichkeiten auf Basis von eigenen Erfahrungen geführt. So zeigen Befragungen wichtiger ehemaliger Kunden, dass einer der wesentlichsten Gründe für deren Wechsel die Unzufriedenheit mit den Dienstleistungen war. Insbesondere wurden lange Wartezeiten betont. Auch wenn weitere Faktoren die Wartezeit beeinflussen, sieht das Management fehlerhafte Priorisierung als Hauptfaktor an. Abbildung 29 zeigt das betriebswirtschaftliche Problem, den Relevanznachweis und das Analytics-Problem in der Übersicht.

» Problem Kundenzufriedenheit

Ein drittes Problem identifizierte die Ausrüster GmbH im Rahmen eines Benchmarkings mit anderen Unternehmen. Gegenstand dieses Benchmarkings war die Kundenzufriedenheit. Bei der Befragung wurde nicht zwischen verschiedenen Kundengruppen differenziert, sondern alle Kunden gleichgewichtet in das Ergebnis aufgenommen.

Alle Mitglieder im Benchmarkingkreis waren sich einig, dass den Kunden keine aufwändigen Fragebögen zuzumuten seien. Daher wurde zur Messung der Kundenzufriedenheit nur eine einzige Frage entwickelt. Es handelt sich um eine globale Kundenzufriedenheit ohne Binnendifferenzierung. Abbildung 30 zeigt die zehnstufige Skala. Das **betriebswirtschaftliche Problem** lautet folglich: Wie kann die globale Kundenzufriedenheit gesteigert werden?

Abbildung 30: Messung der Kundenzufriedenheit der Ausrüster GmbH

Die grundsätzliche **Lösungsidee** des Managements der Ausrüster GmbH ist es, gezielt Faktoren zu beeinflussen, die zu einer Erhöhung der Kundenzufriedenheit führen. Allerdings sind diese Faktoren bislang nicht ausreichend bekannt. Als **Analytics-Problem** wird daher formuliert: Welche Faktoren determinieren die Zufriedenheit der Kunden?

Als Relevanznachweis dient eine Differenz der durchschnittlichen Kundenzufriedenheiten. Während die Ausrüster GmbH einen Durchschnittswert von 7,0 auf der zehnstufigen Skala erreichte, betrug der Durchschnitt über alle Benchmarkingpartner 8,3. Abbildung 31 zeigt das betriebswirtschaftliche Problem, den Relevanznachweis und das Analytics-Problem in der Übersicht.

Betriebswirtschaftliches Problem und Lösungsidee

Wie kann die globale Kundenzufriedenheit gesteigert werden?

Lösungsidee

Faktoren beeinflussen, die zu einer Erhöhung der Kundenzufriedenheit führen.

Analytics-Problem

Welche Faktoren determinieren die Zufriedenheit der Kunden?

Relevanznachweis

Im Rahmen einer schriftlichen Befragung sämtlicher Bestandskunden auf Basis einer generellen Frage zur Zufriedenheit konnte ein Wert von 7,0 (Skala von 1: „sehr unzufrieden" bis 10: „sehr zufrieden") ermittelt werden. Der Austausch mit befreundeten Unternehmen zeigte einen Vergleichswert von 8,3.

Abbildung 31: Freigabe für das Problem Kundenzufriedenheit

Zusammenfassung

Ziele des Teilprozesses Framing sind die Identifikation des **betriebswirtschaftlichen Problems** und die Ableitung eines zugehörigen **Analytics-Problems** mithilfe einer grundsätzlichen Lösungsidee. Im ersten Schritt des Framing wird das betriebswirtschaftliche Problem in noch rudimentärer Form identifiziert. Es beruht oftmals auf Intuition, Erfahrungen, zufälligen Beobachtungen oder eigenständigen Erstanalysen der Führungskraft. Ein Instrument, das für solche Analysen einen sinnvollen Rahmen bildet, ist das hier erörterte Business Model Canvas. Neben eigenen Analysen können aber auch Hinweise durch Externe, wie bspw. Kunden, Kooperationspartner, Konkurrenten und Unternehmensberater, Anlass sein, ein bestimmtes Problem aufzugreifen. Um festzustellen, ob das identifizierte Problem auch relevant und prioritär ist, erfolgt im Rahmen der **Operationalisierung** die Zuordnung einer quantitativen Messgröße. Mit dieser sollen die positiven Effekte, die mit der Lösung des Problems einhergehen abgebildet werden. Grundlegende Anforderungen an diese Messgröße sind Validität, Aktualität und Wirtschaftlichkeit. Der Nachweis der Relevanz wird in der Regel mittels verschiedener Varianten des Benchmarkings erbracht. Diese unterschieden sich in den jeweils verwendeten Vergleichsobjekten: Vergangenheit, eigenes Unternehmen, verbundenes Unternehmen, konkurrierendes Unternehmen und nicht-konkurrierendes Unternehmen. Der abschließende Schritt des Framing ist die Ableitung des **Analytics-Problems** aus dem betriebswirtschaftlichen Problem und die Eingrenzung der notwendigen **Datendomänen**. Erst das Analytics-Problem ist einer Lösung mithilfe von Algorithmen zugänglich.

Wiederholungs- und Vertiefungsfragen

- Was sind die Ziele des Teilprozesses Framing?
- Aus welchen Gründen gerät ein betriebswirtschaftliches Problem in den Fokus von Führungskräften?
- Welche Strukturierungshilfen zur Identifikation eines betriebswirtschaftlichen Problems kennen Sie?
- Kritisieren Sie das Konzept des Business Model Canvas.
- Was versteht man unter Operationalisierung im Kontext des Teilprozesses Framing?
- Welchen Kriterien müssen Messgrößen im Rahmen der Operationalisierung genügen?
- Unter welchen Bedingungen kann von einer validen Messgröße ausgegangen werden?
- Welche Vergleichsobjekte können im Rahmen eines Benchmarkings unterschieden werden?
- Weshalb ist es notwendig, zwischen betriebswirtschaftlichem Problem und Analytics-Problem zu unterscheiden?
- Wieso sollten adressierte Datendomänen bereits im Teilprozess Framing eingegrenzt werden?

Weiterführende Literatur

Zur Vertiefung des vorgestellten **Business Model Canvas**, einer wichtigen Strukturierungshilfe zur Identifikation von betriebswirtschaftlichen Problemen, sei auf die Osterwalder/Pigneur (2011) verwiesen. Speziell zum zentralen Element Value Proposition zusätzlich auf Osterwalder et al. (2014).

Eine Übersicht über verschiedene **Skalentypen** und deren Zusammenhang zu verschiedenen Analyseverfahren zeigt das Standardwerk von Backhaus et al. (2016).

Die Konstruktion von komplexen **Messgrößen**, die im Rahmen des Business Analytics zum Relevanznachweis benötigt werden, erörtern vertiefend Diamantopoulos/Winkelhofer (2001) sowie Rossiter (2002).

Eine mittlerweile schon ältere, aber noch immer relevante Quelle zur weiteren Vertiefung von **Benchmarking** ist Böhnert (1999).

Kapitel 3:

Teilprozess

Allocation

»Ziel des Teilprozesses Allocation ist es, die notwendigen Ressourcen bereit zu stellen, um das Analytics-Problem lösen zu können.«

3.1   Kapitelüberblick

Wie Abbildung 32 zeigt, sind die hier relevanten Ressourcen in drei Gruppen unterteilt: **Daten**, **IT** und **Personal**.

Kap. 1: Grundlagen

| Relevanz von Business Analytics | Begriffliche Grundlagen | Business Analytics-Prozess |

Kap. 2: Teilprozess Framing

| Identifikation des Problems | Operationalisierung und Relevanznachweis | Ableitung des Analytics-Problems |

Kap. 3: Teilprozess Allocation

| Daten | Informationstechnologie | Personal |

Kap. 4: Teilprozess Analytics

| Descriptive Analytics | Predictive Analytics | Prescriptive Analytics |

Kap. 5: Teilprozess Preparation

| Mechanismen | Grenzen | Visualisierung |

Kap. 6: Fallstudien

| Bodenbelag GmbH | BrainMine GmbH | InnoMA GmbH | Raumklima GmbH |

Abbildung 32: Struktur von Kapitel 3

Die Ausführungen zur Ressource Daten beginnen mit der Vertiefung verschiedener **Datentypen**. Anschließend wird der Themenkomplex **Datenqualität** erörtert. Sie stellt in der Praxis eines der zentralen Hemmnisse für Business Analytics dar (vgl. Kap. 3.2). Im Mittelpunkt der Erläuterungen zur Ressource IT steht eine Business Analytics-spezifische **IT-Architektur** (vgl. Kap. 3.3). Im Zuge dieser Erläuterungen werden Begriffe erörtert, die im Zusammenhang mit Business Analytics eine hohe Verbreitung gefunden haben. Prominente Beispiel sind die Begriffe Data Lake und Analytics-Lab. Das Kapitel zur Ressource Personal umfasst schließlich zwei Themenbereiche: notwendige Rollen und Varianten, wie diese in die Organisation eingeordnet werden können (vgl. Kap. 3.4). Dazu wird eine **sechsgliedrige Rollensystematik** eingeführt, die jene Rollen umfasst, die zur Durchführung von Business Analytics notwendig sind. Aufbauend auf dieser Systematik wird die **organisatorische Verortung** dieser Rollen erörtert. Eine zentrale Determinante ist der Zentralisierungsgrad. Abbildung 33 zeigt die Position des Teilprozesses Allocation im Gesamtprozess:

Abbildung 33: Teilprozess Allocation

3.2 Daten

Zentrale Begriffe im Rahmen von Business Analytics sind Daten und Evidenzen. Sie repräsentieren die wichtigste Eingangsressource und das wichtigste Ergebnis des Teilprozesses Analytics. Zu diesen Begriffen liegen in der Literatur nicht nur verschiedene Definitionen vor, sondern es existieren zudem weitere eng verwandte Begriffe. Die folgenden Ausführungen sind auf die Darstellung besonders verbreiteter Definitionen begrenzt, da dieses Buch eben keine Facharbeit zur Begriffsabgrenzung darstellt, sondern eine Einführung.

» Datentypen

Zum Begriff Daten besteht in der Literatur der höchste Grad an Einigkeit. Sie hier wie folgt definiert:

> **Daten** sind eine „[...] Ansammlung von Zeichen mit der dazugehörigen Syntax." (Cleve/Lämmel 2016, S. 37)

Zeichen sind Zahlen und Buchstaben. Die Syntax gibt vor, wie diese Zeichen kombiniert werden dürfen. Diese Elemente finden sich in weiteren Definitionsvarianten. So können Daten auch als Werte in einem Datenmodell aufgefasst werden (vgl. Redman 2008, S. 14 f.). Die **Werte** entsprechen den Zeichen in der obigen Definition und das **Datenmodell** der Syntax. Die Definition trifft keine Aussage zur Herkunft der Syntax oder des Datenmodells.

Eine typische Darstellungsform von (strukturierten) Daten ist eine **Datenmatrix** (oftmals synonym verwendete Begriffe sind Datentabelle und Datensatz). Sie besteht aus n Zeilen und m Spalten. Die Zeilen repräsentieren die **Instanzen**, oftmals synonym verwendete Begriffe sind Fall, Datensatz oder Entity. Die Spalten repräsentieren die **Attribute** der Instanzen, oftmals synonym verwendeter Begriffe sind Charakteristika oder Variablen (vgl. van der Aalst 2011, S. 61 sowie Witten et al. 2017, S. 53 f.). Abbildung 34 zeigt als Beispiel einen Auszug einer Datenmatrix unsere Fallstudie Ausrüster GmbH.

Nr.	Kunde	Gesamt-dauer in Min.	Umsatzvolu-men mit die-sem Kunden in TSD €	Garantie-fall	Name des durchgeführten Services	Gesamt-kosten des Servicefalls in TSD €	Alter des Primär-produkts in Jahren	Ersatzteil-art: Werk-zeug A	Retouren-quote Ersatz-teile	Umgebungs-bedingung: Luftfeuch-tigkeit	Einsatz-bedingungen des Primärprodukts	Produkt mit Servicefall: Drehma-schine D1
1	Meister GmbH	344	364	Ja	Wartung/Inspektion	0,7	9	1	0%	mittel	Durchgängig im Einsatz	1
2	Adenova GmbH	152	1185	Ja	Verbrauchs-materialien	7,9	11		17%	gering	2-Schicht-Betrieb	0
3	Reuchle AG	320	177	Nein	Wartung/Inspektion	38,7	21		0%	gering	3-Schicht-Betrieb	0
4	Wullenstein GmbH	976	1459	Nein	Montage	2,0	0		0%	gering	2-Schicht-Betrieb	0
5	Presswerk GmbH	346	624	Nein	Kunden-schulung	144,5	3			hoch	3-Schicht-Betrieb	0
6	Belmondo AG	199	1377	Ja	Wartung/Inspektion	61,2	4	1	0%	mittel	2-Schicht-Betrieb	0

Abbildung 34: Ausschnitt aus einer der Datenmatrizen der Fallstudie Ausrüster GmbH

Im weiteren Verlauf dieses Kapitels wird der Begriff Daten in verschiedene Datentypen differenziert. Zunächst wird allerdings das Ergebnis des Teilprozesses Analytics definiert: die **Evidenzen**. Als Annäherung an diesen Begriff dienen verwandte Begriffe. Ein erster Begriff ist **Information**.

Nach einer klassischen betriebswirtschaftlichen Definition ist Information zweckbezogenes Wissen (vgl. Wittmann 1959, S. 14). Diese Definition weist allerdings das Problem auf, dass sie einen unbestimmten Begriff, also Information, durch einen anderen ersetzt, nämlich Wissen. Einem anderen, nachrichtentechnisch geprägten Ansatz zufolge ist Information die Senkung von Unsicherheit (vgl. bspw. Shannon/Weavor 1976). Nach einer dritten Definition ist Information „[...] die Bedeutung von Signalen, die unterschiedlich (bspw. sensorisch, elektronisch, symbolisch) dargestellt sein können." (Mainzer 2016, S. 8). Eine vierte Definition sieht Information als ein Datum, das eine Bedeutung hat (vgl. Cleve/Lämmel 2016, S. 38). Was für eine Bedeutung, für wen oder zu welchem Zweck wird offengelassen. Ein typischer betriebswirtschaftlicher Zweck von Information ist die Vorbereitung von Entscheidungen (vgl. Engelmann/Großmann 2015, S. 4).

Ein zweiter verwandter Begriff von Evidenzen ist **Wissen**. Es gibt zwar zahlreiche Binnendifferenzierungen, wie die in explizites und implizites Wissen. Aber auch zu diesem Begriff existieren verschiedene Definitionen (vgl. bspw. Engelmann/Großmann 2015, S. 5 f.). Hier sei ein Beispiel stellvertretend aufgeführt. Cleve/Lämmel definieren Wissen als „[...] Information in Verbindung mit der Fähigkeit, diese zu benutzen [...]." (Cleve/Lämmel 2016, S. 38). Hinzu kommen englische Entsprechungen, die sich speziell im Business Analytics-Kontext gebildet haben, wie Insights.

Ein dritter verwandter Begriff, der dem Bereich Data Mining entstammt, ist **Concept**. Unter Concept wird das Ergebnis eines Data Mining-Algorithmus verstanden. In der Literatur findet sich auch die Interpretation von Concept als Ergebnis des Lernprozesses – in Anlehnung an Machine Learning (vgl. Witten et al. 2017, S. 44). Die konkrete Ausprägung des Concept ist abhängig vom Algorithmus, mit der dieses gewonnen wird: Concept einer Regressionsanalyse ist die Regressionsgleichung, Concept einer Clusteranalyse die Cluster und deren Struktur, Concept einer Klassifikationsanalyse ist ein Entscheidungsbaum.

Um ein für das Buch einheitliches Begriffsverständnis für das Ergebnis des Teilprozesses Analytics zu schaffen, wurde der Begriff Evidenz gewählt. Der Begriff besitzt keine eindeutige Definition, weshalb hier folgende Arbeitsdefinition zugrunde gelegt wird (vgl. für eine ausführliche Diskussion zur Begriffsgeschichte Mittelstraß 2004a, S. 609):

> Eine **Evidenz** ist eine aus Daten gewonnene und damit intersubjektiv nachvollziehbare Einsicht in einen Sachverhalt, die dazu dient, betriebswirtschaftliche Probleme im gesamten Managementzyklus von Planung, Steuerung und Kontrolle zu lösen.

In den Ausführungen dieses Buchs wird zusätzlich der Begriff **Roh-Evidenzen** verwendet. Er soll kennzeichnen, dass die Evidenzen, die als Ergebnis von Algorithmen im Teilprozess Analytics gewonnen werden, der weiteren Aufbereitung im Teilprozess Preparation bedürfen. Nur diese Aufbereitung der Roh-Evidenzen zu Evidenzen erlaubt einen optimalen Einsatz derselben. Einer der Aufbereitungsschritte ist die Visualisierung.

Nach Klärung der begrifflichen Grundlagen befassen wir uns nun mit der Differenzierung von Daten in unterschiedliche Datentypen. **Datentypen** sind eine wesentliche Determinante für die Wahl von Algorithmen. Es ist daher von hoher Relevanz zu verstehen, welche Datentypen für welche Algorithmen zugänglich sind.

In Übereinstimmung mit Aggarwal werden Daten hier in zwei grundsätzliche Kategorien unterscheiden: **nondependency-oriented data** und **dependency-oriented data** (vgl. Aggarwal 2015, S. 6). Der Unterschied zwischen diesen beiden Kategorien ist das Vorhandensein oder Nichtvorhandensein von impliziten oder expliziten Beziehungen zwischen den Daten. Eine **implizite Verbindung** liegt im Fall von Sensordaten vor. Sie werden in schneller Abfolge, bspw. einmal pro Sekunde, erfasst. Die Nachbarwerte innerhalb einer solchen Zeitreihe, wie Temperaturwerte einer Maschine, haben eine implizite Verbindung, da angenommen werden kann, dass sie keine großen Sprünge aufweisen. Ein starkes Abweichen ist daher ein relevanter Fall. Eine **explizite Verbindung** liegt im Falle von Netzwerkdaten vor, wie bspw. in Social Media-Plattformen. Sie manifestieren sich in Kontakten zwischen zwei Mitgliedern der Plattform (vgl. hierzu auch die Ausführungen in Kap. 4.2.5).

Nondependency-oriented data kann in verschiedene Datentypen unterteilt werden (vgl. Aggarwal 2015, S. 7–9). Der für Algorithmen vergleichsweise zugängliche Datentyp sind **quantitativ-multidimensionale Daten**. Dabei handelt es sich um numerische Daten, die durch ihre in der Regel metrische Skalierung für alle Rechenoperationen zugänglich sind (vgl. Cleve/Lämmel 2016, S. 40). Sie beschreiben Datenobjekte, die hier als Instanzen bezeichnet werden, in verschiedenen Dimensionen, hier als Attribute bezeichnet.

Varianten dieses Datentyps sind **kategoriale und binäre Daten**. Im Gegensatz zu metrischen Daten weisen kategoriale Daten keine innere Ordnung bspw. im Sinne eine Größer-Kleiner-Relation auf. Die Einführung einer Distanz zwischen den einzelnen Werten ist nicht sinnvoll. Lediglich die Feststellung gleich oder ungleich ist möglich. Ein Beispiel ist die Augenfarbe. Ein oft verwendetes Synonym für die Bezeichnung dieses Datentyps ist nominale Daten (vgl. Witten et al. 2017, S. 54). Binäre Daten umfassen nur Attribute, die zwei Werte annehmen können, wie 0 und 1 oder falsch und wahr.

Ein grundsätzlicher anderer Datentyp ist **Text**. Er kann sowohl als dependency-oriented data als auch als nondependency-oriented data aufgefasst werden. Ersteres adressiert die Tatsache, dass in einer Sprache Regeln existieren, die die Abfolge der unterschiedlichen Worte in einem Satz regeln. Es liegt somit mindestens eine implizite Verbindung vor. Text kann aber auch als nondependency-oriented data klassifiziert werden, wenn der betrachtete Text in einer quantitativen Form vorliegt – konkret in Häufigkeiten der darin enthaltenen Wörter. Es resultiert eine Datenmatrix, die häufig den Wert 0 aufweist. Grund hierfür ist, dass die Datenmatrix in der Regel sämtliche Wörter der Sprache als Attribute umfasst, aber der betrachtete Text in der Regel nur einen Bruchteil davon als Worte enthält.

Wenden wir uns nun einigen Datentypen der Kategorie **dependency-oriented data** zu. Ein erster wichtiger Datentyp sind **Zeitreihen**. Eine Zeitreihe ist eine Menge von Werten, die im Zeitablauf erfasst wurde (vgl. Backhaus et al. 2016, S. 136). Ein typisches Beispiel sind Sensordaten einer Produktionsmaschine. Sie können Daten zu Umgebungstemperatur, zur Geschwindigkeit einer Achse in der Maschine sowie den Luftdruck und den Druck, dem ein Werkzeug in der Maschine ausgesetzt ist, umfassen. Auch Videodaten fallen in diese Kategorie, da sie eine zeitliche Struktur aufweisen.

Ein zweiter Datentyp dieser Kategorie sind **Geodaten**. Dabei handelt es sich um Daten zu verschiedenen Faktoren in Verbindung mit einem bestimmten geographischen Ort. Ein Beispiel ist die Temperatur an einem bestimmten Ort eines Ersatzteillagers. Auch hier können implizite und explizite Beziehungen zwischen den Daten vorliegen. So kann bspw. erwartet werden, dass zwischen zwei benachbarten Punkten in einem Ersatzteillager nur ein geringer Temperaturunterschied herrscht. Eine Abweichung von dieser Annahme wäre dann ein relevantes Muster.

Ein dritter Datentyp sind Netzwerkdaten. Im Falle von **Netzwerkdaten** sind die Daten durch eine explizite Verbindung untereinander in Beziehung. Beispiele für solche expliziten Verbindungen sind Hyperlinks zwischen verschiedenen Websites oder Verbindungen in Social Media-Plattformen. Ein weiteres Beispiel sind Daten zum Lieferantennetzwerk eines Unternehmens. Die Verbindungen sind in diesem Fall die Lieferbeziehungen und die finanziellen Ströme. Abbildung 35 zeigt die vorgestellten Datentypen in der Übersicht.

Eine andere Kategorisierung von Daten ist die Dreiteilung in **strukturierte, semistrukturierte** und **unstrukturierte** Daten. Strukturiert sind bspw. Daten aus ERP-Systemen. Ein Beispiel für semistrukturierte Daten sind E-Mails. Sie sind nur teilweise strukturiert, bspw. durch die zwingende Vorgabe eines Empfängers. Als unstrukturiert werden bspw. Bilddaten bezeichnet.

Allerdings ist diese Dreiteilung umstritten. So werden als Alternativen zur Bezeichnung unstrukturierte Daten auch komplex-strukturierte Daten und **polystrukturierte Daten** diskutiert. Dies soll darauf hinweisen, dass sehr wohl eine Struktur vorliegt, aber keine derart einfache, wie bspw. in den nondependency-oriented data. Am Beispiel der oben genannten Videodaten lässt sich diese Diskussion erörtern: Videodaten werden in der Regel als unstrukturierte Daten klassifiziert. Allerdings liegt vielmehr eine Vielzahl von Strukturen parallel vor. Eine Struktur ist bspw. die Verteilung der Helligkeit der Bildpunkte im Zeitablauf, was einer n-dimensionalen Zeitreihe entsprechen würde.

Abbildung 35: Ausgewählte Datentypen

Eine weitere Unterteilung ist jene in „normale" Daten und **Big Data**. Allerdings ist eine exakte Grenze zwischen diesen beiden Kategorien nicht definiert worden. Vielmehr wurden Charakteristika eingeführt, die Big Data kennzeichnen sollen: Volume, Variety, Velocity und Veracity (vgl. bspw. Schroeck et al. 2012). Unter **Volume** wird die Menge der Daten verstanden. Ab wann allerdings Big Data beginnt, ist nicht festgelegt. In der Regel werden vage Beschreibungen bemüht, wie bspw., dass diese nicht mehr auf einem einfachen Computersystem verarbeitbar sind (vgl. Provost/Fawcett 2013, S. 8). Eine Lösung ist die Nutzung von Cloud Computing (vgl. hierzu die Ausführung in Kap. 3.5.2). Mit dem Charakteristikum **Variety** soll auf die Vielfalt der Datentypen hingewiesen werden. Demnach läge Big Data vor, wenn eine Datenmenge eine Vielzahl von Datentypen umfasst. Auch hier ist kein Minimum definiert, ab dem Big Data beginnt. Im Vergleich zum namensgebenden Charakteristikum stellt insbesondere Variety den Teilprozess Analytics vor große Herausforderungen (vgl. Franks 2014, S. 49). **Velocity** beschreibt die Geschwindigkeit, in der die Datenmenge anwächst. Die Konsequenz aus diesem Charakteristikum ist, dass Ergebnisse von Analysen regelmäßig mit neuen Daten überprüft werden können. So können erodierende Evidenzen durch neue ersetzt werden (vgl. hierzu die Ausführungen in Kap. 5.4). **Veracity** die adressiert als viertes Kriterium die Datenqualität. Hintergrund ist die Tatsache, dass mit der Datenmenge der Aufwand zur Prüfung und Steigerung der Datenqualität ansteigt. Dieser Aspekt wird im folgenden Kapitel vertieft.

» Datenqualität

Eine hohe **Datenqualität** ist für jeden Algorithmus eine wichtige Bedingung. Geringe Datenqualität führt notwendigerweise zu fehlerhaften oder gar ungültigen Ergebnissen. Gronau/Thim/Fahrholz kamen in ihrer Studie zum Ergebnis, dass nur 36 % der befragten Unternehmen die Qualität ihrer Daten als sehr gut oder gut bezeichnen (Gronau/Thim/Fahrholz 2016). KPMG/BITKOM zeigten, dass 31 % der befragten Unternehmen des Maschinen- und Anlagenbaus mangelnde Datenqualität als Herausforderung sehen (KPMG/BITKOM 2017, S. 55).

Datenqualität ist allerdings **nicht absolut** zu betrachten, sondern aus der Perspektive des jeweiligen Algorithmus, mit dem die Daten verarbeitet werden (vgl. Tan/Steinbach/Kumar 2014, S. 43). Speziell im Kontext von Business Analytics hat Datenqualität eine besonders hohe Relevanz. Hierfür seien drei Gründe angeführt (vgl. Klier/Heinrich 2016):

- Im Rahmen von Business Analytics werden komplexe Sachverhalte analysiert. Eine einfache **Plausibilitätsüberprüfung** ist daher nicht mehr möglich. Fehler in der Datenqualität sind folglich einer Sichtprüfung nicht zugänglich.
- Die im Rahmen von Business Analytics angewendeten Algorithmen besitzen eine hohe **normative Kraft**. In Folge dieser werden deren Ergebnisse von Anwendern und den Empfängern der Ergebnisse mit einer gewissen „(Leicht-)Gläubigkeit" aufgenommen. Fehlerhafte Ergebnisse aufgrund mangelnder Datenqualität werden folglich nicht erkannt.
- Eine Anwendung der Evidenzen, die erarbeitet wurden, werden zur **(Teil-)Automatisierung** von Entscheidungen genutzt, bspw. ob ein Kunde prioritär behandelt wird. In einer solch automatisierten Anwendung fehlt das regulative Element Mensch. Fehlerhafte Evidenzen aufgrund von mangelnder Datenqualität wirken sich somit negativ aus, ohne dass dies zeitnah oder überhaupt erkannt wird.

Wenn Algorithmen zur Priorisierung genutzt werden betreffen, ist Datenqualität eine notwendige Voraussetzung für die **Fairness** der Entscheidung und damit auch für die **Akzeptanz** seitens der Betroffenen. Ein Beispiel ist eine Entscheidung über konkurrierende Investitionsanträge mittels Robotic Process Automation. Wenn fehlerhafte Daten zu einer anderen Priorisierung führen als dies mit korrekten Daten der Fall wäre, werden dies unterlegen Antragssteller als unfair empfinden und den Algorithmus und dessen Ergebnisse nicht akzeptieren.

Das Management von Datenqualität setzt ein exaktes Verständnis über den Inhalt dieses komplexen, weil mehrdimensionalen, Begriffs voraus. In der Literatur liegen verschiedene Varianten mit unterschiedlicher Dimensionalität vor. Im Folgenden werden jene **Datenqualitätsdimensionen** erörtert, die besonders verbreitet sind und folglich einen Konsens darstellen (vgl. bspw. Rohweder et al. 2015, S. 28 f. und Batini/Scannapieco 2016, Kap. 2):

- Vollständigkeit,
- Korrektheit,
- Umfang,
- Aktualität,
- Glaubwürdigkeit,
- Einheitlichkeit,
- Zugänglichkeit sowie
- Bearbeitbarkeit.

Die meistgenannte Datenqualitätsdimension ist die **Vollständigkeit**. Vollständigkeit liegt dann vor, wenn sämtliche Attribute sämtlicher Instanzen der Datenmatrix mit Werten versehen sind. Ein Spezialfall ist das Fehlen von Werten, weil diese nicht existieren. Ein typisches Beispiel sind fehlende Kreditkartendaten eines Kunden, der über keine Kreditkarte verfügt. In einem solchen Fall müssen entsprechende Werte in die Datenmatrix eingefügt werden, die dies kennzeichnen.

Fehlende Werte sind besonders zu beachten. Um ein Verständnis für diese zu entwickeln, müssen die Gründe für das Fehlen analysiert werden. Einige mögliche Gründe sind Messfehler bei der Datenerhebung, Antwortverweigerung bei der Beantwortung eines Fragebogens und Fehler bei der Zusammenführung mehrerer Datenmatrizen (vgl. Witten et al. 2017, S. 63). Auch wenn einige Algorithmen robust gegenüber fehlenden Werten sind, ist das Wissen über den Grund des Fehlens für eine optimale Analyse und damit Gewinnung von korrekten Evidenzen unabdingbar.

Vollständigkeit adressiert nicht die Korrektheit der Daten. Vollständigkeit kann folglich auch durch nicht korrekte Daten erreicht werden. Allerdings führt dies zu fehlerhaften Evidenzen, weshalb die zweite Datenqualitätsdimension **Korrektheit** ist. Korrektheit selbst hat wiederum zwei Facetten. Eine als technische Korrektheit zu bezeichnende Facette stellt darauf ab, ob der Wert des jeweiligen Attributes überhaupt ein erlaubter Wert ist. Im Falle des Attributes Postleitzahl ist „70190" technisch korrekt „ABCDE" hingegen nicht.

Die zweite Facette ist die inhaltliche Korrektheit. Sie liegt vor, wenn der Wert mit dem tatsächlichen Wert in der Realität übereinstimmt. Ein typisches Beispiel von mangelnder Korrektheit ist das Veralten eines Datensatzes: ein Kunde ist umgezogen, aber die Datenmatrix wurde nicht angepasst. Ein Sonderfall sind **Duplikate**. Hier liegen zwei identische oder leicht unterschiedliche Datensätze in derselben Datenmatrix vor. Der erste Fall ist einfach zu korrigieren. Der zweite Fall nicht. Hierzu ein Beispiel: Nach einem Umzug meldet sich ein Kunde erneut bei einem Unternehmen als Kunde an. Der alte Datensatz ist dann nicht mehr korrekt.

Im Fall der inhaltlichen Korrektheit kann wiederum unterschieden werden zwischen unabsichtlichen und absichtlichen Fehlern. Verbraucher könnten bspw. ihre Adressdaten mit einem absichtlichen Schreibfehler versehen, um zu erkennen, ob ihre Daten gehandelt werden (vgl. Witten et al. 2017, S. 63 f.).

Jeder Algorithmus erfordert einen spezifischen Mindestumfang an Daten. Daher ist eine dritte Datenqualitätsdimension der **Umfang**. Grundsätzlich kann hier davon ausgegangen werden, dass ein größerer Umfang vorteilhaft für Business Analytics ist. Aufgrund von Wirtschaftlichkeitsüberlegungen ist hier aber ein angemessener Umfang, jeweils abhängig vom Verwendungszweck, anzustreben.

Eine vierte Datenqualitätsdimension ist die **Aktualität** der Daten. Speziell vor dem Hintergrund eines dynamischen Branchenumfelds ist es notwendig, dass Evidenzen auf Basis eines möglichst aktuellen Datenbestands erarbeitet werden. Sonst werden bspw. notwendige Änderungen im Produktprogramm oder verändertes Kundenverhalten zu spät erkannt. Daten sind umso aktueller, je zeitnaher diese die tatsächliche Eigenschaft des beschriebenen Objektes abbilden. Extreme Ausprägungen der Aktualität sind Echtzeit und Quasi-Echtzeit.

Aktualität und Umfang können einen Trade-Off zur fünften Datenqualitätsdimension aufweisen: der **Glaubwürdigkeit**. Die Glaubwürdigkeit steigt mit dem Aufwand, der für die Datenerhebung betrieben wurde. Ein typisches Beispiel ist die Verwendung von mehreren unabhängigen Quellen zur Erhebung eines Wertes. So ist ein Wert glaubwürdiger, der von mehreren Experten bestätigt wurde, als einer, der nur von einem Experten bestätigt wurde. Die Glaubwürdigkeit der Datenmatrix hängt zudem maßgeblich von der Glaubwürdigkeit der Datenquellen ab. Im Falle von Primärdatenerhebungen ist die Glaubwürdigkeit in der Regel höher als im Falle von Sekundärdatenerhebungen. Für Sekundärdaten müssen daher bestimmte Basischarakteristika ermittelt werden, wie: Wann, wie und durch wen wurden die Daten erhoben? Wurden die Daten bereits bearbeitet oder handelt es sich um Rohdaten? Es besteht ein Zusammenhang zur Korrektheit: Kann die Korrektheit aus nachvollziehbaren Gründen nicht bestimmt werden, ist die Glaubwürdigkeit ein Hilfsmaß.

Einheitlichkeit der Daten liegt vor, wenn die Daten in einheitlicher Darstellungsform vorliegen. Dies ist vor allem vor dem Hintergrund von Datenmatrizen relevant, die aus mehreren Datenquellen zusammengestellt wurden. In der Regel ist in solchen Fällen eine Harmonisierung der Daten notwendig. Die Harmonisierung muss dazu mehrere Aspekte adressieren (vgl. hierzu auch Bleiholder/Schmid 2015). Ein erster Aspekt ist das Aggregationsniveau der Attribute in den unterschiedlichen Datenquellen. Dazu zählen auch unterschiedliche Normierungsfaktoren. So kann bspw. der Normierungsfaktor in einer Datenquelle „1.000 Einwohner" und in der zweiten Datenquelle „10.000 Einwohner" lauten. Ein zweiter Aspekt ist die Form der Daten. So können bspw. im Falle von Textdaten in unterschiedlichen Datenquellen unterschiedliche Schreibweisen vorliegen. Darüber hinaus existiert noch eine Vielzahl weiterer Harmonisierungsaspekte, die allerdings Datenquellen-spezifisch sind.

Eine siebte Datenqualitätsdimension ist die **Zugänglichkeit.** Wiederum können mehrere Facetten unterschieden werden. Eine erste Facette ist das Format der Daten. Algorithmen benötigen spezifische Datenformate. Datenqualität im Sinne dieser Dimension liegt folglich dann vor, wenn die Daten im notwendigen Format vorliegen. Eine zweite Facette ist die Bearbeitbarkeit. Sie liegt vor, wenn die Daten leicht veränderbar und damit für verschiedene Algorithmen nutzbar sind. Eine dritte Facette ist die Zugriffsgeschwindigkeit. Diese technische Facette ist vor allem vor dem Hintergrund der Verarbeitung großer Datenbestände relevant.

Bislang wurden die Dimensionen der Datenqualität inhaltlich beschrieben. Eine Metrik zur konkreten **Messung des Qualitätsniveaus** ist ein notwendiger nächster Schritt. Nur auf diese Weise kann festgelegt werden, ob die Datenqualität adäquat ist, oder ob Maßnahmen zur Steigerung der Datenqualität ergriffen werden müssen. Die Messung der Datenqualität ist komplex und für jede Dimension ist (mindestens) eine spezifische Metrik notwendig. Am Beispiel der **Dimension Aktualität** soll das Grundprinzip der Messung demonstriert werden. Eine Diskussion des aktuellen Forschungsstands zu allen Dimensionen würde den Umfang dieser Einführung übersteigen. Daher sei hier auf weiterführende Literatur verwiesen (vgl. bspw. Batini/Scannapieco 2016 und Heinrich et al. 2018).

Einen wahrscheinlichkeitstheoretischen Ansatz zur Messung stellen Heinrich/ Klier vor (vgl. im Folgenden Heinrich/Klier 2016, S. 62 f.): Aktualität wird dazu als jene Wahrscheinlichkeit interpretiert, mit der die betreffenden Daten noch die realen Gegebenheiten widerspiegeln und nicht veraltet sind. Der Vorteil dieses Ansatzes ist dessen intuitive Verständlichkeit. Die Metrik Q für die Aktualität eines bestimmten Attributs A ist wie folgt definiert.

$$Q(w, A) := e^{-Verfall(A) \cdot Alter(w, A)}$$

Dabei ist w ein Attributwert in der Datenmatrix und *Alter (w, A)* das Alter des Attributwertes. Es errechnet sich aus dem Zeitpunkt der Messung und dem Zeitpunkt der Datenerfassung. *Verfall (A)* ist die Verfallsrate der Werte des Attributs A. Der Definition wird nun die Annahme zugrunde gelegt, dass die Gültigkeitsdauer der Datenwerte exponentialverteilt mit dem Parameter *Verfall (A)* ist. Eine Exponentialverteilung erscheint in vielen Anwendungsfällen besonders geeignet, da sich diese in anderen Kontexten als typische Lebensdauer-Verteilung bewährt hat. Sonderfälle stellen Attribute dar, deren Werte sich im Zeitverlauf grundsätzlich nicht ändern, wie das Geburtsdatum eines Kunden. Die Metrik nimmt für diese Attribute den Wert 1 an, da *Verfall(A)* den Wert 0 aufweist. Ebenfalls den Metrikwert 1 weisen jene Attribute auf, die zum Betrachtungszeitpunkt erhoben wurden (d. h. *Alter(w, A)=0*).

Der kritische Punkt bei der Anwendung dieser Metrik ist die Bestimmung des Verfallsparameters *Verfall(A)*. Ideal ist eine empirische Ermittlung auf Basis vorliegender oder vergleichbarer Daten. Ein Ersatz sind Expertenschätzungen – wenn auch ein problematischer. Hierbei ist es wichtig, die Schätzung durch mehrere Experten vornehmen zu lassen, um ein zutreffendes Bild zu erhalten. Den Experten ist dabei die Bedeutung der Verfallsrate zu erörtern. Abbildung 36 zeigt beispielhafte Verläufe der Aktualitätsmetrik für drei verschiedene Verfallsraten.

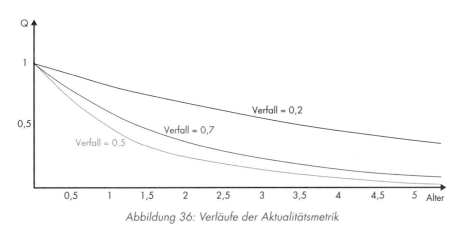

Abbildung 36: Verläufe der Aktualitätsmetrik

Wenden wir uns nun den Möglichkeiten zu, die **Datenqualität zu steigern**. Grundsätzlich kann hier zwischen zwei Gruppen von Ansätzen unterschieden werden: Fehlervermeidung und Fehlerbehebung (vgl. Redman 2008, S. 55). Wiederum ist es hier nicht möglich, alle Ansätze für alle Datenqualitätsdimensionen vorzustellen. Auch hier sei auf die weiterführende Literatur verwiesen (vgl. bspw. Batini/Scannapieco 2016). Im Folgenden werden Ansätze zur Qualitätssteigerung für die **Dimension Vollständigkeit** erörtert.

Vollständige Datenmatrizen sind ein Ausnahmefall. Die Regel sind Datenmatrizen, die eine Vielzahl von Missing Values aufweisen. Ansätze zur Steigerung der Vollständigkeit können in verschiedene Kategorien eingeteilt werden (vgl. bspw. Aggarwal 2015, S. 35 sowie Batini/Scannapieco 2016, S. 358):

* Nacherhebung,
* Datenausschluss sowie
* Imputation.

Nacherhebung ist die gezielte Ermittlung der fehlenden Werte aus den entsprechenden Datenquellen. Der Vorteil dieses Ansatzes ist, dass der reale Wert ermittelt wird. Demgegenüber stehen die Nachteile eines in vielen Fällen hohen finanziellen und zeitlichen Aufwands. Abhängig von der Datenquelle bedeutet Nacherhebung bspw. die Neuauflage einer Umfrage oder eines Experiments. Finanzieller Aufwand kann auch dadurch entstehen, dass Externe mit der Nacherhebung beauftragt werden, wie bspw. Marktforschungsunternehmen oder Datenhandelsplattformen. Ein zeitlicher Aufwand entsteht nicht nur aufgrund des zusätzlichen Erhebungsprozesses, sondern er kann auch dadurch entstehen, dass bestimmte Daten nur zu bestimmten Zeitpunkten erhoben werden können. Ein Sonderfall der Nacherhebung ist der Abgleich mit einer Datenmatrix, deren Vollständigkeit gegeben ist (vgl. Batini/Scannapieco 2016, S. 358).

Datenausschluss ist hingegen das Entfernen aller Instanzen, bei denen ein bestimmter Anteil an Missing Values vorliegt. Dieser, fallweiser Ausschluss genannte Ansatz, hat den Vorteil, dass er einfach umzusetzen ist – in der Regel auch automatisierbar. Der Aufwand ist folglich gering. Demgegenüber stehen mehrere Nachteile: Das Verfahren ist nicht anwendbar, wenn eine hohe Anzahl an Missing Values vorliegt, da die Datenmenge sonst zu stark reduziert wird. Speziell für die Mustererkennung im Rahmen von Descriptive Analytics ist das Entfernen von Instanzen nachteilig.

Die dritte Kategorie umfasst mehrere **Imputationsverfahren**. Hierzu werden die fehlenden Werte durch verschiedene Ansätze hergeleitet. Diese Ergänzungen können Ergebnisse der Algorithmen beeinflussen. Einen Überblick über gängige Varianten geben Backhaus/Blechschmidt (vgl. im Folgenden Backhaus/Blechschmidt 2009):

* **Mittelwertimputation**: An Stelle von Missing Values werden die Mittelwerte der Attribute gesetzt. Vorteile sind die Einfachheit des Verfahrens und der Verzicht auf Reduktion der Datenmenge. Dem steht der Nachteil der Varianzreduktion gegenüber. Speziell im Fall von nicht normalverteilten Attributen stellt der Mittelwert keinen sinnvollen Ansatz dar. Einen Sonderfall stellen dependency-oriented data, wie bspw. Zeitreihen, dar. Hier wird in der Regel der Mittelwert der beiden benachbarten Werte gebildet (vgl. Aggarwal 2015, S. 36).
* **Regression**: Missing Values werden auf Basis einer Regressionsgleichung ersetzt. Das unvollständige Attribut wird dabei als abhängige Variable behandelt. Mithilfe ggf. vorliegender Korrelationen zu anderen Attributen, die dann als unabhängige Variablen fungieren, wird eine Regressionsgleichung ermittelt. Der Vorteil dieses Verfahrens ist die bessere Begründung im Vergleich zur Mittelwertimputation. Nachteilig wirkt sich die nun künstlich erhöhte Korrelation zwischen den beteiligten Attributen aus. Überdies kann die Herleitung über eine Regressionsgleichung zu unerlaubten Werten führen, bspw. wenn im Falle des unvollständigen Attributs nur ganzzahlige Werte zulässig sind.

Bevor eine der Verfahren zur Behandlung von Missing Values gewählt wird, ist es allerdings notwendig, die **Gründe für fehlende Werte** zu eruieren. Ein einfacher Grund ist ein Fehler in der Datenerhebung. So kann im Rahmen einer Interviewstudie der Interviewer eine Frage übersehen haben. Ein anderer Fall liegt aber vor, wenn eine Frage bewusst nicht beantwortet wurde. Der fehlende Wert hat dann eine grundsätzlich andere Aussage. So könnte es bspw. der Fall sein, dass alle Personen, die eine bestimmte Frage nicht beantworten eine sozial unerwünschte Antwort geben müssten und daher von einer Antwort absehen. Beispielfragen aus dem betrieblichen Kontext sind sämtliche Fragen zum eigenen Arbeitsverhalten. Eine Mittelwertimputation würde in einem solchen Fall zu Verzerrungen führen (vgl. hierzu die Ausführungen von Witten et al. 2017, S. 63).

An dieser Stelle ist zu bemerken, dass die Steigerung der Datenqualität kein Selbstzweck ist. Sprich: Eine Verbesserung einer Datenqualitätsdimension sollte nur insoweit vollzogen werden, soweit dies notwendig ist. So sind einige Algorithmen von Missing Values nicht beeinflusst (vgl. Aggarwal 2015, S. 35). Eine Steigerung der Vollständigkeit wäre folglich ineffizient.

3.3   Informationstechnologie

Im einführenden Abschnitt wurde IT in Hard- und Software unterschieden. Diese grobe Unterteilung wird hier weiter differenziert und im Hinblick auf den Kontexte Business Analytics spezifiziert. Zunächst werden basale Komponenten einer **IT-Architektur** eingeführt, um dann darauf aufbauend eine **Business Analytics-spezifische Architektur** einzuführen. Aufgrund der hohen Entwicklungsdynamik muss sich die Diskussion eines solchen Vorschlags auf dessen wesentliche Komponenten beschränken.

» Komponenten einer IT-Architektur

In der Literatur liegen zahlreiche Varianten zur Unterteilung von IT in ihre Komponenten vor. Diese unterscheiden sich nicht nur in der Anzahl der Komponenten, sondern auch in den verwendeten Begriffen. Hier soll eine weit verbreitete Unterteilung in **sechs Komponenten** referiert werden (vgl. Laudon/Laudon/Schoder 2016, S. 215; dort werden als siebte Komponente noch Beratungen/Systemintegratoren genannt). Danach bestehen IT-Systeme aus:

- Hardware,
- Betriebssystem,
- Anwendungssystemen,
- Datenverwaltungs- und -speichersystemen,
- Netzwerk- und Telekommunikationssystemen sowie
- Internetplattformen.

Hardware umfasst sämtliche physischen Komponenten der IT. Dazu gehören solche zur Datenspeicherung sowie zur Datenanalyse, wie Mikroprozessoren. Eine typische Unterscheidung fokussiert auf die Mobilität der Hardwareplattformen. Mobile

Plattformen, wie Smartphones und Tablets, spielen auch im Kontext von Business Analytics eine vermehrte Rolle, wie im Rahmen des Mobile Reporting.

Betriebssysteme stellen erst die Verfügbarkeit der Hardware für Anwendungssysteme sicher. Eine typische Binnendifferenzierung ist die Unterscheidung in kommerzielle Plattformen und Open-Source-Plattformen, wie bspw. Linux. **Anwendungssysteme** stellen den Nutzern die gewünschten Funktionalitäten der IT zur Verfügung. Im Kontext Business Analytics sind dies vor allem Applikationen zur Datenanalyse, wie das in der Fallstudie Ausrüster GmbH verwendete KNIME, sowie solche zur Visualisierung.

Eine weitere zentrale Komponente hinsichtlich der Nutzung im Rahmen von Business Analytics sind **Datenmanagement und -speichersysteme**. Sie umfassen sowohl Datenbankmanagementsysteme als auch Datenbanken selbst. Die beiden letzten Komponenten, **Netzwerke und Telekommunikationssysteme** sowie **Internetplattformen**, stellen die Konnektivität zwischen IT-Systemen auch über Unternehmensgrenzen hinaus zur Verfügung. Letzteres ist insbesondere für die Integration externer IT-Dienstleister von Bedeutung.

Die erörterten Komponenten müssen passend zu den Zielen, die mit Business Analytics erreicht werden sollen, ausgestaltet werden. **Charakteristika** wie das zu verarbeitende Datenvolumen, die Anforderungen an die Auswertungsgeschwindigkeit, die verwendeten Algorithmen sowie Kostenbegrenzungen spielen wichtige Rollen.

Die vorgestellten Komponenten einer IT-Architektur können durch eine unternehmenseigene IT-Abteilung oder durch externe Dienstleister zur Verfügung gestellt werden. Ein wesentlicher Trend bei der Gestaltung dieser Aufteilung ist das sogenannte Cloud Computing, weshalb hier einige Grundlagen dazu erörtert werden: Die Nutzung von Cloud Computing steigt seit Jahren kontinuierlich an (vgl. KPMG/BITKOM 2018, S. 7). Gründe hierfür sind gesteigerte Flexibilität in der IT-Organisation, verbesserte Skalierbarkeit, Variabilisierung der IT-Kosten und ein höherer Professionalisierungsgrad der Cloud Provider.

Zum Begriff Cloud Computing existiert eine Vielzahl an Definitionen (vgl. für eine Übersicht Voorsluys/Broberg/Buyya 2011). Eine weit verbreitete Definition von **Cloud Computing** erarbeitete das National Institute of Standards and Technology des U.S. Departments of Commerce. Danach ist Cloud Computing "[...] a model for enabling ubiquitous, convenient, on-demand network access to a shared pool of configurable computing resources (e. g., networks, servers, storage, applications, and services) that can be rapidly provisioned and released with minimal management effort or service provider interaction." (Mell/Grance 2011, S. 2).

Für das Verständnis von Cloud Computing ist die Differenzierung zwischen Private, Public und Hybrid Clouds essentiell. **Private Clouds** stellen Cloud-Dienstleistungen nur für einen vorab definierten Kreis von Nutzern zur Verfügung (vgl. BITKOM 2010, 18). Eine typische Variante ist eine Cloud, mittels der ein Unternehmen Cloud-Dienstleistungen für sich selbst und seine autorisierten Lieferanten zur Verfügung stellt. **Public Clouds** stellen Cloud-Dienstleistungen für all jene zur Verfügung, die bereit sind, einen entsprechenden Preis zu bezahlen. Der Nutzerkreis ist vorab nicht definiert. Im Gegensatz zur Private Cloud ist der Cloud-Betreiber zumeist ein IT-Provider. **Hybrid Clouds** sind nicht etwa Mischformen und damit eine eigene Cloud-Form, sondern vielmehr die Kombination aus der eigens betriebenen traditionellen IT, Private Clouds und Public Clouds (vgl. BITKOM 2010, 18). Es ist zu erwarten, dass hybride Clouds in Zukunft der Regelfall sein werden – vor allem zur Bereitstellung der notwendigen IT für Business Analytics.

Der Umfang der jeweils zur Verfügung gestellten IT-Komponenten ist individuell mit dem Cloud-Provider zu vereinbaren. Allerdings haben sich **drei Grundmuster** herausgebildet (vgl. BITKOM 2010, S. 15, Mell/Grance 2011, S. 2 f.):

- Infrastructure as a Service,
- Platform as a Service und
- Software as a Service.

Infrastructure as a Service (IaaS) stellt dem Nutzer grundlegende Hardwareressourcen zur Verfügung, wie Rechenleistung und Speicherleistung. Diese IT-Komponenten, oftmals auch als virtuelle Maschinen bezeichnet, bilden dann die Basis des eigenen IT-Systems, in dem eigene Anwendungssysteme integriert werden. Vereinfacht dargestellt ist IaaS der Gegenentwurf zum eigenen Rechenzentrum. **Platform as a Service (PaaS)** stellt dem Nutzer Laufzeit- oder Entwicklungsplattformen zur Verfügung (vgl. BITKOM 2010, S. 16). Diese Plattformen umfassen bspw. Betriebssysteme, Datenbanken und Programmiersprachen. Zielgruppe sind u. a. Anwendungsentwickler. **Software as a Service (SaaS)** stellt dem Nutzer Anwendungssoftware zur

Cloud-Provider	Amazon Web Services	Microsoft Azure
Beispielhafte Angebote	Amazon EC2: Angebot von skalierbaren virtuellen Rechenressourcen	Virtual Machines: Angebot von virtuellen Windows- und Linux-Computern
	Amazon S3: Angebot von verschiedenen Speicherdiensten	Storage: Angebot von verschiedenen Speicherdiensten
	Amazon EMR: Angebot zur Verarbeitung von Big Data durch ein verwaltetes Hadoop-Framework	Azure Data Lake Storage: Data Lake-Lösung für Big Data-Analyse
	AWS IoT Analytics: Angebot zur Auswertung von IoT-Massendaten	Azure IoT Hub: Angebot zur Verbindung von Geräten und Maschinen im Internet of Things
	Amazon SageMaker: Angebot zur Erstellung, Training und Bereitstellung von Machine Learning-Modellen	Azure Machine Learning: Angebot zur Erstellung, Training und Bereitstellung von Machine Learning-Modellen
	Amazon Kinesis: Angebot zum Erfassen, Verarbeiten und zur Analyse von Echtzeit-Streaming-Daten	Azure Stream Analytics: Angebot zur Echtzeitdatenverarbeitung von Datenströmen von IoT-Geräten

Tabelle 3: Übersicht über ausgewählte Cloud-Services
(Quelle: https://azure.microsoft.com und
https://aws.amazon.com/de; beide abgerufen am 13.03.19)

Verfügung. SaaS stellt damit einen Gegenentwurf zu mittels Lizenzen erworbener Software, die auf eigenen IT-Ressourcen installiert ist (oftmals als „on premise" bezeichnet), dar. Typische Klassen sind Anwendungen mit Fokus auf Kommunikation, Zusammenarbeit und Management von Geschäftsprozessen und Ressourcen.

In einer Studie kamen KPMG/BITKOM zum Ergebnis, dass im Jahr 2017 51 % der deutschen Unternehmen Private Clouds nutzten und 31 % Public Clouds. Nutzer von Public Clouds verwenden diese allerdings hauptsächlich für unkritische Anwendung und Prozesse. Nicht überraschend ist zudem, dass die dominante Anforderung an Cloud-Computing mittlerweile die Konformität mit der DSGVO ist (vgl. KPMG/BITKOM 2018).

Der Markt für Cloud-Services ist geprägt von einigen großen und einer Vielzahl von kleinen Cloud-Providern. Zur Illustration zeigt Tabelle 3 das Angebot von zwei bekannten Cloud-Providern: Amazon und Microsoft. Daneben existiert eine Vielzahl weiterer Anbieter und Lösungen (vgl. für weitere Dienste bspw. Christensen 2016).

Cloud-Lösungen können in eine Business Analytics-spezifische IT-Architektur integriert werden. Dabei spielen vielfältige Kriterien eine Rolle. Im Vordergrund stehen die Kosteneinsparungen, Aspekte des Datenschutzes und die Gestaltung und das Management der Schnittstellen zu den On Premise-Komponenten.

» Business Analytics-spezifische IT-Architektur

Die Entwicklung der verschiedenen IT-Komponenten zur Realisierung von Business Analytics ist äußerst dynamisch. Daher ist es nicht verwunderlich, dass sich keine einheitliche Business Analytics-spezifische IT-Architektur herausgebildet hat. In der Literatur und in den Angeboten von IT-Providern konkurrieren verschiedene Architekturen, Frameworks und Schichtenmodelle um die Vorrangstellung. Abbildung 37 zeigt eine vereinfachende Modifikation des Vorschlags von Finger/Dittmar für eine Business Analytics-spezifische Architektur, die alle wesentlichen Komponenten umfasst (vgl. Finger/Dittmar 2016, S. 36; vgl. für einen alternativen Vorschlag Baars/Kemper 2015 sowie BITKOM 2014). Eine vertiefte Behandlung dieses Themas ist hier nicht vorgesehen. Dafür steht eine Vielzahl von – allerdings schnell ihrer Aktualität beraubten – Literatur zur Verfügung.

Die unterste Ebene der Architektur bilden die **datenliefernden Komponenten**. Diese stellen die Basis für alle weiteren Komponenten der Architektur dar, indem sie sämtliche Daten liefern, die später im Rahmen des weiteren Business Analytics-Prozesses verwendet werden können. Wesentliche datenliefernde Komponenten sind:

- **Operationale Systeme**: Hierzu gehören zentrale betriebswirtschaftliche Steuerungssysteme, wie Enterprise Resource Planning-, Manufacturing Execution-, Customer Relationship Management- sowie Supply Chain Management-Systeme.
- **Maschinen und Sensordaten**: Beispiele sind Daten von RFID-Tags, Sensordaten von Produktionsmaschinen und Bondaten aus Kassensystemen. Eine besondere Relevanz gewinnt diese datenliefernden Komponenten aufgrund der Entwicklungen Industrie 4.0 und Internet of Things.
- **Polystrukturierte Daten**: Während operationale Systeme strukturierte Daten liefern, werden zunehmend Daten mit komplexerer Struktur bedeutend für Busi-

ness Analytics. Wie in Kap. 3.2.1 erörtert, gehören dazu so unterschiedliche Datentypen wie Websites, Texte, Videos und Audiodaten.

- **Externe Daten**: Sie stellen die heterogenste datenliefernde Komponente dar. Hierzu gehören sämtliche Daten aus Open Data-Initiativen von Regierungen und Regierungsbehörden. Ebenso weiter öffentlich verfügbare Datenbestände, wie Marktberichte, Wetterdaten und Verkehrsdaten. Daneben sind aber auch alle Daten kooperierender Unternehmen zu nennen. Ein Beispiel sind Supply Chain-Partner.

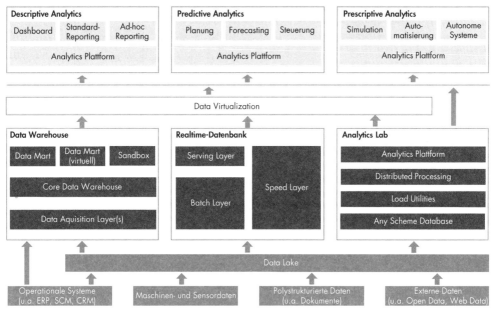

Abbildung 37: Business Analytics-spezifische IT-Architektur (in Anlehnung an Finger/Dittmar 2016, S. 36)

Wie in Abbildung 37 gezeigt, werden sämtliche Daten der datenliefernden Komponenten in der vorgeschlagenen IT-Architektur in den sogenannten **Data Lake** eingespeist. Data Lakes stellen eine Antwort auf das Problem unterschiedlicher Datenmodelle dar. Sollen Daten aus den datenliefernden Komponenten zusammengefasst werden, so ist es notwendig, dass ein einheitliches Datenmodell gewählt wird. Dies ist allerdings kein trivialer und vor allem ein kostenintensiver Prozess. Ein Data Lake akzeptiert hingegen jegliche Datenmodelle der datenliefernden Komponenten und legt diese in einem großen Gesamtspeicher ab. Es können sich gemeinsame Datenmodelle entwickeln, allerdings ist es keine Notwendigkeit. Laut einer Studie von PwC weist ein Data Lake folgende **Charakteristika** auf (vgl. Stein/Morrison 2014, S. 5):

- Größe: Ein Data Lake ist ein großer Datenspeicher im Bereich mehrerer Petabytes. In der Regel sind mit der Größe aber nur vergleichsweise geringe Kosten verbunden.
- Formattreue: Die zugelieferten Daten werden im Data Lake in ihrem ursprünglichen Format gespeichert. Ein einheitliches Datenmodell ist nicht notwendig.
- Einfachheit des Zugriffs: Der Zugriff auf die Daten ist ohne aufwändige Prozeduren möglich.

Data Lakes werden oftmals mit dem Begriff des Hadoop-Clusters in Verbindung gebracht – einer Open-Source-Lösung zur Realisierung von Data Lakes. Gegenwärtig wird unter dem Begriff Data Reservoir ein Konzept zur Überwindung von Nachteilen von Data Lakes diskutiert.

Der Data Lake speist, wie in Abbildung 37 gezeigt, drei verschiedene Komponenten: ein Data Warehouse, eine Realtime-Verarbeitung und ein Analytics-Lab. Das Data Warehouse wird zudem von den Operationalen Systemen, wie bspw. dem ERP-System, dem CRM-System und dem SCM-System mit Daten versorgt. Diese Verbindung entspricht der Regelarchitektur in einer Vielzahl von Unternehmen.

Ein **Data Warehouse** hat die grundsätzliche Aufgabe, eine dispositive Datenbasis für verschiedene Anwendungskomponenten zur Verfügung zu stellen. Sie sind getrennt von den operativen Datenbeständen der operationalen Systeme (vgl. Kemper/Bahrs/Mehanna 2010, S. 19). Eine einzig gültige **Data Warehouse-Architektur** existiert nicht, vielmehr können verschiedene Varianten unterschieden werden. Abbildung 38 zeigt typische Varianten im Überblick.

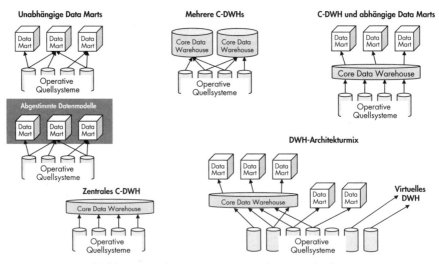

Abbildung 38: Alternative Data Warehouse-Architekturen (in Anlehnung an Kemper/Baars/Mehanna 2010, S. 22)

Die in Abbildung 37 gezeigte Data Warehouse-Architektur enthält typische Komponenten. Dazu gehört zuerst der sogenannte **Data Aquisition Layer**. In diesem werden die Daten für die Verwaltung im Data Warehouse vorbereitet. In der Literatur wird hierfür oftmals die Bezeichnung **ETL** verwendet, die für Extraction, Transformation und Load steht (vgl. Saxena/Srinivasan 2013, S. 92). **Transformation** lässt sich in vier Teilprozesse unterteilen (vgl. Kemper/Baars/Mehanna 2010, S. 28):

- Filterung: Bereinigung der Daten,
- Harmonisierung: Abstimmung der gefilterten Daten,
- Aggregation: Verdichtung der gefilterten und harmonisierten Daten sowie
- Anreicherung: Bildung und Speicherung betriebswirtschaftlich relevanter Sachverhalte.

Die zweite Komponente der Data Warehouse-Architektur ist das **Core Data Warehouse**. Sie ist die zentrale Datenbank innerhalb des Data Warehouses. Sie speist ihre Daten in **Data Marts**. Dabei handelt es sich um kleinere Datenpools, die für eine bestimmte Nutzergruppe oder Anwendungssysteme aufgebaut werden, die keinen Zugriff auf die Gesamtdatenbestände des Core Data Warehouses benötigten oder erhalten dürfen. Beispiele sind Data Marts für eine bestimmte betriebliche Funktion, wie Controlling und Finance. Auch bei Data Marts kann zwischen physisch existierenden und virtuellen Data Marts unterschieden werden. Die **Virtualisierung** dient wiederum der effizienteren Nutzung der Speicher-Ressourcen.

Eine mittlerweile weit verbreitete Komponente, der in Abbildung 37 gezeigten IT-Architektur, stellt die sogenannte **Sandbox** dar. Unter einer Sandbox wird ein isolierter Bereich verstanden, in dem an einer Kopie eines definierten Datenbestands Transformationen vorgenommen werden (vgl. Baars 2015, S. 178). In der hier diskutierten Architektur enthält die Sandbox Kopien von Daten des Core Data Warehouses. In der Regel werden die Daten nach der Analyse und ein- oder mehrmaliger Nutzung wieder gelöscht. Die Sandbox bietet insbesondere die Möglichkeit, dass mehrere Data Scientists an einem gemeinsamen Datenbestand arbeiten und ihre jeweiligen Analyseergebnisse in diesen einarbeiten, was wiederum die Basis für weitere Analysen sein kann. Dieser mehrmalige Transformationsprozess stellt eine Form des Meinungs- und Ideenaustausches zwischen den Data Scientists dar und wird auch als Data Enrichment bezeichnet (vgl. Saxena/Srinivasan 2013, S. 106 f.). Hier zeigt sich auch die Herkunft der Metapher Sandbox – der spielerische Umgang mit Daten in einem geschützten Bereich.

Die Verbreitung von Sensor- und Maschinendaten im Rahmen von Industrie 4.0- oder Internet of Things-Initiativen machen für eine Vielzahl von Business Analytics-Analysen eine Echtzeitdatenverarbeitung notwendig. Der Data Lake speist daher neben dem Data Warehouse eine **Realtime-Datenbank**. Der in Abbildung 37 gezeigte Ansatz ist die sogenannte **Lambda-Architektur** (vgl. Marz/Warren 2015). Sie besteht aus drei Komponenten: dem Batch Layer, dem Speed Layer und dem Serving Layer. Die drei Komponenten erfüllen jeweils spezifische Funktionen. Neue Daten, wie bspw. Sensordaten, werden gleichzeitig in den Batch Layer und in den Speed Layer eingespeist. Im **Batch Layer** werden alle eintreffenden Daten dauerhaft und in unveränderlicher Form gespeichert. Eine entsprechend große Speicherleistung ist daher erforderlich. Aufgrund der Datenmenge ist die Analysezeit entsprechend hoch. Die Analyseergebnisse des Batch Layers werden im Serving Layer bereitgestellt. Der **Serving Layer** wird immer dann aktualisiert, sobald der Batch Layer die Analysen ein weiteres Mal, mit einem dann größeren Datenbestand, durchlaufen hat. Anwendungssysteme greifen somit immer auf den aktuellsten Auswertungsstand zu. Batch Layer und Serving Layer erlauben folglich noch keine Echtzeitanalysen, da nie der aktuelle Stand der Daten einbezogen wird. Die eigentliche Echtzeitdatenverarbeitung obliegt dem **Speed Layer**. Auf Basis der jeweils zuletzt eingetroffenen Daten, und damit nur einem extrem kleinen Bruchteil der Daten des Batch Layers, werden im Speed Layer die von Anwendungssystemen angefragten Analysen durchgeführt. Der Speed Layer führt vom Grundsatz her dieselben Operationen durch, wie der Batch Layer, nur mit weniger Daten und mit höherer Geschwindigkeit. Abbildung 39 zeigt die Lambda-Architektur in der Übersicht.

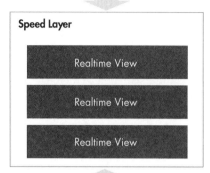
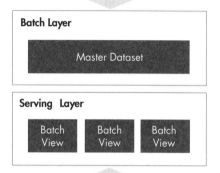

Abbildung 39: Lambda-Architektur zur Echtzeit-Datenverarbeitung
(in Anlehnung an Marz/Warren 2015, S. 19)

Der Data Lake speist zudem ein **Analytics-Lab**. Diese Komponente hat eine gewisse Ähnlichkeit zur Sandbox innerhalb der Data Warehouses. Abbildung 37 zeigt, dass das Analytics Lab seine Daten nicht aus dem Core Date Warehouse bezieht, sondern unmittelbar aus dem Data Lake. Somit entfällt die Transformation durch den Data Aquisition Layer des Data Warehouses. Vielmehr werden die Daten in der für Analysezwecke notwendigen Form zur Verfügung gestellt – was sich in der Architektur im Begriff „Any Scheme Database" widerspiegelt (vgl. hierzu auch Franks 2014, S. 129–132). Ein weiterer Unterschied ist die Zielsetzung des Analytics Labs. Während die Komponenten Data Warehouse und Realtime-Datenbank jeweils direkt produktiven Zwecken folgen, wie bspw. Reporting, hat das Analytics Lab überwiegend explorative Zielsetzungen. Insofern ist es die einzige Komponente der vorgestellten IT-Architektur, die sich ausschließlich Zielen des Business Analytics widmet.

Die Sonderstellung des Analytics Labs zeigt sich zumeist in seiner organisatorischen Verortung im Unternehmen. Diese ist zumeist dezentral und damit unabhängig von den anderen Komponenten. Durch diese Stellung sollen Innovationen insofern gefördert werden, dass diese nicht sofort Zwängen der Linienorganisation unterworfen werden. Eine Vielzahl von Unternehmen sieht in Analytics Labs gar die Keimzelle für deren digitale Transformation und verankert diese bewusst dezentral. Ein Nachteil dieser Sonderstellung sind Akzeptanzprobleme in der Linienorganisation, die denjenigen ähneln, denen auch Outsourcingpartner gegenüberstehen (vgl. Scheuch 2016, S. 29).

Business Analytics-Komponenten müssen auf alle Daten aus den drei besprochen Komponenten Data Warehouse, Realtime-Verarbeitung und Analytics Lab zugreifen können. Allerdings liegen die Daten in unterschiedlichen Formen vor und die drei Komponenten verwenden in der Regel unterschiedliche Abfragesprachen (bspw. SQL). In der hier vorgestellten IT-Architektur fungiert die **Data Virtualization** als Vermittler. Datenanfragen werden an die Data Virtualization-Schicht gestellt und diese transformiert diese in die jeweilige Abfragesprache der betroffenen Komponente, fragt die Daten ab und liefert diese an die Analytics-Plattform, die die Daten angefordert hat. **Analytics-Plattformen** sind die zentralen Komponenten der Gewinnung von Evidenzen. So determiniert die Wahl der Analytics-Plattform den Umfang der anwendbaren Algorithmen im Teilprozess Analytics. In der Regel ist es daher angebracht, mehrere Analytics-Plattformen zu etablieren, um über alle notwendigen Algorithmen verfügen zu können.

Gegenwärtig etabliert sich eine Vielzahl von Analytics-Plattformen. Ein dominierender Marktführer ist noch nicht erkennbar, da verschiedene Angebote spezifische Vor- und Nachteile aufweisen. Die folgende, alphabetisch geordnete Übersicht ist aufgrund der Entwicklungsdynamik notwendigerweise unvollständig (vgl. für weitere Plattformen Christensen 2016). Die bereits im vorigen Kapitel erörterten Cloud-Lösungen werden zur Vermeidung von Redundanz nicht nochmals aufgeführt:

- KNIME (Konstanz Information Miner)
- Matlab (Matrix Laboratory)
- Orange
- Python
- Qlik Analytics Plattform
- R
- RapidMiner Studio
- SAP Predictive Analytics
- SAS Enterprise Miner
- SPSS
- Stata
- Tableau
- WEKA (Waikato Environment for Knowledge Analysis)

Diese Analytics-Plattformen unterscheiden sich in vielerlei Hinsicht. Ein wesentlicher Unterschied sind die Algorithmen, die zur Verfügung gestellt werden. Ein weiterer der Umfang der Visualisierungsmöglichkeiten. Auch die Art der Bedienung variiert deutlich. Neben den aufgeführten Analytics-Plattformen spielen speziell für den Bereich **Machine Learning** verschiedene Frameworks eine wichtige Rolle. Ein prominentes Beispiel hierfür ist Tensor Flow.

Komplettiert wird die IT-Architektur durch jene Komponenten, die die Ergebnisse der Analytics-Plattformen, also die gewonnenen Evidenzen, nutzen. Diese **nutzenden Systeme** sind hier hinsichtlich der drei Business Analytics-Modi unterteilt. An dieser Stelle sei bemerkt, dass die aufgeführten Systeme lediglich eine Auswahl darstellen. Vollständigkeit ist auch aufgrund von hoher Entwicklungsdynamik nicht möglich.

Die meist etablierten Systeme sind jene der **Descriptive Analytics**. Typische Beispiele sind Dashboards, Standard-Reporting und Ad-hoc-Reporting. Dabei zeigt sich nochmals deutlich die Zielsetzung von Descriptive Analytics als Explorationsinstrument. Hierzu ein Beispiel:

> Zur **Verbesserung des Kundenservices** stellt ein Unternehmen seinen Kundenbetreuern Dashboards zur Verfügung, die einen Überblick über wesentliche Kundeninformationen liefern. Hierzu gehören eine Produktkauf-Historie, eine Service-Historie sowie weitere Basisdaten. Darüber hinaus zeigt das Dashboard komplexere Evidenzen, die im Rahmen von Descriptive Analytics gewonnen wurden. Hierzu zählen Auswertungen zur Customer-Journey und darüber, welche anderen Kunden ein ähnliches Kaufverhalten aufweisen. Diese Evidenzen sollen den Kundenservice dabei unterstützen, Kundenanfragen möglichst optimal zu bearbeiten.

Systeme der **Predictive Analytics** sind vergleichsweise seltener etabliert. Allerdings stellen Sie den gegenwärtig meist diskutierten Bereich dar. Klassische betriebswirtschaftliche Probleme dominieren: Welche Prognosemodelle verbessern die Planung? Wie kann die Qualität von Forecasts zu verschiedenen betriebswirtschaftlichen Kerngrößen verbessert werden? Und: Wie können kurzfristige Prognosen im Rahmen der operativen Steuerung angewendet werden?

Systeme der **Prescriptive Analytics** adressieren schließlich verschiedene Formen der Optimierung. Neben der Simulation etablieren sich hier verschiedene Arten von Automatisierungslösungen und autonome Systeme. Im Rahmen der Automatisierung werden Evidenzen ohne weiteren Eingriff des Menschen in betrieblichen Prozessen genutzt. Ein typisches Beispiel ist die Ausgabe von Warenkorb-basierten Einkaufgutscheinen an der Kasse von Händlern. Diese werden ohne Eingriff eines Menschen automatisch auf Basis von Datenanalysen in Echtzeit erstellt. Autonome Systeme sind den automatisierten Systemen in vielerlei Hinsicht ähnlich. Sie weisen in der Regel allerdings höhere Freiheitsgrade auf. Ein Beispiel ist eine typische Vision aus der Industrie 4.0: das sich selbst steuernde Werkstück.

Abschließend sei erwähnt, dass die vorgestellte IT-Architektur keine Komponenten zu **Privacy & Security** umfasst. Diese sind sowohl in den einzelnen Komponenten in der vorgestellten Architektur als auch in Form von weiteren Komponenten zu etablieren. Dazu gehören bspw. Identity- und Access-Management sowie Formen der Daten-Verschlüsselung.

3.4 Personal

Die zwei grundlegenden Komponenten der Personalbedarfsplanung sind Quantität und Qualität. Hier soll die Personalqualität im Mittelpunkt stehen, da die Quantität hinsichtlich Business Analytics kein Spezifikum aufweist. Vielmehr ist es von den typischen Anforderungen wie bspw. der Prozessgeschwindigkeit abhängig.

» Rollen

Zu Beginn der Diskussion zu Business Analytics wurde eine neue Rolle propagiert: der sogenannte **Data Scientist** (vgl. Davenport 2014, S. 87 sowie Franks 2014, S. 209 f.). An diesen wurde eine Vielzahl von Anforderungen gestellt: von der Datenbeschaffung über die Analyse und Interpretation bis hin zur Nutzung der Ergebnisse in betriebswirtschaftlicher Hinsicht (vgl. Davenport/Patil 2012). Aufgrund der Überforderung dieser Rolle führte die Diskussion notwendigerweise zu einer Differenzierung.

Gegenwärtig existiert eine Vielzahl von Vorschlägen zu notwendigem Personal für den Business Analytics-Prozess (vgl. bspw. Davenport 2014, S. 88). Auch existieren verschiedene Aus- und Weiterbildungsprogramme. Beispiele sind das Ausbildungsprogramm Data Scientist des BITKOM, die Ausbildung zum zertifizierten Data Scientist der Fraunhofer-Allianz Big Data sowie der berufsbegleitende Master-Studiengang Business Analytics der Universität Ulm.

Allerdings existiert hinsichtlich Berufsbilder und Bezeichnungen bislang keine herrschende Meinung. Fortlaufend werden neue Rollen und Rollenbezeichnungen propagiert. **Auslöser** sind u. a.

- gesetzliche Änderungen, die bspw. zu Rollenbezeichnungen wie Data Compliance führten,
- technologische Änderungen, die Rollen einführten, die verschiedene Schnittstellen zwischen unterschiedlichen Technologien betreuen sowie
- Marketinganstrengungen von Beratungs- und Softwarehäusern, um eine bestimmte eigene Lösung besonders hervorzuheben.

Die Langlebigkeit der Rollen und deren Bezeichnungen sind schwer zu beurteilen. In Teilen handelt es sich um vorübergehende Modeerscheinungen. Einige Rollen bleiben zudem nur sehr großen Unternehmen vorbehalten. Sie sind ein Ausdruck der notwendigen Binnendifferenzierung innerhalb der Analytics-Funktion. Ein Beispiel hierfür ist der „Process Data Steward".

Um ein Grundverständnis der Rollen zu etablieren, führen wir hier daher eine sechsgliedrige Differenzierung ein, die eine Synthese der Vorschläge versucht. Sie umfasst intuitiv interpretierbare Bezeichnungen für die einzelnen **Rollen**:

- Datenakquise & -haltung,
- Datenaufbereitung,
- Datenanalyse,
- Visualisierung & Reporting,
- Deployment sowie
- Privacy & Security.

Die erste Rolle befasst sich mit der **Datenakquise und -haltung**. Hauptaufgabe ist das Sammeln und Bereitstellen von Daten aus allen notwendigen Datenquellen (vgl. Kap. 3.2). Befassen wir uns zunächst mit der Datenakquise: Unterschiedliche Datenquellen stellen jeweils spezifische Anforderungen an die Kompetenzen dieser Rolle. Einfache Datenquellen sind bspw. Open Data-Initiativen, deren Daten in strukturierter Form vorliegen. Der Fokus ist hierbei auf dem Auffinden der jeweils benötigten Daten. Such- und Abfragekompetenzen, in der Regel auf Basis unterschiedlicher Programmiersprachen, sind hierbei zentral.

Ein grundsätzlich anderer Fall liegt vor, wenn Sensoren als Datenquellen fungieren. Ein typisches Beispiel ist ein Sensornetzwerk innerhalb der eigenen Produktionseinrichtungen. Das Einsatzgebiet dieser Rolle kann sich von der Auswahl der Sensoren, über die Anbindung der Sensoren bis zum Aufbau einer geeigneten IT-Architektur zur Speicherung der übermittelten Sensordaten erstrecken. Es ist offensichtlich, dass hier ein breites Kompetenzspektrum notwendig ist. Eine dritte häufige Datenquelle sind unternehmenseigene ERP-Systeme. Insbesondere bei internationalen Konzernen sind diese nicht durchgängig harmonisiert. Notwendig sind daher neben der reinen Abfrage und Konsolidierung der Daten ihre inhaltliche Harmonisierung. Noch gesteigert werden kann die Komplexität dieser Aufgabe, wenn Daten von Supply Chain-Partnern integriert werden sollen.

Seit einiger Zeit etabliert sich eine weitere Datenquelle, die in Zukunft von zentraler Bedeutung sein wird: **Datenmärkte**. Auf diesen bieten unterschiedlichste Anbieter Daten zum Verkauf an. Daneben haben eine Vielzahl von Unternehmen den Verkauf von Daten als Geschäftsmodell für sich entdeckt. Aus der steigenden Relevanz solcher Datenmärkte erwächst die Notwendigkeit, Kompetenzen im Bereich **Datenbewertung** aufzubauen. Nur wenn der Wert von Daten für den weiteren Verlauf des Business Analytics-Prozesses korrekt ermittelt werden kann, kann dessen Effizienz sichergestellt werden.

Neben der Datenakquise obliegt dieser ersten Rolle die **Datenhaltung**, also die Speicherung der akquirierten Daten in einer geeigneten Form. Die Eignung umfasst verschiedene Aspekte, wie Zugriffsgeschwindigkeit und Kosten. Erstere ist insbesondere vor dem Trend zu größeren Datenbeständen relevant. Kosten wiederum sind in der Regel abhängig von der verwendeten Speichertechnologie. In der Praxis hat sich eine Vielzahl spezialisierter Sub-Rollen herausgebildet, die Bezeichnungen tragen wie Performance Tuning, Resource Provision und Monitoring. Sie beziehen sich auf unterschiedliche Leistungscharakteristika der Datenhaltung, wie bspw. die Zugriffsgeschwindigkeit. Die Datenhaltung erfordert umfängliche technologische Kompetenzen, da die zur Verfügung stehenden Datenhaltungstechnologien schnellen Entwicklungszyklen unterliegen. Darüber hinaus ist der Markt heterogen und geprägt von kommerziellen Anbietern einerseits und einer Vielzahl von Open-Source-Initiativen andererseits.

Die bloße Akquisition von Daten bietet noch keine tragfähige Basis für die Datenanalyse. Daher ist die **Datenaufbereitung** die Aufgabe einer zweiten Rolle. Die personelle Trennung der Aufgaben Datenaufbereitung und Datenanalyse ist durch den hohen zeitlichen Aufwand der Datenaufbereitung notwendig. Umso relevanter ist die Argumentation vor dem Hintergrund der vorherrschenden Knappheit von Experten für Datenanalyse und die damit hohen Gewinnungskosten und Gehälter (vgl. Provost/ Fawcett 2013, S. 321; Davenport 2014, S. 85). Ein wesentliches Aufgabengebiet der Experten für Datenaufbereitung, die auch als Data Engineers bezeichnet werden, ist die Steigerung sämtlicher Dimensionen der **Datenqualität** (vgl. Kap. 3.2.2). Hierzu gehören u. a. umfangreiche Tests zur Messung der Datenqualität und sämtliche Maßnahmen zur Steigerung derselben, wie bspw. Datenaktualisierung oder Umgang mit Missing Values. Letztendlich müssen die Daten die Qualität aufweisen, die durch die später verwendeten Algorithmen vorgegeben werden.

Eine dritte Rolle ist verantwortlich für die **Datenanalyse**. In der Regel ist diese Rolle adressiert, wenn die Bezeichnung Data Scientist im engeren Sinne verwendet wird. Hauptaufgabe ist die Wahl und Anwendung geeigneter Algorithmen, um das Analytics-Problem zu lösen. Die notwendigen Kompetenzen dieser Rolle lassen sich instrumental gliedern. Typische Algorithmen entstammen den Teilgebieten der Statistik, aus dem Maschine Learnings und Operations Research (vgl. hierzu auch die Ausführungen in Kap. 4). Auch die Weiterentwicklung von Algorithmen obliegt dieser Rolle. Eine Reduktion der Kompetenzen auf die Algorithmen wäre allerdings nicht sinnvoll. Vielmehr muss ein weiteres Element hinzutreten, dass u. a. aus

Anwendungserfahrung gespeist wird: Kreativität. Konkret ist hier mit Kreativität die sinnvolle Abweichung von Standardvorgehensweisen gemeint. Daher ist eine Automatisierung der Kerntätigkeit von Datenanalysten weitgehend ausgeschlossen.

Die Ergebnisse der Datenanalyse – die Evidenzen – müssen für die Nutzer aufbereitet werden. Dieses obliegt einer vierten Rolle, die hier als **Visualisierung & Reporting** bezeichnet wird. Die Visualisierung von Evidenzen bestimmt wesentlich deren Anwendung. Eine suboptimale Visualisierung führt dazu, dass die Nutzer Evidenzen teilweise oder gar vollständig falsch wahrnehmen und interpretieren. Selbst fehlerfrei erarbeitete Evidenzen können dann ihre positiven Effekte nicht entfalten. Dieser Rolle obliegt es daher, für die verschiedenen Arten von Evidenzen jeweils optimale Formen der Visualisierung anzuwenden. Die Nutzer der Evidenzen müssen neben der Visualisierung Informationen erhalten, die eine optimale Anwendung der Evidenzen erst ermöglichen. Hierzu gehört die Information, welche **Mechanismen** den Evidenzen zugrunde liegen. Der Grund hierfür ist, dass durch die hier vorgestellten Algorithmen zwar Evidenzen gewonnen werden, aber deren Gültigkeit durch die Klärung der Mechanismen erst etabliert wird. Zudem stellt die Rolle Visualisierung & Reporting den Nutzern Informationen über die **Gültigkeitsgrenzen** der Evidenzen zur Verfügung. Sind diese nicht bekannt, drohen negative Effekte, die die positiven überwiegen können, da die Evidenzen auf Sachverhalte und in Kontexten angewendet werden, für die sie keine Gültigkeit aufweisen.

Die Rolle Visualisierung & Reporting fungiert als **Schnittstelle** zwischen der Gewinnung und Nutzung der Evidenz. Für die erörterten Aufgaben benötigt sie ein Mindestmaß der Kompetenzen beider Seiten: Datenanalysen einerseits und nutzende Fachabteilung andererseits. Eine Analogie ist das Berufsbild des Wirtschaftsingenieurs. Dieses wurde eingeführt, um die Schnittstelle zwischen dem F&E-Bereich von Unternehmen und den anderen betriebswirtschaftlichen Funktionen zu optimieren. Der Wirtschaftsingenieur fungiert dabei als Bindeglied, das die Kompetenzen aus beiden Bereichen in seiner Person vereinigt. Notwendigerweise ist das Kompetenzniveau dann jeweils geringer als bei den jeweiligen spezialisierten Rollen, aber es ist hinreichend, um als Vermittler fungieren zu können.

Die Rolle **Deployment** ist immer dann notwendig, wenn das adressierte betriebswirtschaftliche Problem nicht durch eine einmalige Datenanalyse lösbar ist, sondern eine Verstetigung oder gar Automatisierung notwendig sind. Hierzu ein Beispiel:

> In einem unserer Beispiele löst die Ausrüster GmbH ihr Problem der Auftragspriorisierung im Falle eines Ressourcenmangels im Rahmen der Serviceerbringung mithilfe der Einführung eines Entscheidungsbaums (vgl. Kap. 4.5.2). Die bloße Gewinnung der Evidenz Entscheidungsbaum ist allerdings nicht ausreichend. Vielmehr muss dieser in die tägliche Praxis des Dienstleistungsmanagements überführt werden, bspw. in Form einer Softwareapplikation. Dies sicher zu stellen obliegt der Rolle Deployment.

Die **Verstetigung** der Anwendung von Evidenzen ist allerdings nur eine erste Entwicklungsstufe. Unter dem Begriff Operational Analytics wird die vollständige Automatisierung durch Integration von Analytics-Funktionen in betriebliche Prozesse angestrebt. In unserer Fallstudie Ausrüster GmbH würde dann kein Mitarbeiter des Dienstleistungsmanagements entscheiden, sondern ein Algorithmus. Der Rolle

Deployment kommt die Aufgabe zu, diese Verbindung Analytics-Funktionalitäten und betrieblichen Prozesse herzustellen. Notwendig sind daher Kompetenzen zur Analyse und Automatisierung der betrachteten Prozesse sowie Programmierkompetenzen.

Ein Beispiel für die Integration von Evidenzen zum Zwecke der Automatisierung wird aktuell unter dem Begriff **Robotic Process Automation (RPA)** diskutiert:

> Ein Unternehmen stellt fest, dass die generierten Evidenzen aus dem Text Mining zu einer Verbesserung der Vertriebsleistung geführt haben. Dabei wurden jedoch enorme Ressourcen gebunden, die die Wirtschaftlichkeit der Maßnahme infrage stellen. Daher möchte das Unternehmen den Arbeitsaufwand für die dem Text Mining vor- und nachgelagerten Prozesse mittels RPA senken.

RPA beschreibt Softwareroboter, die selbstständig repetitive, regelbasierte und auf strukturierten Daten basierende Prozessschritte ausführen. Die Besonderheit der RPA gegenüber herkömmlicher Prozessautomatisierung besteht in der Verwendung vorhandener Prozesse und Oberflächen. Es werden die bestehenden Prozesse system- und programmübergreifend, ohne Eingriff in den Prozessablauf, durch den Einsatz von Softwarerobotern automatisiert. Dadurch entsteht weder Aufwand in der Prozessanpassung noch in der Anpassung der IT-Systemlandschaft. Durch visuelles Tracking kann der Mitarbeiter den Softwareroboter bei seiner Arbeit live beobachten, wie bspw. dieser Buttons klickt oder Daten kopiert und konsolidiert.

Die Einführung von RPA kann sich in den folgenden Dimensionen positiv auf das Unternehmen, die Mitarbeiter und die Prozesse auswirken (vgl. Manutiu 2018, S. 6):

- Der Softwareroboter arbeitet signifikant schneller,
- er ermöglicht eine Verfügbarkeit von 24 Stunden am Tag,
- es wird Arbeitszeit reduziert, wodurch Kosten reduziert werden können,
- die Dokumentation und Transparenz der Prozesse werden verbessert und
- Mitarbeiter können sich auf wertschöpfende, anspruchsvolle und kreative Arbeit fokussieren.

Bei der Einführung von RPA gilt es auf einige Spezifika hinsichtlich der relevanten Prozesse und organisationalen Eingliederung zu achten. Um die für das RPA geeigneten Prozesse zu identifizieren, kann auf folgende Kriterien zurückgegriffen werden (vgl. Hermann u. a. 2018, S. 33). Die Prozesse sollten

- konstant,
- repetitiv,
- standardisiert,
- regelbasiert und
- reif sein.

Reife Prozesse zeichnen sich durch eine gute Dokumentation des Prozesses, gepaart mit einer guten Prozesserfahrung aus. Wenn RPA in bislang nicht dokumentierten Prozessen eingeführt wird, müssen diese für den Softwareroboter explizit und dokumentiert werden. Das heißt, die Einführung von RPA kann auch dazu genutzt werden, die Prozessdokumentation im Unternehmen zu verbessern. Über die dargestellte einfache Form von RPA hinaus existieren bereits Erweiterungen, die fehlende Regeln mithilfe von Ansätzen des Machine Learning selbstständig explizieren.

Für das eingangs beschriebene Fallbeispiel soll der Softwareroboter die zeitaufwendigen und repetitiven Arbeiten der Datenerfassung und des Datentransfers übernehmen. Während in etablierten RPA-Prozessen mit repetitiven Funktionen und eindeutigen, regelbasierten Abläufen gearbeitet wird, wird durch die Kombination von Text Mining und RPA eine flexible und erweiterte Lösung vorgestellt.

Abbildung 40 zeigt den Workflow für unser Fallbeispiel. In diesem erkennt der Softwareroboter über den Betreff automatisch E-Mails für das Beschwerdemanagement. Er öffnet diese E-Mails und legt sie im für das Text Mining relevanten Ordner ab. Im Anschluss startet er das Text Mining. Nach Abschluss des Text Minings transferiert der Softwareroboter die Ergebnisse in die unterschiedlichen relevanten Datenbanken. In einem ähnlichen Ablauf kann der er die Scans der schriftlich erfassten Beschwerden sammeln und mittels Text Mining bearbeiten. Im Anschluss kombiniert er die Ergebnisse aus den E-Mails und der Scans in einer Datenbank und kann automatisiert, ohne merklichen zeitlichen Aufwand, eine weitere Analyse der Daten konsolidiert durchführen. Der Softwareroboter ist anschließend in der Lage die Ergebnisse allen vordefinierten Anspruchsgruppen zur Verfügung zu stellen. Die Anzahl der RPA Interaktionen zeigt wie viel Potenzial zur Automatisierung in einfachen Prozessen der Datenverarbeitung, -pflege und -weitergabe steckt.

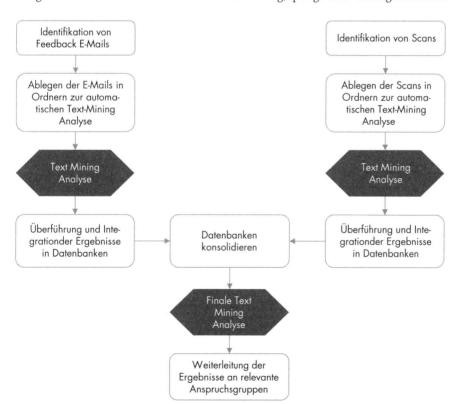

Abbildung 40: Workflow nach der Einführung von RPA

Der Rolle Deployment obliegt allerdings nicht nur die einmalige Integration der Evidenzen. Vielmehr ist sie auch verantwortlich für die **regelmäßige Prüfung**, ob die Evidenzen noch Gültigkeit besitzen. Ohne diese Prüfung wäre es möglich, dass ungültige Evidenzen unbemerkt die Basis für automatisierte Prozesse bleiben, so dass Fehler auftreten.

Die sechste Rolle unseres generischen Rollenmodells ist mit **Privacy & Security** im Rahmen von Business Analytics betraut. In der Regel wird im Rahmen von Business Analytics unter Privacy die Einhaltung von Datenschutzregeln subsumiert, wie bspw. die **Datenschutz-Grundverordnung**. Basis sind dafür zuvorderst gesetzliche Anforderungen an den Datenschutz, besonders bei personenbezogenen Daten, wie bspw. Gesundheitsdaten. Nach Datenschutz-Grundverordnung sind personenbezogene Daten „[...] alle Informationen, die sich auf eine identifizierte oder identifizierbare natürliche Person [...] beziehen; als identifizierbar wird eine natürliche Person angesehen, die direkt oder indirekt, insbesondere mittels Zuordnung zu einer Kennung wie einem Namen, zu einer Kennnummer, zu Standortdaten, zu einer Online-Kennung oder zu einem oder mehreren besonderen Merkmalen identifiziert werden kann, die Ausdruck der physischen, physiologischen, genetischen, psychischen, wirtschaftlichen, kulturellen oder sozialen Identität dieser natürlichen Person sind [...]" (DSGVO, Art. 4, Punkt 1).

Über die gesetzlichen Regelungen hinaus können freiwillige Zusatzregeln als vertrauensbildende Maßnahmen Gegenstand von Privacy sein. Ein Anhaltspunkt für die Notwendigkeit von Zusatzregeln ist das Akzeptanzausmaß, das Kunden hinsichtlich Datensammlung und -analyse aufweisen (vgl. Franks 2014, S. 168).

Besonders relevant ist **Privacy** im Rahmen zur Datenerhebung, aber auch bei der Entdeckung der Evidenzen (vgl. Aggarwal 2015, S. 663 f.). Im Rahmen der Datenerhebung sind die **Anonymisierung** und die **Pseudonymisierung** zentrale Prinzipien des Datenschutzes. Durch die Anonymisierung werden Daten so verändert, dass sie nicht mehr auf eine Person bezogen werden können. Bei einer Pseudonymisierung werden eindeutige Identifikationsmerkmale von Personen, wie Name oder Sozialversicherungsnummer, durch ein Pseudonym ersetzt. Weitere Grundprinzipien, um nicht auf Einzelpersonen rückschließen zu können, sind **Datensparsamkeit und -vermeidung**. Daten, die gar nicht erst erhoben werden, müssen nicht anonymisiert werden. In der Datenschutz-Grundverordnung ist dieses Prinzip in Artikel 5 unter dem Begriff Datenminimierung kodifiziert.

Maßnahmen zur Sicherung von Privacy sind insbesondere dann von Relevanz, wenn vorab getrennte Daten zusammengeführt werden und dann Rückschlüsse auf Einzelpersonen zulassen, die vorher nicht möglich waren. Zudem ist die Frage zu klären, wer unter welchen Bedingungen Zugriff auf personenbezogenen Daten hat (vgl. Franks 2014, S. 166).

Zu den Datenschutzmaßnahmen nach der Datenerhebung gehört die **Zugriffsbeschränkung** hinsichtlich Evidenzen. Dies kann einerseits manuell geschehen, in dem bspw. ein Datenschutzbeauftragter Evidenzen vor der weiteren Nutzung freigeben muss. Andererseits können auch verschiedene Automatisierungsformen angewendet werden (vgl. Aggarwal 2015, S. 688 f.). Darüber gehört auch die **Löschung** nicht mehr benötigter Daten eine wichtige Maßnahme.

Unter **Security** wird in der Regel der Schutz elektronisch gespeicherter Daten verstanden. Daten müssen insbesondere vor Datendiebstahl, Datenmanipulation, Datenmissbrauch und Datenverlust geschützt werden. Das Methodenspektrum zur Abwehr von **Datendiebstahl** umfasst u. a. Zugriffs- und Zugangskontrollen sowie Verschlüsselung. Besonders relevant im Zusammenhang mit Business Analytics ist das Verhindern von Datenmanipulation und Datenmissbrauch. **Datenmanipulationen** vor dem Teilprozess Analytics würden zu fehlerhaften Ergebnissen führen. Hierbei ist zu beachten, dass auch unternehmensinterne Datenlieferanten einen Anreiz zur Datenmanipulation haben könnten, um bspw. eigenes Fehlverhalten zu verschleiern.

Datenmissbrauch umfasst im Kontext von Business Analytics alle Datenverwendungen, die nicht vorgesehen oder erlaubt sind. Hier ist zuvorderst der Missbrauch von Kundendaten zu nennen. Das Vertrauensverhältnis zum Kunden würde unter einem Datenmissbrauch leiden. Hierzu ein Beispiel: Kunden überlassen bestimmte Maschinendaten zum Zwecke des Predictive Maintenance. Ein Missbrauch läge dann vor, wenn die Daten auch zur einseitigen Optimierung des Pricing genutzt würden. Typische Schutzmechanismen umfassen Maßnahmen, mit denen der Datenfluss lückenlos dokumentiert wird, sowie Verschlüsselungsmechanismen.

Schließlich umfasst Security auch die Verhinderung von **Datenverlust**. Hierzu gehören u. a. Backupstrategien sowie die Sicherstellung einer kontinuierlichen Stromversorgung. Tabelle 5 zeigt abschließend die sechs Rollen, deren Aufgaben und deren wesentliche Kompetenzbereiche in der Übersicht.

Rolle	Aufgaben	Kompetenzbereiche
Datenakquise & -haltung	Daten aus allen notwendigen Datenquellen sammeln und bereitstellen.	• Datenquellenspezifische Abfragen • Datenbewertung • Datenhaltungstechnologien
Datenaufbereitung	Sämtliche Dimensionen der Datenqualität auf ein notwendiges Niveau erhöhen.	• Datenqualitätsmessung • Datenqualitätssteigerung
Datenanalyse	Geeignete Algorithmen auswählen, anwenden und ggf. weiterentwickeln.	• Descriptive Analytics • Predictive Analytics • Prescriptive Analytics
Visualisierung & Reporting	Evidenzen Aufbereiten und Nutzern zur Verfügung stellen.	• Klärung von Mechanismen • Feststellung von Gültigkeitsgrenzen • Visualisierung
Deployment	Evidenzen in betrieblichen Prozessen verfügbar machen sowie regelmäßige Gültigkeitsprüfung der integrierten Evidenzen.	• Prozessanalyse & -automatisierung • Programmierung
Privacy & Security	Sämtliche Aspekte des Datenschutzes und der Datensicherheit implementieren.	• Umsetzung von Datenschutzgesetzen • Abwehr von Datendiebstahl, Datenmanipulation, Datenmissbrauch und Datenverlust

Tabelle 5: Rollen im Business Analytics-Prozess

Abschließend ist anzumerken, dass in der Praxis oftmals eine **Vereinigung mehrerer Rollen** auf ein und dieselbe Person zu beobachten ist. Dies ist in der Regel durch Ressourcenknappheit begründet. Analog zu anderen betriebswirtschaftlichen Funktionen, wie bspw. dem Controlling, ist eine volle Ausdifferenzierung, wie sie hier beschrieben wurde, erst ab einer gewissen, nicht genau zu bestimmenden Unternehmensgröße möglich.

» Aufbauorganisation

Die organisatorische Verortung der verschiedenen Rollen des Business Analytics-Prozesses kann auf verschiedene Weise erfolgen. Eine optimale Organisation, die in allen Fällen Gültigkeit besitzt, existiert nicht. Vielmehr haben die verschiedenen Formen der **Aufbauorganisation** spezifische Vor- und Nachteile. Diese bilden die Basis, um eine Organisationform im konkreten Einzelfall auszuwählen.

Eine differenzierte Betrachtung aller eingeführten sechs Business Analytics-Rollen ist aufgrund der damit einhergehenden Komplexität nicht sinnvoll und muss weiterführender Literatur vorbehalten bleiben. Die Rollen Datenanalyse, Visualisierung & Reporting sowie Deployment werden als **Einheit** behandelt und als Data Scientist bezeichnet. Diese Einheit ist in kleinen und mittelständischen Unternehmen der Regelfall. Man kann diese Rollen auch als **datennutzend** charakterisieren, während die anderen Rollen die Daten bereitstellen. Die Daten bereitstellenden Rollen Datenakquise & -haltung, Datenaufbereitung sowie Privacy & Security werden hier nicht betrachtet, da ihre Einordnung regelmäßig von der IT-Organisation abhängig ist (vgl. hierzu auch die Ausführungen von Redman 2008, S. 77 f.).

Zentrales Gestaltungskriterium der Organisation der Data Scientists ist der **Zentralisierungsgrad**. Er ist ein Maß für die organisatorische Konzentration der Data Scientist innerhalb eines Unternehmens. Im Folgenden werden Varianten der organisatorischen Einordnung erörtert; beginnend jenen Formen, die einen hohen Zentralisierungsgrad aufweisen.

Eine **vollständige zentralisierte Variante** liegt vor, wenn alle Data Scientists in einer einzigen Organisationeinheit verortet sind. Diese Einheit ist direkt der **ersten Führungsebene** unterstellt, also bspw. der Geschäftsführung. Morison/Davenport unterscheiden hierzu zwei Varianten (vgl. Morison/Davenport 2013, S. 160 f.): In der ersten Varianten legt die Führungsebene fest, welche Aufgaben die Data Scientists vollziehen. Subvarianten dieser ersten Variante sind die Ausgestaltung als Stabstelle oder als eigener Fachbereich. In einer zweiten Variante ist die Einheit zwar ebenfalls der ersten Führungsebene unterstellt, allerdings werden die Arbeitsinhalte der Data Scientists von den Fachbereichen bestimmt. Einem solchen von Morison/Davenport genannten „Consulting"-Modell liegt in der Regel ein internes Verrechnungssystem zugrunde (Morison/Davenport 2013, S. 161).

Noch kein einheitlicher Trend zeichnet sich ab, welchem Mitglied der obersten **Führungsebene** die zentralisierte Analytics-Einheit berichtet. Seit einiger Zeit wird über die Einführung einer neuen Rolle auf dieser Führungsebene diskutiert, die speziell für Business Analytics verantwortlich ist. Grund hierfür ist, dass die fachgebietsbezogene Unterstellung, wie bspw. unter den CFO, ein Signal für die inhaltliche Ausrichtung von Business Analytics darstellt. Dies kann die Diffusion von Business Analytics in andere Bereiche des Unternehmens deutlich verlangsamen.

Mögliche Bezeichnungen für neue Rollen sind Chief Data Officer, Chief Digital Officer oder gar Chief Analytics Officer (vgl. Franks 2014, S. 222 f.). Sie sollen eine neutrale Ausrichtung der Business Analytics-Organisationseinheit sicherstellen, die dann nicht nur einer bestimmten Funktion dient. Die Inhalte dieser Rollen sind allerdings nicht geklärt – genauso wenig wie ihr Verhältnis zur etablierten Rolle des CIO. So wird bspw. in Bezug auf einen Chief Data Officer über eine enge Auslegung, mit einem klaren Fokus auf Data Governance und dort speziell Datenqualität, und eine weite Auslegung, mit Fokus auf den Mehrwert durch Datennutzung, diskutiert.

Eine ebenfalls **vollständig zentralisierte Variante** liegt vor, wenn die Einheit anstelle der obersten Führungsebene dem **Fachbereich** unterstellt ist, der Business Analytics am intensivsten nutzt. Auch hier können wieder zwei Varianten unterschieden werden: In einer ersten Variante werden nur für diesen Fachbereich Business Analytics-Leistungen erbracht. In einer zweiten Variante werden in geringem Maße auch andere Fachbereiche unterstützt. Die Führung liegt allerdings auch in der zweiten Variante in einem Fachbereich. Das Maß der Unterstützung anderer Fachbereiche ist vom Auslastungsgrad abhängig.

Eine Besonderheit stellt die zentralisierte Einordnung in den Fachbereich IT dar. Hier werden die Data Scientists mit den anderen, hier nicht betrachteten, Business Analytics-Rollen eng zusammengeführt. Schnittstellen können somit minimiert werden. Die Wahrnehmung von Business Analytics in den anderen Fachbereichen wird in diesem Fall der Wahrnehmung gleichen, die die Fachbereiche vom Fachbereich IT haben – sowohl positiv, wie negativ. Abbildung 41 zeigt die zentralisierten Varianten in der Übersicht.

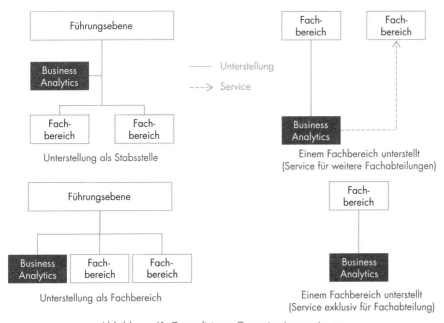

Abbildung 41: Zentralisierte Organisationsvarianten

Teilzentralisierte Varianten sind vielfältig. Gemeinsam ist allen Varianten, dass Business Analytics-Organisationseinheiten in mehr als einem Fachbereich vorliegen, aber ein **Koordinationsmechanismus** besteht, der die Einheiten aufeinander abstimmt.

Eine erste Variante liegt vor, wenn die Koordination durch eine der Business Analytics-Einheiten erfolgt. Koordinationsinhalte können Kapazitätsabstimmungen oder gemeinsame Verfahrensrichtlinien sein. Weitere Varianten liegen vor, wenn die Koordination bei der ersten Führungsebene oder bei einem Fachbereich liegt. Möglich ist auch die Koordination durch ein Gremium aller betroffenen Fachbereiche. Eine weitere teilzentralisierte Variante bezeichnen Morison/Davenport als Center of Excellence. Die koordinierende Einheit ist eine Business Analytics-Einheit, die direkt der ersten Führungsebene unterstellt ist. Wie die Bezeichnung bereits anzeigt, obliegt dieser Einheit die Vorgabe zentraler Standards, die Weiterbildung der dezentralen Data Scientists und der Gestaltung der Kommunikationswege zwischen diesen. Ziel ist es, ein einheitlich hohes Niveau zu sichern.

Teilzentralisierte Varianten zeichnen sich durch eine **Doppelunterstellung** aus – unter die übergeordnete Organisationseinheit und unter die koordinierende Stelle. Die Organisationeffizienz hängt wesentlich von der präzisen Abgrenzung der jeweiligen Kompetenzen der vorgesetzten Stellen ab. Ein typisches Modell bei tendenziell ausgeglichenen Kompetenzen ist die Matrixorganisation (vgl. Wöhe/Döring/Brösel 2016, S, 112 f.). Eine alternative Variante ist die Trennung zwischen fachlicher und disziplinarischer Unterstellung. Die fachliche Unterstellung beinhaltet die Kompetenz für die Vorgabe der Aufgabenwahrnehmung, wie zentrale Verfahrensrichtlinien. Die disziplinarische Unterstellung betrifft die Kompetenzen für arbeitsvertragliche Regelungen. Hierzu gehören Arbeitszeitregelungen und Gehaltsfestsetzung. Abbildung 42 zeigt eine Übersicht über teilzentralisierte Varianten.

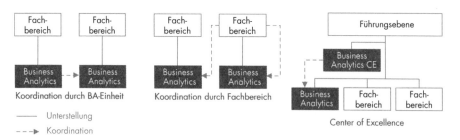

Abbildung 42: Teilzentralisierte Organisationsvarianten

Dezentralisierte Varianten zeichnen sich durch das Fehlen einer koordinierenden Einheit aus. Vielmehr existieren an verschiedenen Stellen im Unternehmen unabhängige Business Analytics-Einheiten. Weder formaler Austausch noch formale Koordination sind etabliert. Diese Variante ist in der Praxis weit verbreitet, da einzelne Fachabteilungen im Laufe der Zeit Business Analytics als sinnvolle Funktion wahrgenommen und daher Data Scientist eingestellt haben.

Eine in der Praxis oft diskutierte Organisationsform ist das **Analytics-Lab** (vgl. hierzu auch die Ausführungen von Ebers 2016 zum autonomen Organisationsmodell).

Dieses soll weitgehend frei von Routinen und regulativen Zwänge Innovativen hervorbringen, wie bspw. datenbasierte Dienstleistungsangebote. Neben der Trägerschaft der Business Analytics-Kompetenzen, wird diese oftmals als Keimzelle der digitalen Transformation von Unternehmen angesehen, in denen neuartige Geschäftsmodelle entwickelt werden sollen. Daneben existiert eine Lab-Variante, die sich dadurch auszeichnet, dass sie nicht nur selbst Analytics-Innovationen schaffen soll, sondern bei Bedarf auch als Serviceeinheit für andere Fachabteilungen dienen kann, sobald diese Bedarf anmelden.

In den erörterten Organisationsvarianten können auch **externe Dienstleister** eine Rolle spielen. So kann bspw. in einer dezentralisierten Variante ein Fachbereich seine Business Analytics-Leistungen von einem externen Dienstleister beziehen. Die Folge sind allerdings Schnittstellen, für deren Koordination anderen Mechanismen notwendig sind, als für interne Schnittstellen. Gründe hierfür sind die größere Informationsasymmetrie gegenüber externen Akteuren und die räumliche Trennung. Eine Studie von KPMG/BITKOM zeigt, dass die Involvierung externer Dienstleistungen in einigen der vorgestellten Rollen bereits weit fortgeschritten ist (vgl. KPMG/BITKOM 2017, S. 40 f.). Abbildung 43 zeigt dies in der Übersicht.

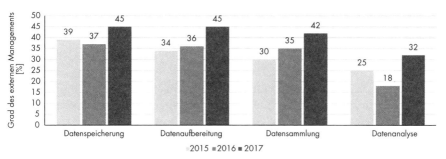

Abbildung 43: Umfang externer Unterstützung
(in Anlehnung an KPMG/BITKOM 2017, S. 40)

Jede Organisationform weist spezifische Vor- und Nachteile auf. Diese werden wiederum im Vergleich von zentralisierten und dezentralisierten Varianten erörtert. Ein **hoher Zentralisationsgrad** führt zu (vgl. Horváth/Gleich/Seiter 2015, Kap. 6.3.3.1; Morison/Davenport 2013, S. 163):

- Effektivität der Ressourcenallokation,
- einheitlichen Standards,
- Lernzuwachs sowie
- Unabhängigkeit der Ergebnisse.

Eine zentrale Organisation gewährleistet Transparenz hinsichtlich Arbeitsinhalten und die Auslastung der Data Scientists. Dies trägt maßgeblich zur optimalen Allokation der knappen Ressource bei (vgl. Saxena/Srinivasan 2013, S. 125). Gleiches gilt für sämtliche Standards im Business Analytics-Prozess, wie Verfahrensstandards für Algorithmen. Eine zentrale Einheit kann diese unternehmensweit einheitlich vorgeben. Auch der Lernzuwachs bei den einzelnen Data Scientists wird durch einen hohen Zentralisierungsgrad begünstigt, da ein kontinuierlicher

Austausch gewährleistet wird (vgl. hierzu auch Franks 2014, S. 220). Nicht zuletzt ist die Unabhängigkeit der Ergebnisse vorteilhaft: Einflüsse auf die Interpretation aus fachbereichsgefärbter Perspektive können vermieden werden.

Demgegenüber stehen die Vorteile eines **geringen Zentralisationsgrads**. Hierzu gehören vor allem (vgl. Horváth/Gleich/Seiter 2015, Kap. 6.3.3.1; Morison/Davenport 2013, S. 163):

- Akzeptanz in der Linienorganisation,
- Servicequalität und
- Motivation der Data Scientists.

Die Dezentralisierung und die damit einhergehende Nähe zur Linienorganisation führen zu einer hohen Akzeptanz der Data Scientists. Begründet ist dies u. a. dadurch, dass der Fachbereich die Kontrolle über die Aufgaben der Data Scientists hat. Ein anderer Grund ist die Servicequalität. Geringe Distanz und direkte Kommunikation führen in der Regel zu einer besseren Servicequalität der Data Scientists. Dies bezieht sich auf sämtliche Servicedimensionen, wie Reaktionsschnelligkeit und Flexibilität – nicht nur auf die gelieferten Evidenzen. Schließlich wird auch die Motivation der Data Scientists in einer dezentralisierten Struktur positiv beeinflusst. Durch die Nähe zur späteren Umsetzung der Evidenzen ist direkt ersichtlich, wie sich die eigene Arbeit auswirkt – ein in der Arbeitspsychologie als positiv identifizierter Faktor.

Die **Wahl der konkreten Organisationsform** ist vor allem davon abhängig, welche Ziele mit Business Analytics im Unternehmen angestrebt werden. Drei typische Ziele sind (vgl. im Folgenden Seiter/Grünert/Esser 2017, S. 57–61):

- interne Verbesserungen, wie Effizienzsteigerungen in einzelnen Prozessen,
- die Nutzung von Daten zur Entwicklung neuer oder zur Verbesserung bestehender Produkte oder Dienstleistungen sowie
- die Transformation des Geschäftsmodells des Unternehmens.

Für **interne Verbesserungen** bietet sich eine Aufbauorganisation mit niedrigem Zentralisierungsgrad an. Durch die damit einhergehende Nähe zum jeweiligen Fachbereich besitzen die Data Scientists vertiefte Kenntnis der entsprechenden Abläufe und Probleme und können daher spezifischere Lösungen erarbeiten. Darüber hinaus kann durch die verbesserte Akzeptanz der Data Scientists das Entstehen von Implementierungsbarrieren vermieden werden. Dies trifft insbesondere auf größere Unternehmen zu, welche die entsprechenden personellen Ressourcen und Kompetenzen in den einzelnen Fachbereichen besitzen.

Für die **Entwicklung neuer Produkte** oder Dienstleistungen ist in vielen Fällen eine teilzentralisierte Organisationsform sinnvoll. Insbesondere bei Unternehmen mit divisionaler Organisation ist die Variante Center of Excellence vorteilhaft. Es vereint bestimmte Vorteile einer dezentralen Organisation mit einem koordinierten zentralen Austausch. Durch die Einbindung der Data Scientists in den einzelnen Fachabteilungen besitzen diese ein vertieftes Verständnis für die spezifischen Probleme im Zusammenhang mit dem betreffenden Produkt und den verfügbaren Daten. Der zentrale Vorteil einer übergreifenden Koordination durch das Center of Excellence liegt darin, dass es eine Austauschplattform für die Data Scientists im Unternehmen darstellt. Aus dem gegenseitigen Austausch von Erfahrungen und dem gegenseitigen Einblick in die Analytics-Probleme und Lösungen erwachsen für das Unternehmen zwei Vorteile: zum kann die Effizienz des Einsatzes der Data Scientists verbessert werden, indem das mehrfache Erarbeiten von Lösungen für vergleichbare Probleme vermieden wird. Zum anderen kann der Einblick als Ideenquelle für den eigenen Fachbereich dienen.

Für die **Transformation des Geschäftsmodells** des Unternehmens ist eine ist ein hoher Zentralisierungsgrad vorteilhaft. So begünstigt die relative Ferne zu den Abläufen und Zwängen des Tagesgeschäfts zum einen die Erarbeitung radikal neuer Lösungsoptionen. Zum anderen ermöglicht eine Zentralisierung die Bündelung der vorhandenen Kompetenzen im Unternehmen. Die Konzentration der vorhandenen Ressourcen bspw. in einer Stabsstelle oder der Ausgliederung in ein Analytics Lab wird die Zusammenarbeit mit externen Partnern erleichtert, bspw. mit spezialisierten Unternehmen oder Angeboten von Universitäten und Forschungseinrichtungen. Durch die Zusammenarbeit mit externen Experten können zudem Defizite in Bezug auf bestimmte Kompetenzen können leichter erkannt und gezielt durch Weiterbildungsmaßnahmen oder durch Einstellung von neuen Mitarbeitern mit dem erforderlichen Kompetenzprofil behoben werden.

Abschließend soll hier darauf hingewiesen werden, dass die gewählte Aufbauorganisation in der Regel nicht konstant ist. In der Praxis können verschiedene **typische Diffusionspfade** von Business Analytics in einem Unternehmen beobachtet werden (vgl. Seiter/Grünert/Esser 2017):

- Ein erster Diffusionspfad beginnt mit der Etablierung von Strukturen auf Zeit, wie einem Analytics-Lab in Form einer Projektorganisation. Im Rahmen dieser Versuchsphase soll das Potenzial von Business Analytics aufgezeigt werden. Die weitere Diffusion ist stark abhängig von unternehmensweit sichtbaren Erfolgen.
- Ein anderer Diffusionspfad beginnt mit der Etablierung dezentraler Business Analytics-Einheiten in jenen Fachabteilungen, die einen hohen Nutzen vermuten. Stellt sich dieser Nutzen tatsächlich ein, kann es dazu kommen, dass andere Fachabteilungen ebenfalls Analytics-Einheiten gründen. Varianten dieser Vernetzung sind vielfältig: von gemeinsamen Gremien bis zu einzelnen Personen, die informelle Netzwerke innerhalb des Unternehmens unterhalten.

3.5 Fallstudie Ausrüster GmbH

Wie in den Ausführungen zum Aufbau des Buches erörtert, begleitet uns die Fallstudie Ausrüster GmbH, mit deren Hilfe die im jeweiligen Kapitel erörterten Instrumente angewendet werden. Die Ausrüster GmbH ist ein Hersteller von Werkzeugmaschinen zur Metallbearbeitung. Ihr Produktportfolio umfasst, die Drehmaschinen D1 und D2, die Schleifmaschinen S1 und S2 sowie die Presse P1. Ergänzend zu ihrem Produktportfolio bietet sie Dienstleistungen an. Mit diesem Dienstleistungsgeschäft verfolgt die Ausrüster GmbH eine Verstetigungsstrategie (vgl. Seiter 2016, S. 13 f.). Ziel ist es, den Gesamtumsatz des Unternehmens mithilfe des Dienstleistungsgeschäfts zu verstetigen. Konjunkturelle Einbrüche des Produktgeschäfts sollen durch ein ansteigendes Dienstleistungsgeschäft zumindest teilweise kompensiert werden. Daher umfasst das Dienstleistungsportfolio 15 After Sales-Dienstleistungen aus den Bereichen Instandhaltung, Retrofitting sowie Optimierungsberatung. Das Management der Ausrüster GmbH möchte nun die **Ressourcen** verfügbar machen, die notwendig sind, um die identifizierten betriebswirtschaftlichen Probleme zu bearbeiten.

» Daten

Die Ausrüster GmbH kann auf unterschiedliche **Datenquellen** zugreifen. Eine wichtige ist das eigene Customer Relationship Management-System. Dort sind Werte der Kundenzufriedenheitsumfrage hinterlegt. Weitere Quellen sind das unternehmenseigene ERP-Systems sowie externen Datenquellen, die u. a. den Zugriff auf Wetterdaten ermöglichen.

Damit die **Qualität der Daten** das notwendige Niveau erreicht, analysieren Experten der Ausrüster GmbH die verschiedenen Fehlerquellen, die im Rahmen der Datenerfassung relevant sind. Auf Basis dieser Analyse wird entschieden, wie mit den Problemen mangelnder Korrektheit der Daten und fehlender Werte verfahren werden soll. Betrachten wir zunächst die Dimension **Korrektheit**:

Bei der Datenerfassung durch Servicetechniker können fehlerhafte Datensätze aufgrund von Unkenntnis oder mangelnder Motivation entstehen. Servicetechniker, die den Nutzen der Datenerfassung nicht kennen und dadurch ggf. eine geringe Motivation aufweisen, die Datenerfassung gewissenhaft durchzuführen, werden durch Fortbildungen sensibilisiert werden. Ergänzend dazu wird die Datenerfassung vereinfacht durch,

- die Vorgabe von Leitfragen,
- definierte Auswahlmöglichkeiten sowie
- festgelegte Skalen und
- die Verwendung einer einheitlichen Software und Benutzeroberfläche.

Auf diese Weise kann auch weiteren Fehlerquellen vorgebeugt werden, wie Tippfehler oder Eingaben in falsche Felder während der Datenerfassung.

Bei der Datenerfassung von externen Daten können durch das Extrahieren aus anderen Formaten Übertragungsfehler auftreten. So können Daten in falsche Zeilen oder Spalten übertragen werden. Daher werden automatisierte Prozesse etabliert, um diese Fehlerquelle zu minimieren. Bei der Digitalisierung alter Datenbestände in Papierform können zudem fehlerhafte Datensätze generiert werden. Daher werden stichprobenartigen Prüfung einzelner Daten etabliert, um eine kostenintensive Nacherhebung der Daten zu vermeiden.

Korrekte Daten reichen allerdings nicht aus, weshalb zudem die **Vollständigkeit** angestrebt wird. Dazu prüfte die Ausrüster GmbH die unterschiedlichen Ansätze zum Umgang mit Missing Values. Obwohl die Anzahl der fehlenden Werte erheblich ist, entscheiden sich die Verantwortlichen für das Ausschlussverfahren. Allerdings nur in solchen Fällen, in denen die verwendeten Algorithmen auf Auszüge der Datenmatrix zugreifen, die nur einen kleinen Anteil an fehlenden Werten umfasst. Ein Ausschluss der Daten ist dann vertretbar. Im Falle anderer Analysen, greift die Ausrüster GmbH zu einer Mittelwertimputation. Die damit einhergehende Varianzreduktion wird stellt eine Begrenzung der gewonnen Evidenzen dar und wird im bei der Aufbereitung und Interpretation der Ergebnisse berücksichtigt.

» Informationstechnologie

Das unternehmenseigene IT-System ist nicht geeignet, die notwendigen Analysen im Rahmen des Teilprozesses Analytics durchzuführen. Daher entschließt sich das Management der Ausrüster GmbH zu einer Investition in die notwendigen IT-Komponenten. Die IT-Architektur soll vorerst nur so ausgelegt werden, dass die drei identifizierten sowie vergleichbare Probleme bearbeitet werden können. Eine spätere **Skalierbarkeit** wird als notwendige Nebenbedingung festgelegt. Zudem soll die gesamte IT-Architektur „on premise" gestaltet werden, da aus Sicherheitsaspekten und aufgrund der erstmaligen Annäherung an das Thema auf eine Cloud-Lösung verzichtet werden soll.

Der Auswahlprozess unterliegt einer strenge **Kostenobergrenze**, da sich die Ausrüster GmbH zum ersten Mal mit Business Analytics befasst und nicht beurteilen kann, ob und wie sich die Analysen für die Lösung der drei Probleme eignen. Aus diesem Grund soll eine Open Source Lösung mit möglichst geringen Anschaffungs- und -implementierungskosten gewählt werden. Zudem sollte die Lösung einfach anzuwenden sein und über Algorithmen aus den Bereichen prädiktive Statistik und Machine Learning verfügen. Aus Basis dieser Kriterien entscheidet sich das Projektteam für die Open Source-Softwarelösung **KNIME**.

Datenliefernde Komponenten sind das CRM-System für die Kundendaten, das ERP-System für die Daten der Servicefälle sowie eine externe Datenquelle zur Integration von Wetterdaten. Letztere wird integriert, da das Management vermutet, dass Wetterdaten für die Lösung der Probleme relevant sind. Die Daten liegen in unterschiedlichen Formaten vor. Damit diese im Rahmen der Zusammenführung nicht geändert werden müssen, wird ein **Data Lake** etabliert. Ein Grund für diese Entscheidung ist dessen einfache Skalierbarkeit.

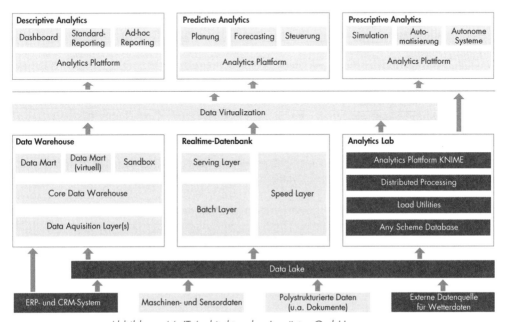

Abbildung 44: IT-Architektur der Ausrüster GmbH

Da das Management vorerst keine Echtzeitauswertungen durchführen möchte, wird auf die Integration von Realtime-Komponenten vorerst verzichtet. Vielmehr steht im Zentrum der IT-Architektur ein **Analytics Lab**. Abbildung 44 zeigt die gewählte IT-Architektur als Ausgriff aus der vorgestellten generischen IT-Architektur. Die von der Ausrüster GmbH etablierten Komponenten sind blau markiert. Sie verdeutlicht die vorsichtige Herangehensweise, da keine weiteren datennutzende Komponenten, wie bspw. Dashboards, vorgesehen sind.

» Personal

Mithilfe einer **Organisationanalyse** stellt das Management der Ausrüster GmbH fest, welche Analytics-Rollen bereits vorhanden sind und in welcher Form. Die **Datenakquise & -haltung** ist im Unternehmen bisher zwischen den verschiedenen Fachbereichen aufgeteilt. So werden Daten durch den Vertrieb, das Marketing sowie dem Bereich Service & Support akquiriert. Die Datenhaltung obliegt bisher ebenfalls diesen Fachbereichen. Allerdings werden sie vom IT-Bereich dabei unterstützt. Diesem obliegt auch die Aufgabe, in Kooperation mit den jeweiligen Fachbereichen die Datenaufbereitung sicherzustellen. Datenanalyse sowie Visualisierung & Reporting sind derzeit noch nicht eindeutig in der Organisation verortet. Vielmehr wurden diese Rollen bisher in sehr rudimentärer Form von den Führungskräften der einzelnen Fachbereiche wahrgenommen und vom Management der Ausrüster GmbH bei Bedarf koordiniert. Privacy & Security ist hingegen im Fachbereich IT verankert.

Als Soll-Organisation beschließt das Management der Ausrüster GmbH eine ihr direkt unterstellte **Stabstelle „Business Analytics"**. In dieser werden Datenanalyse sowie Visualisierung & Reporting zentralisiert. Datenakquise & -haltung, Datenaufbereitung sowie Privacy & Security sollen bei den bisher dafür zuständigen Fachbereichen verbleiben. Allerdings obliegt der Stabstelle „Business Analytics" die **Koordination** dieser Rollen, damit sie bestmöglich auf die Anforderungen abgestimmt werden können. Die Rolle Deployment wird nicht etabliert, da eine Integration der Evidenzen in betriebliche Prozesse nicht vorgesehen ist – Business Analytics wird vorerst als Projekt behandelt.

Die neu geschaffenen Stabstelle Business Analytics soll vorerst mit internem Personal besetzt werden, da von diesem erwartet wird, dass es über das notwendige Wissen verfügt, insbesondere für die Interpretation der Ergebnisse. Hierfür wurden ein Mitarbeiter aus dem Fachbereich IT identifiziert, der durch sein Studium der Wirtschaftsinformatik eine Schnittstelle zwischen den verschiedenen Rollen wahrnehmen kann. Dieser wird unterstützt von einem Wirtschaftsingenieur, der derzeit im Vertrieb arbeitet und über das notwendige betriebswirtschaftliche Wissen sowie über das Wissen über die Anforderungen und das Verhalten der Kunden verfügt. Abbildung 45 zeigt die Soll-Organisation in Form eines Organigramms. Mithilfe dieser Organisationsstruktur sollen zukünftig alle Business Analytics-Projekte umgesetzt werden.

Abbildung 45: Analytics-Rollen in der Ausrüster GmbH

Zusammenfassung

Ziel des Teilprozesses Allocation ist es, die **notwendigen Ressourcen** bereit zu stellen, um das Analytics-Problem lösen zu können. Diese Ressourcen lassen sich in drei Gruppen unterteilen: Daten, IT und Personal. Ausführungen zur Ressource Daten umfassten unterschiedliche **Datentypen** sowie den Themenkomplex **Datenqualität**. Wesentliche Dimensionen der Datenqualität, wie Vollständigkeit, Korrektheit, Umfang und Aktualität, wurden erörtert. Im Mittelpunkt der Erläuterungen zur Ressource IT stand eine Business Analytics-spezifische **IT-Architektur**. Im Zuge dessen wurden Begriffe erörtert, die im Zusammenhang mit Business Analytics eine hohe Verbreitung gefunden haben, wie bspw. Data Lake und Data Reservoir. Überdies wurde die besondere Rolle des Cloud Computing adressiert. Den Abschluss bildeten Ausführungen zur Ressource **Personal**. Hierzu wurden sechs Rollen eingeführt, denen jeweils spezifische Aufgaben im Rahmen des Business Analytics-Prozess oblagen. Darauf aufbauend wurde die **organisatorische Verortung** der Rollen erörtert. Dazu wurden Organisationsvarianten unterschiedlichen Zentralisierungsgrads vergleichend diskutiert. Zudem wurden typische Diffusionspfade der Analytics-Funktion in Unternehmen erörtert.

Wiederholungs- und Vertiefungsfragen

- Was ist das Ziel des Teilprozesses Allocation?
- Wie ist der Begriff Daten definiert?
- Was ist der Unterschied zwischen Daten und Evidenzen?
- Welche Datentypen existieren und wie grenzen sich diese voneinander ab?
- Ist Big Data ein eigenständiger Datentyp?
- Welche Charakteristika zeichnen Big Data aus?
- Weshalb ist Datenqualität im Rahmen von Business Analytics von hoher Relevanz?
- Welche Datenqualitätsdimensionen kennen Sie?
- Wie unterscheiden sich die beiden Datenqualitätsdimensionen Glaubwürdigkeit und Korrektheit?
- Weshalb ist die Messung von Datenqualität notwendig?
- Welche Ansätze zum Umgang mit Missing Values kennen Sie?
- Was ist ein Data Lake?
- Welche Grundmuster von Cloud-Services haben sich herausgebildet?
- Welche Vorbehalte existieren gegenüber Cloud-Services? Sind diese berechtigt?
- Was versteht man unter einem Analytics-Lab?
- Wie beurteilen Sie die in der Literatur und Praxis diskutierte Rolle des Data Scientist?

- Welche (Personal-)Rollen sind für die Durchführung des Business Analytics-Prozesses notwendig?
- Was obliegt der Rolle Deployment?
- Weshalb ist der Zentralisierungsgrad für die Aufbauorganisation eine wichtige Determinante?
- Was sind die Vorteile einer Business Analytics-Organisation geringen Zentralisierungsgrads?
- Wie hängen die mit Business Analytics verfolgten Ziele und die Organisation der Analytics-Funktion zusammen?
- Was ist unter Difussionspfaden der Analytics-Funktion zu verstehen?

Weiterführende Literatur

Zur weiteren Vertiefung der Themengebiete **Daten und Datentypen** empfiehlt sich die Lektüre von Aggarwal (2015) sowie Cleve/Lämmel (2016). Die beiden umfangreichen Werke zeigen zudem die Interdependenzen von Datentypen und Algorithmen auf.

Das Themengebiet **Datenqualität** kann mittels des Sammelbands von Hildebrand et al. (2015) weiter vertieft werden. Neben den hier erörterten Aspekten werden dort auch angrenzende Aspekte besprochen sowie konkrete Praxisbeispiele aufgezeigt. Darüber hinaus ist das umfangreiche Werk von Batini/Scannapieco (2016) zu empfehlen.

Speziell zum Umgang mit **Missing Values** ist auf den Artikel von Backhaus/Blechschmidt (2009) zu verweisen. Dort werden insbesondere komplexere Verfahren vorgestellt.

Eine Vertiefung des immer weiter an Relevanz gewinnenden Themas **Cloud Computing** kann mittels des Grundsatzpapiers des Mell/Grance (2011) sowie mit der Studie des BITKOM (2010) erfolgen.

Zu einer ausführlicheren Besprechung der Rolle des **Data Scientist** sei auf Davenport (2014) verwiesen und zu vertiefenden **aufbauorganisatorischen Aspekten** auf Morison/Davenport (2013).

Als Vertiefung zum Thema Datenschutz bietet sich **Datenschutz-Grundverordnung (DSGVO)** an. Dort werden zentrale Begriffe definiert, Grundprinzipien erörtert und Verantwortlichkeiten dargestellt.

Kapitel 4:

Teilprozess Analytics

»Ziel des Teilprozesses Analytics ist die datenbasierte Gewinnung von Evidenzen, um damit ein vorab definiertes Analytics-Problem zu lösen.«

4.1   Kapitelüberblick

Abbildung 46 zeigt, die Dreiteilung des Kapitels in die Business Analytics-Modi Descriptive, Predictive und Prescriptive Analytics.

Kap. 1: Grundlagen

| Relevanz von Business Analytics | Begriffliche Grundlagen | Business Analytics-Prozess |

Kap. 2: Teilprozess Framing

| Identifikation des Problems | Operationalisierung und Relevanznachweis | Ableitung des Analytics-Problems |

Kap. 3: Teilprozess Allocation

| Daten | Informationstechnologie | Personal |

Kap. 4: Teilprozess Analytics

| Descriptive Analytics | Predictive Analytics | Prescriptive Analytics |

Kap. 5: Teilprozess Preparation

| Mechanismen | Grenzen | Visualisierung |

Kap. 6: Fallstudien

| Bodenbelag GmbH | BrainMine GmbH | InnoMA GmbH | Raumklima GmbH |

Abbildung 46: Struktur von Kapitel 4

Im Rahmen von **Descriptive Analytics** werden wesentliche Varianten von Clusteranalyse, Assoziationsanalyse, Ausreißeranalyse, Text Mining sowie Social Network-Analyse erörtert (vgl. Kap. 4.2). Das Kapitel zu **Predictive Analytics** widmet sich Regressionsanalyse, Klassifikationsanalyse und Zeitreihenanalyse (vgl. Kap. 4.3). Schließlich werden mit Simulation und Optimierung wesentliche Algorithmenklassen von **Prescriptive Analytics** vorgestellt (vgl. Kap. 4.4). Schwerpunkte sind jeweils die spezifischen Notwendigkeiten zur **Datenaufbereitung**, das grundlegende Verständnis der **Algorithmen** sowie die **Evaluation** der Ergebnisse.

Alle Kapitel werden mit einem **beispielhaften Analytics-Problem** eröffnet. Das zu Grunde liegende betriebswirtschaftliche Problem ist in den Beispielen des Kapitels Descriptive Analytics durchgängig dasselbe, während sich die Analytics-Probleme von Kapitel zu Kapitel unterscheiden. Dies soll nochmals verdeutlichen, dass ein betriebswirtschaftliches Problem durch die Wahl unterschiedlicher Lösungsideen zu unterschiedlichen Analytics-Problemen führt und folglich unterschiedlicher Algorithmen bedarf.

Aufgrund der Dynamik des Forschungsfelds Business Analytics, kann keine vollständige Liste von Algorithmen diskutiert werden. Daher erfolgt eine **Fokussierung** auf besonders relevante Algorithmen (vgl. bspw. die Übersicht bei Wu et al. 2008) und steht im Einklang mit der Ausrichtung dieses Buches auf die Zielgruppe Führungskräfte. Abbildung 47 zeigt die Position des Teilprozesses Analytics im Gesamtprozess:

Abbildung 47: Teilprozess Analytics

4.2 Descriptive Analytics

Im Fokus von Descriptive Analytics stehen Probleme, deren Lösung das Auffinden von **Mustern** mittels verschiedener Ansätze der **Datenreduktion** ist. Es handelt sich folglich um die Beschreibung relevanter Merkmale realer Phänomene (vgl. Provost/ Fawcett 2013, S. 46). Beispiele für **Muster** sind Korrelationen, Cluster, Ausreißer und Trends (vgl. Tan/Steinbach/Kumar 2014, S. 7). Weitere spezifische Muster sind Topics in Texten und Communities in sozialen Netzwerken.

Zu den einfachsten Ansätzen zur Identifikation von Mustern gehören die **Maße der deskriptiven Statistik**. Neben einfachen Häufigkeiten, haben einige Lagemaße in der Praxis weite Verbreitung gefunden. Dazu gehören das arithmetische Mittel, der Median und verschiedene andere Quantile. Da der Informationsgehalt von Lageparametern beschränkt ist, werden sie oft durch Streuungsmaße ergänzt. Dazu gehören Spannweite, Varianz, Interquartilabstand und Standardabweichung. Während die Spannweite, die Differenz zwischen größtem und geringstem betrachteten Wert intuitiv zu interpretieren ist, ist dies im Fall der Standardabweichung nicht der Fall.

Die beschriebenen Maße sind in der Unternehmenspraxis bereits etabliert, bspw. im Management Reporting. Die Maße der deskriptiven Statistik werden in der Unternehmenspraxis allerdings nicht ausgeschöpft. Beispiele sind Konzentrationsmaße, wie der Gini-Index und der Herfindahl-Index. Weitere typische Maße der deskriptiven Statistik, die kaum oder keine Anwendung finden, sind Schiefe und Wölbung. Sie geben Auskunft über die Form einer Verteilung.

Da zahlreiche Werke zu deskriptiver Statistik existieren (vgl. bspw. Bamberg/Baur/ Krapp 2017), sind diese nicht Gegenstand dieses Kapitels. Vielmehr sind **weiterführende Algorithmen** im Fokus, mit deren Hilfe relevante Muster identifiziert werden können. Die folgenden Kapitel befassen sich daher mit wesentlichen Varianten von Clusteranalyse, Assoziationsanalyse, Ausreißeranalyse, Text Mining und Social Network-Analyse.

» Clusteranalysen

> Ein Unternehmen stellt fest, dass seine Vertriebsleistung nicht zufriedenstellend ist. Die Ausrichtung der Vertriebsmitarbeiter erfolgt bislang ohne eine Spezialisierung auf ein bestimmtes Kundensegment. Als **Lösungsidee** möchte das Unternehmen seine Vertriebsmitarbeiter jeweils möglichst homogenen Kundengruppen zuordnen. Durch diese Spezialisierung können die Vertriebsmitarbeiter wesentlich spezifischere Vertriebsmaßnahmen ergreifen. Allerdings sind die Kundensegmente nicht bekannt. Das **Analytics-Problem** besteht folglich in der Frage, wie die Bestandskunden des Unternehmens in möglichst homogene Segmente eingeteilt werden können. Gelöst werden kann dieses Problem mithilfe einer Clusteranalyse.

Mithilfe einer Clusteranalyse soll eine Datenmatrix in Teilmengen, sogenannte **Cluster**, unterteilt werden. Die Instanzen innerhalb der Cluster sollen dabei einander möglichst ähnlich sein und sich von Instanzen in anderen Clustern möglichst stark unterscheiden (vgl. Cleve/Lämmel 2016, S. 57). Zur Bildung der Cluster werden mehrere, wenn nicht gar alle Attribute einer Datenmatrix gleichzeitig herangezogen.

Die Cluster werden durch die Clusteranalyse lediglich identifiziert – eine automatische Benennung oder Charakterisierung oder gar eine Ableitung von betriebswirtschaftlichen Schlussfolgerungen leistet sie nicht. Ein Verständnis für die zugrunde liegenden Mechanismen ist daher unabdingbar, um die Ergebnisse einer Clusteranalyse zu interpretieren.

> Clusteranalysen dienen der Identifikation von Clustern in einer Datenmatrix. Cluster sind Teilmengen der Datenmatrix, die eine hohe interne Homogenität aufweisen.

Es lassen sich zahlreiche **Clusteralgorithmen** unterscheiden. Aufgrund ihrer hohen Relevanz werden hier ausgewählte

- partitionierende,
- hierarchische und
- probabilistische Algorithmen

erörtert. **Partitionierende Algorithmen** zerlegen eine Datenmatrix in Cluster. Dem liegt folgendes Schema zugrunde: Im ersten Schritt werden k Clusterzentren ausgewählt. Dies geschieht auf Basis einer zufälligen Auswahl oder aufgrund der

Erkenntnisse aus Voranalysen. Anschließend wird jede Instanz, bspw. ein Kunde, dem nächstgelegenen Clusterzentrum zugeordnet. Nach dem hierfür verwendeten **Distanzmaß** lassen sich verschiedene partitionierende Algorithmen unterscheiden. Im dritten Schritt wird auf Basis der zugeordneten Instanzen für jeden Cluster ein neues Clusterzentrum berechnet. Auch nach dem hierfür verwendeten Ansatz lassen sich wiederum verschiedene partitionierende Algorithmen unterscheiden. Diese drei Schritte werden so lang wiederholt, bis sich die Zuordnung der Instanzen nicht mehr ändert (vgl. Aggarwal 2015, S. 160). Alle partitionierenden Algorithmen zeichnen sich dadurch aus, dass sie im Ergebnis disjunkte Cluster identifizieren – eine Instanz ist höchstens einem Cluster zugehörig (vgl. Cleve/Lämmel 2016, S. 138).

Der **k-means-Algorithmus** zählt zu den bekanntesten partitionierenden Algorithmen (vgl. Wu et al. 2008, S. 6). Nach Auswahl von k initialen Clusterzentren wird für jedes Datenobjekt die euklidische Distanz zu jedem Clusterzentrum berechnet. Die **euklidische Distanz** d_{eukl} zwischen zwei Punkten $x = (x_1, ..., x_n)$ und $y = (y_1, ..., y_n)$ ist definiert als:

$$d_{eukl}(x, y) = \sqrt{\sum_{i=1}^{n}(x_i - y_i)^2}$$

In Abbildung 48 wird dieses Distanzmaß durch die grüne Strecke repräsentiert. Jede Instanz wird demjenigen Cluster zugeordnet, zu dessen Zentrum die euklidische Distanz minimal ist.

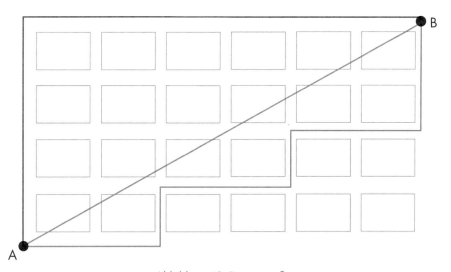

Abbildung 48: Distanzmaße

Abbildung 49 zeigt zwei Iterationsschritte des Algorithmus: Im ersten Schritt werden die drei Clusterzentren C_1, C_2 und C_3 zufällig ausgewählt. Anschließend wird für jede Instanz, im Beispiel exemplarisch nur für Instanz A, die euklidische Distanz zu den drei Clusterzenten berechnet. Instanz A wird nun demjenigen

Cluster zugeordnet, zu dessen Zentrum es die geringste Distanz aufweist. Für die drei Strecken ergibt sich: $\overline{AC_2} < \overline{AC_1} < \overline{AC_3}$. Instanz A wird folglich Clusterzentrum C_2 zugeordnet.

Diese Schritte werden nun auf alle Instanzen angewendet. So ergeben sich in unserem Beispiel die Cluster 1, 2 und 3. Für jeden dieser Cluster werden nun in der zweiten Iteration die neuen Zentren C_1^*, C_2^* und C_3^* berechnet. Kennzeichnend für den k-means-Algorithmus ist, dass es ich bei den neuen Zentren um die Schwerpunkte, auch als **Centroide** bezeichnet, der einzelnen Cluster handelt (vgl. van der Aalst 2011, S. 71). Nun werden erneut die Distanzen jeder Instanz zu jedem Clusterzentrum berechnet. Für Instanz A ergibt sich nun: $\overline{AC_1} < \overline{AC_2} < \overline{AC_3}$. Die Instanz A wird nun folglich Clusterzentrum C_1^* zugeordnet und ist daher nicht mehr Teil von Cluster 2. Der Prozess wird so lange durchgeführt, bis sich die Zuordnung der Instanzen nicht mehr ändert oder bis eine ex-ante vorgegebene maximale Iterationszahl erreicht ist (vgl. Wu et al. 2008, S. 6).

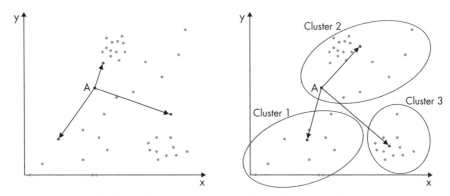

Abbildung 49: Iterationen des k-Means-Clusteralgorithmus

Zum k-Means-Algorithmus existiert eine Reihe von Varianten (vgl. Wu et al. 2008, S. 9). Eine wichtige ist der **k-Medoid-Algorithmus**. Er überwindet die Anfälligkeit des k-means-Algorithmus für Ausreißer; allerdings auf Kosten einer deutlich erhöhten Rechenleistung (vgl. Hastie et al. 2009, S. 516).

Weitere Varianten ergeben sich durch die Verwendung unterschiedlicher Distanzmaße. So kann anstelle der euklidischen Distanz die Manhattan-Distanz als Distanzmaß dienen (vgl. Witten et al. 2017, S. 135). In Abbildung 48 werden zwei Varianten (blau und orange gefärbt) der Manhattan-Distanz veranschaulicht. Die Distanzmaße, zu denen noch viele weitere, wie bspw. die Mahalanobis-Distanz gehören (vgl. für eine Übersicht Backhaus et al. 2016, S. 459 und Leskov/Rajarman/Ullman 2014, Kap. 3.5), wirken sich direkt auf Fähigkeit der Clusteranalyse aus, besondere Verteilungen der Instanzen sinnvoll zu partitionieren (vgl. dazu bspw. Aggarwal 2015, S. 163.).

Eine essentielle Problematik aller Clusteranalysen ist das Fehlen einer Regel zur Bestimmung der korrekten **Clusteranzahl**. In einigen Fällen kann aus dem betriebswirtschaftlichen Problem oder dem Analytics-Problem eine Clusteranzahl abgeleitet werden. Hierzu eine Variation des einführenden Beispiels:

Ein Unternehmen verfügt über sechs Vertriebsmitarbeiter. Die Ausrichtung der Mitarbeiter erfolgt bislang ohne eine Spezialisierung auf ein bestimmtes Kundensegment. Um den Vertriebserfolg zu erhöhen, sollen den Vertriebsmitarbeitern möglichst homogene Kundengruppen zugeordnet werden. Zudem sollen sich die Kundengruppen nicht überschneiden. Aus dem Problem kann aufgrund der verfügbaren Anzahl an Mitarbeitern die gewünschte Clusteranzahl abgeleitet werden. Da jedes Kundensegment durch zwei Vertriebsmitarbeiter adressiert werden soll, ist die gewünschte Clusteranzahl drei (vgl. Hastie et al. 2009, S. 518).

Kann die Clusteranzahl nicht wie illustriert abgeleitet werden, ist ein Rückgriff auf Heuristiken möglich. Diese führen allerdings in der Regel nicht zu einer optimalen Anzahl, sondern nähern diese an. Eine weit verbreitete Heuristik basiert auf der Clusterhomogenität. Als Maß für die Homogenität der einzelnen Cluster kann die Summe der quadrierten Abstände aller n Instanzen eines Clusters von deren Clusterzentrum c_i über alle m Cluster verwendet werden. Dies Maß wird als Sum of Squared Errors (SSE) bezeichnet und berechnet sich wie folgt:

$$SSE = \sum_{i=1}^{m} \sum_{n \in c_i} dist(n, c_i)$$

In einer Graphik kann dieses Maß nun gegen die Anzahl an zugrunde liegenden Clustern abgetragen werden. Wie Abbildung 50 zeigt, nimmt die SSE mit zunehmender Zahl an Clustern ab. Jedoch ist es nicht das Ziel der Clusteranalyse, diese Maß zu minimieren. Denn in diesem Fall entspräche die Anzahl der Cluster der Anzahl der Instanzen in der betrachteten Datenmatrix.

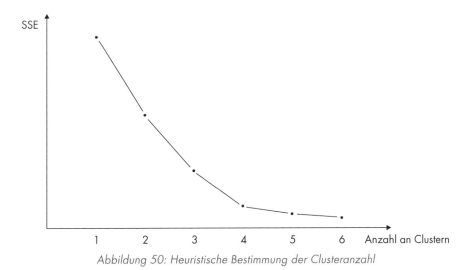

Abbildung 50: Heuristische Bestimmung der Clusteranzahl

Mithilfe des sogenannten **Ellbogen-Kriteriums** wird diejenige Anzahl an Clustern gewählt, bei welcher der Knick im Graphen der Summe der quadrierten Abstände von den Clusterzentren am stärksten ausgeprägt ist (vgl. Backhaus et al. 2016, 495 f.).

Im vorliegenden Beispiel ist dies bei vier Clustern der Fall. Bei Hinzunahme des fünften Clusters sinkt die **SSE** nur noch in einem deutlich geringeren Maße. Neben diesem graphischen Verfahren existieren eine Vielzahl von quantitativen Kriterien, die als Heuristiken zur Bestimmung der optimalen Clusteranzahl dienen können (vgl. für eine Übersicht Backhaus et al. 2016, S. 496 sowie Kumar 2017, S. 496 f.).

Eine Alternative zu den partitionierenden Algorithmen sind die **hierarchischen Clusteralgorithmen**. Sie fassen Instanzen anhand ihrer Distanz zueinander entweder sukzessive zu Clustern zusammen und diese Cluster wiederum zu übergeordneten Clustern oder sie verfolgen den umgekehrten Weg. Die beiden Varianten werden als agglomerative und divisive Clusterbildung bezeichnet. Eine alternative Bezeichnung für agglomerativ ist bottom-up. Analog ist top-down ein Synonym für divisiv (vgl. Hastie et al. 2009, S. 520). Im Gegensatz zu den partitionierenden Algorithmen wird bei den hierarchischen Algorithmen die Granularität der einzelnen Cluster sichtbar (vgl. Aggarwal 2015, S. 166 f.).

Die typische Repräsentation der Ergebnisse der hierarchischen Algorithmen ist das Dendrogramm. Dabei handelt es sich um einen binären Baum, der die sukzessive Zusammenführung der Cluster zeigt (vgl. Witten et al. 2017, S. 147). Abbildung 51 zeigt, wie neun Instanzen zu Clustern zusammengefasst werden.

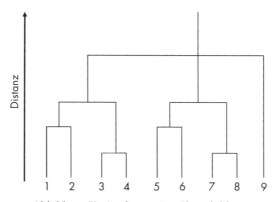

Abbildung 51: Agglomerative Clusterbildung

Jeder horizontale Schnitt durch das Dendrogramm zeigt eine **mögliche Clusteranzahl** (vgl. van der Aalst 2011, S. 73). Im Fall von Abbildung 51 sind folgende Varianten möglich:

- 9 Cluster: Jede Instanz bildet ein eigenes Cluster,
- 7 Cluster: Instanzen 3 und 4 sowie 7 und 8 wurden zu einem Cluster zusammengefasst,
- 5 Cluster: Instanzen 1 und 2 sowie 5 und 6 wurden zusätzlich zu Clustern zusammengefasst,
- 3 Cluster: Instanzen 1–4 bilden ein Cluster genauso wie die Instanzen 5–8,
- 1 Cluster: Alle Instanzen sind zu einem Cluster zusammengefasst.

Ziel der **agglomerativen Clusteralgorithmen** ist es, Cluster, die zum Anfang jeweils nur aus einer Instanz bestehen, sukzessive zu übergeordneten Clustern zusammenzufassen (vgl. Witten et al. 2017, S. 147). Hierzu existieren unterschiedliche Varianten (vgl. Cleve/Lämmel 2016, S. 160-162):

- Single Linkage: Die Distanz wird über das am nächsten beieinanderliegende Instanzenpaar definiert.
- Complete Linkage: Die Distanz wird über das am weitesten auseinanderliegende Instanzenpaar definiert.
- Average Linkage: Die Distanz wird als durchschnittlicher Abstand aller betrachteten Instanzen berechnet. Es stellt einen Kompromiss zwischen Single-Linkage und Complete-Linkage dar.
- Centroid: Die Distanz wird über die Abstände der Instanzen zum jeweiligen Clusterschwerpunkt, dem Centroid, definiert.

Die verschiedenen Algorithmen weisen spezifische Eigenschaften auf, die zu jeweils unterschiedlichen Clusterstrukturen führen. Eine vergleichende Übersicht geben Backhaus et al. (vgl. Backhaus et al. 2016, S. 488).

Ziel der **divisiven Clusteralgorithmen** ist es, die Datenmatrix sukzessive in hierarchische Cluster aufzuspalten. Dies kann beispielhaft anhand der Herkunft von Bestellungen bei einem Lieferdienst veranschaulicht werden:

> Im Ausgangscluster befinden sich die gesamten Bestellungen in der Stadt Stuttgart. Im Zuge einer ersten Aufspaltung erfolgt nun die Bildung der untergeordneten Cluster 1 (Stuttgart-Mitte), 2 (Stuttgart-Nord) und 3 (Stuttgart-Süd). In einem zweiten Schritt wird Cluster 1 in die untergeordneten Cluster 4 (Stuttgart-Mitte/Universität) und Cluster 5 (Stuttgart-Mitte/Heusteigviertel) aufgeteilt. Analog wird mit den anderen Clustern verfahren.

Vorteil der hierarchischen Clusteranalyse ist die **Sichtbarkeit der Ähnlichkeitsstruktur** der Daten. Sie bildet eine Basis, um über die Clusteranzahl zu entscheiden. Ein weiterer Vorteil ist, dass hierarchische Algorithmen die Verbindungen zwischen den Clustern aufzeigen (vgl. Cleve/Lämmel 2016, S. 139). Zentraler Nachteil hierarchischer Clusteralgorithmen ist die Irreversibilität der Instanzenzuordnung.

Probabilistische Clusteralgorithmen folgen einer anderen Logik als die bisher erörterten Algorithmen. Zunächst wird eine Instanz nicht mehr eindeutig einem bestimmten Cluster zugeordnet. Vielmehr wird angenommen, dass sie mit unterschiedlich großen Wahrscheinlichkeiten jedem Cluster angehört (vgl. Witten et al. 2017, S. 353). Eine eindeutige Zuordnung ist im Anschluss möglich, indem jede Instanz demjenigen Cluster zugeordnet wird, dem sie mit der höchsten Wahrscheinlichkeit angehört. Dieses Vorgehen überwindet einige Probleme der bislang erörterten Clusteralgorithmen, da bspw. eine initiale Einteilung in bestimmte Startcluster entfällt (vgl. Witten et al. 2017, S. 353). Für die konkrete Durchführung wird hier auf weiterführende Literatur verwiesen (vgl. Aggarwal 2015, Kap. 6).

» Assoziationsanalysen

Ein Unternehmen stellt fest, dass seine Vertriebsleistung nicht zufriedenstellend ist. Als **Lösungsidee** möchte es seine Service-Techniker als eigenständigen Vertriebskanal stärken. Diese eignen sich besonders dafür, weil sie im Rahmen von Servicefällen einen kontinuierlichen und persönlichen Kundenkontakt haben. Allerdings sind die Service-Techniker nicht für Vertriebsaktivitäten ausgebildet. Daher sollen ihnen zu Serviceeinsätzen kundenspezifische Vertriebsinformationen zur Verfügung gestellt werden. Konkret sollen solche Informationen zur Verfügung gestellt werden, die zeigen, welche Produkte und Dienstleistungen von Kunden oftmals gemeinsam, wenn auch zeitlich versetzt, gekauft werden. Das **Analytics-Problem** besteht folglich in der Frage, welche Produkte und Dienstleistung regelmäßig gemeinsam gekauft werden. Gelöst werden kann dieses Problem mithilfe einer Assoziationsanalyse.

Die Assoziationsanalyse wird oft mit dem klassischen Beispiel der Warenkorbanalyse in Supermärkten eingeführt (vgl. Leskov/Rajarman/Ullman 2014, S. 202). Durch das Wissen, welche Artikel häufig zusammen gekauft werden, können die Standorte von Artikeln und die Laufwege der Kunden optimiert werden. Da Milch einer der am häufigsten gekauften Artikel in einem Supermarkt ist, wird sie meist weit entfernt vom Eingang angeordnet. So müssen Kunden den weitesten Weg durch den Markt zurücklegen und sollen so zum Kauf von weiteren Artikeln motiviert werden.

> Assoziationsanalysen dienen dem Auffinden aller relevanten Zusammenhänge von Attributen einer Datenmatrix.

Diese Zusammenhänge können mit unterschiedlichen Algorithmen identifiziert werden. In diesem Kapitel werden folgende Varianten erörtert:

- Brute Force-Algorithmus,
- A-Priori-Algorithmus,
- Assoziationsanalyse auf Basis von Enumeration Trees,
- auf Basis von Korrelationskoeffizienten sowie
- auf Basis des Chi-Quadrat-Maßes.

Den Algorithmen gemein sind einige grundlegende Konzepte. Dazu gehören Transaktionen und Items sowie Itemsets. Im Einklang mit dem Bild der Warenkorbanalyse werden **Transaktionen** $T = \{t_1, t_2, \ldots, t_N\}$ als eine Zusammensetzung mehrerer **Items** $I = \{i_1, i_2, \ldots, i_k\}$ verstanden. Die Datenmatrix besteht aus der Menge aller Transaktionen. Als **Itemset** wird ein Satz aus mehreren Items bezeichnet, wie bspw. $\{Brot, Milch\}$.

Im Rahmen der Assoziationsanalyse werden Zusammenhänge in den Transaktionen identifiziert. Dazu werden **Assoziationsregeln** der Form $A \rightarrow B$ gebildet und validiert. Die beispielhafte Assoziationsregel $A \rightarrow B$ kann als „Wer A kauft, kauft auch B" verstanden werden. Wichtig ist, dass es sich dabei um empirisch beobachtete Zusammenhänge handelt, über deren Kausalität die Algorithmen keine Aussage machen können.

Weitere zentrale Begriffe sind Support und Konfidenz. Beides sind Maße für die Qualität einer Assoziationsregel. Beim **Support** der Assoziationsregel $A \rightarrow B$ handelt es sich um die Wahrscheinlichkeit, dass A und B gemeinsam gekauft werden. Das Maß gibt also an, bei wieviel Prozent der Transaktionen der Datenmatrix, A und B Teil der Transaktion sind (vgl. Cleve/Lämmel 2016, S. 231). Dies wird in der linken Hälfte von Abbildung 52 durch die grau schraffierte Fläche veranschaulicht. Sie gibt die Menge der Transaktionen an, die Item A und B enthalten. Unter der Annahme dass der Datensatz nur die Items A und B enthält, berechnet sich der Support als der Anteil der schraffierten Fläche an der Gesamtfläche.

Bei der **Konfidenz** der Assoziationsregel $A \rightarrow B$ handelt es sich um die bedingte Wahrscheinlichkeit $P(B \mid A)$. Sie gibt an wie wahrscheinlich es ist, dass eine Transaktion Item B enthält wenn Item A Teil der Transaktion ist (vgl. Cleve/Lämmel 2016, S. 231):

$$conf(A \rightarrow B) = \frac{sup(A \rightarrow B)}{sup(A)}$$

Wie die Formel zeigt, wird die schraffierte Fläche im rechten Teil von Abbildung 52 in Bezug zur Fläche von A (blau) gesetzt. Die Konfidenz kann als die Wahrscheinlichkeit interpretiert werden, dass B gekauft wird, wenn A gekauft wird.

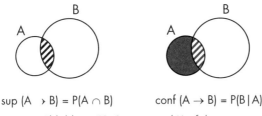

$$sup(A \rightarrow B) = P(A \cap B) \qquad conf(A \rightarrow B) = P(B \mid A)$$

Abbildung 52: Support und Konfidenz
(in Anlehnung an Cleve/Lämmel 2016, S. 231 f.)

Für die minimalen Ausprägungen des Supports und der Konfidenz, ab der eine Assoziationsregel relevant ist, gibt es keine allgemein gültigen Werte. In manchen Fällen lassen sich Werte indirekt aus dem betriebswirtschaftlichen Problem und dem Analytics-Problem ableiten. Hierzu ein Beispiel:

> Ein Hersteller von Maschinen möchte Bundles bestehend aus Maschinen und produktbegleitenden Dienstleistungen einführen. Als Entscheidungsbasis sollen mittels einer Assoziationsanalyse oft gemeinsam verkaufte Produkte und Dienstleistungen identifiziert werden. Allerdings möchte das Unternehmen maximal drei Bundles anbieten, da es diese neue Vertriebsstrategie zunächst testen möchte. Aus dem Problem kann abgeleitet werden, dass ein besonders hoher Support vorgegeben werden sollte, damit nur wenige Regeln identifiziert werden.

Generell gilt, dass Assoziationsregeln, die einen sehr niedrigen Support aufweisen, auch bei hoher Konfidenz nur für einen sehr geringen Teil der Transaktionen in der Datenbasis relevant sind. Es handelt sich um **Spezialregeln**. Regeln, die eine sehr niedrige Konfidenz aufweisen, besitzen nur eine geringe Aussagekraft. Bei der Anwendung einer Assoziationsanalyse werden daher fallabhängig Minimalwerte für Support und Konfidenz definiert. Ein Itemset wird als **häufiges Itemset** bezeichnet, wenn es den definierten minimalen Support erfüllt (vgl. van der Aalst 2011, S. 75).

Ergänzend zu Support und Konfidenz können weitere Maße verwendet werden, um die Bedeutung der identifizierten Assoziationsregeln zu beurteilen. Ein Beispiel für ein solches Maß ist **Lift** (vgl. Kumar 2017, S. 65). Wenden wir uns nun den verschiedenen Algorithmen zu.

Mit dem **Brute Force-Algorithmus** werden häufige Itemsets identifiziert, indem für alle möglichen Itemkombinationen Support und Konfidenz berechnet werden. Anschließend können die Ergebnisse auf Basis der vordefinierten Minimalwerte auf relevante Zusammenhänge eingeschränkt werden. Die Gesamtzahl der zu prüfenden Assoziationsregeln für zweielementige Itemsets ergibt aus der Zahl der verschiedenen Items n in der Datenbasis. Mit dem Brute-Force-Algorithmus wären somit für $2^n - 1$ Assoziationsregeln Support und Konfidenz zu berechnen (vgl. Aggarwal 2015, S. 99). In der Praxis übersteigt dies jedoch oftmals die heute zur Verfügung stehende Rechenkapazität, wenn man berücksichtigt, dass das Angebot eines durchschnittlichen deutschen Supermarkts mehr als 10.000 Artikel umfasst (vgl. Statista 2012). Dadurch ergeben sich $2^{10.000} - 1 = 1,9951 \times 10^{3010}$ mögliche Paarungen. Dieses Beispiel zeigt den wesentlichen Nachteil des Brute-Force-Algorithmus: er ist nur für eine Datenmatrix mit einer geringen Anzahl von Items anwendbar.

Die Grundidee des **A-Priori-Algorithmus** ist es, iterativ zunächst einzelne häufige Items zu identifizieren und dann aus ihnen zusammengesetzte häufige Kombinationen zu suchen. Dadurch wird die durchsuchte Menge an Kombinationen deutlich verringert. Das Vorgehen des A-Priori-Algorithmus stützt sich auf die **Monotonieeigenschaft** der Itemsets: Ist ein Itemset häufig, gilt diese ebenfalls für jede Teilmenge dieses Itemsets (vgl. Leskov/Rajarman/Ullman 2014, S. 212). Demzufolge muss ein häufiges, mehrelementiges Itemset aus mehreren häufigen einelementigen Itemsets bestehen. Hierzu ein Beispiel:

Wenn Milch, Joghurt und Käse häufig zusammen gekauft werden, dann müssen alle drei Items auch allein betrachtet häufig in einer Transaktion vorkommen und nicht nur als Dreierkombination. Daher versucht der A-Priori-Algorithmus nur auf Basis häufiger einelementiger Itemsets Assoziationsregeln zu bilden, die einen vorgegebenen Minimalsupport aufweisen. Der Algorithmus verläuft nach folgenden Schritten (vgl. Aggarwal 2015, S. 100 f.):

1. Berechnung des Supports für alle Items der Datenmatrix. Dies ist auch bei großen Datensätzen mit vielen verschiedenen Items möglich, da zunächst lediglich die Häufigkeit jedes Items bestimmt wird.
2. Eliminierung aller Items, die den vorgegebenen minimalen Support nicht erfüllen. Diese Items können aufgrund der Monotonieeigenschaft auch in Kombination mit anderen Items kein häufiges Itemset ergeben.
3. Aus den verbleibenden häufigen Items werden nun alle möglichen Zweierkombinationen gebildet. Daraus resultiert die sogenannte Kandidatenliste, die alle Zweierkombinationen enthält, die mögliche Kandidaten für eine gute Assoziationsregel und damit für die weitere Betrachtung sind.
4. Es wird der Support für alle Kombinationen der Kandidatenliste berechnet.

5. Der Support aller Kombinationen auf der Kandidatenliste wird mit dem vorge-gebenen minimalen Support abgeglichen und es werden diejenigen Zweierkom-binationen eliminiert, die ihn nicht erfüllen.
6. Existieren Zweierkombinationen, die den minimalen Support aufweisen, so wird mit Schritt 3 fortgefahren, um Dreierkombinationen zu generieren. Der Algo-rithmus endet, wenn in Schritt 5 kein Itemset den minimalen Support aufweist.

Ein weiterer Algorithmus zur Identifikation von relevanten Zusammenhängen ist der **Enumeration Tree**. Zur Veranschaulichung des Konzepts betrachten wir zunächst den sogenannten Lattice. Abbildung 53 zeigt den **Lattice** für die fünf Items *a*, *b*, *c*, *d* und e und damit alle $2^5 - 1 = 31$ Kombinationsmöglichkeiten. Nicht häufige Itemsets, also solche, die den vorgegebenen Minimalsupport nicht erfüllen, sind grau eingefärbt. Maximal-häufige Itemsets (in der Abbildung „*ad*", „*ace*" und „*bcde*") sind solche, deren Obermenge nur aus nicht-häufigen Itemsets besteht (vgl. Tan/Steinbach/Kumar 2014, S. 354). Die Obermenge des Itemsets „*ad*" sind im Beispiel in Abbildung 53 alle „*ad*" nachgelagerten Itemsets. Da diese alle keine häufigen Itemsets sind, ist „*ad*" maximal-häufig.

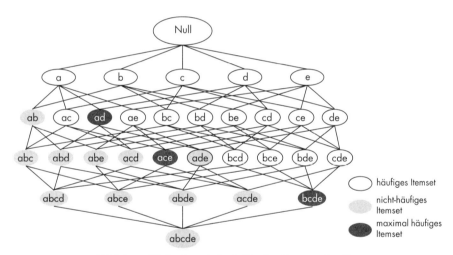

Abbildung 53: Lattice als Basis für den Enumeration Tree
(in Anlehnung an Tan/Steinbach/Kumar 2014, S. 354)

Der Enumeration Tree unterscheidet sich vom vollständigen Lattice dadurch, dass nicht häufige Itemsets nicht berücksichtigt werden. Der Baum beginnt stets in ei-nem Nullknoten, von dem aus zunächst häufige Items und dann häufige Itemsets abgetragen werden. Dabei wird wieder auf die Monotonieeigenschaft zurückgegrif-fen: selten im Datensatz vorkommende Items kommen auch nicht in Kombination mit anderen häufiger vor als allein.

In Abbildung 54 zeigt sich dies bspw. bei Itemset „*abc*": Es ist durch Kombination von „*ab*", „*ac*" und „*bc*" entstanden. Da „*ab*" jedoch kein häufiges Itemset ist, kann „*abc*" kein häufiges Itemset sein. Damit ist der Grundgedanke nicht nur dem des A-Priori-Algorithmus ähnlich, vielmehr kann dieser als ein **Spezialfall** des Enume-ration Trees angesehen werden (vgl. Aggarwal 2015, S. 105).

Zur Konstruktion eines Enumeration Trees lassen sich zwei unterschiedliche **Konstruktionsprinzipien** unterscheiden. Das Prinzip Breadth First zielt darauf ab, den Baum zunächst in die Breite zu entwickeln. Das konträre Prinzip Depth First entwickelt den Baum zunächst in die Tiefe. Der A-Priori-Algorithmus folgt dem Breadth First-Prinzip, da ausgehend von den einzelnen Itemsets zunächst alle möglichen Kombinationen gebildet und auf Erfüllung des Minimalsupports geprüft werden. Der Baum wird somit erst in die Breite entwickelt (vgl. Tan/Steinbach/Kumar 2014, S. 360 f.).

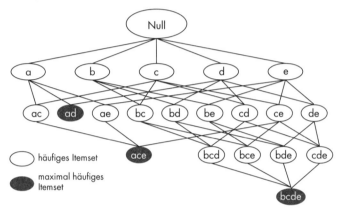

Abbildung 54: Enumeration Tree

Der Baum in Abbildung 54 hingegen ist ein Beispiel für das Depth First-Prinzip. Wenn im Beispiel „*a*" als häufiges Item identifiziert wurde, wird zuerst die in der Ordnung nächste Kombination „*ab*" geprüft. Da diese nicht häufig ist, wird dieser Ast abgeschlossen und zur nächsten Kombination, „*ac*", übergegangen. Da „*abc*" nicht häufig ist, wird „*acd*" geprüft. Da auch dieses Itemset den minimalen Support nicht erfüllt, wird in diesem Ast abgebrochen und zu „*ace*" übergegangen. Da dieses Itemset den erforderlichen Support aufweist, wird es als neuer Knoten in den Enumeration Tree abgetragen. Der Baum wird also zunächst in die Tiefe entwickelt, bis keine häufigen Itemsets mehr gefunden werden. Erst dann wächst er in die Breite. Da beim Depth First-Prinzip zunächst jeder Ast so weit entwickelt wird, bis keine häufigen Itemsets mehr gefunden werden, eignet es sich besonders gut zur Identifikation von maximal häufigen Itemsets (vgl. Tan/Steinbach/Kumar 2014, S. 361).

Die bislang vorgestellten Algorithmen konzentrieren sich darauf, häufige Itemsets zu identifizieren. Dies kann in der Praxis jedoch auch nachteilig sein. Hierzu ein Beispiel: Wenn beim Einkauf in einem Möbelhaus bei beinahe jedem Einkauf auch Servietten gekauft werden, weisen alle mit dem Item Servietten gebildeten Assoziationsregeln einen hohen Support und auch eine hohe Konfidenz auf. Der praktische Nutzen dieser Regeln ist jedoch gering. Der Ursprung dieses Problems liegt in der Tatsache, dass die vorgestellten Algorithmen lediglich die Häufigkeit des Vorhandenseins von Items in den Transaktionen betrachten. In vielen Situationen kann es jedoch interessant sein, nach negativen Zusammenhängen zu suchen. Ein für diese Analyse geeignetes Maß ist der **Korrelationskoeffizient** (vgl. Aggarwal 2015, S. 122).

Ein Korrelationskoeffizient mit dem Wert 0 zeigt an, dass kein Zusammenhang vorhanden ist. Für kontinuierliche Daten kann der bekannte Korrelationskoeffizient nach Pearson verwendet werden. Im Falle von Warenkorbanalysen liegen allerdings oftmals binär codierte Attribute vor mit den beiden Ausprägungen „nicht im Warenkorb enthalten" und „im Warenkorb enthalten". In solchen Fällen wird der Phi-Koeffizient angewendet (vgl. Tan/Steinbach/Kumar 2014, S. 375):

$$\phi = \frac{n_{11}n_{00} - n_{01}n_{10}}{\sqrt{n_{1+}n_{+1}n_{0+}n_{+0}}}$$

Die Werte n_{ij} sind verschiedene Häufigkeiten. So ist n_{11} die Häufigkeit der Transaktionen, in denen Item I_1 und I_2 enthalten sind. Hingegen ist n_{10} die Häufigkeit der Transaktionen, in denen Item I_1 enthalten ist, I_2 aber nicht. Tabelle 6 zeigt alle Häufigkeiten in einer Übersicht.

	$I_2 = 1$	$I_2 = 0$	Summe
$I_1 = 1$	n_{11}	n_{10}	n_{1+}
$I_1 = 0$	n_{01}	n_{00}	n_{0+}
Summe	n_{+1}	n_{+0}	n

Tabelle 6: Kontingenztabelle für binär codierte Merkmale

Ein alternatives Maß eines statistischen Zusammenhangs, das ebenfalls auf einer Kontingenztabelle beruht, ist das **Chi-Quadrat-Maß** (vgl. Aggarwal 2015, S. 123):

$$\chi^2(X) = \sum_{i=1}^{2^m} \frac{(O_i - E_i)^2}{E_i}$$

Dabei gibt O_i die beobachtete Häufigkeit eines Itemsets i in allen Transaktionen an – also dessen Support. Im Fall von zweiwertigen Itemsets, also $m = 2$, liegen vier mögliche Itemsets vor. E_i repräsentiert den Erwartungswert eines Itemsets. Das x^2-Maß kann somit als Summe der quadrierten Abweichungen vom Erwartungswert verstanden werden, das durch Division durch den Erwartungswert normiert wird. Anhand des Betrags des jeweiligen x^2-Maßes kann die Stärke des Zusammenhangs zwischen verschiedenen Itemsets verglichen und die stärksten Assoziationen identifiziert werden.

» Ausreißeranalysen

Ein Unternehmen stellt fest, dass seine Vertriebsleistung nicht zufriedenstellend ist. Als **Lösungsidee** möchte es neue Kundengruppen erschließen, die sich von den bisherigen Bestandskunden unterscheiden. Um sich nicht zu weit vom Kerngeschäft zu entfernen sollen als Ansatzpunkt Bestandskunden gefunden werden, die sich hinsichtlich ihres Kaufverhaltens von anderen Bestandskunden differenzieren. In einem Dialog mit diesen ungewöhnlichen Kunden sollen neue Produkt- und Dienstleistungsbedarfe identifiziert werden. Das **Analytics-Problem** besteht folglich in der Frage, welche Bestandskunden sich von anderen Bestandskunden deutlich unterscheiden. Gelöst werden kann dieses Problem mithilfe einer Ausreißeranalyse.

Ausreißeranalysen können als **komplementäres Konzept** zu Clusteranalysen interpretiert werden. Mithilfe einer Clusteranalyse sollen Gruppen aus ähnlichen Instanzen bestimmt werden. Mit einer Ausreißeranalyse sollen einzelne Instanzen identifiziert werden, die sich stark von den anderen Instanzen unterscheiden.

Ausreißer werden auch als Anomalien bezeichnet, die durch einen **anderen Mechanismus** entstehen als die anderen Instanzen in der Datenmatrix (vgl. Aggarwal 2015, S. 237 und Tan/Steinbach/Kumar 2014, S. 651).

> Ausreißeranalysen dienen der Identifikation von Ausreißern. Ausreißer sind Daten, die sich von anderen Daten stark unterscheiden, weil sie auf einen alternativen Mechanismus zurückzuführen sind.

Im Umgang mit Ausreißern ist es von entscheidender Bedeutung zu klären, wie die Ausreißer zustande gekommen sind, also auf welchen **Mechanismus** ihre Existenz zurückzuführen ist. Die Gründe für Ausreißer sind vielfältig. Allerdings ist zwischen natürlichen Ausreißern und Ausreißern aufgrund von Fehlern im Rahmen der Datenakquise, Datenhaltung oder Datenbereitstellung zu unterscheiden. Sie werden als künstliche Ausreißer bezeichnet (vgl. Tan/Steinbach/Kumar 2014, S. 653):

- **Natürliche Ausreißer** entstehen aufgrund von natürlicher Streuung der Daten. Beispiele sind extreme Ereignisse, wie das Auftreten einer bisher unbekannten Kundengruppe, Streiks, regulatorische Eingriffe sowie Naturkatastrophen.
- **Künstliche Ausreißer** sind auf Fehler im Rahmen der Datenerhebung, -haltung und -bereitstellung zurückzuführen. Beispiele sind falsch eingetragene Werte, fehlerhafte Codierung von beobachteten Sachverhalten und technische Ausfälle im Rahmen der Dateneingabe. Ein weiteres Beispiel sind Fehler im Rahmen der Konsolidierung verschiedener Datenquellen.

Ausreißer werden als Abweichung von sogenannten **normalen Mustern** identifiziert. Die Identifikation der Ausreißer erfolgt über einen numerischen Wert, der den Grad der „Nicht-Normalität" repräsentiert. Dieser wird als **Outlier-Score** bezeichnet und kann in zwei Varianten unterschieden werden (vgl. Aggarwal 2015, S. 238):

- **Metrischer Outlier-Score:** Dieser Score quantifiziert den Grad der Nicht-Normalität. Höhere Werte des Scores repräsentieren eine höhere Wahrscheinlichkeit, dass ein Ausreißer vorliegt.
- **Binärer Outlier-Score:** Dieser Score kann nur zwei Ausprägungen annehmen, die angeben, ob ein Ausreißer vorliegt oder nicht. Er enthält daher weniger Informationen als der metrische Outlier-Score.

Varianten von Ausreißeranalysen lassen sich anhand der jeweils unterstellten normalen Muster differenzieren. Häufige Varianten der Ausreißeranalyse sind:

- Extremwert-basierte Algorithmen,
- Cluster-basierte Algorithmen,
- Distanz-basierte Algorithmen,
- Dichte-basierte Algorithmen sowie
- probabilistische Algorithmen.

Wenden wir uns zunächst der Identifikation von Ausreißern als Extremwerte zu. Eine Instanz oder ein Attribut kann als **Extremwert** definiert werden, wenn er an den Enden einer Wahrscheinlichkeitsverteilung liegt. Allerdings sind nicht alle Ausreißer auch Extremwerte im Sinne von Maximal- und Minimalausprägung. Hierzu ein Beispiel:

Die betrachtete Datenmatrix ist eindimensional und umfasst die Zahlenreihe (0, 5, 10, 15, 50, 85, 90, 95, 100). Zunächst erscheinen die beiden Werte 0 und 100, die jeweiligen Enden der Zahlenreihe, als Extremwerte und dementsprechend als Ausreißer. Der Wert 50 ist der Mittelwert der Zahlenreihe und erscheint daher nicht als Extremwert. Allerdings ist der Wert 50 der isolierteste, also von allen anderen Werten am weitesten entfernte Wert. Aus diesem Grund ist er ein Ausreißer. Abbildung 55 verdeutlicht diesen Zusammenhang.

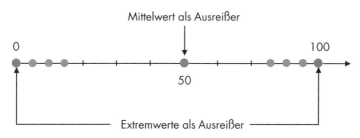

Abbildung 55: Alternative Ausreißerkonzepte

Diese Überlegungen gelten auch für multidimensionale Daten. **Mehrdimensionale Ausreißer** beziehen sich auf Instanzen mit mehreren Attributen. Hierzu ein Beispiel:

> Eine Datenmatrix enthält Daten zur Nutzung von Smartwatches und enthält die Attribute „Alter", „Wohnort" sowie „SmartWatch-Nutzung". Betrachtet man die Attribute getrennt voneinander, so sind keine Ausreißer ersichtlich. Die Verteilung des Alters entspricht der typischen Lebenserwartung und die erfassten Nutzer wohnen etwa zu gleichen Anteilen in 8 Städten. Erst die Betrachtung der Kombination zeigt Extremwerte, wie bspw. einen besonders jungen Nutzer in Hamburg. – ein multivariater Ausreißer.

Eine weitere Variante zur Identifikation von Ausreißern legt **Cluster** als normale Muster zur Grunde. Alle in Kap. 4.2.1 erörterten Varianten der Clusteranalyse können als Basis dienen. Ausreißeranalysen auf Basis von Clustern haben gegenüber anderen Algorithmen den Vorteil, dass Ausreißer die Tendenz zeigen, kleine Cluster zu bilden. Dies erklärt sich aus der Definition von Ausreißern als Daten, die auf einem anderen Mechanismus basieren als die anderen Daten der Datenmatrix (vgl. Aggarwal 2015, S. 247).

Der Outlier-Score ist im Falle von Cluster-basierten Ausreißer-Algorithmen definiert als die Distanz zwischen einer Instanz und dem nächstgelegenen Clusterzentrum. Varianten dieses Scores ergeben sich durch die Wahl des Distanzmaßes (vgl. für eine Diskussion Aggarwal 2015, S. 247 f.). Wird ein ganzes Cluster als Outlier identifiziert, ist der Outlier-Score allerdings obsolet. Hierzu ein Beispiel:

In Abbildung 56 zeigen sich insgesamt vier Ausreißer. Ein Ausreißer wird in Cluster A anhand des euklidischen Abstands vom Clusterzentrum identifiziert. Drei weitere Ausreißer bilden ein eigenes Cluster, das Cluster C. Es ist offensichtlich, dass die Qualität der Ausreißer-Identifikation auf Basis von Clustern, essentiell von der Qualität der Clusteranalyse abhängig ist (vgl. Tan/Steinbach/Kumar 2014, S. 651).

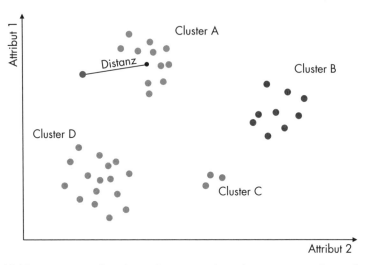

Abbildung 56: Ausreißer als Ergebnis einer Cluster-basierten Ausreißeranalyse

In Fällen, in denen Clusteranalyse nicht zu sinnvollen Ergebnissen geführt haben, können weitere Varianten der Ausreißeranalyse angewendet werden. Aufgrund des einführenden Charakters des Buches werden diese im Folgenden allerdings lediglich kurz vorgestellt.

Distanz-basierte Algorithmen identifizieren Ausreißer als jene Instanzen, deren Summe der Abstände zu deren k nächsten Nachbarn besonders hoch ist. Die Festlegung des Parameters k obliegt dem Nutzer. Auch hier ist es notwendig, für den Outlier-Score einen Schwellenwert festzulegen, ab dem er als besonders groß gilt. Distanz-basierte Algorithmen können eine Datenmatrix nicht zufriedenstellend behandeln, wenn deren Regionen sich hinsichtlich ihrer Dichte stark unterscheiden, (vgl. Tan/Steinbach/Kumar 2014, S. 666).

Dichte-basierte Algorithmen identifizieren Ausreißer über seine Position in einer dünn besiedelten Region innerhalb der Datenmatrix. Basis ist ein Dichteprofil der Datenmatrix, dass bspw. mittels der Kernel Density Estimation gewonnen werden kann (vgl. Aggarwal 2015, S. 256). Der Outlier-Score einer Instanz ist dann definiert als die invertierte Dichte im direkten Umfeld dieser Instanz (vgl. Tan/Steinbach/Kumar 2014, S. 668).

Probabilistische Algorithmen unterstellen, dass die Datenmatrix aus einer mehrdimensionalen Wahrscheinlichkeitsverteilung entstanden ist. Instanzen, die nur mit einer geringen Wahrscheinlichkeit aus dieser Funktion entstanden sein können, werden als Ausreißer klassifiziert (vgl. Witten et al. 2017, S. 320).

Auch **Zeitreihen** können atypische Werte aufweisen, die erheblich von den übrigen Werten abweichen und meist auf spezielle Ereignisse zurückzuführen sind. Bezogen auf Zeitreihen existieren zwei Arten von Ausreißern (Aggarwal 2015, S. 481):

- Punkt-Ausreißer sind plötzliche Veränderungen eines Wertes zu einem bestimmten Zeitpunkt, der sich signifikant vom prognostizierten Wert unterscheidet.
- Form-Ausreißer hingegen weisen in einem bestimmten Zeitfenster ein bestimmtes Muster auf, das als Anomalie verstanden wird. Die Daten innerhalb dieses Zeitfensters werden jedoch nicht einzeln, sondern nur gemeinsam, als Ausreißer betrachtet.

Wenden wir uns zunächst den Punkt-Ausreißern zu (vgl. Aggarwal 2015, S. 483). Basis für die Identifikation von **Punkt-Ausreißern** ist eine Prognose aller W_t der betrachteten Zeitreihe. Methoden hierfür werden im Kapitel zur Zeitreihenanalyse (vgl. Kap. 4.3.3) erörtert. Anschließend wird eine neue Zeitreihe gebildet, die aus den Abweichungen von den tatsächlichen Werten besteht. Dafür werden für alle Zeitpunkte jeweils die Differenzen zwischen den prognostizierten und den tatsächlichen Werten berechnet. Diese Abweichungen entsprechen:

$$\Delta_t = W_t - Y_t$$

Die Abweichungen D_t können in i einzelne Komponenten δ_t^i separiert werden, die dann jeweils univariate Zeitreihen repräsentieren. Die Abweichungen werden jeweils für die einzelnen univariaten Zeitreihen normalisiert und somit vergleichbar gemacht:

$$\delta z_t^i = \frac{\delta_t^i - \mu_i}{\sigma_i}$$

Die normalisierte Abweichung entspricht dem Z-Wert einer Normalverteilung. Ab einem Grenzwert in Höhe von drei kann von einem Ausreißer ausgegangen werden, da die Wahrscheinlichkeit für einen solchen Wert wesentlich geringer als 1 % ist.

Form-Ausreißer können mithilfe des Hotsax-Algorithmus identifiziert werden (vgl. Aggarwal 2015, S. 483 f.). Hierzu werden in einem ersten Schritt alle Zeitfenster eines vorab bestimmten Umfangs aus der Zeitreihe extrahiert. Diese Zeitfenster werden dann für die weitere Analyse als Eingangsdaten eines Distanz-basierten Algorithmus genutzt. Im Rahmen dessen wird die Summe der euklidischen Distanzen jedes Zeitfensters zu seinen k nächsten Nachbarn ermittelt. Je höher dieser Wert, desto höher die Nicht-Normalität des Zeitfensters.

Abschließend sei die Rolle des **Schwellenwerts** des Outlier-Scores thematisiert: Wie erörtert müssen im Rahmen der verschiedenen Ausreißer-Algorithmen jeweils Schwellenwerte für den Outlier-Score festgelegt werden, ab denen eine Instanz als Ausreißer gewertet wird. Ist dieser Schwellenwert zu streng gewählt, reduziert sich die Anzahl der identifizierten Ausreißer. Die Folge ist, dass existierende Ausreißer nicht als solche identifiziert werden. Wird der Schwellenwert hingegen zu großzügig gewählt, werden zu viele Ausreißer identifiziert. Dadurch werden Instanzen fälschlicherweise als Ausreißer definiert. In der Regel ist es daher angebracht, die Analysen mehrmals mit unterschiedlichen Schwellenwerten durchzuführen und die Ergebnisse zu vergleichen.

» Text Mining

Ein Unternehmen stellt fest, dass seine Vertriebsleistung nicht zufriedenstellend ist. Als **Lösungsidee** möchte es Kundenbeschwerden analysieren, um Ansatzpunkte für Verbesserungen zu ermitteln. Beschwerden eigenen sich besonders, da sie ein direktes Feedback von Kunden darstellen und auf konkrete Probleme hinweisen. Im Rahmen des Beschwerdemanagements wurden mündliche Beschwerden der Kunden schriftlich erfasst. Zudem liegen zahlreiche E-Mails vor, in denen Kunden Beschwerden vorbringen. Das **Analytics-Problem** besteht folglich in der Frage, welche relevanten Themen in den Beschwerdetexten vorgebracht werden. Gelöst werden kann dieses Problem mithilfe von Text Mining.

Für den Begriff Text Mining hat sich in der Literatur keine einheitliche Definition etabliert. Text Mining umfasst Algorithmen zur Erkennung relevanter Muster in Texten (vgl. Witten et al. 2017, S. 515). Im Vergleich zu anderen Descriptive Analytics-Algorithmen muss Text Mining eine zusätzliche Komplexität bewältigen: Text ist in seiner ursprünglichen Form ein **polystrukturierter Datentyp**. Besondere Herausforderungen stellen Mehrfachbedeutungen von Worten dar, wie im Falle des Wortes Golf. Weitere Beispiele sind Wörter, die von manchen Menschen als Synonyme betrachtet werden oder mit geringen Bedeutungsunterschieden verwendet werden, wie Auto, PKW, Wagen und Fahrzeug. Weitere Herausforderung sind Dialekte und Ironie. Dazu kommen Rechtschreib- und Grammatikfehler.

Text Mining dient dem Auffinden von relevanten Mustern in Texten.

Text kann grundsätzlich in drei **Formen** vorliegen. In polystrukturierter Form hat der Text keine direkt sichtbare Struktur, das bedeutet, dass über Inhalt, Art und Aufbau keine Informationen vorliegen. Semistrukturierte Texte haben keinen allgemeinen formalen Aufbau, jedoch enthält die Metadatei (bspw. XML-Daten und E-Mails) Informationen über dessen grobe Struktur. Strukturierte Texte unterliegen dagegen einem Datenmodell, das eine formale Struktur vorgibt.

Da die polystrukturierte Form der Regelfall ist, ist dem Auffinden von Mustern in Texten eine **Vorverarbeitung** voranzustellen. Deren Ziel ist die Überführung des Textes in eine strukturierte Form. Sie umfasst folgende Maßnahmen (vgl. Aggarwal 2015, S. 431):

- **Entfernung von Stoppwörtern:** Im Rahmen dieses ersten Schritts, werden Wörter eliminiert, die keinen Nutzen für Interpretation des Textes liefern (vgl. Witten et al. 2017, S. 516). Typischerweise sind dies Artikel, Präpositionen, Konjunktionen, in manchen Fällen auch Pronomen. Aufgrund der Häufigkeit von Stoppwörtern würden diese im weiteren Verlauf des Text Mining zu verzerrten Ergebnissen führen. In der Regel erfolgt die Eliminierung durch einen Abgleich mit vordefinierten Stoppwort-Listen der jeweiligen Sprache.
- **Reduktion auf die Stammform:** Ein Wort kann in unterschiedlichen Formen in einem Text enthalten sein. Um Verzerrungen zu vermeiden, werden alle Worte auf

ihre Stammform zurückgeführt. Ein Beispiel ist die Rückführung des Wortes „Dienstleistungen" auf seine Stammform „Dienstleistung". Die Reduktion auf eine Stammform kann dazu führen, dass diese Form kein direkt verständliches Wort ist. Ein Beispiel ist die Rückführung der englischen Worte „hope" und „hoping" auf deren Stamm „hop".

- **Entfernung von Nicht-Buchstaben:** In diesem Schritt werden alle Zeichen entfernt, die keine Buchstaben sind. Hierzu gehören Satzzeichen, wie Kommata und Punkte, aber auch Ziffern sowie Bindestriche. Letzteres kann allerdings zu Verzerrungen führen, da dadurch aus einem Wort zwei Worte werden.

- **Transformation in quantitativ-multidimensionale Form:** Die verbleibenden Worte werden als Attribute einer Instanz interpretiert. Diese Instanz repräsentiert den gesamten Text. Ihre Dimension entspricht dem Wortschatz einer Sprache. Die Attribute enthalten als Werte die Anzahl des Wortes im Text. Dies führt dazu, dass eine Vielzahl der Attribute den Wert 0 aufweist, da das entsprechende Wort nicht im Text enthalten ist.

Abbildung 57 zeigt die vier Schritte am Beispiel eines einzelnen Satzes. Jeder Schritt überführt den Text in eine für Algorithmen zugänglichere Form.

„Industrielle Dienstleistungen sind der Hoffnungsträger für produzierende Unternehmen, da die Margen des Produktgeschäfts aufgrund starken Wettbewerbs sinken."
(Seiter, Industrielle Dienstleistungen, 2016)

Ausgangstext	ohne Stoppwörter	in Stammform	ohne Satzzeichen
Industrielle	Industrielle	Industrie	Industrie
Dienstleistungen	Dienstleistungen	Dienstleistung	Dienstleistung
sind	Hoffnungsträger	Hoffnungsträger	Hoffnungsträger
der	produzierende	Produktion	Produktion
Hoffnungsträger	Unternehmen	Unternehmen	Unternehmen
für	Margen	Marge	Marge
produzierende	,	,	Produktgeschäft
Unternehmen	Produktgeschäfts	Produktgeschäft	aufgrund
,	aufgrund	aufgrund	stark
Da	starken	stark	Wettbewerb
die	Wettbewerbs	Wettbewerb	sinken
Margen	sinken	sinken	
des	.	.	
Produktgeschäfts			
aufgrund			
starken			
Wettbewerbs			
sinken			
.			

Abbildung 57: Vorbereitende Schritte im Rahmen des Text Mining

In der nun vorliegenden Form können Muster identifiziert werden. Häufige Muster, die mittels Text Mining identifiziert werden sollen sind

- Häufigkeiten,
- Sentiment sowie
- Cluster und Topics.

Analysen der **Worthäufigkeiten** sind eine typische Auswertung im Rahmen des Text Mining. Hierbei werden zwei Formen unterschieden: die Auswertung eines einzelnen Textes oder die Auswertung mehrerer Texte. Dies verdeutlicht nochmals die Notwendigkeit der Vorverarbeitung. Ohne sie wiesen Worte ohne inhaltliche Aussagekraft, wie bestimmte Artikel, in der Regel die höchste Häufigkeit auf.

Die Analyse mehrerer Texte kann auch eine zeitliche Dimension aufweisen. Sind die Texte zu verschiedenen Zeitpunkten entstanden, so können die Häufigkeiten der Worte als **Zeitreihen** interpretiert werden. Ein wichtiger Anwendungsfall dieser Variante des Text Mining ist die Patentdatenanalyse. Durch den zeitlichen Verlauf der Häufigkeiten technologiespezifischer Worte, können Trends für die eigene Forschung abgeleitet werden (vgl. hierzu auch die Fallstudie BrainMine GmbH in Kap. 6.2).

Einen tieferen Einblick in die Bedeutung der analysierten Texte ergibt die **Sentiment-Analyse**. Sentiment lässt sich übersetzen mit Stimmung oder Gefühlslage. Es geht folglich darum, zu erfassen, welche Stimmung ein Text widerspiegelt. In der Regel erfolgen Sentiment-Analyse als Vergleich der Worte und Wortgruppen im Text mit einem Lexikon. In einem solchen Lexikon wurden Worten und Wortgruppen bestimmte Sentimentgrade zugeordnet. Sie reichen von „stark positiv" über „neutral" bis „stark positiv".

Wichtige Anwendungsfälle für die Sentiment-Analyse sind die Analyse

- der Markenwahrnehmung,
- der Stimmungslage einer Gruppe Sentiment sowie
- des Feedbacks von Kunden.

Weitere Muster in Texten können mithilfe von **Clusteranalysen** identifiziert werden. In der Regel stehen nicht Cluster innerhalb eines Textes im Fokus. Vielmehr sollen Cluster aus mehreren Texten gebildet werden. In der zu analysierenden Datenmatrix ist dann jeder Text durch eine Instanz repräsentiert. Ein Ähnlichkeitsmaß sind Worthäufigkeiten. Weitere Ähnlichkeitsmaße sind Wortlängen und Themen auch als Topic bezeichnet. Grundsätzlich sind alle in Kap. 4.2.1 vorgestellten Varianten der Clusteranalyse im Rahmen des Text Minings anwendbar. Allerdings sind in der Regel Anpassungen notwendig (vgl. für eine Übersicht Feldman/Sanger 2007, Kap. 5). Dies soll am Beispiel des **k-means-Algorithmus** erörtert werden:

Nach Auswahl von k initialen Clusterzentren wird für jede Instanz die euklidische Distanz zu jedem Clusterzentrum berechnet. Die Instanzen werden dem jeweils nächsten Clusterzentrum zugeordnet. Für jeden der so entstandenen Cluster werden nun die neuen Clusterzentren als Centroide der zugehörigen Instanzen berechnet. Wiederum werden nun die Distanzen jeder Instanz zu jedem Clusterzentrum berechnet und eine entsprechende Zuordnung vorgenommen. Der Prozess wird so lange durchgeführt, bis sich die Zuordnung der Instanzen nicht mehr ändert oder bis eine ex-ante vorgegebene maximale Iterationszahl erreicht ist.

Die direkte Anwendung des k-means-Algorithmus ist allerdings aufgrund der speziellen Struktur der Datenmatrix problematisch: Dessen Dimensionalität entspricht dem Wortschatz einer Sprache. Da die Attribute die Anzahl des Wortes im Text als Wert enthalten, weist eine Vielzahl der Attribute den Wert 0 auf. Werden nun Texte, also zufällig gewählte Instanzen, als k initiale Clusterzentren gewählt, so enthalten diese nur eine sehr kleine Teilmenge des Wortschatzes. Die Iterationen können daher zu suboptimalen Clustern führen (vgl. Aggarwal 2015, S. 434). Zur Überwindung dieser Problematik wurden modifizierte Algorithmen und weitere Vorverarbeitungsschritte vorgeschlagen. Ein Variante ist der **Scatter/Gather-Ansatz** (vgl. Aggarwal 2015, S. 434–436).

Ein weiteres Muster, das mithilfe von Text Mining identifiziert werden soll, sind sogenannte Topics. Ein Topic repräsentiert ein Thema, das im Text behandelt wird. Topic Modeling basiert auf der Grundhypothese, dass Worte, die im selben Kontext vorkommen auch dazu neigen, dasselbe zu bedeuten (vgl. Schmiedel et al. 2018, S. 4). Ein typisches Beispiel sind die Ausprägungen eines Oberbegriffs. Das Auftreten der Begriffe gelb, rot und grün kann auf das Topic „Farbe" hinweisen. Aber eben auch, und das ist Schwierigkeit des Auffindens von Topics, auf das Topic „Ampeln".

Im Rahmen des **Topic Modeling** werden mithilfe unterschiedlicher Ansätze, wie Latent Dirichlet Allocation, Wortkombinationen identifiziert, die ein Topic bilden. In der Regel handelt es sich um sogenanntes unüberwachtes Lernen, da die Topics nicht vorgegeben werden, sondern aus den Dokumenten heraus gebildet werden sollen. Abbildung 58 zeigt einen schematischen Überblick über Topic Modeling. Dabei wird deutlich, dass aus deiner Menge von Dokumenten, auch als Textkorpus bezeichnet, eine Reihe von Topics identifiziert wird, die sich wiederum durch bestimmte Wortkombinationen auszeichnen.

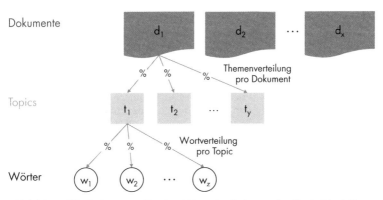

Abbildung 58: Dokumente, Topics, Worte im Rahmen des Topic Modeling (in Anlehnung an Schmiedel et al. 2018, S. 5)

Die Benennung der identifizierten Topics leisten die Algorithmen nicht selbstständig. Vielmehr bleibt diese Interpretation der menschlichen Kreativität überlassen. Allerdings können einige Kenngrößen Hilfestellungen geben. Ein Beispiel ist die Exklusivität der Worte. Sie kann gemessen werden als Häufigkeit eines Wortes in anderen Topics als dem betrachteten (vgl. Schmiedel et al 2018, S. 12).

Wichtige Anwendungsfälle des Topic Modeling zeigt Tabelle 7.

Datentyp	Datenquelle	Anwendungsgebiete	Betriebliche Funktion
Unternehmens-interne Daten	Interne soziale Netzwerke	Mitarbeiterinteressen, Arbeitsbelastung, Unternehmenskultur	Personalwesen
Unternehmens-externe Daten	Stellenbörsen	Stellenmerkmale, Kompetenzprofile	Personalwesen
Unternehmens-externe Daten	Jahresabschlüsse	Offenlegung von Risiken	Finanzwesen
Öffentliche Daten	Social Media	Markenimage	Marketing, Öffentlich-keitsarbeit
Wissenschaft-liche Artikel	Literaturdaten-banken	Literaturrecherche	Alle

Tabelle 7: Anwendungsbeispiele des Topic Modeling
(in Anlehnung an Schmiedel et al. 2018, S. 21)

Für eine Übersicht über verschiedene Ansätze des Topic Modeling sei hier Aggarwal empfohlen (vgl. Aggarwal 2015, Kap. 13.4). Topic Modeling zeigt nochmals deutlich die **dimensionsreduzierende Wirkung** von Descriptive Analytics-Algorithmen: Ein Text wird auf seine Themen reduziert.

» Social Network-Analysen

> Ein Unternehmen stellt fest, dass seine Vertriebsleistung nicht zufriedenstellend ist. Als **Lösungsidee** möchte es seine Social Media-Strategie weiterentwickeln. Bislang wurden auf verschieden Social Media-Plattformen Produktinformationen zur Verfügung gestellt. Der Vertriebseffekt war gering und der Aufwand der kontinuierlichen Aktualisierung der Informationen hoch. In Zukunft sollen gezielt Meinungsführer angesprochen werden. Das Unternehmen erhofft sich dadurch, einflussreiche Akteure zu Werbeträgern zu machen. Das **Analytics-Problem** besteht folglich in der Frage, welche Akteure in den adressierten Social Media-Plattformen den größten Einfluss auf andere Akteure haben und damit besonders als Werbeträger geeignet sind. Gelöst werden kann dieses Problem mithilfe einer Social Network-Analyse.

Social Networks sind Formen der **Kommunikation** zwischen Individuen. Neben großen Social Networks wie Facebook, existiert eine Vielzahl von spezialisierten wie LinkedIn zur beruflichen Kommunikation oder Plattformen des sogenannten Social Gaming. Ihre besondere Relevanz gewinnen diese Netzwerke durch große Nutzerzahlen und ein schnelles Wachstum (vgl. Matern et al. 2012, S. 5 f.).

Die Ergebnisse von Social Network-Analysen werden u. a. zur Verbesserung von Produkten durch Feedback der Nutzer, dem Aufbau und der Stärkung von Marken und zur Gewinnung neuer Mitarbeiter genutzt (vgl. Matern et al. 2012, S. 8 f.). Zudem ist Reputationsmanagement ein wichtiger Grund für derartige Analysen.

Social Network-Analysen dienen dem Auffinden von relevanten Mustern in sozialen Netzwerken.

Ein Social Network kann durch einen **Graphen** $G := (N, A)$ mit der Knotenmenge N und der Kantenmenge A repräsentiert werden. Jeder Nutzer des Social Network wird repräsentiert durch einen **Knoten** n_i (mit $i = 1, 2, ..., |N|$) in der Knotenmenge $N := \{n_1, n_1, ..., n_{|N|}\}$. Die Kanten a_i (mit $i = 1, 2, ..., |A|$) repräsentieren die Verbindungen zwischen jeweils zwei Nutzern $A := \{a_1, a_2, ..., a_{|A|}\}$. Die **Kanten** können unterschiedlich ausgeprägt sein. So lassen manche Social Networks die Unterscheidung zwischen Familienmitgliedern, engen Freunden und losen Bekanntschaften zu (vgl. Leskov/Rajarman/Ullman 2014, S. 344). Den folgenden Ausführungen liegt allerdings die Annahme zugrunde, dass alle Kanten gleicher Art sind.

Abbildung 59 zeigt die Repräsentation eines einfachen Social Network mittels des Graphen $G := (N, A)$ mit der Knotenmenge $N := \{1, 2, 3, 4, 5, 6\}$ und der ungerichteten Kantenmenge $A := \{\{1,2\}, \{2,3\}, \{3,4\}, \{3,5\}, \{4,5\}, \{4,6\}, \{5,6\}\}$.

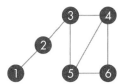

Abbildung 59: Repräsentation eines einfachen sozialen Netzwerks

Zum Verständnis der Algorithmen ist es notwendig, grundlegende Charakteristika eines Netzwerks einzuführen. Dazu gehört zuerst die **Vernetzung**. Sie kann für jeden Knoten, für Teile des Netzwerks oder das ganze Netzwerk betrachtet werden. Eine einfache Variante von Vernetzung ist die Anzahl der Beziehungen, die im Kontext von Social Networks auch als Links bezeichnet werden. Im Fall von Knoten ist dies die Anzahl von direkten Beziehungen k_i des Knotens i zu anderen Knoten. Im Falle eines Teils eines Netzwerks ist dies die Anzahl der Links, die Knoten ausgebildet haben, die dem Teilnetzwerk angehören. Hierbei werden Links innerhalb des Teilnetzwerks, aber auch solche, die zu anderen Teilen des Netzwerks ausgebildet wurden berücksichtigt. Für ein Netzwerk mit N Knoten berechnet sich die Vernetzung L wie folgt (vgl. Barabási 2016, S. 48):

$$L = \frac{1}{2} \sum_{i=1}^{N} k_i$$

Mithilfe der Vernetzung kann der **Vernetzungsgrad** als Quotient aus Vernetzung L und der Maximalvernetzung L_{max} definiert werden. Unter Maximalvernetzung wird die maximal mögliche Ausprägung von Links verstanden. Synonym wird auch der Begriff Vollvernetzung verwendet. Im Folgenden sollen drei verschiedene **Muster** in Social Networks mithilfe von Algorithmen identifiziert werden:

- **Communities** innerhalb eines Social Network,
- bisher nicht realisierte, aber wahrscheinliche **Links** zwischen Akteuren und
- den Social Influence, also den **Einfluss**, den Akteure auf andere Akteure ausüben.

Die betrachteten Social Networks sind **ungewichtete Netzwerke**. Für diese gilt, dass alle Verbindungen, die hier als Links bezeichnet werden, gleich ausgeprägt sind. Alle Links eines Netzwerks gehen folglich mit dem gleichen Wert, hier mit dem Wert 1, in Berechnungen der Netzwerkmaße ein (vgl. Barabási 2016, S. 65). Wenden wir uns nun dem ersten Muster zu: der Community.

Community Detection hat das Ziel, innerhalb von Social Networks Communites zu identifizieren. Eine Community ist definiert als ein Teilnetzwerk mit einem hohen internen Vernetzungsgrad. Die intensivste Form einer Community liegt vor, wenn zwischen den Akteuren eine Vollvernetzung vorliegt, also alle möglichen Links innerhalb der Community ausgebildet sind (vgl. Barabási 2016, S. 325).

Algorithmen zur Identifikation sind bereits im Kapitel zu Clusteranalyse eingeführt worden (vgl. Kap. 4.2.1). Eine Variante sind **agglomerative Clusteralgorithmen**. Mithilfe dieser Algorithmen werden Cluster, die zum Anfang jeweils nur aus einer Instanz, hier Knoten, bestehen, sukzessive zu übergeordneten Clustern zusammengefasst (vgl. Witten et al. 2017, S. 147). Für die Zwecke der Community Detection ist eine wesentliche Anpassung vorzunehmen: die Anpassung des Ähnlichkeitsmaßes x_{ij}. Es sollte einen maximalen Wert von 1 aufweisen, wenn die betrachteten zwei Knoten i und j einen direkten Link ausgebildet haben und zudem dieselben Nachbarn haben. Ist keine der beiden Bedingungen erfüllt, sollte x_{ij} den Wert 0 annehmen (vgl. Barabási 2016, S. 331 f.):

$$x_{ij} = \frac{J(i,j)}{min(k_i, k_j)}$$

$J(i,j)$ ist die Anzahl der gemeinsamen Nachbarn von i und j. Dabei ist zu beachten, dass $J(i,j)$ um den Wert 1 zu erhöhen ist, wenn ein Link zwischen i und j besteht. Abbildung 60 zeigt die Werte des Ähnlichkeitsmaßes für die Knotenpaare eines beispielhaften Social Network.

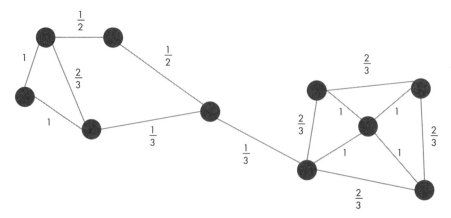

Abbildung 60: Werte des Ähnlichkeitsmaßes in einem beispielhaften Netzwerk

Bei der schrittweisen Agglomeration wird als Maß für die Ähnlichkeit von zwei Clustern der Durchschnitt der x_{ij} aller Knotenpaare der betrachteten Cluster verwendet. Das Ergebnis ist ein **Dendrogramm**. Dieses bildet die Basis für die Entscheidung über die Anzahl der Communities.

Neben dem hier vorgestellten agglomerativen Clusteralgorithmus existieren **weitere Algorithmen** zur Identifikation von Communities (vgl. Aggarwal 2015, Kap. 19.3). Es sei darauf hingewiesen, dass hier nur disjunkte Communities betrachtet werden. Allerdings existieren in der Praxis oftmals auch **nicht-überschneidungsfreie Communities**. Leskov/Rajarman/Ullman geben eine Übersicht zu Algorithmen, die geeignet sind, solche Communities zu identifizieren (vgl. Leskov/Rajarman/Ullman 2014, Kap. 10.5).

Nicht nur ein Zusammenhang, sondern auch das Fehlen eines Zusammenhangs, stellt ein relevantes Muster dar. In Social Networks entspricht dies bisher einem nicht realisierten, aber wahrscheinlichen Link zwischen den Nutzern. Wie die für die Analyse übliche Bezeichnung **Link Prediction** nahelegt, kann man diese Analyse als einen Algorithmus von Predictive Analytics interpretieren – hier allerdings interpretieren wir ihn als Mustererkennung im Rahmen von Descriptive Analytics (vgl. Provost/Fawcett 2013, S. 303).

Im Allgemeinen können Vorhersagen von Kanten zwischen zwei Knoten anhand zweier Kriterien, der Ähnlichkeit der Struktur und der Ähnlichkeit des Inhalts, getroffen werden (vgl. Aggarwal 2015, S. 650):

- Bei **inhaltsbasierten Algorithmen** wird das Prinzip der Homophilie verwendet. Knoten mit ähnlichen Eigenschaften neigen danach eher dazu, miteinander verbunden zu sein. Bezogen auf Individuen sind dies Attribute wie Beruf, Hobbys, Bildungsweg oder Wohnort.
- **Strukturbasierte Algorithmen** basieren auf der Annahme, dass zwei Knoten, die ähnliche Knoten in ihrer Nachbarschaft haben, dazu neigen, auch direkt verbunden zu sein.

Die Qualität der Ergebnisse inhaltsbasierter Algorithmen hängt von der Art des Social Network ab. In einem Social Network wie Twitter, in dem der Inhalt aus kurzen Nachrichten mit einer Reihe von unstandardisierten Akronymen besteht, sind inhaltsbasierte Algorithmen nicht effektiv (vgl. Aggarwal 2015, S. 650).

Strukturbasierte Algorithmen sind im Vergleich dazu wesentlich effektiver in der Handhabung verschiedener Netzwerktypen. **Neighborhood-basierte Algorithmen** verwenden die Anzahl der gemeinsamen Nachbarn zwischen einem Knotenpaar i und j, um die Wahrscheinlichkeit eines zukünftigen Zusammenhangs zwischen ihnen zu schätzen. Eine Variante basiert auf dem **Jaccard Koeffizient** (vgl. Aggarwal 2015, S. 651). Der Jaccard Koeffizient $J(i, j)$ fokussiert auf die Mengen direkter Nachbarn S_i und S_j der Knoten i und j und berechnet sich wie folgt:

$$J(i, j) = \frac{Si \cap Sj}{Si \cup Sj}$$

Der Jaccard Koeffizient zwischen den Knoten A und B in Abbildung 61 hat den Wert $^4/_9$. Ein Problem des Jaccard Koeffizienten zeigt sich allerdings in folgender

Überlegung: Die Nutzer A und B haben die gemeinsamen Nachbarn D, F, I und J. All diese gemeinsamen Nachbarn könnten sehr populäre öffentliche Personen sein. Dann würden diese Knoten auch als gemeinsame Nachbarn von vielen anderen Knotenpaaren auftreten, weshalb sie als Prädiktoren untauglich wären.

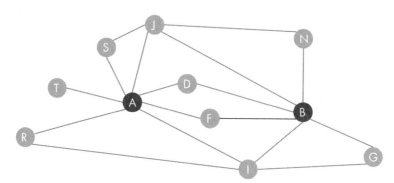

Abbildung 61: Beispielhaftes Social Network

Ein drittes Muster in Social Networks ist der **Social Influence**. Dabei handelt es sich um die Stärke des Einflusses von Nutzern auf andere Nutzer. Diese Muster können genutzt werden, um besonders einflussreiche Akteure zu identifizieren. Ein einfaches Konstrukt zur Bestimmung der Stärke des Einflusses ist die **Zentralität** des betreffenden Nutzers. Akteure mit einem hohen Maß an Zentralität neigen sind einflussreicher als Akteure mit geringerer Zentralität. In gerichteten sozialen Netzwerken ist das Konstrukt **Prestige** entscheidend (vgl. Aggarwal 2015, S. 655).

Es existieren unterschiedliche Varianten von Zentralität (vgl. Aggarwal 2015, S. 623–625). Die einfachste Form leitet sich aus der Vernetzung eines Knotens mit seinen direkten Nachbarn ab. Diese erste Form der Zentralität, auch als **Degree Centrality** bezeichnet, berechnet sich als Quotient aus der Anzahl der direkt vernetzten Nachbarn und der Anzahl der potenziellen Vernetzungen im Netzwerk. Letzteres entspricht der Anzahl der Knoten im Netzwerk, verringert um den Knoten, dessen Zentralität berechnet werden soll. In Abbildung 62 weißt Knoten

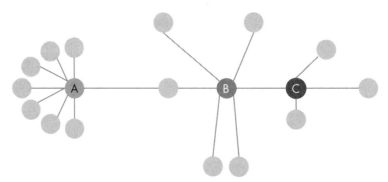

Abbildung 62: Varianten der Zentralität

A mit einem Wert von 0,47 die höchste Zentralität auf vor Knoten B mit 0,35 und Knoten C mit 0,29.

Abbildung 62 zeigt aber auch deutlich die Problematik dieser Zentralitätsvariante. Sie betrachtet eher die Mikro-Umgebung eines Knotens und nicht das soziale Netzwerk als Ganzes. Die **Closeness Centrality** weist dieses Problem nicht auf. Sie ist definiert als der Kehrwert der Summe der Distanzen eines Knotens zu allen anderen Knoten des Social Network (vgl. van der Aalst 2011, S. 223). Es werden folglich nicht nur direkte Nachbarn, sondern auch indirekte Nachbarn beliebigen Grades mit einbezogen. In Abbildung 62 weisen weißt Knoten B mit einem Wert von 0,030 die höchste Zentralität auf vor Knoten A mit 0,029 und Knoten C mit 0,024.

Aber auch die Closeness Centrality weist eine wesentliche Problematik auf: Zwar ist die Distanzensumme ein Indikator dafür, wie gut ein Knoten die anderen Knoten erreichen kann. Für den Einfluss eines Knotens ist es allerdings zusätzlich von hoher Bedeutung, dass er als Brücke zwischen möglichst vielen anderen Knotenpaaren fungiert und somit deren Kommunikation beeinflussen kann. Diese Überlegung führt zu einer dritten Variante der Zentralität: der Betweenness Centrality.

Für die Berechnung der **Betweenness Centrality** ist es notwendig, für jedes Knotenpaar die jeweils kürzesten Verbindungen zu identifizieren. Die kürzeste Verbindung ist definiert als Verbindung mit der geringsten Anzahl an Links zwischen den betrachteten Nutzern (vgl. Barabási 2016, S. 59). Im Falle einer baumartigen Struktur ist dieser Weg immer eindeutig. Bei netzwerkartigen Strukturen kann es mehrere kürzeste Verbindungen pro Knotenpaar geben. Betweenness Centrality ist definiert als der Anteil der kürzesten Verbindungen zwischen allen Knotenpaaren, der über den betrachteten Knoten verläuft, an der Gesamtzahl aller kürzesten Verbindungen aller Knotenpaare. Die Betweenness Centrality drückt also aus, wie stark ein Knoten die jeweils kürzesten Kommunikationsverbindungen zwischen den Knoten eines Social Network kontrollieren kann. In Abbildung 62 weißt Knoten B den höchsten Wert auf.

Für gerichtete soziale Netzwerke gelten analoge Überlegungen. So ist eine einfache **Prestige-Variante** definiert als der Quotient der Anzahl der auf einen Knoten gerichteten Verbindungen und der Anzahl aller Knoten im Netzwerk verringert um einen Knoten – den betrachteten. Weitere Varianten von Prestige können analog zur Zentralität abgeleitet werden.

4.3 Predictive Analytics

Im Kapitel zu Descriptive Analytics wurden Algorithmen erörtert, die dazu dienen, die **Vergangenheit** und die **Gegenwart** besser zu verstehen. Angefangen bei einfachen Fragen, welche Leistung in einem bestimmten Wertschöpfungsprozess erbracht wurde, bis hin zu komplexen Fragen, ob zwischen verschiedenen betrieblichen Sachverhalten ein Zusammenhang besteht.

In diesem Kapitel werden nun Algorithmen erörtert, mit deren Hilfe **relevante Ausschnitte der Zukunft** prognostiziert werden können. Im Kern geht es darum, Attribute zu identifizieren, die eine nachweisbare Verbindung zu einem interessierenden Attribut aufweisen und daher als Prädiktoren dienen können (vgl. van der Aalst 2011, S. 62 f.). Ein typisches Beispiel ist Predictive Maintenance, die vorausschauende Instandhaltung: Wenn wir eine Maschine warten möchten, bevor diese ausfällt, ist es notwendig, Prädiktoren zu identifizieren, die eine nachweisbare Verbindung zu zum Ausfall der Maschine aufweisen. Prädiktoren können die geleisteten Fertigungsaufträge, der Auslastungsgrad, die Stillstandzeiten und Erschütterungen der Maschine sein.

Im Folgenden wird eine Auswahl wesentlicher Algorithmen der Predictive Analytics erörtert. Dazu gehören **Regressionsanalyse**, **Klassifikationsanalyse** und **Zeitreihenanalyse**. Ergebnisse dieser Algorithmen, also die Evidenzen, sind Prognosemodelle in Form von mathematischen Formeln, Entscheidungsbäumen oder Regeln im Sinne von logischen Aussagen („Wenn X, dann Y").

» Regressionsanalysen

Ein Unternehmen stellt fest, dass es aufgrund von mangelhaften Umsatz-Forecasts immer häufiger zu Lieferschwierigkeiten kommt. Als **Lösungsidee** möchte das Unternehmen den jährlichen Umsatz-Forecast zukünftig nicht mehr durch einen externen Dienstleister erarbeiten lassen. Vielmehr soll eine eigene Abteilung gegründet werden, die für die Erstellung dieses Forecasts verantwortlich ist. Der jährliche Umsatz-Forecast soll allerdings nicht auf einfachen Fortschreibungen beruhen. Folglich ist das **Analytics-Problem**: Welche Prädiktoren für den Umsatz existieren? Gelöst werden kann dieses Problem mithilfe einer Regressionsanalyse.

Das Ziel einer Regressionsanalyse ist es, Prognosemodelle zur Vorhersage eines **numerischen Wertes** eines Attributs zu gewinnen (vgl. Witten et al. 2017, S. 128 f.). Im Kern geht es dabei, um die Approximation einer **mathematische Funktion** deren unabhängige Variablen die Prädiktoren und deren abhängige Variable das zu prognostizierende Attribut sind (vgl. Cleve/Lämmel 2016, S. 61 f.). Synonyme für die abhängige Variable sind zahlreich. Ein Beispiel ist Regressand. Ebenfalls vielfältig benannt wird die unabhängige Variable, u. a. Inputvariable (vgl. Aggarwal 2015, S. 353). Nach der Art der gewählten Funktion und der Anzahl der Variablen lassen sich verschiedene Varianten der Regressionsanalyse unterscheiden.

> Regressionsanalysen dienen der Gewinnung von Prognosemodellen, mit deren Hilfe der numerische Wert eines Attributs prognostiziert werden kann.

Die einfachste Form der Regressionsanalyse ist die **lineare univariate Regression**. Sie umfasst nur zwei Variablen: eine unabhängige Variable und eine abhängige Variable. Abbildung 63 zeigt hierfür ein Beispiel:

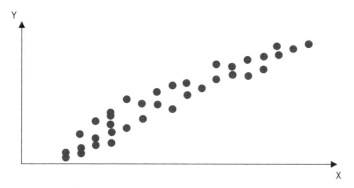

Abbildung 63: Punktwolke mit linearem Zusammenhang

Die dargestellte **Punktwolke** lässt bereits erkennen, dass ein linearer Zusammenhang zwischen den beiden Variablen bestehen könnte, da die Punkte nahezu auf einer Geraden angeordnet sind. Im Rahmen der linearen Regression wird diese Gerade ermittelt. Ziel ist es, die Gerade so zu bestimmen, dass sie die Punktwolke möglichst gut annähert. Abbildung 64 zeigt das Ergebnis dieser Annäherung.

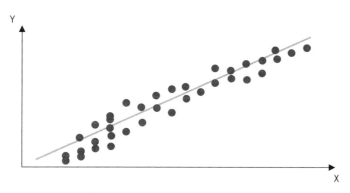

Abbildung 64: Punktwolke mit Regressionsgerade

Die **Regressionsgleichung** hat die Form einer Geradengleichung:

$$Y(X) = \beta_0 + \beta_1 X + \varepsilon$$

β_0 und β_1 werden als Regressionskoeffizienten, die mithilfe des Regressionsalgorithmus ermittelt werden. β_1 ist insbesondere bei der Interpretation der Stärke des Zusammenhangs zwischen abhängiger und unabhängiger Variable von Bedeutung (vgl. Backhaus et al. 2016, S. 70 f.).

Als Residuum oder auch Fehlerterm wird der Parameter ε bezeichnet. Das Residuum ε_i ist der vertikale Abstand zwischen der Regressionsgeraden und dem jeweils betrachteten Wert.

$$\varepsilon_i = Y_i - Y(X_i)$$

Der verwendete Regressionsalgorithmus ermittelt die Parameter der Gleichung so, dass die Summe aller Quadrate der Residuen, auch als Residuenquadratsumme (RSS) bezeichnet, minimiert wird. Auf diese Weise wird die Punktwolke durch die Regressionsgleichung möglichst exakt approximiert:

$$RSS = \sum_{i=0}^{N} \varepsilon_i^2 = \sum_{i=0}^{N} \left(Y_i - Y(X_i) \right)^2$$

Die Regressionsanalyse unterliegt spezifischen **Annahmen**, die weitgehend erfüllt werden müssen (vgl. Backhaus et al. 2016, S. 98 und Kumar 2017, S. 234):

- Die Regressionsgleichung muss alle erklärenden Variablen enthalten. Ein Fehlen vermindert die Qualität der numerischen Prognose.
- Die Residuen müssen einen Erwartungswert von 0 aufweisen.
- Zwischen der unabhängige Variable und den Residuen darf keine Korrelation vorliegen.
- Die Residuen müssen eine konstante Varianz aufweisen. Diese Eigenschaft wird als **Homoskedastizität** bezeichnet.
- Die Residuen müssen unkorreliert sein. Diese Eigenschaft wird auch als das Verbot von **Autokorrelation** bezeichnet.
- Die Residuen müssen normalverteilt sein.
- Im Falle von mehreren unabhängigen Variablen müssen diese unkorreliert sein.

In einem einfachen Fall weisen alle betrachteten Variablen ein metrisches Skalenniveau auf. Allerdings ist es für manche Probleme notwendig, nominalskalierte Daten zu integrieren. Diese zeichnen sich insbesondere dadurch aus, dass sie keine Rangfolge aufweisen, wie Namen, ID-Nummern sowie Ja/Nein-Antworten. Daher sind sie für die Regressionsanalyse ungeeignet. Jedoch können sie durch sogenannte **Dummy-Variablen** trotzdem Berücksichtigung finden. Eine Dummy-Variable nimmt den Wert 1 an, wenn die Ausprägung erfüllt ist und den Wert 0, wenn die Ausprägung nicht erfüllt ist. Beispielhaft ist dies in Tabelle 8 dargestellt.

	Frau A	Frau B	Herr C
Frau A	1	0	0
Frau B	0	1	0
Herr C	0	0	1

Tabelle 8: Dummy-Variablen für die Namen der Mitarbeiter

Intensiv diskutiert wird auch die Verwendung von sogenannten **Likert-Skalen** im Rahmen der linearen Regression. Diese Skalierung ist im betriebswirtschaftlichen Kontext weit verbreitet. Sie findet bspw. im Rahmen von Mitarbeiter- und Kundenzufriedenheitsumfragen Anwendung. Ein häufiges Beispiel ist eine Likert-Skala mit Abstufungen von „sehr gering", „gering", „mittel", „hoch" und „sehr hoch".

Grundsätzlich ist eine Likert-Skala ordinalskaliert. Das heißt, dass zwischen den einzelnen Merkmalsausprägungen zwar eine Rangordnung besteht, die Abstände zwischen den Werten jedoch nicht konstant sind. So werden die Abstände zwischen „mittel", „hoch" und „sehr hoch" nicht von allen Antwortenden gleich wahrgenommen; der Abstand zwischen „hoch" und „sehr hoch" könnte als größer empfunden werden. Äquidistanz kann somit nicht unterstellt werden.

Diese Wahrnehmungsunterschiede können bspw. kulturell bedingt sein. Eine der Voraussetzungen für die lineare Regression wäre damit verletzt. Allerdings besteht hierzu eine Kontroverse: Einerseits wird auf die mathematischen Voraussetzungen der linearen Regression hingewiesen. Andererseits wird argumentiert, dass die lineare Regression robust gegenüber der Verletzung der mathematischen Voraussetzungen sei, wie sie bei der Verwendung einer Likert-Skala auftritt.

Der einfachste Fall der Regression kann erweitert werden. So können weitere Prädiktoren eingeführt werden, so dass eine **lineare multivariate Regression** vorliegt. Die Regressionsgleichung hat dann die Form (vgl. Backhaus et al. 2016, S.79):

$$Y = \beta_0 + \sum_{i=1}^{n} \beta_i X_i + \varepsilon$$

Auch hier werden die Parameter durch Minimieren der *RSS* bestimmt (vgl. Aggarwal 2015, S.354). Für jede unabhängige Variable wird ein Regressionskoeffizient β_i angegeben. Dieser zeigt jeweils an, wie stark sich die unabhängige Variable X_i auf die abhängige Variable Y auswirkt, wobei der Effekt der anderen Prädiktoren unberücksichtigt bleibt. Daher auch die Bezeichnung partielle Regressionskoeffizienten.

Eine andere Erweiterung der Regression adressiert die Abbildung **nichtlinearer Zusammenhänge**. Die zu approximierende Funktion entspricht dann einer Polynomgleichung. Die graphische Repräsentation ist keine Gerade mehr, sondern eine Kurve. Die Regressionsgleichung hat folgende Form:

$$Y = \beta_0 + \beta_1 X + \beta_2 X^2 + \beta_3 X^3 + \ldots + \beta_n X^n + \varepsilon$$

Dabei ist n eine ganze Zahl und stellt die höchste Potenz der Gleichung dar. Es ist zu beachten, dass mit steigender Potenz die Wahrscheinlichkeit des Auftretens von Overfitting steigt. Unter **Overfitting** wird im Allgemeinen die Tendenz verstanden, die Modelle auf die Trainingsdaten ideal anzupassen, jedoch zu Lasten der Verallgemeinerbarkeit auf vorher nicht entdeckten Daten. Eine geringere Qualität des Prognosemodells ist die Folge (vgl. Provost/Fawcett 2013, S.113 und S.119–123 für ein ausführliches Beispiel eines Overfitting und seiner negativen Effekte). Diese kann allerdings auch durch ein **Underfitting** vorliegen. Abbildung 65 zeigt hierzu ein Beispiel. Konkret werden neben einer guten Anpassung (grün), eine Überanpassung und eine Unteranpassung gezeigt (jeweils rot) gezeigt.

Einen Sonderfall der numerischen Prognose mithilfe der Regression ist ein **Model Tree** (vgl. Witten et al. 2017, S.274). Hierbei wird eine Datenmatrix mittels eines Klassifikationsalgorithmus in möglichst homogene Sub-Datenmatrizen unterteilt. Für jede der Submatrizen wird dann eine Regressionsgleichung bestimmt. Die Prognosequalitäten dieser Regressionsgleichungen liegen deutlich über einer

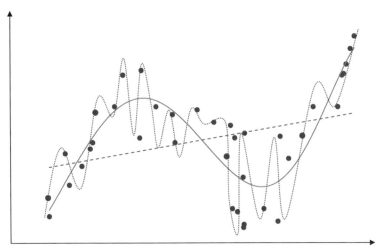

Abbildung 65: Overfitting und Underfitting

solchen Regressionsgleichung, die die Datenmatrix als Ganzes abbildet. Abbildung 66 zeigt einen Model Tree, dessen Äste jeweils mit einem linearen Modell (LM) enden, repräsentiert durch die Regressionsgleichung. Die Konstruktion der Baumstruktur des Model Tree wird im Folgenden Kapitel zur Klassifikationsanalyse erörtert.

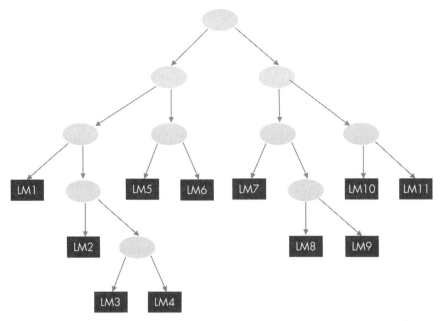

Abbildung 66: Model Tree mit elf Regressionsgleichungen
(in Anlehnung an Witten et al. 2017, S. 279)

Die Ergebnisse der Regressionsanalyse müssen **evaluiert** werden. Hierzu haben sich eine Vielzahl von Maßen und Tests etabliert. Drei besonders verbreitete sind (vgl. Kumar 2017, S. 240):

- das Bestimmtheitsmaß R^2,
- eine Prüfung der Regressionskoeffizienten und
- die Analyse der Ausreißer sowie
- Maße zur Prognosegüte.

Das **Bestimmtheitsmaß R^2** wie viel der Varianz der abhängigen Variablen durch das gewonnen Prognosemodell erklärt wird. Es ist definiert als der Quotient aus der durch das Prognosemodell erklärten Varianz und der Gesamtvarianz der abhängigen Variablen. Folglich reicht der Wertebereich von 0 bis 1, wobei höhere Werte eine bessere Anpassung an die Daten anzeigen.

Der Regressionsalgorithmus kam zwar zum Ergebnis, dass ein Zusammenhang zwischen unabhängiger und abhängiger Variable besteht, aber es wurde keine Aussage darüber getroffen, ob der Zusammenhang auch statistisch signifikant ist. Dazu wird mittels eines t-Test die Nullhypothese getestet: „Es existiert kein Zusammenhang zwischen unabhängiger und abhängiger Variable". Hierzu wird der p-Wert (vgl. Backhaus et al. 2016, S. 90) ermittelt. Dieser wird mit einem vorab definierten **Signifikanzniveau** verglichen. Dabei werden häufig die Werte 0,01 oder 0,05 gewählt, um einen gewissen Grad an Glaubwürdigkeit zu etablieren. Ist der p-Wert geringer als das Signifikanzniveau kann die Nullhypothese verworfen werden und ein Zusammenhang angenommen werden. Jedoch ist kein Beweis für einen kausalen Einfluss der unabhängigen auf die abhängige Variable besteht. Für eine solche Schlussfolgerung ist Klärung des Mechanismus notwendig, der dem Zusammenhang zugrunde liegt (vgl. hierzu Kap. 5.3).

Ein weiterer Evaluationsschreit ist die **Ausreißeranalyse**. Starke Ausreißer können einen enormen Einfluss auf die Regressionskoeffizienten haben. Daher ist es notwendig, zu prüfen, wie viele Ausreißer vorliegen und ob diese in die Analyse mit einbezogen werden sollten.

Ebenfalls Gegenstand der Evaluation ist die Prognosegüte. Basis ist hierfür ein Teil der Datenmatrix, der nicht zur Ermittlung der Regressionsgleichung verwendet wurde. Dazu werden die Daten in Trainingsdaten und Testdaten aufgeteilt. Die Testdaten haben in der Regel einen Anteil von 10 % bis 30 % an den Gesamtdaten. Für diesen vorab von den Trainingsdaten getrennten Teil werden verschiedene Evaluationsmaße berechnet. Sie sollen anzeigen, wie gut die Prognose tatsächlich erfolgt. Ein Beispiel ist der Root Mean-Square Error mit p als prognostiziertem Wert und a als tatsächlichem Wert:

$$RMSE = \sqrt{\frac{\left(p_1 - a_1\right)^2 + \ldots + \left(p_n - a_n\right)^2}{n}}$$

Ein zweites Beispiel ist der Root Relative-Squared Error mit $\overline{a}$ als Mittelwert der tatsächlichen Werte

$$RRSE = \sqrt{\frac{\left(p_1 - a_1\right)^2 + \ldots + \left(p_n \; a_n\right)^2}{\left(a_1 - \overline{a}\right)^2 + \ldots + \left(a_n - \overline{a}\right)^2}}$$

Beides sind weit verbreitete Maße (vgl. Witten et al. 2017, S. 195). Neben diesen Evaluationsmaßen existiert eine Vielzahl weiterer, die u. a. auf Korrelationen zwischen prognostizierten und tatsächlichen Werten beruhen. In der Praxis ist die Wahl des Evaluationsmaßes für den Vergleich verschiedener Regressionsmodelle allerdings nicht entscheidend, da die verschiedenen Evaluationsmaße regelmäßig das gleiche Modell als das Beste anzeigen (vgl. Witten et al. 2017, S. 196).

» Klassifikationsanalysen

Ein Unternehmen stellt fest, dass sich zu wenig seiner Bestandskunden zu A-Kunden entwickeln. Zu viele Kunden wechseln zu konkurrierenden Unternehmen, bevor sie diesen Status erreichen. Als **Lösungsidee** möchte das Unternehmen zielgerichtet Bestandskunden, die noch keine A-Kunden sind, zu solchen entwickeln. Allerdings ist eine Auswahl geeigneter Bestandskunden notwendig, da die zur Entwicklung notwendigen personellen Ressourcen begrenzt sind. Das **Analytics-Problem** besteht folglich in der Frage, auf Basis welcher Eigenschaften prognostiziert werden kann, ob Bestandskunden ein Potenzial aufweisen, zum A-Kunden entwickelt zu werden. Gelöst werden kann dieses Problem mithilfe von Klassifikationsanalysen.

Ziel der Klassifikationsanalyse ist die Unterteilung einer Datenmatrix in vorgegebene **Klassen** (vgl. Cleve/Lämmel 2016, S. 59). Kennzeichen der Klassen ist ein Attribut der Datenmatrix, das als **Klassenattribut** bezeichnet wird. Grundsätzlich kann jedes Attribut als Klassenattribut dienen. In der Regel sind es Attribute mit wenigen Ausprägungen. Ein Beispiel ist das Attribut „Ausfall einer Maschine" mit den Ausprägungen „Ausfall" und „kein Ausfall".

Klassifikationsanalysen sind **überwachte Segmentierungen**, da die Segmente, also die Klassen, durch die Ausprägungen des Klassenattributs bestimmt sind (vgl. Provost/Fawcett 2013, S. 48). Hier zeigt sich ein wesentlicher Unterschied zu Clusteranalysen, bei denen die Segmentierung in Cluster gerade keinen Vorgaben, außer ggf. der Anzahl der Segmente, unterliegen.

> Klassifikationsanalysen unterstützen die Gewinnung von Prognosemodellen auf Basis von Trainingsdaten. Die Modelle dienen der Prognose des Klassenattributs einer Instanz, die nicht Teil der Trainingsdaten ist (vgl. Aggarwal 2015, S. 18).

Mithilfe der Klassifikationsalgorithmen werden jene Attribute identifiziert, anhand derer die Segmentierung durchgeführt wird. In der Literatur werden diese auch als „informative attributes" bezeichnet, da sie einen spezifischen informatorischen Mehrwert liefern – die spätere Prognosegrundlage (vgl. Provost/Fawcett 2013, S. 49 f.).

Die Varianten der Klassifikation sind vielfältig. In den folgenden Ausführungen liegt der Fokus auf

- Entscheidungsbäumen,
- probabilistischen Ansätzen sowie
- neuronalen Netzen.

Für einen Überblick über weitere Varianten, wie bspw. Support Vector Machines, sei hier auf vertiefende Literatur verwiesen (bspw. Aggarwal 2015; Cleve/Lämmel 2016).

Ein **Entscheidungsbaum** ist ein gerichteter Graph, der aus Knoten, Kanten und Blättern besteht (vgl. Provost/Fawcett 2013, S. 63). Im Falle der hier betrachteten univariaten Bäume wird an jedem Knoten ein Attribut zur Segmentierung der Datenmatrix in Teilmengen verwendet (vgl. Witten et al. 2017, S. 105 f.). Die Unterteilung erfolgt gemäß der Ausprägung des betreffenden **Attributs**. Im Fall von nominal-skalierten Attributen mit einer geringen Anzahl Ausprägungen, stellt jede Ausprägung eine eigene Kante dar. Im Falle von metrisch-skalierten Attributen führt eine separate Berücksichtigung aller Ausprägungen zu einem nicht mehr darstellbaren, da zu komplexen, Baum. Als Lösung für dieses Problem bietet sich die **Einführung von Intervallen** an (vgl. Cleve/Lämmel 2016, S. 107). Der einfachste Fall ist die Unterteilung in zwei Intervalle durch einen Schwellenwert. Durch die Einführung mehrere Schwellenwerte können weitere Intervalle gebildet werden. Wieder ist die zunehmende Komplexität der begrenzende Faktor.

Das Ziel der Unterteilung ist die Herstellung homogener Teilmengen hinsichtlich des zu prognostizierenden Klassenattributs (vgl. van der Aalst 2011, S. 67). Vollkommen homogen ist eine Teilmenge dann, wenn sie nur Instanzen enthält, deren Klassenattribut dieselbe Ausprägung aufweisen. Ist eine hinreichende **Homogenität** nach einem Knoten erreicht, dann endet der Ast bezeichnet, mit einem **Blatt**. Liegt keine hinreichende Homogenität vor, wird am Ende der entsprechenden Kante ein weiterer Knoten vorgesehen.

Zur Verdeutlichung dieses Konstruktionsprinzips zeigt Abbildung 67 einen mehrstufigen Entscheidungsbaum aus dem Kontext Predictive Maintenance. Das Klassenattribut ist der Ausfall der betrachteten Maschine in der nächsten Woche mit den

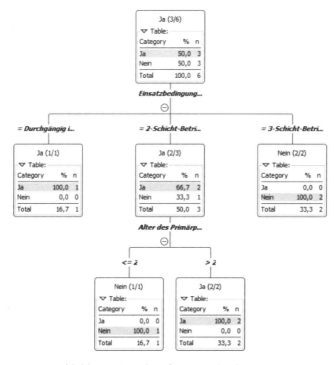

Abbildung 67: Mehrstufiger Entscheidungsbaum

Ausprägungen „Ja" und „Nein". Das erste unterteilende Attribut sind die Einsatzbedingungen, mit den drei Ausprägungen „durchgängiger Betrieb", „2-Schicht-Betrieb"
und „3-Schicht-Betrieb". Das zweite unterteilende Attribut ist das Alter der Maschine
mit den zwei Intervallen „jünger oder genau 2 Jahre" und „älter als 2 Jahre".

Das Beispiel zeigt die elementare Frage bei der Konstruktion eines Entscheidungsbaums: Welches Attribut soll an welcher Stelle mit welchen Ausprägungen zur Segmentierung der Datenmatrix herangezogen werden (vgl. Witten et al. 2017, S. 106)?
Diese Wahl determiniert wesentlich die Struktur und damit die Prognosequalität
des Entscheidungsbaums.

Es wird ein Maß benötigt, das es erlaubt, die möglichen Segmentierungsattribute
in eine eindeutige Rangfolge zu bringen. Das dominante Maß ist der **Informationsgewinn** (vgl. Provost/Fawcett 2013, S. 51). Er kann interpretiert werden als die
Erhöhung der Homogenität durch die Anwendung eines bestimmten Segmentie-
rungsattributs. Es ist folglich die Differenz aus der Homogenität vor der Segmentierung und der Homogenität nach Segmentierung auf Basis eines bestimmten
Attributs. Als Maß für den Informationsgewinn wird im Folgenden die **Entropie**
erörtert. Entropie H_n ist definiert als (vgl. Cleve/Lämmel 2016, S. 105):

$$H_n = -\sum_{i=1}^{n} p_i \cdot \log_2(p_i)$$

Dabei ist P_i die Wahrscheinlichkeit von Ausprägung i des Klassenattributs im
betrachteten Segment. Folglich ist der Wert 1, wenn alle Instanzen des Segments
diese Ausprägung aufweisen und 0, wenn keine Instanz diesen Wert aufweist.
Abbildung 68 zeigt den Verlauf der Entropie eines Segments S in Abhängigkeit der
Häufigkeiten der beiden Ausprägungen des Klassenattributs: „+" und „–".

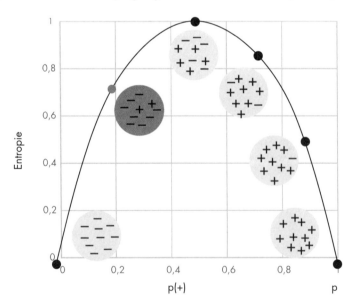

Abbildung 68: Entropie (in Anlehnung an Provost/Fawcett 2013, S. 52)

Im Beispiel umfasst das Segment S insgesamt 10 Instanzen. Die Wahrscheinlichkeiten der Ausprägungen der beiden Klassenattribute im Falle des blau gefärbten Segments sind:

$$p_1 = {}^2\!/_{10} = 0,2$$

$$p_2 = {}^8\!/_{10} = 0,8$$

Die Entropie $H\ (S)$ ist dann

$$H(S) = -\big[\,0,2 * log_2(0,2) + 0,8 * log_2(0,8)\,\big] \approx 0,722$$

Für die Konstruktion eines Entscheidungsbaumes kann u. a. der weit verbreitete **C4.5-Algorithmus** verwendet werden (vgl. Wu et al. 2008, S. 3). Als erster Schritt wird aus der Attributmenge A das Attribut $a \in A$ als Wurzel des Entscheidungsbaums ausgewählt, das zum höchsten Informationsgewinn führt. ω_a ist dabei die Menge aller Werte, die das Attribut a annehmen kann. Für jede Ausprägung $\omega \in \omega_a$ wird das entsprechende Segment gebildet. Diese enthalten jeweils alle Instanzen, die die Ausprägung ω aufweisen. Die Segmentierung der entstandenen Segmente wird so fortgesetzt, bis ein Abbruchkriterium erreicht ist. Eine Möglichkeit ist das Erreichen eines Segments, das hinsichtlich des Klassenattributs vollkommen homogen ist.

Der C4.5-Algorithmus identifiziert das jeweils Entropie-optimierende Attribut zur Segmentierung. Er nimmt eine Unterteilung der numerischen Attribute in Intervalle vor und transformiert sie dadurch in ordinale Attribute. Besitzt ein Attribut a n Ausprägungen (A_1, ... A_n), so erfolgt die Bildung der Intervalle [a|a $\leq A_i$] und [a|a $> A_i$] für jedes $i = 1, ..., n - 1$. Diese zwei Intervalle fungieren dann als Ausprägungen des Attributs A. Es wird jene Intervallstruktur gewählt, welche dem größten Informationsgewinn entspricht und somit zu möglichst homogenen Segmenten führt (vgl. Cleve/Lämmel 2016, S. 107).

Die Beschreibung des Algorithmus zeigt die Anfälligkeit von Klassifikationsanalysen im Falle von Missing Values. Da es sich um eine überwachte Segmentierung handelt, ist eine zentrale Anforderung an die Trainingsdaten, dass in jeder Instanz das Klassenattribut vorhanden sein muss. Fehlende Werte stellen folglich ein Problem im Lernprozess dar.

Ein weiteres Problem ist das Overfitting. Unter **Overfitting** wird im Allgemeinen die Tendenz verstanden, die Modelle auf die Trainingsdaten ideal anzupassen – oftmals als Trainieren bezeichnet – jedoch zu Lasten der Verallgemeinerbarkeit auf vorher nicht entdeckte Daten (vgl. Provost/Fawcett 2013, S. 113). Die Konstruktion eines Entscheidungsbaumes bis zu dem Punkt, an dem alle Blätter homogene Segmente sind, führt grundsätzlich zu Overfitting (vgl. Provost/Fawcett 2013, S. 116 f.). Eine Gegenmaßnahme stellt das sogenannte **Pruning** dar. Es ist das manuelle Verkürzen eines Entscheidungsbaumes, um Overfitting zu vermeiden. Zwei Ansätze können unterschieden werden (vgl. Cleve/Lämmel 2016, S. 109):

- **Pruning während der Baumentwicklung** („Prepruning"): Hierzu wird die Forderung eingeführt, dass jeder Unterbaum eine Mindestanzahl an Instanzen umfassen muss. Wenn diese unterschritten wird, endet der Ast mit einem Blatt. Das zentrale Problem dieses Ansatzes ist, die Mindestanzahl der Instanzen zu bestimmen.

- **Pruning nach der Baumentwicklung** („Postpruning"): Zunächst wird der kompletten Entscheidungsbaum entwickelt. Anschließend werden sukzessive bereits generierte Unterbäume durch einzelne Blätter ersetzt (vgl. für das Vorgehen bei C4.5 Wu et al. 2008, S. 4). Auch hier stellt sich das Problem, ab welcher Stelle gekürzt werden soll.

Ansätze zur Überwindung der Probleme des Prunings sind vielfältig. Eine Variante ist die Bestrafung von Komplexität bei der Berechnung der Entropie. Eine zweite Möglichkeit ist das Reduced Error-Pruning (vgl. Witten et al. 2017, S. 215): Mittels eines Teils der Datenmatrix der nicht zum Training des Entscheidungsbaums verwendet wurde, werden die Fehlerraten der Knoten und der zugehörigen Blätter berechnet. Ein Schnitt wird dann gesetzt, wenn er zu geringeren Fehlerraten führen würde. Durch Pruning wird der Entscheidungsbaum angehalten, den betrachteten Sachverhalt zu verallgemeinern (vgl. Cleve/Lämmel 2016, S. 109).

Es existieren zahlreiche **weitere Algorithmen** zur Generierung von Entscheidungsbäumen. Zu den verbreitetsten gehören neben dem C4.5-Algorithmus und seinen Weiterentwicklungen noch eine Vielzahl weiterer wie bspw. CHAID und CART (vgl. Wu et al. 2008). Eine tiefergehende Besprechung der verschiedenen Algorithmen erfolgt hier nicht, da hierzu spezialisierte Literatur existiert (vgl. bspw. Aggarwal 2015; Wu et al. 2008).

Eine Weiterentwicklung von Entscheidungsbäumen stellen sogenannte **Random Forrests** dar. Sie sind eine Ausprägung des Ensemble Learnings. Grundgedanke des Ensemble Learnings ist, dass bessere Entscheidungen, hier Klassifikationen, getroffen werden, wenn mehr als eine Methode Grundlage der Entscheidungen sind. Im Falle der Random Forrests werden aus einer Datenmatrix mehrere unterschiedliche Bäume erarbeitet. Die konkrete Klassifikation ist dann eine Mehrheitsentscheidung der Bäume des erarbeiteten Walds. Die Bäume werden auf Basis von Teilmengen der Datenmatrix entwickelt, die jeweils mit Bootstrapping gewonnen wurden, also dem wiederholten Ziehen einer Stichprobe aus der immer vollständigen Datenmatrix. Allerdings wären diese Bäume zu ähnlich, als das tatsächlich eine verbesserte Klassifikation gegenüber einem einzelnen Baum zu erwarten ist. Daher werden nicht alle Attribute, sondern nur ein pro Abzweigung zufällig ausgewählter Teil der Attribute zur Entwicklung des Baums herangezogen. Je kleiner die Anzahl der Attribute, desto geringer die Ähnlichkeit der Bäume (vgl. Hastie et al. 2009, S. 588 f.).

Neben den Entscheidungsbäumen existieren verschiedene **probabilistische Varianten der Klassifikationsanalyse**. Dazu gehören die Naive Bayes-Klassifikation und die logistische Regression: Die **Naive Bayes-Klassifikation** hat das Ziel, die wahrscheinlichste Klasse, der eine Instanz angehört, zu prognostizieren. Die Naive Bayes-Klassifikation ist sehr effektiv und in vielen Fällen komplexeren Klassifikationsalgorithmen überlegen (Witten et al. 2017, S. 105). Der größte Nachteil des Naive Bayes-Algorithmus ist jedoch seine grundlegende Annahme, dass die Attribute unabhängig voneinander sind. Diese Annahme ist in der Realität nicht haltbar, da die Attribute einer Datenmatrix regelmäßig korrelieren (vgl. Aggarwal 2015, S. 310). Einen Überblick über diesen Algorithmus geben Wu et al. 2008.

Ein weiterer Klassifikationsalgorithmus ist die **logistische Regression**. Sie testet, ob ein Zusammenhang zwischen einer abhängigen binären Variablen, dem Klassenattribut, und mehreren unabhängigen Variablen besteht (vgl. Provost/Fawcett 2013, S. 88). Im Gegensatz zur Naive Bayes-Klassifikation bedient sich die logistische Regression einer Diskriminanzfunktion, die die Wahrscheinlichkeit der Klassenzugehörigkeit durch die betrachteten Attribute ausdrückt (vgl. Aggarwal 2015, S. 310).

Als letzte Klassifikationsvariante erörtern wir **künstliche neuronale Netze**. Sie sind inspiriert durch biologische neuronale Netze, wie dem menschlichen Gehirn. Als einfachstes neuronales Netz kann das **Perzeptron** angesehen werden. Abbildung 69 zeigt dessen grundsätzlichen Aufbau. Es besteht aus mehreren Input-Knoten und einem Output-Knoten. Die Gesamtheit der Input-Knoten wird als Input-Layer bezeichnet (vgl. Aggarwal 2018, S. 5).

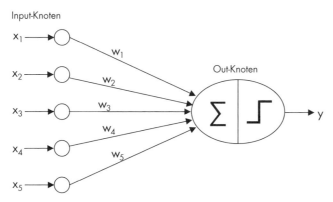

Abbildung 69: Perzeptron (in Anlehnung an Aggarwal 2018, S. 5)

Das durch den Output-Koten berechnete Attribut ist das Klassenattribut y. Ein ist der Maschinenzustand mit den Ausprägungen „Ausfall" und „Betrieb". Die Berechnung erfolgt auf Basis der Inputvariablen x_i, die mit den Gewichtungsfaktoren w_i gewichtet werden. Inputvariablen sind sämtliche Attribute der verwendeten Datenmatrix außer des Klassenatributs. In unserem Beispiel u. a. Temperatur der Maschine, Maschinenbediener, Luftfeuchtigkeit etc. Der prognostizierte Wert des Klassenattributs $\hat{y}$ berechnet sich dann mittels der sogenannten **Aktivierungsfunktion** (vgl. Aggarwal 2018, S. 5):

$$\hat{y} = sign\left\{\sum_{i=1}^{d} w_i x_i\right\}$$

Der Outputwert ist −1 oder +1; was einer binären Klassifikation entspricht. Das Training des Perzeptrons basiert auf den Trainingsdaten. Im Kern ist es die Gewinnung jener Ausprägungen der Gewichte w_i auf Basis der Differenz zwischen dem tatsächlichen Wert des Klassenattributs y und dem prognostizierten Wert $\hat{y}$. Dieses Vorgehen wird auch als **Delta-Regel** bezeichnet und erfordert das Festlegen einer Lernrate α (vgl. Aggarwal 2018, S. 7):

$$\overline{W} \leftarrow \overline{W} + \alpha\left(y - \hat{y}\right)\overline{X}$$

Die Lernrate α determiniert, wie stark Klassifikationsfehler die Gewichte im nächsten Lernzyklus verändern. In der Regel wird dazu ein Wert zwischen 0,1 und 0,8 gewählt (Cleve/Lämmel 2016, S. 122).

Die Wahl der verwendeten **Aktivierungsfunktion** im Output-Knoten determiniert die Funktionsweise des neuronalen Netzes fundamental. Abbildung 70 zeigt drei Beispiele. Die Signum-Funktion ist geeignet für binäre Klassifikation. Die Sigmoid-Funktion eignet sich für Situationen, in denen die Wahrscheinlichkeit der Zugehörigkeit zu einer von zwei Klassen prognostiziert werden soll. Für die Prognose kontinuierlicher Variablen eignet sich die Identität-Funktion.

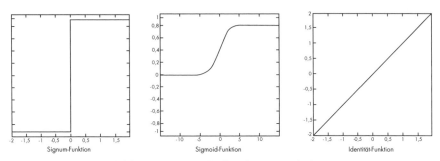

Abbildung 70: Beispielhafte Aktivierungsfunktionen
(in Anlehnung an Aggarwal 2018, S. 13)

Das Perzeptron kann nicht nur als einfachstes neuronales Netz interpretiert werden, sondern auch als Grundbaustein für komplexe neuronale Netze. Eine typische Architektur ist das mehrschichtige **Feedforward-Netz**. Mehrere Perzeptrons werden dazu in Schichten organisiert. Die Architektur des neuronalen Netzes wird dann in Input-Layer, Output-Layer und Hidden Layer unterschieden. Die Aufgabe der **Hidden Layer** ist die Transformation der Inputvariablen in eine solche Form, die dem Output-Layer die Klassifikation überhaupt erst erlaubt (vgl. Aggarwal 2018, S. 42 f.). Abbildung 71 zeigt ein beispielhaftes mehrschichtiges Feedforward-Netz.

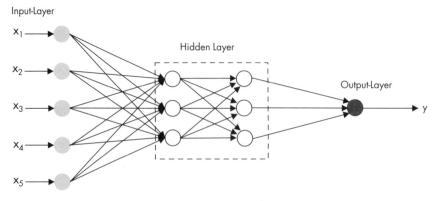

Abbildung 71: Mehrschichtiges Feedforward-Netz
(in Anlehnung an Aggarwal 2018, S. 18)

Das Training solcher komplexer mehrschichtiger Feedforward-Netze erfordert eine Verallgemeinerung der Delta-Regel, die als **Backpropagation** bezeichnet wird (vgl. Aggarwal 2018, S. 21). Es sei an dieser Stelle erwähnt, dass die Konstruktion von neuronalen Netzen in diesem einführenden Buch nur rudimentär skizziert werden kann. Es existieren unzählige Varianten und die Forschung in diesem Gebiet schreitet schnell voran, weshalb eine tiefergehende Darstellung der Speziialliteratur vorbehalten bleiben muss.

Erwähnenswert ist die Verknüpfung der neuronalen Netze mit dem Begriff **Deep Learning**. Er referenziert auf die Bezeichnung komplexer mehrschichtiger neuronaler Netze als „Deep Learner" und steht für Überlegenheit derselben über viele anderer Ansätze des Machine Learnings. Wenden wir uns nun der Evaluation der Ergebnisse von Klassifikationsalgorithmen zu.

Die Ergebnisse einer Klassifikation, also bspw. Entscheidungsbäume oder trainierte neuronale Netze, müssen hinsichtlich ihrer **Qualität evaluiert** werden. Zur Qualitätsprüfung der Ergebnisse dienen Fehler- und Erfolgsraten, die Fehlerkosten und die ROC-Kurve (vgl. Aggarwal 2015, Kap. 10.9). Die **Fehlerrate** einer Klassifikation zeigt, wie groß der Anteil falsch vorhergesagter Ereignisse ist und berechnet sich somit wie folgt (vgl. Cleve/Lämmel 2016, S. 235):

$$Fehlerrate = \frac{Falsche\ Klassenzuordnungen}{Alle\ Klassenzuordnungen}$$

Handelt es sich um eine numerische Vorhersage, so ersetzt der Abstand zwischen vorhergesagtem und realem Wert die absolute Aussage:

$$Fehlerrate = \frac{\sum_i \left(Realwert_i - Vorhersagewert_i \right)}{\sum_i \left(Realwert_i \right)^2}$$

Aus den Fehlerraten berechnet sich die **Erfolgsrate** einer Klassifikation als:

$$Erfolgsrate = 1 - Fehlerrate$$

Es ist allerdings zu beachten, dass eine Fehlerrate, die auf Basis der Trainingsdaten ermittelt wurde, die Ergebnisqualität der Klassifikation überschätzt, da die Klassifikation eben genau auf dieser Datenmatrix fußt (vgl. Witten et al. 2017, S. 163). Daher existieren verschiedene Verfahren, die diesen Mangel mindern sollen, wie Holdout und Kreuzvalidierung.

Im Rahmen des **Holdout** wird die zu untersuchende Datenmenge in zwei Teilmengen aufgeteilt: die Trainingsdaten und die Testdaten, auch Holdout-Daten genannt. Der Entscheidungsbaum wird dann mithilfe der Trainingsdaten generiert und anschließend anhand der Testdaten evaluiert (vgl. Cleve/Lämmel 2016, S. 240). Im Rahmen einer **Kreuzvalidierung** wird die Datenmatrix in mehrere gleich große Submatrizen aufgeteilt. Eine der Submatrizen dient der Ermittlung der Fehlerrate, während alle anderen zur Konstruktion des Entscheidungsbaums dienen. Dieses Verfahren wird wiederholt, aber mit jeweils einer anderen Submatrix als Testmatrix. Der Mittelwert aller Fehlerraten dient dann als Evaluationsmaß (vgl. Cleve/Lämmel 2016, S. 242). Die Verwendung von zehn Submatrizen hat sich als sinnvoll erwiesen. Die Konstruktion des Entscheidungsbaums basiert bei jedem Durchgang auf 90 %

der verfügbaren Daten. Die verbliebenen 10 % dienen der Ermittlung der Fehlerrate (vgl. Witten et al. 2017, S. 168).

Weitere Evaluationsmaße sind die **Richtig-Positiv-Rate** und die **Falsch-Positiv-Rate**. Ein beispielhafter Entscheidungsbaum soll prognostizieren, ob ein Kunde der Klasse A angehört. Hier können vier Fälle unterschieden werden (vgl. Cleve/Lämmel 2016, S. 236):

- *TP* (true positive): Ein Kunde der Klasse A wird als Kunde der Klasse A prognostiziert.
- *TN* (true negative): Ein Nicht-Kunde der Klasse A wird als Nicht-Kunde der Klasse A prognostiziert.
- *FP* (false positive): Ein Nicht-Kunde der Klasse A wird als Kunde der Klasse A prognostiziert.
- *FN* (false negative): Ein Kunde der Klasse A wird als Nicht-Kunde der Klasse A prognostiziert.

Aus diesen Fällen lassen sich die *TPR* (Richtig-Positiv-Rate) und die *FPR* (Falsch-Positiv-Rate) berechnen. Die *TPR* zeigt, wie oft ein Kunde der Klasse A auch als ein solcher klassifiziert wurde:

$$TPR = \frac{TP}{TP + FN}$$

Die *FPR* zeigt, wie oft ein Nicht-Kunde der Klasse A als Kunde der Klasse A klassifiziert wurde:

$$FPR = \frac{FP}{TN + FP}$$

Eine besonders intuitiv interpretierbare Darstellung der Qualität eines Entscheidungsbaumes ist die Receiver Operating Characteristic-Kurve (ROC-Kurve). Grundlage sind die *TPR* und die *FPR* (vgl. Witten et al. 2017, S. 188). Die **ROC-Kurve** wird in einem Koordinatensystem abgetragen, auf dessen x-Achse die *FPR* und auf

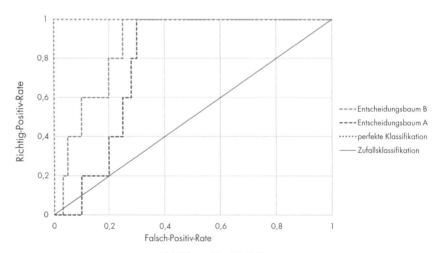

Abbildung 72: ROC-Kurven

dessen y-Achse die *TPR* abgetragen wird. Sie verläuft zwischen den Punkt (0|0) und (1|1).

Bei einer zufälligen Klassifikation sind Werte entlang der Diagonalen zu erwarten. ROC-Kurven über der Diagonalen zeigen die zunehmende Präzision des Modells. Die Fläche unter der ROC-Kurve ist ein Maß für Güte eines Modells und wird auch als **Area under the Curve (AUC)** bezeichnet (vgl. Foster/Provost 2013, S. 219). Sie hat einen Wertebereich von 0,5 bis 1. Ein klarer Grenzwert für ein gutes Modell existiert nicht; allerdings gelten Modelle ab einem Wert von 0,7 als akzeptabel.

Abbildung 72 zeigt die ROC-Kurven verschiedener Modelle. Zu erkennen ist, dass der Entscheidungsbaum B eine höhere Güte aufweist als Entscheidungsbaum A. Als Vergleichsmaßstäbe sind zudem die Verläufe einer perfekten Klassifikation und einer Zufallsklassifikation beigefügt. So können mithilfe der ROC-Kurven die Prognosequalitäten verschiedener Entscheidungsbäume bewertet werden.

» Zeitreihenanalysen

> Ein Unternehmen stellt fest, dass der Vertrieb die Preise des wichtigsten Produkts nicht rechtzeitig an die Preisschwankungen des zentralen Rohstoffs anpasst. Als **Lösungsidee** möchte das Unternehmen den Preis des Rohstoffs prognostizieren. Der Prognosehorizont soll zwei Monate umfassen. Das **Analytics-Problem** besteht folglich in der Frage, wie der Preis des betreffenden Rohstoffs zutreffend prognostiziert werden kann. Gelöst werden kann dieses Problem mithilfe einer Zeitreihenanalyse.

Zeitreihenanalysen haben vielfältige Zielsetzungen. Dazu gehört das Auffinden von auffälligen Mustern innerhalb der betrachteten Zeitreihe. Typische Muster sind Trends, Saisonalitäten und Ausreißer. Im Rahmen von Predictive Analytics steht als Zielsetzung die Prognose von zukünftigen Werten einer Zeitreihe im Vordergrund.

> Zeitreihenanalysen dienen der Gewinnung von Prognosemodellen, mit deren Hilfe zukünftige Werte einer Zeitreihe prognostiziert werden können.

Eine **Zeitreihe** ist eine Menge von Werten, die im Zeitablauf erfasst wurde (vgl. Backhaus et al. 2016, S. 136). Ein Beispiel sind Sensordaten, die Eigenschaften eines Objektes oder der Umgebung beschreiben. Zeitreihen können in diskreter Form, also mit einer endlichen Anzahl an Daten wie bspw. Monatswerten, oder in kontinuierlicher Form vorliegen (Vogel 2015, S. 21).

Die Analyse von Zeitreihen bedarf einiger vorbereitender Schritte. Wesentliche Schritte dieser **Aufbereitung** sind

- die Behandlung von fehlenden Daten,
- die Herstellung von Äquidistanz,
- die Durchführung verschiedener Glättungsverfahren zur Behandlung von Rauschen sowie
- die Normalisierung und Standardisierung.

Zeitreihendaten weisen häufig **fehlende Werte** auf. Um dieses Problem zu beheben wird häufig die lineare Interpolation angewendet (vgl. Aggarwal 2015, S. 459):

$$y = y_i + \left(\frac{t - t_i}{t_j - t_i} \right) \cdot \left(y_j - y_i \right)$$

Der unbekannte Funktionswert y wird bestimmt, indem zwischen den zwei benachbarten Werten ein linearer Verlauf unterstellt wird. Neben der linearen Interpolation gibt es weitere Methoden wie die Polynom- oder die Spline-Interpolation. Die Durchführung dieser Methoden erfordern jedoch mehr Daten und deren Ergebnisse sind oft nicht signifikant besser als die der linearen Interpolation (vgl. Aggarwal 2015, S. 459). Neben fehlenden Werten weisen insbesondere diskrete Zeitreihen regelmäßig das Problem einer fehlenden **Äquidistanz** auf. Dies liegt bspw. vor, wenn die einzelnen Daten Monatswerte repräsentieren, da ein Monat keine konstante Länge hat, sondern zwischen 28 und 31 Tagen schwankt (vgl. Backhaus et al. 2016, S. 137). Vor einer Analyse ist durch entsprechende Transformationen die Äquidistanz herzustellen.

Im Rahmen der Messung von Zeitreihendaten kommt es regelmäßig zu **Messfehlern**, bspw. aufgrund von Messungenauigkeiten von Sensoren. Diese Fehler, die sich in der Zeitreihe als Artefakte niederschlagen, sind vor der Analyse zu entfernen. Dabei ist allerding klar zwischen Messfehlern und Ausreißern zu unterscheiden: Ausreißer sind in der Analyse von Interesse, Messfehler hingegen nicht (vgl. Aggarwal 2015, S. 460). Verfahren zur Behandlung dieser Problematik sind Binning sowie die Einführung verschiedener gleitender Durchschnitte.

Im Rahmen des **Binning** werden die Daten der Zeitreihe in Zeitintervalle eingeteilt, die die gleiche Anzahl an Daten umfassen und somit die gleiche Länge aufweisen. Weiterhin wird angenommen, dass die einzelnen Intervalle überschneidungsfrei sind und immer direkt aufeinander folgen. Die Glättung erfolgt durch Ersetzen der Werte des Intervalls durch den Mittelwert oder den gegen Ausreißer weniger anfälligen Median dieser Werte. Der Nachteil von Binning ist, dass die Anzahl der Daten je nach Länge des gewählten Zeitintervalls reduziert wird, was zu einem Informationsverlust führt (vgl. Aggarwal 2015, S. 460).

Ein **gleitender Durchschnitt** wird gebildet, indem ein Durchschnitt über ein Zeitintervall einer bestimmten Länge gebildet wird, und dieses Intervall dann iterativ entlang der Zeitreihe verschoben wird. Durch Aneinanderreihung dieser Mittelwerte entsteht ein gleitender Durchschnitt, der den Trend der ursprünglichen Zeitreihe darstellt, starke kurzfristige Fluktuationen und Ausreißer jedoch herausfiltert. Ein Nachteil ist die Tatsache, dass je nach Wahl des Zeitintervalls eine zeitliche Verzögerung besteht, da der Durchschnitt des aktuellen Zeitfensters erst berechnet werden kann, wenn alle Daten dieses Fensters verfügbar sind. Ebenso gehen am Anfang der Zeitreihe Daten verloren.

Vor der Analyse von mehreren Zeitreihen ist es regelmäßig notwendig, eine Vergleichbarkeit zwischen diesen herzustellen. Da Zeitreihen meist unterschiedliche Beobachtungsgegenstände haben, ist diese Vergleichbarkeit häufig nicht gegeben. So sind die Daten oft unterschiedlich skaliert und weisen unterschiedliche Verteilungsfunktionen auf. Dieses Problem kann durch Normalisierung und Standardisierung gelöst werden. Unter **Normalisierung** versteht man die Skalierung einer Datenreihe auf den Bereich Wertebereich zwischen 0 und 1. Hierfür werden der Minimalwert (*min*) und der Maximalwert (*max*) der Datenreihe als Maßstab angewendet, so dass sich alle Daten im dazwischenliegenden Bereich befinden:

$$y'_i = \frac{y_i - min}{max - min}$$

Im Rahmen der **Standardisierung** werden die Daten zu einer standardnormalverteilten Zufallsvariable mit dem Erwartungswert 0 und der Varianz 1 transformiert. Basis hierfür ist die sogenannte z-Transformation:

$$z_i = \frac{y_i - \mu}{\sigma}$$

Nach den vorbereitenden Schritten wenden wir uns nun der eigentlichen Analyse der Zeitreihe zu. Hierzu ist es zunächst notwendig, verschiedene Arten von Zeitreihen zu unterscheiden. Generell lassen sich **Zeitreihen** formal darstellen als (vgl. Backhaus et al. 2016, S. 142):

$$Y = A + K + S + u$$

Es handelt sich dabei um eine Zerlegung der Zeitreihe in eine Trendkomponente A, eine Konjunkturkomponente K, eine Saisonkomponente S und eine Störgröße u. Während die **Trendkomponente** einen langfristigen linearen oder auch nichtlinearen Trend repräsentiert, zeigen die **Konjunktur- und Saisonkomponenten** kurzfristigere Schwankungen. Die **Störgröße** umfasst jene Werte, die durch die anderen Komponenten nicht erklärt werden können und wird als zufällige Einflussgröße interpretiert (Vogel 2015, S. 42).

Eine Zeitreihe, die keine der ersten drei Terme enthält wird als **stationäre Zeitreihe** bezeichnet (vgl. Evans 2017, S. 302). Ihr Mittelwert und ihre Varianz sind unabhängig von der Zeit (Vogel 2015, S. 26). In der Praxis handelt es sich bei den meisten Zeitreihen um nichtstationäre Zeitreihen, da die Annahmen für Stationarität in realen Anwendungen nur selten gegeben sind. Abbildung 73 zeigt eine beispielhafte Zeitreihe und deren Komponenten – aus Gründen der Übersichtlichkeit werden die Konjunktur- und Saisonkomponente kombiniert dargestellt.

Eine erste Möglichkeit zur Erarbeitung eines Prognosemodells bietet die **Regressionsanalyse**. Sie erfordert allerdings, dass einige der Komponenten der Zeitreihe bekannt sind. Liegt weder eine Konjunktur- noch eine Saisonkomponente vor, so ist eine einfache lineare Regression zur Prognose ausreichend. Sie dient im Kern der Bestimmung der Trendkomponente A (vgl. Backhaus et al. 2016, S. 142). Zur Berücksichtigung der weiteren Komponenten existieren weitere Algorithmen (vgl. für eine Übersicht Evans 2017, Kap. 9).

Einfache Methoden zur **kurzfristigen Zeitreihenanalyse** sind die Nutzung des gleitenden Durchschnitts oder eines gewichteten gleitenden Durchschnitts, der ältere Werte weniger stark gewichtet als jüngere. Dieselbe Annahme verwendet die exponentielle Glättung. Beide Verfahren eigenen sich dann, wenn keine Trendkomponente vorliegt (vgl. Kumar 2017, S. 437). Daher existieren weitere Ansätze, um sowohl einen Trend und Saisonalität zu berücksichtigen. Ein bekannter Ansatz ist das Holt-Winter-Modell.

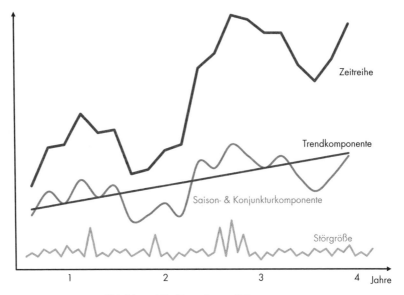

Abbildung 73: Zeitreihe und Komponenten

Einen anderen Ansatz verfolgen **autoregressive Modelle**. Hier wird die abhängige Variable durch Autokorrelationen beschrieben. Autokorrelation ist die Korrelation eines stochastischen Prozesses, hier die Zeitreihe, mit sich selbst zu einem früheren Zeitpunkt. Sie wird ausgedrückt durch den Koeffizienten $\rho(\gamma)$ (vgl. Vogel 2015, S. 31):

$$\rho(\gamma) = \frac{Cov_t\left(y_t, y_{t+\gamma}\right)}{Var_t\left(y_t\right)}$$

Dieser Koeffizient ist abhängig vom Abstand γ zwischen den Werten der Zeitreihe. Es kann angenommen werden, dass bei vielen Zeitreihen die Autokorrelation hoch ist, wenn der Abstand γ klein gewählt wird, da naheliegende Werte in Zeitreihen in der Regel vergleichsweise ähnlich sind (vgl. Aggarwal 2015, S. 467). Diese Eigenschaft machen sich autoregressive Modelle zu Nutze, indem ein Prozess zu einem bestimmten Zeitpunkt t durch eine Linearkombinationen von früheren Werten innerhalb eines Zeitfensters p beschrieben wird. Je größer p gewählt wird, desto mehr Werte werden einbezogen. Aus diesem Grund werden autoregressive Prozesse auch als AR-Prozesse der Ordnung p bezeichnet. Ein zu prognostizierender Wert Y_1 wird wie folgt berechnet (vgl. Aggarwal 2015, S. 467):

$$y_t = c + \epsilon_t + \sum_{i=1}^{p} a_i \cdot y_{t-i}$$

Die Autokorrelation als Eigenschaft des Prognosemodells reicht alleine in der Regel nicht aus, um die gesamte Variation der Daten zu erklären. Daher wird das AR-Modell um andere Komponenten erweitert. Beispiele für solche Derivate sind **ARMA-Modelle** und **ARIMA-Modelle** (vgl. hierzu Vogel 2015, Kap. 5 und 6) sowie das **ARIMAX-Modell**. MA steht dabei für Moving Average, also einen gleitenden

Mittelwert, und X für eine exogene Variable, die notwendig ist, um die Zeitreihe zu modellieren. Wenden wir uns nun der Evaluation der Ergebnisse von Klassifikationsalgorithmen zu.

Die Ergebnisse einer Zeitreihenanalyse müssen hinsichtlich ihrer **Qualität evaluiert** werden. Zur Evaluation der Ergebnisse dienen verschiedene Maße der Prognosegenauigkeit. Typische Maße sind (vgl. Kumar 2017, S. 430 f.):

- der durchschnittliche absolute Fehler,
- der durchschnittliche prozentuale Fehler und
- die Standardabweichung der Fehler.

Allerdings diese quantitative Evaluation, wie bei allen anderen Algorithmen auch, durch qualitative zu ergänzen. Im Fokus steht dabei die **Klärung der Mechanismen**, die einer Zeitreihe zugrunde liegen (vgl. hierzu die Ausführungen in Kap. 5.2).

4.4 Prescriptive Analytics

Im Kapitel zu Predictive Analytics wurden Algorithmen erörtert, die dazu dienen, relevante Ausschnitte der **Zukunft** zu prognostizieren. Im Kern ging es darum, Attribute zu identifizieren, die eine nachweisbare Verbindung zu einem interessierenden Attribut aufweisen und daher im Rahmen von Prognosemodellen als Prädiktoren dienen können.

Auch Algorithmen von **Prescriptive Analytics** adressieren die Zukunft, allerdings mit einer anderen Fragestellung: Während Predictive Analytics die Frage danach stellt, wie die Zukunft sein wird, wird im Rahmen von Prescriptive Analytics die Frage gestellt, wie sich Unternehmen in dieser Zukunft verhalten sollen, um ein optimales Ergebnis zu erzielen. Prescriptive Analytics adressiert folglich **Optimierungsprobleme**. Im Folgenden werden wesentliche Algorithmen von Prescriptive Analytics vorgestellt. Hierzu gehören verschiedene Varianten der **Optimierung** und der **Simulation**.

> Optimierung und Simulation dienen der modellbasierten Identifikation jener Ausprägungen von relevanten Attributen, die zur optimalen Ausprägung der zu optimierenden Attribute führen.

Wenden wir uns zunächst der **Optimierung** zu und beginnen mit einem Beispiel:

> Ein Unternehmen möchte die Lieferzeit seiner Ersatzteile im Servicefall verringern. Als **Lösungsidee** soll die Verteilung von Ersatzteilen im vorhandenen Distributionsnetzwerk optimiert werden. Mithilfe eines Optimierungsmodells wurde dies auch erreicht. Allerdings trat zudem ein negativer Effekt auf: eine starke Erhöhung der Lagerkosten aufgrund gestiegener Lagerbestände besonders in Lagern mit geringer Energieeffizienz. Diese Rückmeldung führte zu einer Veränderung des Optimierungsmodells. Nun wurde das Attribut „Energieeffizienz der genutzten Lager" integriert. Dies führte zu einer anderen Verteilung der Ersatzteile, die frei von den genannten negativen Effekten war.

Das Beispiel zeigt bereits eine wesentliche Herausforderung von Prescriptive Analytics: die Wahl der **Modellgrenzen**. Anders ausgedrückt: Welche Attribute einer

Datenmatrix werden Teil der Analyse und welche werden nicht berücksichtigt? Ein Optimierungsmodell kann in allgemeiner Form durch eine Zielfunktion $F(x)$ und Nebenbedingungen ausgedrückt werden. Die Nebenbedingungen haben die Form von Gleichungen oder Ungleichungen:

$$g_i \ (x) = 0 \text{ und/oder } g_i \ (x) \leq 0 \text{ und/oder } g_i \ (x) \geq 0$$

Die unabhängigen Variablen $_{xj}$ sind die Komponenten des Variablenvektors p. Es ist nun jene Ausprägung des Variablenvektors gesucht, der die Zielfunktion optimiert (vgl. Domschke et al. 2015, S. 4). Optimierungsmodelle können in verschiedene **Typen** unterschieden werden. Sie unterscheiden sich hinsichtlich (vgl. Domschke et al. 2015, S. 7):

- **Informationsgrad**: Bei deterministischen Modellen werden die Parameter der Zielfunktion vorausgesetzt, wohingegen bei stochastischen Modellen die Parameter als Zufallszahlen zu interpretieren sind.
- **Anzahl der Zielfunktionen**: Umfasst das Optimierungsmodell mehrere Zielfunktionen, müssen zusätzlich Effizienzkriterien angegeben werden, die den Grad der Erreichung der einzelnen Ziele anzeigen.
- **Typ der Zielfunktion/Nebenbedingung**: Hiernach lassen sich lineare und nichtlineare Optimierungsmodelle unterscheiden.

Ist ein Optimierungsmodell nicht verfügbar, nicht lösbar oder mit zu vielen Näherungen behaftet, kann ein Optimierungsproblem mithilfe einer Simulation gelöst werden (Mittelstraß 2004c, S. 808).

Eine **Simulation** ist die Abbildung eines realen Systems in ein Simulationsmodell (vgl. Mittelstraß 2004c, S. 807). Ein **Simulationslauf** ist dann die Ausführung des Modells für eine bestimmte Zeitspanne. Die Ergebnisse des Simulationslaufs werden interpretiert mit der Zielsetzung, das Verhalten des betrachteten Systems zu verstehen oder das System nach vorgegebenen Anforderungen weiter zu entwickeln (vgl. Eley 2012, S. 4). Beide Zielsetzungen können als Optimierung interpretiert werden. Ein **Simulationsmodell** besteht aus folgenden Elementen (Eley 2012, S. 4 f.):

- Ergebnisgrößen, die die Leistung des Systems repräsentieren,
- Parametern, die feste Eingangsgrößen sind,
- Parameter, die variable Eingangsgrößen sind und die durch Verteilungen beschreibbar sind sowie
- Entscheidungsvariablen, die Werte repräsentieren, die durch Simulationsläufe so bestimmt werden sollen, dass die Ergebnisgrößen optimiert werden.

Die Ergebnisgrößen eines Simulationsmodells entsprechen der Zielfunktion eines Optimierungsmodells. Analog gilt dies für Entscheidungsvariablen und den Variablenvektor. Die Varianten von Optimierungsmodellen sind vielfältig. Aufgrund ihres hohen Verbreitungsgrades wird im Folgenden die **Lineare Optimierung** erörtert (vgl. Evans 2017, S. 442). Ein lineares Optimierungsproblem wie folgt definiert:

$$\text{Optimiere die Zielfunktion} \quad F(x) = \sum_{i=1}^{p} c_i x_i$$

unter beliebig vielen Nebenbedingungen der Formen:

$$\sum_{i=1}^{p} a_i x_i = b_i \text{ und/oder } \sum_{i=1}^{p} a_i x_i \geq b_i \text{ und/oder } \sum_{i=1}^{p} a_i x_i \leq b_i$$

Im Falle eines zweidimensionalen Variablenvektors ist eine **graphische Lösung** möglich. Dies sei an einem klassischen Beispiel aus der produzierenden Industrie demonstriert: Ein Unternehmen produziert zwei Varianten von Fahrrädern: A und B. Die beiden Fahrräder unterscheiden sich zwar voneinander, aber die Fertigung und Montage wird auf denselben Maschinen und von denselben Montageteams vollzogen. Der Unterschied zeigt sich einerseits im Fahrradrahmen und andererseits in den verwendeten weiteren Komponenten, wie der Schaltung, den Bremsen und den Laufrädern. Lediglich die beiden Rahmenvarianten werden selbst gefertigt. Alle anderen Komponenten der Fahrradvarianten werden von Zulieferern bezogen. Die Produktion beider Fahrräder umfasst drei Stufen:

- Fertigung des Rahmens auf Maschine F1,
- Lackierung des Rahmens auf Maschine L1 und
- Montage der Fahrräder durch das Montageteam.

Alle Stufen unterliegen Kapazitätsrestriktionen. In dem zugrunde gelegten Betrachtungszeitraum von einer Woche sind diese wie folgt:

- Kapazität der Maschine F1: 5 Tage im Ein-Schicht-Betrieb (8 h) ergeben 40 Stunden Maschinenlaufzeit,
- Kapazität der Maschine L1: 3 Tage im Ein-Schicht-Betrieb (8 h) ergeben 24 Stunden Maschinenlaufzeit,
- Montageteam: 5 Mitarbeiter mit Teilzeit-Arbeitsverträgen, die unter Berücksichtigung von Krankheits- und sonstigen Fehlzeiten 52 Stunden Montagekapazität bereitstellen.

Die Fertigungs- und Montagezeit der beiden Fahrradvarianten zeigt Tabelle 9.

	Maschine F1	Maschine L1	Montage
Variante A	1h	3h	3h
Variante B	3h	2h	7h

Tabelle 9: Fertigungs- und Montagezeit der Fahrradvarianten

Die Marktforschung des Unternehmens kam zum Ergebnis, dass die Fahrradvariante A mindestens dreimal so häufig nachgefragt wird wie die Variante B. Dieser Zusammenhang sollte in der Produktionsplanung bei der Festlegung des **Produktmix** berücksichtigt werden. Das Unternehmen möchte die Produktionsmengen m_i der beiden Varianten so festlegen, dass der **Gesamt-Deckungsbeitrag** DB_G des Produktionsprogramms optimiert wird. Der Deckungsbeitrag der Fahrradvariante A beträgt 100 €, der von Variante B 200 €. Dies führt zu folgendem Gleichungssystem:

Zielfunktion: $\qquad DB_G = 100 m_A + 200 m_B$

Nebenbedingungen:
$$m_A + 3m_B \leq 40 \qquad \text{Kapazitätsrestriktion Maschine F1}$$
$$3m_A + 2m_B \leq 24 \qquad \text{Kapazitätsrestriktion Maschine L1}$$
$$3m_A + 7m_B \leq 52 \qquad \text{Kapazitätsrestriktion Montageteam}$$
$$m_A \leq 3m_B \qquad \text{Produktmix}$$

Abbildung 74 zeigt die Zielfunktion und die Restriktionen in Form von Geraden in einem Koordinatensystem, dessen Achsen die Produktionsmengen der beiden Varianten repräsentieren. Die **Kapazitätsrestriktionen** grenzen im Koordinatensystem den Lösungsraum ein. Zugelassen ist jeweils der Raum unterhalb der Kapazitätsgeraden.

Es zeigt sich, dass Maschine F1 keinen Engpass darstellt, sondern die Maschine L1 sowie das Montageteam. Der vorgegebene Produktmix bildet ebenfalls eine Begrenzung des Lösungsraums; wieder ist der Bereich unterhalb der Gerade zulässig. Durch das Verhältnis der Deckungsbeiträge ist die Steigung der Zielfunktion vorgegeben. Durch Parallelverschiebung der zugehörigen Geraden kann das **Optimum** im hervorgehobenen Schnittpunkt ermittelt werden.

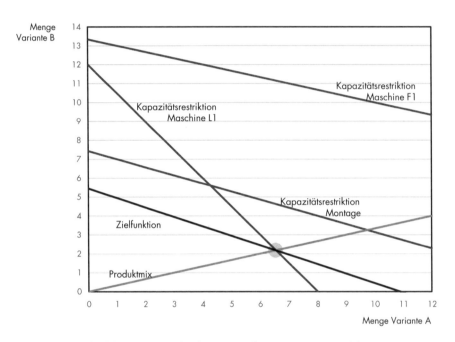

Abbildung 74: Graphische Lösung des Optimierungsproblems

In der Regel schließt sich an das Auffinden der Lösung eine **Sensitivitätsanalyse** an. Mit dieser wird die Empfindlichkeit des gefundenen Optimums gegenüber Änderungen in den Parametern geprüft (vgl. Kumar 2017, S. 532). Im hier gezeigten Beispiel können sich durch Alterungsprozesse der Maschinen deren Kapazitäten verringern. Auch kann das Unternehmen gezwungen sein, den Produktmix zu ändern, da sich die Präferenzen der Kunden verändert haben. Im Rahmen der Sensitivitätsanalyse wird ermittelt, in welchem Intervall sich die Parameter bewegen dürfen, damit das ermittelte Optimum seine Gültigkeit behält.

Im Fall von zwei Variablen und wenigen Restriktionen ist eine graphische Lösung möglich. Reale Probleme führen allerdings zu weit komplexeren Gleichungssystemen. Daher wurden verschiedene Algorithmen zur Lösung des linearen Programms entwickelt. Der bekannteste ist der **Simplex-Algorithmus**.

Weitere Optimierungsmodelle ergeben sich aus der Notwendigkeit **nicht-lineare** Prozesse und Verhaltensweisen abzubilden, was zu nicht-linearen Zielfunktionen und Nebenbedingungen führt. Die Algorithmen zur Lösung solcher Optimierungsprobleme sind weitaus komplexer und können in dieser Einführung nicht dargestellt werden. Vielmehr sei hier auf spezialisierte Literatur zu mathematischer Optimierung und Operations Research verwiesen. Wenden wir uns nun mit einem weiteren Beispiel der Simulation zu:

> Ein Unternehmen stellt fest, dass zum Ende einer Saison noch hohe Lagerbestände von Saisonware vorliegen. Diese muss in der Regel entsorgt werden und stellt somit einen hohen Wertverlust dar. Als **Lösungsidee** möchte das Unternehmen rechtzeitig geeignete Rabatte gewähren. Diese sollen verkaufsfördernd wirken. Allerdings sind dem Unternehmen weder der optimale Zeitpunkt, noch die Rabatthöhe bekannt. Das **Analytics-Problem** besteht folglich in der Frage, zu welchem Zeitpunkt die Ware in welcher Höhe rabattiert angeboten werden soll, so dass ein margenoptimaler Abverkauf erfolgt. Gelöst werden kann dieses Problem mithilfe einer Simulation.

Die Komplexität von betriebswirtschaftlichen Problemen führt regelmäßig dazu, dass eine Optimierung nicht mehr analytisch möglich ist. In solchen Situationen bietet die Simulation einen Lösungsansatz. Auch im Bereich der Simulation hat sich eine Vielzahl von Varianten etabliert. Beispiele sind **Monte-Carlo-Simulationen** und numerische Simulationsverfahren. Wie bereits bei den Erläuterungen zu Optimierungsmodellen soll auch hier eine Simulationsvariante stellvertretend erörtert werden: **System Dynamics**.

Systems Dynamics ist eine Simulationsvariante, mit deren Hilfe ein Verständnis über das Verhalten von komplexen dynamischen Systemen gewonnen werden kann. Die Besonderheit des Ansatzes liegt in der expliziten Berücksichtigung sogenannter Feedback Loops – Variablen können sich über andere Variablen wieder selbst beeinflussen. Kern jeder Simulationsvariante ist die Erarbeitung des **Simulationsmodells** und dessen Nutzung in Simulationsläufen. Im Rahmen von System Dynamics erfolgt dies in vier Schritten (vgl. Sterman 2000):

- **Bestimmung der Modellgrenzen**: Die Bestimmung der Modellgrenzen erfolgt über die Auswahl der Variablen, die im Rahmen der Optimierung berücksichtigt werden sollen. Maßgeblich für diese Auswahl ist das gewählte Analytics-Problem. Für die weiteren Modellierungsschritte ist es notwendig, Daten über das bisherige Verhalten der berücksichtigten Variablen zu sammeln. Darüber hinaus ist die zeitliche Dimension des Simulationsmodells festzulegen: Welchen Zeitraum soll ein Simulationslauf erfassen? Der zeitliche Horizont muss so gewählt werden, dass das Verhalten des betrachteten Systems in ausreichender Form beobachtbar ist. Hierzu werden im weiteren Verlauf dieses Kapitels typische Verhaltensmuster von Systemen erörtert.
- **Formulierung von Hypothesen**: Hypothesen müssen für das Verhalten aller Variablen, die im Modell berücksichtigt werden, erarbeitet werden. Dies kann einerseits auf dem historischen Verhalten der Variablen aufbauen. Andererseits können Überlegungen über das zukünftige Verhalten auch ohne historische Daten erarbeitet werden. Neben dem Verhalten der einzelnen Variablen sind auch deren Interdependenzen zu beschreiben. Dies resultiert in einem Kausaldiagramm, das den grundsätzlichen Einfluss der Variablen aufeinander aufzeigt.

- **Formulierung des Simulationsmodells:** In diesem Schritt wird das Kausaldiagramm in mathematische Form übertragen und sämtliche notwendigen Parameter bestimmt. Zudem ist der Anfangszustand, wie er zu Beginn eines Simulationslaufs vorliegt, für alle Variablen zu ermitteln.
- **Test des Simulationsmodells:** Der Test eines Simulationsmodells basiert auf den Ergebnissen der Simulationsläufe. Die Arten von Tests sind vielfältig. Ein erster Test ist der Vergleich des Simulationslaufs mit dem Verhalten des abgebildeten realen Systems. Weitere Tests prüfen Robustheit gegenüber extremen Konditionen und Sensitivität gegenüber Unsicherheiten der Parameter und des Anfangszustands des Systems.

Durch die Simulationsverläufe wird das Verhalten des betrachteten Systems offenbart. Dabei können unterschiedliche Grundformen des Verhaltens unterschieden werden. Abbildung 75 zeigt einige dieser Verhaltensformen, die reale Systeme aufweisen.

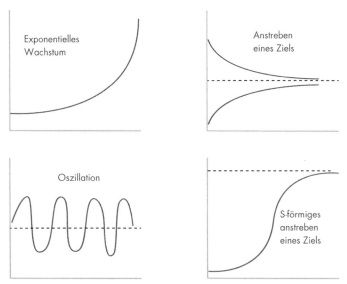

Abbildung 75: Grundformen des Verhaltens komplexer Systeme (in Anlehnung an Sterman 2000, S. 108)

Den Grundformen des Verhaltens liegen jeweils spezifische Kausaldiagramme zugrunde, die im Folgenden erörtert werden (vgl. Sterman 2000, S. 108–121): **Exponentielles Wachstum** basiert auf einer selbstverstärkenden Rückkopplung. Das Wachstum beschleunigt sich, da es vom Status der betrachten Systems abhängt. Das Kausaldiagramm, das exponentiellem Wachstum zugrunde liegt, ist eine einfache Rückkopplung, wie sie in Abbildung 76 dargestellt ist. Die Pfeile repräsentieren die Kausalität. Die Abkürzung *R* steht für self-reinforcing, also selbstverstärkend.

Ein weiteres grundlegendes Systemverhalten ist das **Anstreben eines Ziels**. Diesem Verhalten liegt im Gegensatz zu exponentiellem Wachstum eine negative Rückkopplung zugrunde. Sie schwächt die Veränderung des Systems ab, je näher es einem Ziel kommt. Ausgehend von Anfangszustand und Ziel können zwei

Varianten unterschieden werden: Wachstum bis zum Erreichen des Ziels oder Schrumpfung bis zum Erreichen des Ziels. Das dazugehörige Kausaldiagramm zeigt Abbildung 76. Der Zustand des Systems wird mit dem Ziel abgeglichen. Die festgestellte Diskrepanz führt zu Maßnahmen, um den Zustand des Systems in Richtung des Ziels zu verschieben. Die Abkürzung B steht für Balancing.

Eine dritte Grundform des Verhaltens ist die **Oszillation**. Auch dieses Verhalten basiert auf einer negativen Rückkopplung. Wieder wird der Zustand des Systems mit dem Ziel abgeglichen, um auf Basis der festgestellten Diskrepanz zielführende Maßnahmen zu ergreifen. Allerdings sind im Fall der Oszillation Verzögerungen zwischen den genannten Elementen vorhanden. Eine erste Verzögerung tritt zwischen Feststellung der Diskrepanz und dem Ergreifung der Maßnahme ein. Sie ist zurückzuführen auf die Dauer eines Entscheidungsprozesses von Akteuren, die über die Maßnahme beraten. Eine zweite Verzögerung ist der zeitliche Versatz zwischen Durchführung der Maßnahme und deren Wirkung auf den Zustand des Systems. Eine dritte Verzögerung tritt bei Feststellung der Diskrepanz auf, da es notwendig ist, den Systemzustand zu erfassen und diesen dann zu übermitteln. Die drei Verzögerungen führen dazu, dass das System das Ziel durch die Maßnahmen jeweils übertrifft – und zwar in beide Richtungen. Das zugehörige Kausaldiagramm zeigt Abbildung 76.

Ein viertes Verhalten ist das **S-Kurven-förmige Anstreben eines Ziels**. Es kann interpretiert werden als die Kombination von exponentiellem Wachstum und dem Anstreben eines Ziels. Das dazugehörige komplexere Kausaldiagramm in Abbildung 76 zeigt, dass das Verringern der Diskrepanz eine Veränderung der Wachstumsrate herbeiführt. Das Wachstum wird dadurch verlangsamt und schließlich

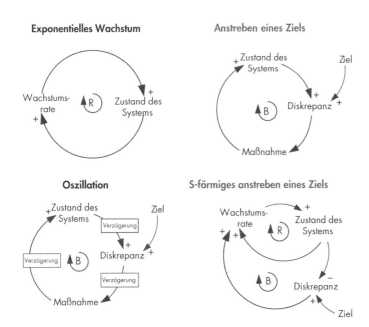

Abbildung 76: Kausaldiagramme der Grundformen des Verhaltens komplexer Systeme (in Anlehnung an Sterman 2000, S. 109–118)

gestoppt. Es sei darauf hingewiesen, dass keine Verzögerungen vorliegen. Wäre dies der Fall, würde das System nach einer Phase des exponentiellen Wachstums in ein oszillierendes Verhalten übergehen.

Das abzubildende Gesamtsystem baut sich aus verschiedenen Subsystemen auf, die wiederum eine der erörterten Verhaltensgrundformen aufweisen. Abbildung 77 zeigt hierzu das Beispiel eines Produktionsprozesses, aus dem das Subsystem Lager vergrößert dargestellt wird. Im Modell werden zudem **Bestandsgrößen** und **Flussgrößen** unterschieden. Bestandgrößen, wie ein Lagerbestand, verändern sich im Laufe der Zeit durch Zu- und Abflüsse, die durch Flussgrößen repräsentiert werden. Im Fall der Bestandsgröße Lagerbestand sind dies die Flussgrößen Einlagerung und Warenentnahme.

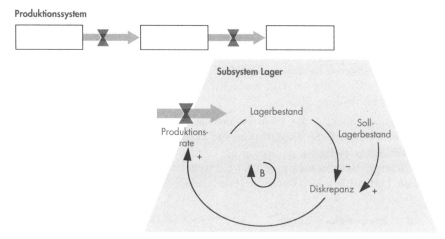

Abbildung 77: Produktionssystem mit Subsystem Lager

Abschließend sei darauf verwiesen, dass das Verhalten des Gesamtsystems durch das Verhalten der Subsysteme und diese wiederum durch die Art der Rückkopplung bestimmt sind. Je nach Struktur kann ein System daher neben den erörterten Grundformen auch anderes Verhalten, bis hin zu chaotischem Verhalten, zeigen.

4.5   Fallstudie Ausrüster GmbH

Wie in den Ausführungen zum Aufbau des Buches erörtert, begleitet uns die Fallstudie Ausrüster GmbH, mit deren Hilfe die im jeweiligen Kapitel erörterten Instrumente angewendet werden. Die Ausrüster GmbH ist ein Hersteller von Werkzeugmaschinen zur Metallbearbeitung. Ihr Produktportfolio umfasst, die Drehmaschinen D1 und D2, die Schleifmaschinen S1 und S2 sowie die Presse P1. Ergänzend zu ihrem Produktportfolio bietet sie Dienstleistungen an. Mit diesem Dienstleistungsgeschäft verfolgt die Ausrüster GmbH eine Verstetigungsstrategie (vgl. Seiter 2016, S. 13 f.). Ziel ist es, den Gesamtumsatz des Unternehmens mithilfe des Dienstleistungsgeschäfts zu verstetigen. Konjunkturelle Einbrüche des Produktgeschäfts sollen durch ein ansteigendes Dienstleistungsgeschäft zumindest teilweise kompensiert werden. Daher umfasst das Dienstleistungsportfolio 15 After Sales-Dienstleistungen aus den Bereichen Instandhaltung, Retrofitting sowie Optimierungsberatung. Das Management der Ausrüster GmbH möchte nun die drei Probleme lösen, die in Kap. 2.5 identifiziert wurden. Hierzu werden in der Phase Analytics **Roh-Evidenzen** mittels geeigneter Algorithmen zu erarbeitet.

» Roh-Evidenzen der Assoziationsanalyse

Zur Lösung des Analytics-Problems analysiert die Ausrüster GmbH ihre Vertriebsdaten mithilfe einer **Assoziationsanalyse**. Abbildung 78 zeigt den KNIME-Workflow. Im Folgenden liegt der Fokus auf Dienstleistungen, die für Käufer der Maschine D1 relevant sind.

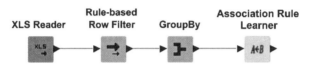

Abbildung 78: KNIME-Workflow der Assoziationsanalyse

Die Daten liegen der Ausrüster GmbH in Form einer Tabelle vor. Sie umfasst u. a. die Attribute zu den Kundenstammdaten, insbesondere solche, die Auskunft darüber geben, welche Dienstleistungsverträge abgeschlossen wurden. Diese Tabelle wird mithilfe des **XLS Reader** eingelesen. Die beiden folgenden Knoten führen Transformationen an der Datenmatrix durch, so dass sie in geeigneter Form vorliegen. Insbesondere wird der Fokus auf Maschine D1 hergestellt.

Mithilfe des **Association Rule Learner** werden die Assoziationen gewonnen. Abbildung 79 zeigt die Ergebnisse für jene Dienstleistungen, die von Kunden erworben wurden, die mindestens ein Exemplar der Drehmaschine D1 in Betrieb haben. Die Elemente der **Assoziationsregeln** werden in den Spalten Antecedent und Consequent dargestellt.

(...) Antecedent	S Consequent	D ▼ RuleConfidence%
[Reparatur(24h)]	Montage(Voll)	73
[Wartung/Inspektion]	Retrofit(Woche)	69.4
[Wartung/Inspektion,Retrofit(Woche)]	Verbrauchsmaterial(Woche)	68
[Retrofit(Woche)]	Wartung/Inspektion	62.5
[Reparatur(24h),Montage(Voll)]	Schulung(vorOrt)	59.3
[Wartung/Inspektion]	Verbrauchsmaterial(Woche)	55.6
[Retrofit(Woche)]	Verbrauchsmaterial(Woche)	55
[Montage(Voll)]	Reparatur(24h)	54
[Schulung(vorOrt)]	Reparatur(24h)	51.4
[Schulung(vorOrt)]	Montage(Voll)	51.4
[Verbrauchsmaterial(Woche)]	Retrofit(Woche)	50
[Reparatur(24h)]	Schulung(vorOrt)	48.6

Abbildung 79: Ergebnis der Assoziationsanalyse

Vier Assoziationen eine **Konfidenz** von mindestens 60 %. Eine weitere Assoziation erreicht einen Wert von 59,3 %, weshalb sie auch als relevant eingestuft wird. Der belastbarste Zusammenhang besteht bei Käufern der Drehmaschine D1 zwischen der Dienstleistung Reparatur mit einer Reaktionszeit von 24 h und einer bestimmten Montagedienstleistung.

Die Assoziation mit der dritthöchsten Konfidenz stellt eine Dreierkonstellation dar. Käufer der Maschine D1, die Verträge sowohl für die Dienstleistung „Wartung/Inspektion" als auch für ein Retrofitting geschlossen haben, taten dies in vielen Fällen auch für die Dienstleistung Versorgung mit Verbrauchsmaterial. Die **Mechanismen**, die den Assoziationen zugrunde liegen, können nicht mithilfe der Assoziationsanalyse geklärt werden. Dies bleibt dem Teilprozess Preparation vorbehalten.

» Roh-Evidenzen der Klassifikationsanalyse

Zur Lösung des Analytics-Problems analysiert die Ausrüster GmbH ihre Kundendaten mithilfe einer **Klassifikationsanalyse**. Abbildung 80 zeigt den KNIME-Workflow zu Gewinnung eines Entscheidungsbaums auf Basis einer Variante des Klassifikationsalgorithmus **C4.5**.

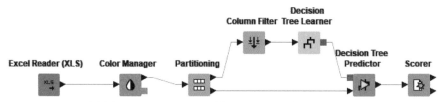

Abbildung 80: KNIME-Workflow der Klassifikationsanalyse

Die Kundendaten werden mithilfe des **XLS Reader** eingelesen. Das Klassifikationsattribut „A-Kunden" weist die beiden Ausprägungen „A" und „NA" auf. Für eine spätere Evaluation des Ergebnisses wird die Datenmatrix durch **Partitioning** in eine Lern- und eine Testmenge aufgeteilt. Die Lernmenge umfasst 90 % der Kunden.

Das Ergebnis des **Decision Tree Learner** ist der Entscheidungsbaum, der in Abbildung 81 abgebildet ist. Die Blätter zeigen die prozentuale Verteilung zwischen A-Kunden und nicht A-Kunden in den Segmenten. Die zur Segmentierung gewählten Attribute werden neben den jeweiligen Ästen aufgeführt. Dabei ist zu beachten, dass die Ausprägung eines Attributs, mit dem die Segmentierung erfolgt, nicht notwendigerweise dem Wertebereich des Attributs angehören muss. Ein Beispiel ist ein Attribut, dass nur die Werte 0 und 1 aufweist: der Schwellenwert lautet 0,5. Um ein Overfitting zu vermeiden, wurde der Entscheidungsbaum mittels **Reduced Error-Pruning** bearbeitet.

Die Attribute werden von KNIME im resultierenden Baum abgekürzt. Die Abkürzungen stehen für folgende Attribute:

- „Anzahl Mitarbeiter": Anzahl der beschäftigten Mitarbeiter des Kunden,
- „Ansprechpartner L ...": weist den Wert 1 auf, wenn die Ausrüster GmbH einen direkten Ansprechpartner beim Kunden in einer leitenden Position hat,
- „Einsatz(4 Schicht; 3 S...": Variante des Schichtbetriebs in der die Maschine eingesetzt wird. Ausprägungen sind 4-,3-, 2- oder 1-Schichtbetrieb.
- „Gekaufte Maschine i...": Anzahl der vom Kunden in den letzten drei Jahren erworbenen Maschinen,
- „Umsatz": Umsatzvolumen, das die Ausrüster GmbH mit einem Kunden erzielt und

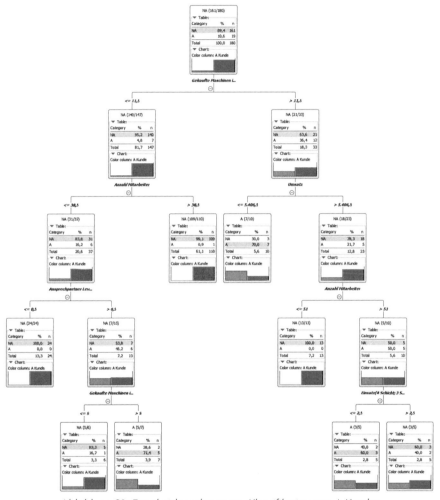

Abbildung 81: Entscheidungsbaum zur Klassifikation von A-Kunden

Der Entscheidungsbaum weißt **zwei Blätter** auf, die hauptsächlich A-Kunden enthalten – erkennbar an der Farbgebung. Die Äste zu dem Blättern repräsentieren **Regeln**, anhand derer die Prognose vollzogen werden kann. Hier sei dies beispielhaft an einem der Äste erörtert: Er zeigt, dass Unternehmen zu den zukünftigen A-Kunden zu zählen sind, wenn sie in den letzten Jahren weniger als 12 Maschinen gekauft haben **und** weniger als 39 Mitarbeiter haben **und** die Ausrüster GmbH einen direkten Ansprechpartner beim Kunden in einer leitenden Position hat **und** in den letzten drei Jahren mehr als neun Maschinen gekauft haben. Auffällig ist, dass du das mehrfache Vorkommen des Segmentierungskriteriums „Anzahl der gekauften Maschinen in den letzten drei Jahren" ein Intervall gebildet wurde.

Die Evaluation der Qualität des Entscheidungsbaums erfolgt auf Basis der Testmenge mithilfe von **Decision TreePredictor** und **Scorer**. Zehn A-Kunden wurden als solche erkannt. 103 normale Kunden wurden korrekt klassifiziert. Mit 7 Fehlklassifikationen liegt die Fehlerrate bei 5,8 %. Mit diesem Ergebnis ist die Ausrüster GmbH zufrieden. Allerdings soll diese Analyse in Zukunft mit zusätzlichen Daten erneut durchgeführt werden. Die **Mechanismen**, der den Regeln zugrunde liegen, werden im Teilprozess Preparation geklärt.

» Roh-Evidenzen der Regressionsanalyse

Zur Lösung des Analytics-Problems analysiert die Ausrüster GmbH ihre Kundendaten mithilfe einer **Regressionsanalyse**. Abbildung 82 zeigt den zugehörigen KNIME-Workflow.

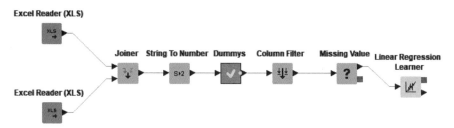

Abbildung 82: KNIME-Workflow der Regressionsanalyse

Mit den beiden **XLS Readern** werden einerseits die Kundendaten und andererseits die Ergebnisse Kundenzufriedenheitsumfrage eingelesen. Die Umfragetabelle enthält keine Informationen über die Umstände, die zur Bewertung führten, sondern lediglich die Namen der teilnehmenden Kunden und ihre Bewertung auf einer Skala von 1 für „sehr unzufrieden" bis 10 für „sehr zufrieden". Die Zusammenführung der beiden Datenquellen erfolgt über den **Joiner**. Im Meta-Knoten **Dummys** werden Dummy-Variablen erzeugt. Hierzu ein Beispiel: Die Ausprägungen der Variable „Durchführung der Wartung" hat die Ausprägungen „Eigener Techniker" und „Geschulter Mitarbeiter des Kunden". Sie werden durch die Werte 0 und 1 ersetzt. Mit **Column Filter** werden die nun überflüssigen Ursprungsvariablen eliminiert. Schließlich werden fehlende Werte mithilfe des **Missing Value**-Knotens durch den Wert 0 ersetzt, um eine effektive Regression zu ermöglichen. Mittels des **LinearRegression Learner** wurden verschiedene Attribute auf ihre Eignung als Prädiktoren geprüft.

Abbildung 83 zeigt exemplarisch das Ergebnis für das Attribut „Retourenquote Ersatzteile". Die Hauptaussage lautet, dass die Kundenzufriedenheit stark sinkt, wenn das Ersatzteil erneut ausgetauscht werden muss. Dieses Potenzial kann leicht gehoben werden, wenn diese Quote durch ein verbessertes Ersatzteilmanagement reduziert wird.

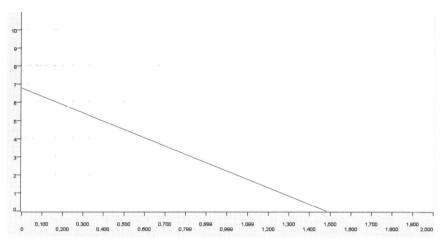

Abbildung 83: Regressionsgerade für einen Prädiktor

Abbildung 84 zeigt weitere Ergebnisse, repräsentiert durch die jeweiligen Parameter, die im Rahmen der Approximation bestimmt wurden. Hier zeigt sich auch eine Datentransformation im Vorfeld der Analyse: So wurden für Variablen mit dem Suffix „ID" Dummy-Variablen eingeführt, um diese in der Regressionsanalyse zu berücksichtigen.

Statistics on Linear Regression

Variable	Coeff.	Std. Err.	t-value	P>|t|
Service_ID	0,0207	0,0096	2,1523	0,0317
Herkunft_ID	0,0859	0,1292	0,6648	0,5064
Durchführung_ID	-1,9661	0,4537	-4,3339	1,66E-5
GesamtdauerinMin	-0,0008	0,0007	-1,147	0,2517
DauerbeimKundenTag1inMin	0,0028	0,0014	1,9563	0,0508
WartezeitTag1inMin	-0,0155	0,0095	-1,6304	0,1034
AnzahlKundenbesucheServicefallzuerledigen	-0,6392	0,1556	-4,1078	4,42E-5
BisherigeAnzahlderkleinenServicefälle	-0,0044	0,0056	-0,7943	0,4272
BisherigeAnzahldermittlerenServicefälle	0,0984	0,0548	1,7962	0,0729
BisherigeAnzahldergroßenServicefälle	-0,2577	0,1376	-1,8734	0,0614
GesamtkostendesServicefallsinTSDEuro	0,5544	0,3441	1,611	0,1076
KostenfürdenKundeninTSDEuro	-0,5508	0,3458	-1,5926	0,1116
AnzahlangeforderterErsatzteile	0,0259	0,0157	1,6537	0,0986
RetourenquoteErsatzteile	-4,5987	1,7007	-2,704	0,007
BetriebszugehörigkeitdesServicetechnikersinJahren	0,2896	0,0148	19,5761	0.0
AlterdesPrimärproduktsinJahren	0,0794	0,0278	2,8522	0,0045
Intercept	4,8646	0,347	14,018	0.0

Multiple R-Squared: 0,4413
Adjusted R-Squared: 0,4299

Abbildung 84: Ergebnis der Regressionsanalyse

Die Regression hat ein R^2 von 0,44. Die unabhängigen Variablen erklären folglich 44 % der Varianz der abhängigen Variable „Kundenzufriedenheit". Die Variablen

- Service_ID,
- Durchführung_ID,
- Anzahl Kundenbesuche Servicefall zu erledigen,
- Retourenquote Ersatzteile,
- Betriebszugehörigkeit des Servicetechnikers in Jahren und
- Alter des Primärprodukts

haben unter der Annahme eines Signifikanzniveaus von 5 % einen signifikanten Einfluss. Ersichtlich wird dies aus der letzten Spalte mit der Bezeichnung P > |t|. Ein Maß für die Stärke des Einflusses der jeweiligen Variablen wird in Spalte „Coeff." berichtet.

Zusammenfassung

Ziel des Teilprozesses Analytics ist die **datenbasierte Gewinnung von Evidenzen**, um damit ein vorab definiertes Analytics-Problem zu lösen. Er unterteilt sich in Datenaufbereitung, Datenanalyse und Evaluation der Ergebnisse. **Datenaufbereitung** umfasst alle Aktivitäten, die die Daten in einen Zustand überführen, dass sie den Anforderungen des anzuwendenden Algorithmus entsprechen. Sie ist eng verbunden mit dem Begriff der Datenqualität, da deren Dimensionen die Anforderungen repräsentieren. Als Instrumente der **Datenanalyse** wesentliche Algorithmen der drei Business Analytics-Modi Descriptive, Predictive und Prescriptive Analytics vorgestellt: Clusteranalyse, Assoziationsanalyse, Ausreißeranalyse, Text Mining, Social Network-Analyse, Regressionsanalyse, Klassifikationsanalyse, Zeitreihenanalysen sowie Simulation und Optimierung. Abschließend wurden ausgewählte Formen zur **Evaluation der Ergebnisse** erörtert. Beispiele sind Homogenitätsmaße und die ROC-Kurve.

Auf zwei Themen sei hier insbesondere hingewiesen: die Reflexion der Wahl des Algorithmus und die Problematik des Overfitting. Die Wahl eines bestimmten **Algorithmus** ist eine wesentliche Determinante des Ergebnisses. Unterschiedliche Klassifikationsalgorithmen führen zu unterschiedlichen Entscheidungsbäumen. Und um das Beispiel auf einem anderen Aggregationsniveau fortzuführen: Die Wahl der Entropie als Homogenitätsmaß bestimmt die Struktur des Baums maßgeblich. Es ist notwendig, über diese Einflüsse zu reflektieren und die Erkenntnisse daraus zu dokumentieren, damit Nutzer der Evidenzen über mögliche Begrenzungen informiert sind. Hiermit befasst sich vertieft das folgende Kapitel.

Sämtliche Ergebnisse von Algorithmen sind zudem hinsichtlich ihrer Tendenz zu **Overfitting** zu überprüfen. Overfitting liegt vor, wenn die Ergebnisse in zu hohem Maße an die Trainingsdaten angepasst sind. Damit einher geht eine mangelnde Prognosequalität. Ein Beispiel ist ein Entscheidungsbaum, dessen Blätter jeweils nur eine Instanz enthalten. Aber auch **Underfitting** ist zu vermeiden. Die Ergebnisse sind dann zu wenig an die Trainingsdaten angepasst. Ein Beispiel ist die Wahl eines hohen minimalen Supports im Rahmen einer Assoziationsanalyse. Dies führt zu vergleichsweise wenigen Regeln, so dass relevante Regeln nicht identifiziert werden.

Wiederholungs- und Vertiefungsfragen

- Was sind die Ziele des Teilprozesses Analytics?
- Wie unterscheiden sich Descriptive, Predictive und Prescriptive Analytics?
- Grenzen Sie die Begriffe Muster und Prognosemodelle ab.
- Was versteht man unter einem Dendrogramm und wozu dient es?

- Welche Varianten der Clusteranalyse kennen Sie? Welche Vor- und Nachteile weisen diese auf?
- Gibt es eine optimale Anzahl von Clustern? Wie bestimmt man diese?
- Was ist der Unterschied zwischen einer Assoziationsanalyse und einer Klassifikationsanalyse?
- Wie unterscheiden sich Support und Konfidenz?
- Welche Vorteile haben Enumeration Trees im Vergleich zu einem Brute Force-Algorithmus?
- Was versteht man unter einem Ausreißer?
- Welche Ansätze kennen Sie, um im Rahmen der Ausreißeranalyse „normale Werte" zu bestimmen?
- In welchem Verhältnis stehen Clusteranalyse und Ausreißeranalyse?
- Was sind Anwendungsfelder von Text Mining?
- Weshalb ist es notwendig, Stoppwörter zu Beginn des Text Mining zu entfernen?
- Was versteht man unter Topic Modeling?
- Welche Analyseziele von Social Network-Analysen kennen Sie?
- Wozu dient das Konstrukt der Zentralität in der Social Network-Analyse?
- Was sind Communities in Social Networks und warum stellen diese relevante Muster dar?
- Was ist der Unterschied zwischen einer linearen Regression und einer logistischen Regression?
- Welchen Prämissen unterliegt die lineare Regression?
- Was versteht man unter Entropie und welche Anwendung hat diese in der Konstruktion von Entscheidungsbäumen?
- Was versteht man unter Overfitting und was unter Underfitting?
- Entwickeln Sie zwei Beispiele für Underfitting und begründen Sie diese.
- Wie kann Overfitting im Rahmen der Konstruktion von Entscheidungsbäume gemindert werden?
- Was ist eine ROC-Kurve und wozu dient sie?
- Wie sind Zeitreihendaten vor der eigentlichen Analyse aufzubereiten?
- Grenzen Sie Optimierung und Simulation voneinander ab.

Weiterführende Literatur

Es existiert eine Vielzahl von Werken, die vertiefende Kenntnisse über mehrere der hier erörterten **Algorithmen** vermitteln. Empfehlenswert sind u. a. Aggarwal (2015), Backhaus et al. (2016), Cleve/Lämmel (2016) sowie Tan/Steinbach/Kumar (2014) und van der Aalst (2011). Diese Werke behandeln auch Algorithmen, die hier nicht behandelt werden, wie bspw. Algorithmen des Process Mining. Daneben existieren Werke, die sich spezifisch mit einer bestimmten Gruppe von Algorithmen befassen. Dazu zählen u. a.:

- Bacher/Pöge/Wenzig (2010) zu **Clusteranalysen**,
- Aggarwal/Zhai (2012) zu **Text Mining**,
- Barabási (2016) zu **Analyse von Netzwerken**.
- Duda/Hart/Stork (2000) zu **Klassifikationsanalysen**,
- Aggarwal (2018) zu **künstlichen neuronalen Netzen**,
- Neusser (2011) und Kirchgässner/Wolters/Hassler (2013) zu **Zeitreihenanalysen**,
- Domschke et al. (2015) zu **Optimierungsalgorithmen**,
- Sterman (2000) zu **Simulation**, insbesondere System Dynamics.

Weitere Werke widmen sich diesen Algorithmen mit spezieller Berücksichtigung von Beispielen auf Basis einer bestimmten **Software**. Dazu gehören Evans (2017) auf Basis von Microsoft Excel, Backhaus et al., (2016) auf Basis von SPSS sowie Witten et al. (2017) auf der Basis von WEKA.

Kapitel 5:

Teilprozess Preparation

»Ziel des Teilprozesses Preparation ist die Aufbereitung der gewonnenen Roh-Evidenzen, sodass Nutzer diese in optimaler Weise einsetzen können.«

5.1 Kapitelüberblick

Wie Abbildung 85 zeigt, umfasst die Aufbereitung die Klärung der Mechanismen, die den Evidenzen zugrunde liegen, die Feststellung von Gültigkeitsgrenzen der Evidenzen sowie die Visualisierung. Preparation ist der **Übergabepunkt**, an dem die Evidenzen an den Nutzer übergehen. Die Anwendung und die Überwachung der damit verbundenen Effekte ist nicht Teil von Business Analytics.

Abbildung 85: Struktur von Kapitel 5

Die **Klärung der Mechanismen**, die den gewonnenen Roh-Evidenzen zugrunde liegen, ist einer der meist unterschätzten Aufgaben im Rahmen von Business Analytics. Durch die hier vorgestellten Algorithmen werden zwar Roh-Evidenzen gewonnen, aber deren Nutzung ist erst dann sicher möglich, wenn die zugrunde liegenden Mechanismen geklärt sind (vgl. Kap. 5.2).

Die Annahme einer absoluten räumlichen, zeitlichen und inhaltlichen Generalisierbarkeit der gewonnenen Evidenzen ist in aller Regel nicht zulässig. Begrenzend wirken vor allem die angenommenen Prämissen sowie die Daten und Algorithmen. Sind diese **Gültigkeitsgrenzen** der Evidenzen nicht bekannt, drohen negative Effekte, die die positiven überwiegen können (vgl. Kap. 5.3).

Die **Visualisierung** von Evidenzen bestimmt wesentlich deren Anwendung. Eine suboptimale Visualisierung führt dazu, dass die Nutzer Evidenzen teilweise oder gar vollständig falsch wahrnehmen und interpretieren. Selbst fehlerfrei gewonnene Evidenzen können dann ihre positiven Effekte nicht entfalten. Es ist daher notwendig, für die jeweils vorliegenden Roh-Evidenzen passgenaue Formen der Visualisierung anzuwenden (vgl. Kap. 5.2.). Abbildung 86 zeigt die Position des Teilprozesses Preparation im Gesamtprozess:

Abbildung 86: Teilprozess Preparation

5.2 Klärung der Mechanismen

Mithilfe der hier vorgestellten Algorithmen werden zwar Roh-Evidenzen gewonnen, aber deren Nutzung ist erst dann sicher möglich, wenn die zugrunde liegenden Mechanismen geklärt sind. Hierzu einige Beispiele:

Ergebnis der Regressionsanalyse ist ein Modell, das auf Basis bestimmter Attribute den numerischen Wert anderer Attribute prognostiziert. Der Zusammenhang zwischen den Attributen manifestiert sich in Form von Korrelationen. Eine Kausalität kann aber durch den Algorithmus nicht festgestellt werden. Weder sagt die Korrelation etwas über die Wirkrichtung aus, noch kann ausgeschlossen werden, dass nicht eine **unberücksichtigte Drittvariable** für den (Schein-)Zusammenhang ursächlich ist. Erst die Klärung des Mechanismus des vermuteten Zusammenhangs erlaubt die Annahme einer Kausalität.

Ein weiteres Beispiel zeigt sich im Kontext einer Ausreißeranalyse. Mit ihrer Hilfe werden in einer Datenmatrix Instanzen identifiziert, die sich grundsätzlich von den anderen Instanzen unterscheiden. Ausreißer werden daher auch als Anomalien bezeichnet, die durch einen anderen Mechanismus als die übrigen Instanzen in der Datenmatrix entstehen. Die Algorithmen der Ausreißeranalyse identifizieren zwar Instanzen, die den anderen Instanzen sehr unähnlich sind, aber nur durch die Klärung des Mechanismus, der ursächlich für die Ausreißer ist, kann eine **ausreichende Sicherheit** der Ergebnisse hergestellt werden.

Ein drittes Beispiel entstammt einer Clusteranalyse. Ein zentrales Problem ist die Bestimmung der optimalen Clusteranzahl. In der Regel werden hierfür Heuristiken, wie das Ellbogen-Kriterium, herangezogen. Wesentlich **valider** ist eine Clusterstruktur, wenn sie nicht nur auf Basis eines Algorithmus gewonnen wurde, sondern wenn auch die Mechanismen geklärt werden, die zeigen weshalb diese Cluster existieren und weshalb Instanzen den jeweiligen Clustern angehören. Die Beispiele ließen sich mit sämtlichen Algorithmen fortführen.

Grundsätzlich können eigene Überlegungen oder Aussagen von Experten Ansatzpunkte sein. Auch existieren Verfahren, wie kontrollierte Experimente, mit denen eine Kausalität nachgewiesen werden kann. Diese sind aber oftmals nicht umsetzbar. Zielführender ist die **Nutzung** von bereits existierenden **wissenschaftlichen Theorien** zur Klärung der gesuchten Mechanismen.

Der Begriff **Theorie** ist nicht eindeutig definiert (vgl. für eine ausführliche Diskussion Mittelstraß 2004d, S. 260–270). In einer allgemeinen Form kann unter einer Theorie eine Menge von Konzepten verstanden werden, mit denen ein Phänomen erklärt werden kann (vgl. Silverman 2013, S. 145). Ein besonders klar definiertes, aber auch enges, Theorieverständnis geht auf Schneider zurück. Danach liegt eine Theorie vor, wenn folgende Sachverhalte gegeben sind (vgl. Schneider 1987, S. 54–57):

- ein Problem, für die die Theorie eine Aussage treffen soll,
- ein Strukturkern, der die Begriffe der Theorie untereinander verbindet,
- Musterbeispiele, die die erfolgreiche Anwendung der Theorie belegen sowie
- Hypothesen, im Sinne von Aussagen über Zusammenhänge, die in der Realität beobachtbar sind.

Neben diesem engen Verständnis existieren Theorieauffassungen, die wesentlich geringere **Anforderungen** stellen (vgl. Doty/Glick 1994, S. 233):

- das Vorhandensein von Konstrukten,
- die Spezifikation der Beziehungen zwischen den Konstrukten und
- die Falsifizierbarkeit dieser Beziehungen.

Die Klärung eines Mechanismus beruht im Kern auf den Konstrukten der Theorie und deren Beziehungen. Ein **Konstrukt** ist ein nicht direkt beobachtbarer Sachverhalt. Ein Beispiel ist Mitarbeiterzufriedenheit. Sie ist nicht direkt beobachtbar, sondern es bedarf Indikatoren, um diese zu messen.

Die grundsätzlichen Zusammenhänge zur Klärung von Mechanismen zeigt Abbildung 87. In einem ersten Schritt ist eine relevante Theorie für die betrachtete Roh-Evidenz zu identifizieren. Dies geschieht durch einen Abgleich der Aussage einer Theorie mit der Aussage der Roh-Evidenz. Die Klärung eines Mechanismus, der einen kausalen Zusammenhang zwischen zwei beobachteten Attributen X und Y der Datenmatrix erklären soll, bedarf folglich einer Theorie, die diesen Zusammenhang postuliert.

Theorien bedienen sich allerdings der sogenannten Theoriesprache (vgl. Mittelstraß 2004d, S. 283). Die Aufgabe besteht darin, **Korrespondenzregeln** aufzufinden, die eine Verbindung herstellt zwischen

- der Theoriesprache, gekennzeichnet durch die Konstrukte A und B, und
- der Beobachtungssprache, gekennzeichnet durch die Attribute X und Y der Datenmatrix.

Für den Unternehmenskontext besonders relevante Theorien sind solche zu **menschlichem Verhalten** und solche zu **technischen Zusammenhängen**. Einen **Überblick** über sämtliche für den Unternehmenskontext relevanten Theorien muss enzyklopädischen Werken vorbehalten bleiben. Allerdings ist es geboten, hier zumindest einen selektiven Überblick über Theorien zu geben, so dass die Rolle der Korrespondenzregeln deutlich wird. Hierzu wenden wir uns ausgewählten Theorien zu, die das Verhalten von Individuen und Gruppen in Organisation erklären. Die Auswahl orientiert sich an den Übersichtswerken von Frey/Irle einerseits und Kieser/Ebers andererseits (vgl. Frey/Irle 1993; Frey/Irle 2002a, Frey/Irle 2002b; Kieser/Ebers 2014).

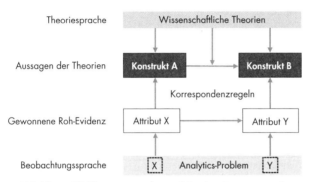

Abbildung 87: Theoriesprache und Beobachtungssprache (in Anlehnung an Weiber/Mühlhaus 2010, S. 86)

Theorien zum Verhalten von Individuen bieten eine Vielzahl von Ansätzen zur Erklärung des Verhaltens von Mitarbeitern, Konkurrenten, Kooperationspartnern und Kunden. Ein Beispiel sind Gerechtigkeitstheorien. Gerechtigkeit ist ein zentrales Konstrukt der Sozialpsychologie und existiert in unterschiedlichen Varianten: wie Gerechtigkeit durch Beitragsproportionalität, Gerechtigkeit durch Gleichheit und Gerechtigkeit durch Bedürftigkeitsbefriedigung (vgl. Wiswede 2004, S. 196).

Die unterschiedlichen Ausprägungen von Gerechtigkeit führen zu unterschiedlichen Gerechtigkeitstheorien. Eine wichtige ist die **Equity-Theorie**. Sie erklärt das Verhalten von Individuen, die in einer Austauschbeziehung sind, die sie als ungerecht empfinden. Von zentraler Bedeutung sind die Konstrukte Leistung, die die Partner in die Beziehung einbringen, und Nutzen, den diese aus der Beziehung ziehen (vgl. Adams 1965). Leistung und Nutzen können materieller oder immaterieller Art sein. Die Partner empfinden eine Beziehung dann als gerecht, wenn das Verhältnis zwischen Leistung und Nutzen bei jedem Partner gleich stark ausgeprägt ist. Bei einer Verletzung dieser Bedingung postuliert die Equity-Theorie folgende Verhaltensvarianten (vgl. Wiswede 2004, S. 144):

- Änderung der Nutzen- und Leistungsniveaus,
- Verzerrte Wahrnehmung der Nutzen- und Leistungsniveaus sowie
- Austritt aus der Beziehung.

Die Varianten eins und drei ergreifen Individuen, wenn sie durch Ungerechtigkeit benachteiligt werden. Konkrete Ausprägungen sind Forderungen nach Kompensation oder Vergeltungsmaßnahmen. Zu Variante zwei tendieren Individuen, die durch die Ungerechtigkeit im Vorteil sind. Sie versuchen die Ungerechtigkeit abzubauen, indem sie Nutzen und Leistungen von sich selbst oder den Partnern so verzerrt wahrnehmen, dass aus ihrer Sicht Gerechtigkeit vorliegt. Nun zu einem Beispiel, wie die Equity-Theorie zur Klärung des Mechanismus einer Evidenz angewendet werden kann:

> Ein Hersteller von Sondermaschinen ist mit dem Problem einer **hohen Frühfluktuation** konfrontiert. Ein hoher Anteil der neu eingestellten Ingenieure kündigt innerhalb des ersten Jahres. Die Fluktuation wirkt sich negativ auf das Unternehmen aus. Als zugehöriges Analytics-Problem haben Führungskräfte der Personalabteilung die Frage nach den Einflussfaktoren der Frühfluktuation gestellt. Als Ergebnis einer Klassifikationsanalyse der bisherigen ca. 300 Fälle von Kündigungen liegt nun ein **Entscheidungsbaum** vor. Wesentliche Attribute sind Merkmale der Personen, Tätigkeitsmerkmale und weitere Merkmale.
>
> Jedes der Merkmale, das für eine Gabelung im Entscheidungsbaum herangezogen wurde, bedarf der Klärung. Anders ausgedrückt: Der Mechanismus, der durch das Attribut unterstellt wird, ist zu klären. Die **Equity-Theorie** eignet sich hierbei, da sie Erklärungen für den Austritt eines Individuums aus einer Beziehung, hier der Arbeitsbeziehung, liefert. Gründe können bspw. das Vorliegen eines bestimmten Vergütungsmodells sein, das Mitarbeiter als ungerecht ansehen.
>
> Neben dem einzelnen Attribut kann eine Kombination betrachtet werden; im Falle von Entscheidungsbäumen ein gesamter Ast. So ist dem Vergütungsmodell als Attribut im hier vorliegenden Baum das Alter vorgeschaltet. Als Erklärung böte sich dann an, dass nur in einer bestimmten Altersspanne die Art des Vergütungsmodells entscheidend ist. So könnten ältere Mitarbeiter ein Vergütungsmodell mit hohem variablem Anteil aufgrund einer erhöhten Risikoaversion ungerechter empfinden als jüngere Mitarbeiter. Hier zeigt sich, dass die Equity-Theorie alleine nicht für Klärung ausreicht – vielmehr sind ergänzende Überlegungen notwendig.

Eine weitere Theorie ist die **Reaktanztheorie** (vgl. Brehm 1966). Sie befasst sich mit dem Verhalten eines Individuums, wenn dessen Handlungsfreiraum eingeschränkt wird oder werden soll. Kernaussagen der Theorie sind (vgl. Dickenberger et al. 1993, S. 244 & 248 f.):

- Individuen haben einen bestimmten Handlungsfreiraum.
- Wird eine Einschränkung dieses Freiraums wahrgenommen, entsteht ein motivationaler Zustand, diesen Freiraum wiederherzustellen (Reaktanz).
- Die Stärke der Reaktanz ist abhängig von mehreren Faktoren. Dazu gehören die Wichtigkeit der Freiheit für das Individuum sowie Umfang und Stärke der Freiheitseinengung.
- Die Freiheitseinengung führt zu verschiedenen Effekten, wie Handlungen zur direkten oder indirekten Wiederherstellung der Freiheit sowie Aggression.

Wie viele andere Theorien, wurde auch diese durch neuere Forschungen erweitert. Eine Erweiterung ist die Berücksichtigung von Persönlichkeitsaspekten. Das folgende Beispiel zeigt eine Anwendung der Reaktanztheorie zur Klärung eines Mechanismus:

> Ein Handelsunternehmen stellt fest, dass sich die durchschnittlichen Umsätze pro Kunde von Filiale zu Filiale stark unterschieden. Im Rahmen einer Analyse wird ermittelt, welche Faktoren dafür ausschlaggebend sein könnten. Als Ergebnis wird festgestellt,

dass das Shop-Layout ein wichtiger Faktor ist. In der Datenmatrix war dieses Attribut nominal skaliert und umfasste drei Ausprägungen: zwei klassische Layouts und eine neuartiges. Das neuartige Layout führt zu einem signifikant geringeren Umsatz pro Kunde. Es zeichnete sich dadurch aus, dass den Kunden neuartige Laufwege vorgegeben wurden: Der Laufweg begann nicht in der Gemüseabteilung. Aus Sicht der **Reaktanztheorie** kann das Shop-Layout als ein Faktor zur Begrenzung des Freiraums des Kunden interpretiert werden und der geringere Umsatz als Reaktion des Kunden darauf.

Eine weitere Gruppe bilden **Motivationstheorien**. Sie erklären Entstehung, Ausrichtung, Stärke und Dauer bestimmter Verhaltensweisen von Individuen (vgl. Steinmann/Schreyögg 2005, S. 535). Typische Konstrukte sind Bedürfnis, Motiv, Anreiz, Aktivierung und Verhalten (vgl. Staehle/Conrad/Sydow 1999, S. 167). Eine besonders verbreitete Motivationstheorie ist die **Zielsetzungstheorie**. Sie erklärt die Wirkung der Art von Zielen auf die Leistung eines Individuums (vgl. Locke/Latham 2006, S. 265). Sie postuliert (vgl. Locke/Latham 2002):

- Zwischen Schwierigkeitsgrad und Leistung des Individuums besteht ein positiver Zusammenhang. Der Zusammenhang wird als linear angenommen, allerdings nur im Bereich zwischen Über- oder Unterforderung. Diese Extrema hängen maßgeblich von den Fähigkeiten des Individuums ab.
- Zwischen Spezifitätsgrad des vorgegebenen Ziels und Leistung des Individuums besteht ein positiver Zusammenhang.

Der erste der beiden postulierten Zusammenhänge wird von einer Vielzahl von Faktoren moderiert. Dies bedeutet, dass die Stärke des Zusammenhangs nicht konstant ist, sondern von unterschiedlichen Faktoren abhängt. Beispiele sind der Grad an Feedback und die Hingabe des Individuums an das Ziel (vgl. Birnberg et al., S. 118). Die präzisen Aussagen der Zielsetzungstheorie erlauben die direkte Berücksichtigung eines Mechanismus im Rahmen der Gewinnung einer Evidenz. Wie das folgende Beispiel zeigt, muss der Mechanismus nicht zwingend nachträglich geklärt werden. Vielmehr kann er auch vorab geklärt werden und in die Analytics-Phase einfließen:

Ein Unternehmen der Versicherungsbranche stellt fest, dass sein gegenwärtiges **Anreizsystem im Vertrieb** negative Auswirkungen auf den Gesundheitszustand der Vertriebsmitarbeiter hat. Interviews und Beobachtungsstudien legen nahe, dass zu hohe Zielvorgaben zu Überforderung der Hälfte der Mitarbeiter führen. Eine Absenkung der Ziele soll dem entgegenwirken. Eine zu starke Absenkung würde allerdings zu übermäßigen Umsatzverlusten führen. Daher wurde zur Ermittlung der optimalen Absenkung ein **System Dynamic-Modell** erarbeitet. Die Zielsetzungstheorie liefert wesentliche Prämissen für die Ausgestaltung des Modells, insbesondere über zu berücksichtigenden Variablen und deren Einfluss auf die Mitarbeiter.

Als letztem Beispiel wenden wir uns einer **Organisationstheorie** zu: der Prinzipal-Agenten-Theorie. Organisationstheorien reflektieren die Organisationspraxis indem sie erklären, wie Organisationspraxis betrieben wird oder betrieben werden sollte (vgl. Kieser/Ebers 2014). Die **Prinzipal-Agenten-Theorie** betrachtet in diesem Kontext arbeitsteilige Delegationsbeziehung zwischen interdependenten Akteuren (vgl. Göbel 2002, S. 98). Im Rahmen einer solchen Beziehung werden dem Agenten

auf Basis eines Vertrags Entscheidungs- und Ausführungskompetenzen einge-
räumt. Der Agent geht somit gegen einen Entlohnungsanspruch die Verpflichtung
zur Erfüllung einer Dienstpflicht ein (Vgl. Jost 2001, S. 13).

Durch sein Verhalten beeinflusst der Agent sowohl die Erreichung seiner eigenen
Ziele als auch die Erreichung der Ziele des Prinzipals (vgl. Picot et al. 2002, S. 85).
Die Motivation des Prinzipals zu einer Prinzipal-Agenten-Beziehung ist durch
das Prinzip der Arbeitsteilung begründet. Auf diese Weise sollen die spezifischen
Fähigkeiten des Agenten für die Zielerreichung des Prinzipals genutzt werden und
eine Arbeitsentlastung des Prinzipals realisiert werden.

Die Beziehung zeichnet sich durch Informationsasymmetrie zwischen Prinzipal
und Agent aus, da der Prinzipal nicht alle Handlungen des Agenten überwachen
kann und auch nicht sein Anstrengungsniveau (vgl. Picot et al. 2002, S. 85). Der
Vertrag zwischen den beiden Akteuren ist notwendigerweise unvollständig, da der
Prinzipal zum Zeitpunkt des Vertragsschlusses nicht alle zukünftigen Handlungs-
möglichkeiten des Agenten antizipieren kann. Informationsasymmetrie und die
Unvollständigkeit des Vertrags eröffnen dem Agenten die Möglichkeit zu **opportu-
nistischem Verhalten**.

Die verschiedenen Formen opportunistischen Verhaltens lassen sich anhand der
drei Arten von Informationsasymmetrie gliedern (vgl. Ebers/Gotsch 2014, S. 211 f.):

- Durch den Begriff **hidden characteristics** wird die Informationsasymmetrie hinsichtlich der Merkmale des Agenten ausgedrückt. Ein Beispiel hierfür ist die
  Qualifikation des Agenten. So kann dieser dem Prinzipal Qualifikationen vor-
  täuschen über die er gar nicht verfügt.
- Unter **hidden action** werden Verhaltensweisen des Agenten verstanden, die vom
  Prinzipal nicht oder nur unter prohibitiv hohen Kosten beobachtet und beurteilt
  werden können. Es liegt somit zwischen Prinzipal und Agent eine Informationsasymmetrie vor, allerdings in diesem Fall hinsichtlich des Verhaltens des
  Agenten. Dem Prinzipal sind nur die Ergebnisse des Verhaltens bekannt.
- Mit **hidden intentions** zielt der Agent auf die Erhöhung seines Nutzens auf Kosten
  des Prinzipals ab. Es handelt sich also wiederum um eine Situation, die durch Informationsasymmetrie hinsichtlich des Verhaltens des Agenten vorliegt. Möglich
  ist dies insbesondere, wenn der Prinzipal irreversible beziehungsspezifische Investitionen getätigt hat und darum auf die Leistung des Agenten angewiesen ist.

Als grundsätzliche Lösungsmöglichkeiten sieht die Prinzipal-Agenten-Theorie den
Einsatz von Anreizsystemen vor, die eine Ergebnisbeteiligung des Agenten vorsieht
und damit die Interessen des Agenten an die des Prinzipals angleicht. Eine zweite
Lösungsmöglichkeit ist die direktive Verhaltenssteuerung, die allerdings nur bei
einfachen Aufgaben möglich ist. Als dritte Möglichkeit schlägt die Theorie die
Verbesserung der Informationsversorgung des Prinzipals vor, um die Informationsasymmetrie zu senken, bspw. mittels eines entsprechend gestalteten Berichtswe-
sens (vgl. Ebers/Gotsch 2014, S. 213 f.). Wiederum soll die Nutzung dieser Theorie
zur Klärung eines Mechanismus beispielhaft illustriert werden:

> Ein international agierender Hersteller von Landmaschinen baut gegenwärtig sein
> weltweites **Service-Netzwerk** aus. Dienstleistungen, wie Wartung und Ersatzteilservice
> spielen in der Landwirtschaft eine überragende Rolle, da die Zeitfenster, die eine

Ernte erlauben, in der Regel klein sind. Geographische Nähe zu den Kunden ist daher notwendig. Eine Analyse des Landmaschinenherstellers führt zur Unterteilung in A- und B-Regionen: In A-Regionen sind die wichtigsten Kunden in großer Zahl ansässig, während in B-Regionen die Kundendichte gering ist. B-Regionen sollen daher nicht mit eigenen Service-Niederlassungen versorgt werden, sondern mithilfe von **Partnerunternehmen**. Die bisherigen Partnerunternehmen unterscheiden sich stark hinsichtlich ihrer Profitabilität. Die Profitabilität ist allerdings der wesentliche Maßstab für die Zahlungen der Lizenzgebühren der Partnerunternehmen an den Landmaschinenhersteller. Vor Einrichtung weiterer Kooperationen in noch nicht berücksichtigten B-Regionen soll daher ein Prognosemodell für die Profitabilität und damit den Lizenzzahlungen entwickelt werden. Auf Basis einer **Regressionsanalyse** auf Basis der Daten bisheriger Partnerunternehmen wird ein Modell erarbeitet, das mehrere Einflussfaktoren aufzeigt. Ein besonders relevanter Faktor ist die Art des Berichtssystems, das bei den Partnerunternehmen implementiert wurde.

Die Unternehmensleitung stellt sich die Frage, ob dieser Faktor valide ist. Mithilfe der Prinzipal-Agenten-Theorie kann der zugrunde liegende Mechanismus geklärt werden. Dazu werden die Partnerunternehmen als Agenten des Prinzipals Landmaschinenhersteller interpretiert. Da die Profitabilität die Basis für die Zahlung der Agenten an den Prinzipal ist, besteht auf für die Partnerunternehmen der Anreiz, die Profitabilität gering darzustellen als dies tatsächlich der Fall ist. Ein umfassendes **Berichtswesen** senkt diesen Spielraum für opportunistisches Verhalten der Partnerunternehmen.

Die erörterten Theorien sind lediglich ein geringer Teil des Theorienkosmos. So existieren zu jeder betriebswirtschaftlichen Teildisziplin zahlreiche Theorien, die als Basis für die Klärung von Mechanismen herangezogen werden können. Als Beispiel sei hier auf die Theorieübersicht im Bereich Controlling von Chapman/Hopwood/Shields verwiesen (Chapman/Hopwood/Shields 2007). Zudem existieren zahllose Theorien zu **technischen Zusammenhängen**.

Abschließend soll hier bemerkt werden, dass in der praktischen Durchführung von Business Analytics häufig der Fall eintritt, dass keine Theorien zur Validierung der gewonnen Roh-Evidenzen zur Verfügung stehen. Entweder, weil noch keine Theorien zu adressierten Problemen existieren oder weil eine Theorie zwar existiert, aber nicht aufgefunden wird – zumeist aufgrund mangelnder Übersicht über ein Forschungsgebiet. In diesem Fall ist notwendig, zumindest eine basale Validierung mittels **Expertenbefragungen** vorzunehmen.

5.3 Feststellung der Gültigkeitsgrenzen

Die Annahme einer absoluten räumlichen, zeitlichen und inhaltlichen **Generalisierbarkeit** der gewonnenen Roh-Evidenzen ist in aller Regel nicht zulässig (vgl. Luca/Kleinberg/Mullainathan 2016). Begrenzend wirken vor allem die angenommenen Prämissen sowie die Daten und Algorithmen. Sind die **Gültigkeitsgrenzen** der Evidenzen nicht bekannt, drohen negative Effekte, die die positiven überwiegen können. Hierzu ein Beispiel:

Gültigkeitsgrenzen ergeben sich aus Prämissen, wie bspw. dem Verhalten von Kunden. Basiert eine Evidenz, die mit einer Simulation gewonnen wurde, auf der Annahme eines bestimmten Kundenverhaltens, so stellt dieses eine Gültigkeitsgrenze dar: Ändert sich das Kundenverhalten, so ist die Evidenz nicht mehr gültig. Eine weitere Anwendung der Evidenz würde zu negativen Effekten führen, bspw. zu einer suboptimalen Produktionssteuerung. Verstärkt träte dieser Effekt zu Tage, wenn die Evidenz als Grundlage einer Automatisierung verwendet würde. Ein Mensch, der den Fehler erkennen könnte, wäre dann nicht mehr involviert. Besonders gravierend sind solche Effekte, wenn sie einen großen Zeitversatz zur Anwendung der Evidenzen aufweisen. Ein Beispiel ist die kurzfristige Steigerung von Umsätzen in der Automobilindustrie durch Rabatte unter Inkaufnahme eines erst langfristig eintretenden Schadens am Markenimage.

Wesentliche Gültigkeitsgrenzen ergeben sich auch aus Daten, die nicht in die Analyse eingegangen sind. Dies kann bewusst entschieden worden sein, bspw. um Kosten zu begrenzen oder aus Datenschutzgründen, oder unwissentlich. Hierzu ein Beispiel:

Ein Unternehmen möchte die Lieferzeit seiner Ersatzteile im Servicefall verringern. Als **Lösungsidee** soll die Verteilung von Ersatzteilen im vorhandenen Distributionsnetzwerk optimiert werden. Mithilfe eines Optimierungsmodells wurde dies auch erreicht. Allerdings trat zudem ein negativer Effekt auf: eine starke Erhöhung der Lagerkosten aufgrund gestiegener Lagerbestände besonders in Lagern mit geringer Energieeffizienz. Diese Rückmeldung führte zu einer Veränderung des Optimierungsmodells. Nun wurde das Attribut „Energieeffizienz der genutzten Lager" integriert. Dies führte zu einer anderen Verteilung der Ersatzteile, die frei von den genannten negativen Effekten war.

Weitere dateninduzierte Gültigkeitsgrenzen ergeben sich aus dem Kontext, aus dem die Daten gewonnen werden. Entstammen diese bspw. einer bestimmten Branche, so ist eine Übertragbarkeit auf eine andere Branche nur dann zulässig, wenn eine Begründung dafür existiert. Allerdings sind diese Gültigkeitsgrenzen den Nutzern der Evidenzen oftmals nicht bewusst, da diese in der Regel nicht berichtet werden. Es ist daher nicht verwunderlich, dass Über-Generalisierung, also die Nutzung von Evidenzen in nicht adäquaten Kontexten, ein weit verbreitetes Problem darstellt. Im Folgenden erarbeiten wir daher ein **Suchschema**, mit dessen Hilfe die Gültigkeitsgrenzen systematisch festgestellt werden können.

Gültigkeitsgrenzen sind durch verschiedene Faktoren determiniert. Wir unterscheiden hier:

- Gültigkeitsgrenzen durch die eingesetzten **Ressourcen**,
- Gültigkeitsgrenzen durch die eingesetzten **Algorithmen** und
- Gültigkeitsgrenzen durch Veränderung von **Prämissen** (interne und externe Faktoren).

Im hier vorgestellten Business Analytics-Prozess wird zwischen den drei **Ressourcen** Daten, IT und Personal differenziert. Jede dieser Ressourcen führt zu spezifischen Gültigkeitsgrenzen. Betrachten wir zunächst die Ressource **Daten**.

Gültigkeitsgrenzen aufgrund der verwendeten Daten können auf den Datenkontext und auf die Datenqualität zurückgeführt werden. Grundsätzlich gilt, dass Daten aus einem bestimmten **Kontext** zu Evidenzen führen, die nur in diesem Kontext Gültigkeit aufweisen. Hierzu einige Beispiele:

- Daten aus einem unternehmensspezifischen Prozess führen zu Evidenzen, die nur für dieses Unternehmen gültig sind und nicht für andere.

- Daten aus einer Branche führen zu Evidenzen, die nur für diese Branche gültig sind und nicht für andere.
- Daten aus einem Land führen zu Evidenzen, die nur für dieses Land gültig sind und nicht für andere.

Eine Übertragung der Evidenzen ist nur dann akzeptabel, wenn hierfür eine Begründung vorliegt. Basis für eine solche Begründung ist in der Regel eine hinreichende **Ähnlichkeit** des Ursprungskotextes und des Kontextes, in den die Evidenz übertragen werden soll.

Weitere Gültigkeitsgrenzen lassen sich aus der **Datenqualität** ableiten. Wie bereits in Kap. 3.2.2 eingeführt, ist die Datenqualität ein mehrdimensionales Konstrukt (vgl. bspw. Rohweder et al. 2015, S. 28 f.; Batini/Scannapieco 2016, Kap. 2). Jede Dimension führt zu spezifischen Gültigkeitsgrenzen, wie im Folgenden an ausgewählten Dimensionen erörtert wird:

- **Vollständigkeit**: Vollständigkeit liegt dann vor, wenn sämtliche Attribute sämtlicher Instanzen der Datenmatrix Werte aufweisen. Ein Spezialfall ist das Fehlen von Werten, weil diese in der Realität nicht existieren. Ein typisches Beispiel sind fehlende Kreditkartendaten eines Kunden, der aber auch über keine Kreditkarte verfügt. Mögliche Gründe sind Messfehler bei der Datenerhebung, Antwortverweigerung bei der Beantwortung eines Fragebogens, Fehler bei der Zusammenführung mehrerer Datenmatrizen (vgl. Witten et al. 2017, S. 63). Unvollständigkeit führt zu einer Vielzahl von Gültigkeitsgrenzen, die allerdings nur in Zusammenhang mit den entsprechenden Algorithmen spezifiziert werden können. So können fehlende Werte dazu führen, dass im Rahmen einer Assoziationsanalyse eine Verbindung nicht erkannt wird.
- **Korrektheit**: Sie liegt vor, wenn der Wert mit dem tatsächlichen Wert in der Realität übereinstimmt. Hierbei kann unterschieden werden zwischen unabsichtlichen und absichtlichen Fehlern. Verbraucher könnten bspw. ihre Adressdaten mit einem absichtlichen Schreibfehler versehen, um zu erkennen, ob ihre Daten gehandelt werden (vgl. Witten et al. 2017, S. 63 f.). Die Gültigkeitsgrenzen aufgrund inkorrekter Daten können wiederum nur in Verbindung mit den verwendeten Algorithmen beurteilt werden. Gegen eine geringfügige Inkorrektheit sind viele Algorithmen robust.
- **Umfang**: Grundsätzlich kann hier davon ausgegangen werden, dass ein größerer Datenumfang vorteilhaft für das Auffinden von Evidenzen ist. Aufgrund von Wirtschaftlichkeitsüberlegungen ist aber ein angemessener Umfang, jeweils abhängig vom Verwendungszweck, anzustreben. Gültigkeitsgrenzen ergeben sich aus den spezifischen Mindestanforderungen der verwendeten Algorithmen an den Datenumfang.
- **Aktualität**: Daten sind umso aktueller, je zeitnaher diese die tatsächliche Eigenschaft des beschriebenen Objektes abbilden. Gültigkeitsgrenzen ergeben sich bspw. hinsichtlich plötzlicher Veränderungen, die in alten Daten noch nicht sichtbar sind. So können bspw. notwendige Änderungen im Produktprogramm oder ein verändertes Kundenverhalten zu spät erkannt werden. Besonders relevant ist Aktualität in Situationen, in denen schnelle Reaktionen notwendig sind, wie bspw. in der operativen Produktionssteuerung.

Nicht nur aus den Daten, sondern auch aus den beiden anderen zentralen Ressourcen IT und Personal lassen sich spezifische Gültigkeitsgrenzen ableiten. **IT-bedingte**

Gültigkeitsgrenzen können aus den typischen Leistungscharakteristika abgeleitet werden. Hierzu gehören u. a. die Speicherkapazität, die Fähigkeiten zur Datenkonsolidierung und Extraktion von Daten, die Rechengeschwindigkeit sowie Fähigkeiten zur Gewährleistung des Datenschutzes.

Die **Speicherkapazität** kann zu begrenzten Evidenzen führen, wenn nicht alle relevanten Daten gespeichert werden und damit für eine Analyse nicht zur Verfügung stehen. Typische Beispiele sind Produktionsdaten, die mittels Sensoren erfasst werden. Diese erreichen bereits in kurzer Zeit einen enormen Umfang. Darüber hinaus wirkt eine **Konsolidierung** von Daten begrenzend, wenn die zu analysierenden Daten aus unterschiedlichen Datenquellen stammen und diese aufgrund von technischen Hürden nicht sinnvoll zusammengeführt werden können.

Analog gilt dies für den **Datenschutz**: Wenn die IT-Architektur nicht erlaubt, Datenbestände mit unterschiedlichen Datenschutzanforderungen gemeinsam zu analysieren, führt dies zu begrenzten Evidenzen. Ein Beispiel sind Analysen, in denen Patientendaten eine Rolle spielen. Schließlich spielt auch die **Rechengeschwindigkeit** eine Rolle. Ihre Begrenzung kann dazu führen, dass besonders rechenintensive Algorithmen nicht durchgeführt werden können. Dies führt regelmäßig dazu, dass nicht alle Daten in die Analyse mit einbezogen werden.

Wenden wir uns nun Gültigkeitsgrenzen zu, die auf die Ressource **Personal** zurückzuführen sind. Für diese Ressource wurde in Kap. 3.4.1 eine sechsgliedrige Differenzierung eingeführt, die hier als Analyserahmen für die Feststellung weiterer Gültigkeitsgrenzen dient. Sie umfasst folgende Rollen:

- Datenakquise & -haltung,
- Datenaufbereitung,
- Datenanalyse,
- Visualisierung & Reporting,
- Deployment sowie
- Privacy & Security.

Gültigkeitsgrenzen können aus jeder der Rollen abgeleitet werden. Einerseits aus quantitativer Perspektive andererseits aus qualitativer. Eine **quantitative Begrenzung** der Mitarbeiter, die mit der Datenanalyse betraut sind, kann dazu führen, dass zu wenige Analysevarianten durchgeführt werden. Aber auch eine **qualitative Einschränkung** des Personals führt zu begrenzten Evidenzen. Ein Beispiel ist das Fehlen der Kompetenz hinsichtlich eines bestimmten Algorithmus, so dass Evidenzen im Extremfall erst gar nicht gewonnen werden können.

Nach den Gültigkeitsgrenzen durch die eingesetzten Ressourcen, werden im Folgenden solche erörtert, die auf die eingesetzten **Algorithmen** zurückgehen. Diese entstehen überwiegend im Zusammenwirken von Algorithmen und Datenqualität. Hierzu zwei Beispiele:

Beispiel 1: Im Rahmen einer Regressionsanalyse werden nicht alle Prädiktoren identifiziert, da einige Attribute einen zu hohen Anteil an Missing Values aufweisen.

> **Beispiel 2**: Im Rahmen einer Klassifikationsanalyse konnte aufgrund der Skalierung einiger Attribute keine hohe Prognosequalität erreicht werden. Die betreffenden Attribute wären dazu in metrischer Skalierung erforderlich gewesen, lagen aus Kostengründen aber nur in einem niedrigeren Skalenniveau vor.

Weitere Gültigkeitsgrenzen entstehen, wenn bei der Anwendung von Algorithmen Daten bewusst oder unbewusst ausgeschlossen werden. Dieser **Ausschluss** kann sich dabei auf Attribute oder Instanzen oder beides beziehen. Algorithmen erkennen einen solchen menschlichen Einfluss nicht. Hierzu zwei Beispiele:

> **Beispiel Predictive Analytics**: Ein Fernbusunternehmen möchte prognostizieren, unter welchen Bedingungen Erstkunden ein zweites Mal eine Fernbusreise tätigen. Für die Analyse werden allerdings bestimmte Attribute bewusst ausgeschlossen, die als nicht relevant angenommen werden.

> **Beispiel Prescriptive Analytics**: Eine Vertriebsabteilung möchte mittels einer Simulation ihren Vertriebserfolg optimieren. Sie betrachtet dabei aber nur kurzfristige Maßnahmen, wie bspw. die Wirkung von Rabatten. Langfristige Effekte, wie bspw. den Einfluss von Rabatten auf das Markenimage werden nicht in das Modell integriert und damit auch nicht als möglicher negativer Effekt erkannt.

Speziell im Falle von Optimierung können durch den Ausschluss von Daten langfristig negativ wirkende Effekte, die kurzfristig positiv wirkende überkompensiert werden. Luca/Kleinberg/Mullainathan bezeichnen dies treffend als **Kurzsichtigkeit** (Luca/Kleinberg/Mullainathan 2016, S. 100).

Zuletzt wollen wir auf die Gültigkeitsgrenzen eingehen, die sich aus jenen **Prämissen** ableiten, die zu Beginn der Analyse gesetzt wurden, die sich dann aber im Verlauf der Zeit verändert haben. Beispiele für Prämissen sind Annahmen über das Wetter, über das Verhalten von Kunden und der eigenen Mitarbeiter sowie über den Ablauf von Prozessen. Eine Veränderung der Prämissen führt in der Regel dazu, dass die gewonnenen Evidenzen nur noch begrenzte Gültigkeit aufweisen. Da sich diese Gültigkeitsgrenzen erst im Zeitverlauf einstellen sollen sie als **Evidenzerosion** bezeichnet werden. In den verschiedenen Business Analytics-Modi manifestiert sich diese Erosion in unterschiedlichen Formen.

- **Descriptive Analytics**: Veränderte Prämissen finden ihren Niederschlag in den verschiedenen Mustern, die mithilfe von Descriptive Analytics identifiziert werden sollen. So können veränderte Prämissen dazu führen dass identifizierte Assoziationen ihre Gültigkeit verlieren und neue, bislang nicht existente hinzutreten.
- **Predictive Analytics**: Die Erosion manifestiert sich in der Veränderung der Prognosequalität der Modelle (vgl. Finlay 2014, S. 149 f.). Eine Änderung von Prämissen kann zu neuartigen Prädiktoren führen und alte ungültig machen. Hierzu ein Beispiel: Ein Prognosemodell für die Zahlungsbereitschaft der Kunden von Lebensmitteln bezog in den 1980er-Jahren noch nicht die Veränderungen des Lebensstils hin zu mehr Nachhaltigkeit mit ein. Neue Prognosemodelle würden daher entsprechende Prämissen zugrunde legen.

- **Prescriptive Analytics**: Durch die Änderung von Prämissen kann sich ein ermitteltes Optimum als ein nur lokales Optimum herausstellen, das gegenüber einem neuen Optimum unterlegen ist. Wichtige Prämissen sind die Verhaltensweisen von Kunden und Wettbewerbern sowie technologische Fortschritte und Regulierungen.

Der **Erosionsverlauf** kann verschiedene Formen aufweisen. In Abbildung 88 werden drei charakteristische Grundformen dargestellt: keine Erosion, konstante Erosion und vollständige Erosion. Die erste Verlaufsform unterliegt keiner Erosion. Die zugehörige Evidenz basiert auf stabilen Prämissen. Die Gültigkeit der zweiten Evidenz unterliegt einer stetigen Erosion. Die zugehörigen Prämissen stimmen folglich im Laufe der Zeit immer weniger mit der Realität überein. In einem dritten Verlauf verliert die Evidenz zu einem bestimmten Zeitpunkt jegliche Gültigkeit. Zu diesem Zeitpunkt liegt ein grundsätzlicher Paradigmenwechsel vor. Ein Beispiel ist der Stichtag, an dem eine bestimmte gesetzliche Regulierung in Kraft tritt.

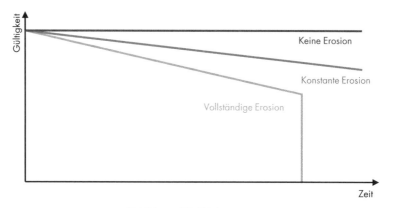

Abbildung 88: Evidenzerosion

Die **Dokumentation** sämtlicher Gültigkeitsgrenzen ist notwendig, damit die Gültigkeit der gewonnenen Evidenzen überprüft werden kann. Nur auf diese Weise können fehlerhafte Anwendung der Evidenzen verhindert werden. Die Dokumention sollte zudem Vorschläge umfassen, in welchen zeitlichen Abständen die Gültigkeit der Prämissen überprüft werden sollte.

5.4 Visualisierung

Eine **optimale Visualisierung** ist die Voraussetzung, um die gewonnen Roh-Evidenzen zur Lösung eines betriebswirtschaftlichen Problems nutzen zu können. Die Optimalität ist dann erreicht, wenn ein Nutzer in die Lage versetzt wird, „[...] sich ein mentales Modell der Daten und der mit ihnen verbundenen Modelle und Prozesse zu bilden, das den tatsächlichen Gegebenheiten entspricht und die zugrunde liegenden Zusammenhänge beschreibt." (Schumann/Müller 2000, S. 8). Hierzu drei einführende Beispiele, die zeigen, welchen Einfluss die **Wahl der Darstellungsformen und -farben** auf die Wahrnehmung und die Handlung der Betrachter haben.

Abbildung 89 zeigt zwei alternative Darstellungen desselben Ergebnisses einer Clusteranalyse. Im linken Teil der Abbildung wurden die Cluster mittels Ovalen hervorgehoben. Die Ovale sind gleich groß, obwohl Anzahl und Streuung der Datenpunkte in den Clustern stark variieren. Hierdurch kann der Eindruck entstehen, die Cluster seien als gleichwertig anzusehen – insbesondere, wenn der Betrachter unter Zeitdruck handelt. Im rechten Teil der Darstellung entsteht dieser Eindruck nicht, da keine Ovale verwendet wurden, um die Cluster zu kennzeichnen. Vielmehr wurden die Datenpunkte unterschiedlich gefärbt.

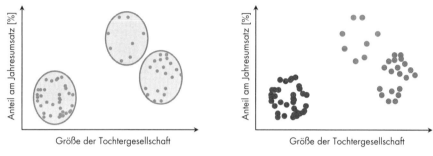

Abbildung 89: Fehlwahrnehmung der Wichtigkeit von Clustern

Ein zweites Beispiel zeigt Abbildung 90. Sie umfasst zwei alternative Darstellungsformen der Performance ein und derselben Aktie im zeitlichen Verlauf. Der linke Teil der Abbildung zeigt eine übliche Darstellung des Aktienkurses mittels eines Liniendiagramms. Der rechte Teil der Abbildung zeigt die Aktienperformance mittels einer monatlichen Veränderungsrate, die jeweils als Balken dargestellt wird. Eine Studie zeigt, dass obwohl derselbe Sachverhalt dargestellt wird, jene Teilnehmer eines Experiments die Aktienperformance signifikant positiver einschätzten, die das Liniendiagramm betrachteten (vgl. Iliewa 2019). Die Form der Darstellung beeinflusste somit die Wahrnehmung. Es ist daher zu erwarten, dass auch eine darauf aufbauende Investitionsentscheidung von der Visualisierungsform abhängig ist.

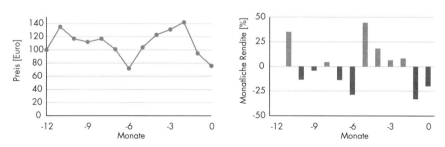

Abbildung 90: Visualisierungsform und Wahrnehmung der Aktienperformance (in Anlehnung an Iliewa 2019, S. 17)

Ein drittes Beispiel verdeutlicht den Einfluss von Farben. Abbildung 91 zeigt zwei Varianten derselben Tabelle. In den Tabellen werden die Umsätze der Ausrüster

GmbH für vier Regionen über einen Zeitraum von vier Quartalen dargestellt. Der Unterschied liegt in der Farbwahl. In der linken Variante wird ein Farbverlauf von Weiß über verschiedene Blautöne bis hin zu einem dunklen Blau verwendet. In der rechten Variante hingegen werden Grüntöne, Weiß und Rottöne verwendet. Durch die Verwendung von Farben, die bspw. aus dem Straßenverkehr eine positive (grün) bzw. negative Konnotation (rot) aufweisen, werden die Unterschiede zwischen den Werten in der Tabelle weitaus drastischer wahrgenommen als in der anderen Abbildung.

	Q1	Q2	Q3	Q4		Q1	Q2	Q3	Q4
Deutschland	- 5%	+ 10%	+ 15%	0%	Deutschland	- 5%	+ 10%	+ 15%	0%
Österreich	- 15%	- 5%	- 20%	+ 5%	Österreich	- 15%	- 5%	- 20%	+ 5%
Schweiz	+ 20%	0%	+ 5%	- 5%	Schweiz	+ 20%	0%	+ 5%	- 5%
Frankreich	- 10%	+ 5%	+15%	- 15%	Frankreich	- 10%	+ 5%	+15%	- 15%

Abbildung 91: Wahrnehmung und Farbwahl

Diese drei Beispiele zeigen eindrücklich den Einfluss der Visualisierung auf die Wahrnehmung der Evidenzen. Es ist daher notwendig, dass wir uns mit den Grundzügen der Visualisierung vertraut machen – auch hier wieder unterstützt durch konkrete Beispiele unserer Fallstudie Ausrüster GmbH.

Visualisierung ist ein weiter Begriff. Er beginnt bereits bei einfachen Formen wie Tabellen. In solchen können die Ergebnisse so unterschiedlicher Algorithmen wie Regressionsanalysen und Clusteranalysen dargestellt werden (vgl. Witten et al. 2017, S. 68). Andere einfache Formen sind mathematische Gleichungen als Ergebnis einer Regressionsanalyse. In der Regel werden unter Visualisierungen allerdings **bildhafte Darstellungen** zum Zwecke des Verständnisses und der Kommunikation von Informationen verstanden (vgl. Schumann/Müller 2000, S. 5). Sie bestehen aus verschiedenen graphischen Elementen, die u. a. durch Form, Position, Größe, Farbe, Texturen und Orientierung charakterisiert sind.

In einer ersten Differenzierung können deklaratorische und explorative Darstellungen unterschieden werden (vgl. Berinato 2016, S. 56 f. sowie die Einordnung von BITKOM 2014, S. 86 f.). Die **deklaratorische Visualisierung** zielt auf die Schaffung eines grundlegenden Verständnisses der Evidenzen ab. Im Fokus steht die Übermittlung von klaren Aussagen (vgl. Berinato 2016, S. 66 f.). Im Business Analytics-Prozess wird die deklaratorische Visualisierung genutzt, um die Evidenzen zur Lösung des adressierten betriebswirtschaftlichen Problems zu vermitteln. Die Visualisierung fungiert hierbei als Kommunikationsinstrument zwischen den verschiedenen beteiligten Rollen (vgl. für die verschiedenen Rollen Kap. 3.5.3). Dem letztendlichen Nutzer wird durch die klare, strukturierte und einfache Darstellung ermöglicht, die entscheidenden Aussagen schnell und korrekt zu erkennen.

Hingegen zielt die **explorative Visualisierung** auf die visuelle Entdeckung von unbekannten Aspekten, aus denen neue Lösungsideen generiert oder neue betriebswirtschaftliche Probleme abgeleitet werden können. Im Gegensatz zur deklaratorischen Darstellung werden mit einer explorativen Visualisierung unbekannte Muster sichtbar gemacht, die zwar nicht im Fokus der Untersuchung lagen, aber sich in deren Verlauf als nützlich erweisen können (vgl. Berinato 2016, S. 61). Sie dient auch dazu einen „ersten Eindruck" von Daten zu gewinnen. Sinnvoll ist die Verwendung von digitalen Endgeräten, da diese den spielerischen Umgang mit den Daten ermöglichen. Zudem wird dadurch das Hinzuziehen von Detailinformationen vereinfacht, die eine tiefgreifende Analyse der neu entdeckten Zusammenhänge ermöglichen. Ein weiteres Ziel der explorativen Visualisierung ist das „Visual Debugging" im Sinne eines visuellen Auffindens von Fehlern in der Datenbasis oder den Ergebnissen (vgl. BITKOM 2014, S.86 f.).

Abbildung 92 zeigt ein Beispiel für eine explorative Visualisierung. Die Ausrüster GmbH möchte ihr Engagement auf Fachmessen grundsätzlich überdenken. Hierbei ist es für alle Optionen offen. Es ist also eine Situation, in der zwar ein betriebswirtschaftliches Problem vorliegt, aber noch **keine Lösungsidee** und daher auch noch kein Analytics-Problem. Vielmehr soll durch die explorative Visualisierung verschiedener Charakteristika des Messemarktes ein erster Eindruck für mögliche Optionen, sprich: Lösungsideen, gewonnen werden. Hierzu wurden durch die Marketing-Abteilung verschiedene Charakteristika aufbereitet: die geographische Verteilung bestehender Messen, deren Dauer sowie eine Gegenüberstellung von Dauer und Besucherzahlen. Zudem wird gezeigt, welche Wochentage in welchen Monaten des Jahres besonders messintensiv sind.

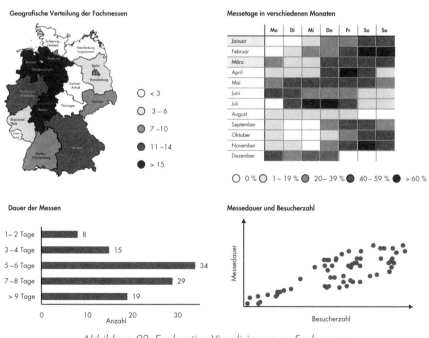

Abbildung 92: Explorative Visualisierung zu Fachmessen

Hilfestellungen zur optimalen Visualisierung können aus dem **menschlichen Wahrnehmungsprozess** abgeleitet werden. Dabei handelt es sich um einen komplexen Vorgang, der sich modellhaft in drei Phasen gliedern lässt (vgl. Heimann/Schütz 2017, S. 46 f.):

Zur Aufnahme der Informationen muss der Betrachter auf diese aufmerksam werden. **Präattentive Merkmale** ziehen bereits die Aufmerksamkeit auf sich noch bevor die gesamte Visualisierung in das Bewusstsein vordringt. Sie eignen sich daher, um die Wahrnehmung direkt auf bestimmte Elemente einer Visualisierung zu lenken. Abbildung 93 zeigt vier Varianten eines Balkendiagramms: eines ohne die Nutzung eines präattentiven Merkmals und drei mit den Merkmalen Farbe, Einrahmung und Größenabweichung.

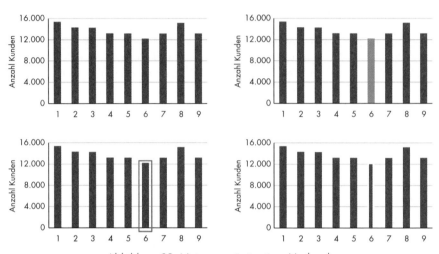

Abbildung 93: Nutzung präattentiver Merkmale

Nachdem der Betrachter auf die Informationen aufmerksam geworden ist, werden diese bewusst verarbeitet. Im Kern geht es um eine **Analyse** der einzelnen Elemente der Visualisierung. Je nach Komplexität der Visualisierung wird ein unterschiedlich hohes Maß an kognitiven Ressourcen benötigt. Diese sind allerdings limitiert. Übersteigt die Komplexität ein bestimmtes Niveau, kann der Betrachter die Evidenz nicht oder nicht vollständig erfassen.

In der dritten Phase des Wahrnehmungsprozesses werden die relevanten Informationen im Gedächtnis gespeichert. Für diese **Verankerung** ist es hilfreich, wenn der Betrachter den Bezug zur der von ihm zu lösenden betriebswirtschaftlichen Problem erkennt. So erhält die Visualisierung eine Bedeutung (vgl. Heimann/ Schütz 2017, S. 47).

Als Gütekriterien für eine wahrnehmungsoptimierte Visualisierung haben sich die Merkmale Effizienz, Effektivität und Verankerung etabliert:

- **Effizienz** definiert die Geschwindigkeit, in der die Informationen durch den Nutzer aufgenommen werden. Hier spielen präattentive Merkmale eine wichtige Rolle.
- **Effektivität** dagegen ist ein Maß dafür, ob die Informationen korrekt wahrgenommen und interpretiert werden.
- Je besser die **Verankerung** erfolgt, desto länger kann ein Betrachter die Erkenntnisse aus der Visualisierung wieder aus seinem Gedächtnis abrufen. In jüngster

Zeit werden unter dem Begriff Storytelling Anregungen zur Verbesserung der Verankerung diskutiert (vgl. Heimann/Schütz 2017, S. 86 f.).

Empfehlungen zur Steigerung von Effizienz und Effektivität können aus den **Gestaltgesetzen** abgeleitet werden. Gestalt ist definiert als das „[...] Ganze, das mehr ist, als die Summe seiner Teile." (Hartung 2014, S. 1). Dies weist darauf hin, dass sich die menschliche Wahrnehmung nicht nur aus den sichtbaren Umweltreizen zusammensetzt, sondern auch aus deren Konstellation und den individuellen Empfindungen des Betrachters resultiert. Die Folge ist, dass jeder Mensch eine subjektive Wirklichkeit wahrnimmt, die nicht mit der wahrgenommen Realität anderer Personen übereinstimmen muss (vgl. Raab et al. 2016, S. 187 f.). Im Fokus der Gestaltgesetze liegt die Schaffung von Klarheit, Einfachheit und Prägnanz der dargestellten Elemente. Im Folgenden werden die Inhalte ausgewählter Gestaltgesetze erörtert (für weitere, hier nicht erörterte Gestaltgesetze vgl. Hartung 2014).

Das **Gesetz der guten Gestalt** postuliert, dass der Mensch seine Umgebung am effektivsten in charakteristischen und bekannten Strukturen, Formen und Elementen wahrnimmt (vgl. Schnelle-Schneyder 2011, S. 100). Eine gute Gestalt zeichnet sich durch Klarheit und Einfachheit aus. Bei der Visualisierung ist folglich auf eine verständliche, auf Grundformen ausgerichtete Gestaltung zu achten. Dazu sind Aspekte zu vermeiden, die zu Irritationen führen könnten, wie bspw. eine Ampel mit vertauschten Farben oder eine Gabel mit sechs Zinken (vgl. Heber 2016, S. 119). Dies inkludiert neben den eigentlichen Darstellungsformen auch deren präzise Bezeichnung und die Wahl einer eindeutigen Sprache für Legende und Überschrift. Verkürzt kann das Gesetz der guten Gestalt als Sparsamkeitsgrundsatz aufgefasst werden.

Das **Gesetz der Ähnlichkeit** besagt, dass Menschen Elemente, die gleich oder zumindest ähnlich erscheinen, als zusammengehörig wahrnehmen. Die Ähnlichkeit bezieht sich nicht nur auf Formen oder Strukturen, sondern kann auch durch Farbe, Größe oder Lage im Raum begründet sein (vgl. Schnelle-Schneyder 2011, S. 101). Die Aufmerksamkeit kann folglich durch die bewusste Erzeugung von Ähnlichkeiten effizient gelenkt werden. Zudem kann dies die Analyse der dargestellten Zusammenhänge erleichtern.

Nach dem **Gesetz der Nähe** werden Elemente als zusammengehörig wahrgenommen, wenn diese sich nah beieinander befinden. Benachbarte Elemente werden auf diese Weise als eine Gruppe interpretiert, die für eine gemeinsame Aussage stehen. Der Einfluss des Gesetzes der Nähe ist so dominant, dass es das Gesetz der Ähnlichkeit überstrahlt und ähnliche Elemente aufgrund einer räumlichen Trennung nicht als Gruppe erkannt werden (vgl. Hartung 2014, S. 10). Zusammengehörende Elemente sollten daher in einer Visualisierung nah beieinander angeordnet werden (vgl. Heber 2016, S. 118).

Das **Gesetz der Verbundenheit** besagt, dass die menschliche Wahrnehmung Elemente als zusammengehörig erfasst, wenn diese durch eine Linie miteinander verbunden sind. Die Elemente werden durch die Linie für den Betrachter in Beziehung zueinander gesetzt. Daher können Linien gezielt genutzt werden, um Verbindungen zwischen Elementen herzustellen, die aufgrund der Lage, Form oder Farbe für das menschliche Auge sonst nicht verknüpft wären (vgl. Nussbaumer Knaflic 2017, S. 67). Die Ausgestaltung der Linie spielt eine wichtige Rolle. Die Variation in der Liniendicke oder der Einsatz von unterbrochenen Linien in Gegensatz zu durchgezogenen Linien stellen wesentliche Abstufungen der Verbundenheit dar (vgl. Evergreen 2017, S. 187).

Das **Gesetz von Figur und Grund** postuliert, dass sich Figuren stark vom Hintergrund abheben. Als Figur werden jene Elemente einer Abbildung wahrgenommen, die sich durch ihre Positionierung im Blickfeld oder die verwendeten präattentiven Merkmale von den restlichen Elementen unterscheiden. Diese Figuren werden scharf und detailliert im Vordergrund gesehen. Die übrigen Elemente der Graphik werden dagegen als Hintergrund interpretiert und unscharf wahrgenommen (vgl. Schnelle-Schneyder 2011, S. 94). Zentrale Aussagen sind daher durch die gezielte Nutzung von präattentiven Merkmalen zu betonen sowie im zentralen Blickfeld des Betrachters anzuordnen.

Aufgrund ihres hohen Abstraktionsgrads sind die Gestaltgesetze breit anwendbar. Und obwohl die einzelnen Gesetze auf den ersten Blick trivial erscheinen, werden sie in konkreten Visualisierungen häufig außer Acht gelassen.

Im Folgenden werden nun die einzelnen **Visualisierungsformen** und deren wesentliche Varianten vorgestellt. Besonders diskutiert werden deren Stärken und Schwächen in Bezug auf die Nutzung für die Visualisierung der Ergebnisse unterschiedlicher Algorithmen. Als Ordnungskriterium dienen die jeweils dominanten graphischen Elemente, wie Punkte, Kreise und Netzwerke. Die folgende Aufzählung umfasst die erörterten Visualisierungsformen:

- **Punkte & Punktderivate**: Blasendiagramme, Punktmatrizendiagramme, Word Clouds,
- **Linien & Flüsse**: Sparklines, Slope Charts, Chord-Diagramme, Flussdiagramme, Sankey-Diagramme, Flow Maps,
- **Säulen & Balken**: Wasserfall-Diagramme, Boxplots, Bullet Graphs, Star Graphs, Radial Bar Charts,
- **Kreise & Ringe**: Sunburst-Diagramme, Circular Treemaps sowie
- **Netzwerke & Hierarchien**: Entscheidungsbäume, Dendrogramme und Tree Maps.

Punktdiagramme, auch als Streudiagramme bezeichnet, visualisieren Evidenzen mithilfe von Punkten, die in der Regel in einem kartesischen Koordinatensystem eingetragen werden. Die Achsen zeigen hierbei jeweils die verschiedenen Ausprägungen der Datenpunkte (vgl. Nussbaumer Knaflic 2017, S. 37 f.). Punktdiagramme sind eine leicht verständliche Visualisierungsform, die sich sowohl für explorative als auch deklaratorische Visualisierungen eignet. Eine typische Anwendung ist die Visualisierung der Ergebnisse von Clusteranalysen (vgl. Kohlhammer et al. 2013, S. 59 f.). Auch zur Abbildung der Ergebnisse von Ausreißeranalysen sowie von Regressionsanalysen eignen sich Punktdiagramme. Allerdings besteht die Gefahr, dass Korrelationen bzw. Cluster wahrgenommen werden, die keine reale Entsprechung haben. Hier zeigt sich nochmals, weshalb die Klärung der Mechanismen vor einer Visualisierung essentiell ist.

Das Punktdiagramm wird durch die Variation der Punktgrößen zum **Blasendiagramm** erweitert. Die Fläche der Blasen repräsentiert die Ausprägung eines dritten Attributs. Allerdings ist zu beachten, dass die Bestimmung der Blasengröße sowie deren Positionierung nicht trivial ist (vgl. Berinato 2016, S. 228). Ein klassisches

Anwendungsgebiet für Blasendiagramme sind Portfolio-Analysen, bei denen neben dem relativen Marktanteil und dem Marktwachstum des Geschäftsfelds zusätzlich dessen Umsatz abgebildet wird. Durch den Einsatz von Farbe oder alternativen Formen können weitere Dimensionen hinzugefügt werden (vgl. Kohlhammer et al. 2013, S. 60). Jedoch muss hierbei die Übersichtlichkeit und Interpretierbarkeit des Blasendiagramms beachtet werden – es gilt der oben erörterte Sparsamkeitsgrundsatz.

Eine weitere typische Anwendung für Blasendiagramme ist die Darsteller der Ergebnisse von Clusteranalysen – hier gilt es allerdings die eingangs dargestellte Fehlvisualisierungen zu beachten! Abbildung 94 zeigt die Ergebnisse einer Ausreißeranalysen und einer Produktportfolio-Analyse der Ausrüster GmbH in Form eines Punkt- und eines Blasendiagramms.

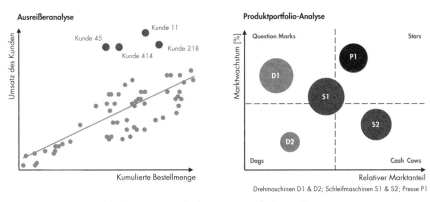

Abbildung 94: Punktdiagramm und Blasendiagramm

Eine weitere Variante des Punktdiagramms ist das **Punktmatrizen-Diagramm**. Jeder Punkt stellt hierbei eine Teilmenge einer Gesamtmenge dar, die sich in der Regel durch farbliche Akzente von der Gesamtmenge abhebt. Auf diese Weise kann die Zusammensetzung einer Datenmatrix visualisiert werden. Bei der Abbildung von vielen Teilmengen bzw. Kategorien wird die Darstellbarkeit und Erkennbarkeit jedoch deutlich erschwert (vgl. Berinato 2016, S. 232). Abbildung 95 zeigt den Anteil der zugekauften After Sales-Dienstleistungen für die verschiedenen Produkte der Ausrüster GmbH. Ein Punkt entspricht jeweils 5 % an der Gesamtmenge der abgeschlossenen Dienstleistungsverträge.

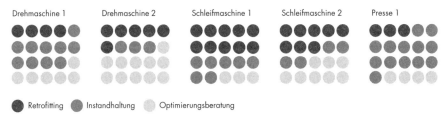

Abbildung 95: Punktmatrizen-Diagramm

Als eine Sonderform von Blasendiagrammen können **Word Clouds** interpretiert werden. An die Stelle von Blasen treten Wörter. Deren Größe und Anordnung im Diagramm spiegeln die Häufigkeit der Worte in einem Text wider. Je größer und zentraler das Wort in einer Word Cloud abgebildet ist, umso häufiger tritt es im Text auf. Gemäß Gesetz von Figur und Grund sind zentrale Wörter farblich hervorzuheben, so dass der Unterschied zu den restlichen Wörtern besonders betont wird.

Word Clouds eignen sich insbesondere für die Visualisierung von Evidenzen, die mittels Text Mining identifiziert wurden. Zumeist sind sie der Ausgangspunkt für Folgeanalysen. Jedoch ist zu beachten, dass relevante Unterthemen und ein zeitlicher Verlauf nur schlecht abgebildet werden können (vgl. Böck et al. 2017, S. 8). Abbildung 96 zeigt die Ergebnisse der Auswertung von Servicetechniker-Protokollen der Ausrüster GmbH. Es zeigt die wesentlichen Fehlermeldungen, die zu einem Wartungsfall führten.

Abbildung 96: Word Cloud

Eine zweite Klasse von Visualisierungsformen basiert auf dem graphischen Element Linie. Klassische **Liniendiagramme** stellen zeitliche Verläufe dar. Besonders wirkungsvoll bildet diese Visualisierungsform die Richtung und Stärke eines Trends ab (vgl. Kohlhammer et al. 2013, S. 57). Einfache Liniendiagramme eignen sich daher insbesondere für die Visualisierung von Evidenzen, die im Rahmen von **Zeitreihenanalysen** gewonnen wurden. Für die Visualisierung von kategorialen Daten ist dieser Diagrammtyp dagegen nicht zu empfehlen, da Linien eine Verbindung suggerieren (vgl. Nussbaumer Knaflic 2017, S. 39). Zudem ist zu beachten, dass das Erkennen von diskreten Datenpunkten aus einer kontinuierlichen Linie erschwert wird (vgl. Berinato 2016, S. 229). Abhilfe kann die besondere Betonung der einzelnen Datenpunkte schaffen.

Abbildung 97 zeigt die Umsatzentwicklung der Ausrüster GmbH für After Sales-Dienstleistungen über einen Zeitraum von vier Jahren. Das Liniendiagramm zeigt eine saisonale Schwankung der Umsätze über die einzelnen Quartale, dessen Minimum im 4. Quartal liegt. Betont wird das Ergebnis einer Detailanalyse zum ungewöhnlichen Wert des 4. Quartals 2016: Es wurde festgestellt werden, dass die für das Retrofitting notwendigen Ersatzteile einen Lieferengpass aufwiesen.

Abbildung 97: Liniendiagramm

Auch für Liniendiagramme gilt der Sparsamkeitsgrundsatz: Typische Fehler sind der Einsatz von zu vielen Linien oder der übermäßige Einsatz von Farben. Weitere Fehler sind für den Betrachter ungewohnte Achsenbeschriftungen. Dazu gehört auch die Versetzung des Nullpunkts.

Eine miniaturisierte Sonderform von Liniendiagrammen sind **Sparklines** (vgl. Tufte 2010, S. 50). Sie werden als Ergänzung in Texten oder tabellenförmigen Darstellungen genutzt. Ein typisches Beispiel zeigt Abbildung 98. Wiederum wird der Dienstleistungsumsatz der Ausrüster GmbH über einen Zeitraum von vier Jahren dargestellt. Farblich hervorgehoben sind die jeweiligen Extremwerte.

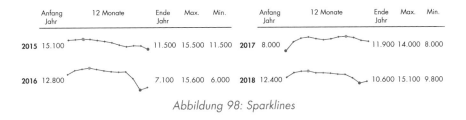

Abbildung 98: Sparklines

Eine weitere Ausprägung von Liniendiagrammen ist das **Spaghetti-Diagramm**. In dieser Visualisierungsform werden mehrere Linien in einem Diagramm darstellt. Die einzelnen Verläufe können auf diese Weise direkt miteinander verglichen werden. Für Spaghetti-Diagramme gilt ebenfalls der gestalterische Grundsatz, dass die Aussagekraft des Diagramms mit zusätzlichen Linien tendenziell abnimmt. Empfehlenswert ist eine Maximalzahl von vier Linien (vgl. Evergreen 2017, S. 197). Insbesondere bei vielen sich überkreuzenden Linien wird der Betrachter einer kognitiven Belastung ausgesetzt. Abbildung 99 zeigt den bereits dargestellten Verlauf des Dienstleistungsumsatz der Ausrüster GmbH nun aber getrennt nach Dienstleistungsarten.

Eine weitere Variante von Liniendiagrammen entsteht, wenn die Flächen unterhalb der einzelnen Linien eingefärbt oder schraffiert werden. Ein solches **Flächendiagramm** wird bspw. zur Darstellung von Volumina oder kumulativen Werten verwendet. Jedoch wird es bei mehr als drei darzustellenden Flächen unübersichtlich.

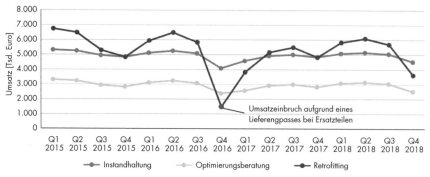

Abbildung 99: Spaghetti-Diagramm

Müssen in einem Spaghetti-Diagramm besonders viele Linien dargestellt werden, ist dies durch die Sonderform des **Slope Charts** möglich. Die schwankenden Zeitreihen werden dabei durch Geraden von Anfangs- zu Endwerten ersetzt. Der Einsatz dieser Visualisierungsform eignet sich für die einfache Darstellung von Vorher-Nachher-Vergleichen, in denen Ausreißer gegenüber Trends eine untergeordnete Rolle spielen (vgl. Berinato 2016, S. 231). Abbildung 100 zeigt die zeitliche Entwicklung der Anteile der jeweiligen Produktgruppen der Ausrüster GmbH am Gesamtumsatz über die vergangenen 20 Jahren. Diese Darstellung hebt hervor, dass der Umsatzanteil der Drehmaschine D1 deutlich zurückgegangen ist.

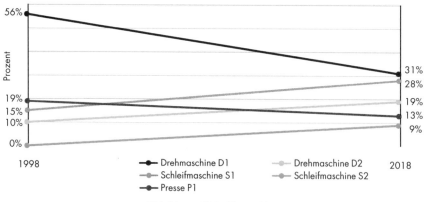

Abbildung 100: Slope Chart

Slope Charts eigenen sich aber nicht nur zur Darstellung zeitlicher Verläufe, sondern auch zum Vergleich der Charakteristika zweier Gruppen. Jedes Charakteristikum wird durch eigene Linie dargestellt. Die Endpunkte dieser Linien repräsentieren die konkreten Ausprägungen der Charakteristika in den zu vergleichenden Gruppen dar (vgl. Evergreen 2017, S. 3).

Das **Chord-Diagramm** stellt eine komplexe Erweiterung des Liniendiagramms dar. Die darzustellenden Elemente werden zumeist ringförmig angeordnet und durch unterschiedlich breite Linien miteinander verbunden. Die Breite der Linien repräsentiert die Intensität der Verbindung. Chord-Diagramme eignen sich für die Visualisierung von Ergebnissen einer **Assoziationsanalyse**, da Zusammenhänge innerhalb einer Datenmatrix sowie deren Relevanz dargestellt werden. Chord-Diagramme eignen sich sowohl zur explorativen als auch zur deklaratorischen Visualisierung. Abbildung 101 zeigt wie häufig die unterschiedlichen Maschinen und Dienstleistungen der Ausrüster GmbH von deren Kunden als Bündel erworben werden.

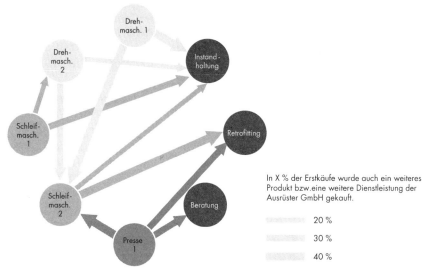

Abbildung 101: Chord-Diagramm

Flussdiagramme, eine weitere Ausprägung der Liniendiagramme, dienen der Visualisierung von Bewegungsgrößen. Beispiele sind Material-, Energie- und Informationsflüssen. Im betriebswirtschaftlichen Kontext werden sie zudem häufig zur Abbildung von Prozessen genutzt. Um die kognitive Belastung zu begrenzen, wird regelmäßig auf Standardsymbole zur Darstellung der verschiedenen Aktivitäten und Entscheidungen zurückgegriffen. Abbildung 102 zeigt die Visualisierung des

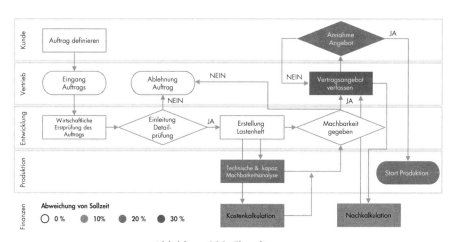

Abbildung 102: Flussdiagramm

Prozesses „Annahme Kundenauftrag" der Ausrüster GmbH. Die Schwimmbahnen repräsentieren die beteiligten Akteure. Zudem wird mithilfe einer Farbskala gezeigt, wie häufig die Prozessschritte von den Sollzeiten abweichen.

Auch **Sankey-Diagramme** eignen sich zur Darstellung von Bewegungsgrößen. Mithilfe von unterschiedlich breiten Linien wird Fluss physikalischer Größen wie bspw. Energie, Materialien oder Finanzen von der Quelle zur Senke aufgezeigt. Die Breite der Flüsse ist proportional zur Quantität der abgebildeten Flussgröße. Dieser Diagrammtyp ermöglicht es, dominante Flussgrößen zu identifizieren und Ineffizienzen aufzudecken. Ein Sankey-Diagramm eignet sich insbesondere für Evidenzen, in denen eine Vielzahl von Input- und Outputgrößen eine Rolle spielen (vgl. Evergreen 2017, S. 220).

Neben der Visualisierung von Flussgrößen eignen sich Sankey-Diagramme auch, um die **Wirksamkeit** von Aktionen im zeitlichen Verlauf darzustellen. An Punkten, an denen sich der Gesamtfluss aufteilt, zeigen sich die verschiedenen Ergebnisse einer Aktion. Abbildung 103 zeigt dazu beispielhaft die Wirksamkeit einer Vertriebsaktion der Ausrüster GmbH über mehrere Interaktionsschritte mit den Kunden.

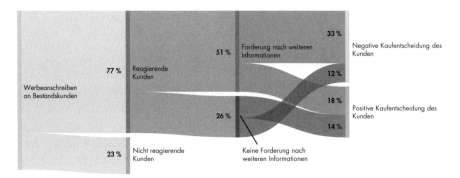

Abbildung 103: Sankey-Diagramm

Ist bei der Darstellung von Flussgrößen eine geographische Dimension relevant, ist die **Flow Map** eine geeignete Visulisierungsform. Auch hier stehen quantitative Größen im Vordergrund, die zwischen einer Quelle und Senke fließen. Allerdings sind die Quellen und Senken geographische Orte, zwischen denen sich bspw. Güter oder Personen bewegen (vgl. Berinato 2016, S. 227 f.). Der geographische Fokus ist abhängig vom Analysezweck und kann auf Städten, Regionen, Ländern oder auch Kontinenten liegen.

Die Übersichtlichkeit der dargestellten Flussgrößen stellt auch für die Flow Map eine zentrale Herausforderung dar. Neben der Verwendung von verschiedenen Linienbreiten ist die Verwendung von Farbe hilfreich. Zudem ist es ratsam, nur eine Flussgröße in der geographischen Karte darzustellen. Abbildung 104 zeigt die durchschnittliche verschiffte Anzahl an Maschinen der Ausrüster GmbH pro Quartal. Zusätzlich werden die aufgetretenen Verzögerungen gezeigt, die sich bspw. aufgrund von längeren Wartezeiten beim Zoll oder Naturkatastrophen ergeben. Die Menge wird durch die Linienbreite und die Wartezeit durch die Pfeilfarbe repräsentiert.

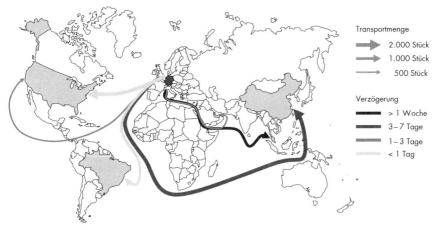

Abbildung 104: Flow Map

Eine dritte Klasse von Visualisierungsformen bilden die **Säulen- und Balkendiagramme**. Der Unterschied besteht in der Orientierung: in einem Säulendiagramm werden die Säulen vertikal angeordnet, während in einem Balkendiagramm die Balken horizontal dargestellt werden (vgl. Kohlhammer/Proff/Wiener 2013, S. 49).

Säulendiagramme existieren in einer Vielzahl von Varianten. Einfache Säulendiagramme sind eine geeignete Visualisierungsform für die Darstellung von diskreten Zeitreihen. Daher ist dieser Diagrammtyp typisch für die Visualisierung von Evidenzen, die mittels deskriptiver Statistik ermittelt werden. Durch die Höhe der einzelnen Säulen lassen sich die Wertveränderungen über die Zeit übersichtlich darstellen. Bei der Verwendung von mehr als zwölf Säulen werden Säulendiagramme jedoch unübersichtlich und erzeugen im Extremfall den Eindruck einer kontinuierlichen Zeitreihe. Zudem wird der Vergleich der unterschiedlichen Säulen erschwert. Daher ist für die Visualisierung von mehr als zwölf Zeitpunkten ein Punkt- oder Liniendiagramm zu empfehlen (vgl. Kohlhammer et al. 2013, S. 51).

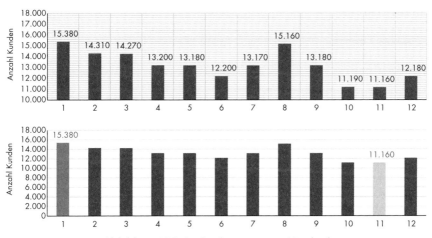

Abbildung 105: Säulendiagramme im Vergleich

Des Weiteren ist gemäß dem Gesetz der guten Gestalt auf eine einfache und klare Gestaltung der Achsen sowie der Beschriftung zu achten. Um die kognitive Belastung für den Betrachter zu minimieren, sind nur die Elemente des Diagramms zu beschriften, die nicht intuitiv interpretiert werden können (vgl. dazu auch Heber 2016, S. 157). Zudem sind überflüssige Elemente aus dem Diagramm, wie bspw. ein Gitternetz, zu entfernen. Abbildung 105 zeigt die Entwicklung der Anzahl der Dienstleistungskunden der Ausrüster GmbH dar – einmal vor und einmal nach Verbesserung durch die Gestaltgesetze und den Einsatz präattentiver Merkmale.

Eine komplexere Form sind gestapelte Säulendiagramme. Diese können in nicht-normierte und normierte Stapeldiagramme unterschieden werden. Ein **nicht-normiertes Stapeldiagramm** setzt sich aus verschiedenen übereinander angeordneten Teilsäulen zusammen, die eine Gesamtgröße für einen bestimmten Zeitpunkt oder Zeitraum zeigen (vgl. Kohlhammer et al. 2018, S. 55 f.). Abbildung 106 visualisiert die Umsatzentwicklung der Ausrüster GmbH differenziert nach drei Regionen.

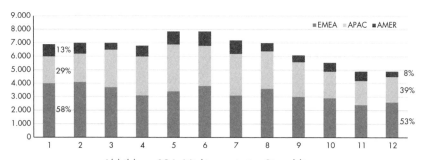

Abbildung 106: Nicht-normiertes Stapeldiagramm

Normierte Stapeldiagramme sind ebenfalls unterteilt in Teilsäulen, deren Summe jedoch immer einen konstanten Gesamtwert ergeben (vgl. Berinato 2016, S. 231). Solche Diagramme werden genutzt, um den Prozentanteil einer Ausprägung am Gesamtwert auszudrücken. Die normierten Säulendiagramme sind eine Alternative zu weitaus schwerer erfassbaren Kreisdiagrammen, die ebenfalls immer ein Ganzes repräsentieren. Eine typische Anwendung ist zur Visualisierung von Umfrageergebnissen (vgl. Evergreen 2017, S. 183 f.).

Eine weitere Ausprägung von Stapeldiagrammen sind **Wasserfall-Diagramme**. Es zeigt den schrittweisen Übergang eines Anfangswerts in einen Endwert auf. Die Veränderungen im zeitlichen Verlauf werden durch Balken dargestellt. Abbildung 107 zeigt als Beispiel die Entwicklung von Produktverkäufen der Ausrüster GmbH für die Verkaufsregion EMEA (Europe, Middle East & Africa).

Säulendiagramme können nicht nur zur Darstellung eines Zeitverlaufs von Daten, sondern auch zur Darstellung von kategorialen Daten verwendet werden. Hierzu eignen sich insbesondere **gruppierte Säulendiagramme**. Diese Ausprägung folgt dem Gesetz der Nähe. Demzufolge werden die nebeneinander gruppierten Säulen intuitiv vom Betrachter als Einheit interpretiert.

In Form von **Boxplots** dienen Säulendiagramme der kompakten Visualisierung von Verteilungen. Zentrales Element dieser Visualisierungsform ist eine Säule, die

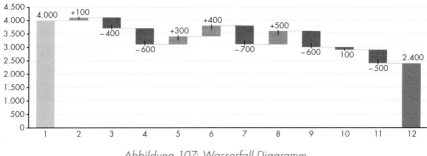

Abbildung 107: Wasserfall-Diagramm

als Box bezeichnet wird. Die Länge der Box entspricht dem Interquartilsabstand. Dies ist der Wertebereich, in dem die mittleren 50 % der darzustellenden Elemente liegen. Am oberen Säulenende beginnt das obere Quartil und am unteren Säulenende endet das untere Quartil. Innerhalb der Box wird der Median der dargestellten Verteilung durch einen Strich gekennzeichnet. Neben der Säule besteht das Diagramm zusätzlich aus zwei Antennen, auch Whisker genannt. Diese können unterschiedliche Bedeutung haben. In einer ersten Variante kennzeichnen sie ein Vielfaches des Interquartilabstands, bspw. das doppelte. Werte, die außerhalb der Antennen liegen werden dann als Ausreißer betrachtet (vgl. Few 2013, S. 134). Im folgenden Beispiel wird eine andere Variante gewählt. Die Antennen bilden den gesamten Wertebereich ab; zeigen also Minimum und Maximum.

Die Ausrüster GmbH möchte einen ersten Einblick über die Fehlerhäufigkeit in ihrer Produktion gewinnen. Hierbei soll nach den drei Schichten, Früh-, Spät- und Nachtschicht unterschieden werden. Als Erhebungszeitraum wird der Monat Februar des aktuellen Jahres festgelegt. Abbildung 108 stellt das Ergebnis der Analyse in Form von Boxplots dar.

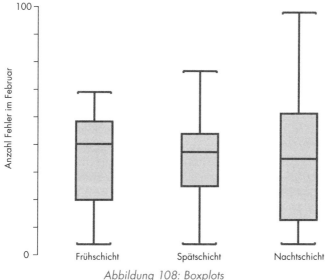

Abbildung 108: Boxplots

Balkendiagramme werden insbesondere für die Visualisierung von Rangfolgen und Strukturvergleichen genutzt (vgl. Kohlhammer et al. 2013, S. 52). Kleine Wertunterschiede können in Balkendiagrammen übersichtlich visualisiert werden. Dieser Diagrammtyp hat zudem gegenüber dem Säulendiagramm den Vorteil, dass die Balken sich aufgrund der horizontalen Orientierung besser beschriften lassen (vgl. Heber 2016, S. 135). Wie Säulendiagramme können auch Balkendiagramme gruppiert und gestapelt werden. Abbildung 109 zeigt beispielhaft die Anzahl der abgeschlossenen Dienstleistungsverträge der Ausrüster GmbH in zwei Varianten. Im rechten Diagramm wurde das Gesetz der Verbundenheit durch die Verwendung von Farbe realisiert. So werden die verschiedenen Dienstleistungen einer Dienstleistungsfamilie gleich gefärbt. Zudem wird der Durchschnittswert hervorgehoben, um einen Referenzwert einzuführen. Gemäß dem Gesetz von Figur und Grund tritt dieser Wert durch Farbe und Position in den Vordergrund. Auf diese Weise wird die Wahrnehmung effizient auf die wesentlichen Informationen des Diagramms gelenkt.

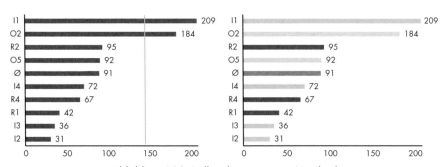

Abbildung 109: Balkendiagramme im Vergleich

Auf der linken Seite von Abbildung 109 wurde zur Erweiterung der Aussagekraft eine Benchmarking-Linie eingeführt (vgl. Evergreen 2017, S. 73). Sie zeigt an, inwiefern ein Zielwert erreicht wurde. Auf diese Weise kann ein zu erreichender Wert integriert werden. Eine Möglichkeit zur Integration differenzierterer Benchmarks bieten **Bullet Graphs**.

Neben einem Balken, der den Ist-Wert wiederspiegelt, bestehen Bullet Graphs aus einer Markierung sowie farbig hinterlegten Bereichen. Die Markierung repräsentiert die zu erreichende Referenzgröße. Die einzelnen Bereiche gliedern das Diagramm wiederrum in verschiedene qualitative Niveaus. Diese erleichtern es, den aktuellen Zielerreichungsgrad einzuschätzen (vgl. Few 2013, S. 153). In Abbildung 110 wird das aktuelle Service-Level für die verschiedenen Kundengruppen der Ausrüster GmbH in Bezug zu einem Soll-Service-Level dargestellt.

Weitere Varianten des Balkendiagramms sind Star Graph und Radial Bar Chart. Die einzelnen Balken werden nicht in einem kartesischen Koordinatensystem, sondern in einem Kreiskoordinatensystem dargestellt. Beim **Star Graph** sind die Säulen, wie es der Name bereits andeutet, sternförmig angeordnet. Die linke Seite von Abbildung 111 zeigt ein typisches Anwendungsbeispiel eines Star Graphs: den Reifegrad einer Organisation. Konkret werden hier die Fachabteilungen der Ausrüster AG

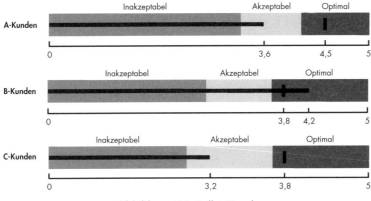

Abbildung 110: Bullet Graphs

danach beurteilt, inwieweit sie bereits Industrie 4.0-Konzepte implementiert haben. Die Ausprägungen eins bis zehn sind die verschiedenen erreichbaren Reifegrade, die in einem separaten Katalog inhaltlich definiert werden.

Im **Radial Bar Chart** werden die Säulen ringförmig abgetragen. Hierdurch ist nicht die Länge des Balkens entscheidend für die Merkmalsausprägung, sondern der Winkel, den der Balken abdeckt. Eine Anwendung bietet sich an, wenn ein Fertigstellungsgrad vergleichbarer Aktivitäten, bspw. von verschiedenen Projekten, dargestellt werden soll. Die rechte Seite von Abbildung 111 liefert dazu eine Übersicht zu drei Industrie 4.0-Implementierungsprojekten in der Logistik der Ausrüster GmbH. Ein fertiggestelltes Projekt wird durch einen geschlossenen Ring dargestellt.

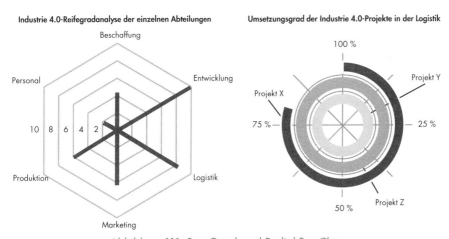

Abbildung 111: Star Graph und Radial Bar Chart

Eine weitere Klasse von Visualisierungsformen sind **Kreisdiagramme**. Sie dienen der Darstellung von Segmenten einer Datenmatrix. Die Nutzung von Kreisdiagrammen bietet sich für die Darstellung von Datenstrukturen mit stark unterschiedlichen

Werten an, die keine Entwicklungen aufzeigen müssen. Eine Abwandlung von Kreisdiagrammen sind **Ringdiagramme**. Sie eignen sich insbesondere, wenn nur ein einzelnes Segment des Rings hervorgehoben werden soll, also die Hervorhebung eines einzelnen Werts im Mittelpunkt der Visualisierung steht (Evergreen 2017, S. 15).

Abbildung 112 zeigt als Beispiel eine Kombination zweier Kreisdiagramme. Im Ersten werden die Umsatzeinteile der Produktgruppen dargestellt. Ergänzend repräsentiert das zweite, kleinere Kreisdiagramm jene Umsätze, die mit Dienstleistungen im Zusammenhang mit Drehmaschine D1 erzielt wurden.

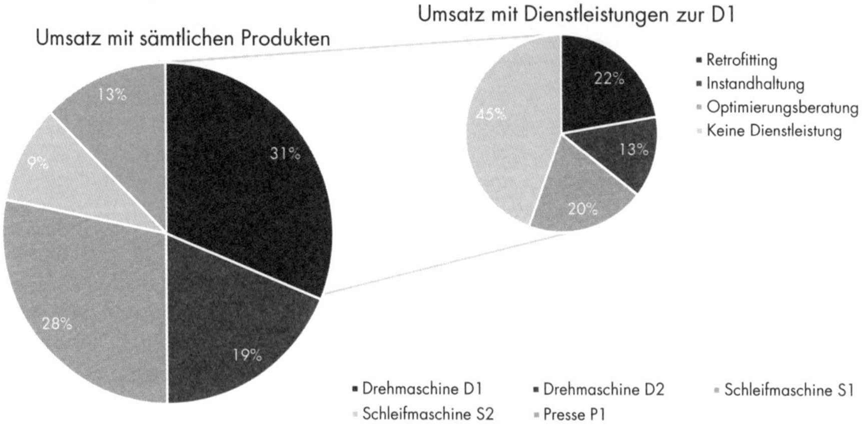

Abbildung 112: Kreisdiagramme

Eine komplexe Erweiterung von Ringdiagrammen sind **Sunburst-Diagramme**. Mit diesen lassen sich hierarchische Strukturen, wie bspw. Evidenzen, die im Rahmen von Clusteranalysen oder Klassifikationsanalysen gewonnen wurden, explorativ darstellen. Mithilfe mehrerer konzentrischer Ringe werden hierarchische Strukturen sichtbar. Je weiter außen, umso tiefer ist die Hierarchiestufe. Auch beim Sunburst-Diagramm erschwert die Kreisform die effiziente Wahrnehmung einzelner Werte.

In Abbildung 113 werden die Ergebnisse einer Analyse der Ausrüster GmbH zur Umsatzverteilung je Produktgruppe, Dienstleistung und Verkaufsregion visualisiert. Hierzu wurde eine eindeutige Hierarchie gebildet, die dem Steuerungskonzept der Unternehmensführung entspricht. Die Abbildung zeigt, dass nicht zu jedem Produkt auch eine Dienstleistung verkauft wurde und zudem nicht in jeder Verkaufsregion.

Eine weitere Variante von Kreisdiagrammen sind **Circular Treemaps**. Die Bezeichnung weist bereits auf den hierarchischen Charakter im Sinne einer Baumstruktur hin. Diese wird mithilfe ineinander angeordneter Kreise erreicht. Eine Circular Treemap eignet sich für die explorative Darstellung von Ergebnissen der Klassifikations- und Clusteranalyse. Allerdings ist zu beachten, dass aufgrund der Kreisform das Ausfüllen einer Hierarchieebene mit den Elementen der nächsten Ebene unvollständig bleibt. Dies zeigt sich beispielhaft in Abbildung 114, in der der Umsatzanteil der jeweiligen A-Kunden je Verkaufsregion und Land dargestellt wird.

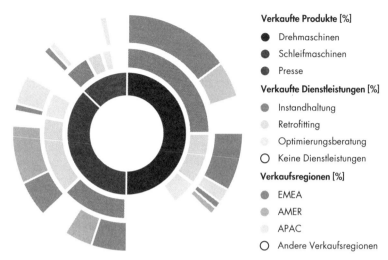

Abbildung 113: Sunburst-Diagramm

Ausgangspunkt dieser Circular Treemap ist die Frage, von welchen Unternehmen in den einzelnen Ländern bzw. Regionen die Ausrüster GmbH wirtschaftlich abhängig ist. Es zeigt sich deutlich die Dominanz eines einzelnen Kunden in einem der wichtigsten Zielländer in Amerika. 64 % des brasilianischen Umsatzes der Ausrüster GmbH gehen auf die Ambrear AG zurück, die damit eine Schlüsselrolle für die Ausrüster GmbH einnimmt.

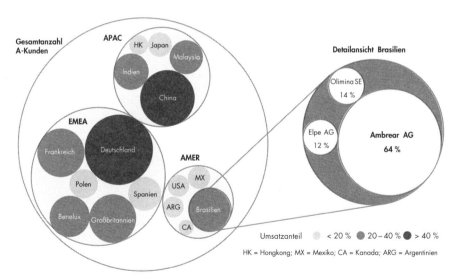

Abbildung 114: Circular Treemap

Komplexe Beziehungen zwischen einzelnen Elementen werden mithilfe von **Netzwerken** visualisiert. Grundsätzlich kann jede Art von Beziehung abgebildet werden. Netzwerke werden oftmals für die Darstellung von Konnektivität physischer Elemente genutzt. Sie ermöglichen eine schnelle Identifikation von Clustern (vgl. Berinato 2016, S. 230). So können bspw. Ergebnisse, die im Rahmen von Social Network-Analysen gewonnen wurden, durch diese Visualisierungsform für explorative Detailanalysen abgebildet werden.

Bei der Gestaltung eines Netzwerks ist zu beachten, dass es bei zunehmender Anzahl an darzustellenden Objekten und Verbindungen schwer zu erfassen ist (vgl. Berinato 2016, S. 230). Daher kann es notwendig sein, besonders relevante Verbindungen, Objekte oder Bereiche hervorzuheben. Durch die Variation der Punktgröße und der Linienbreite werden Freiheitsgrade gewonnen. Des Weiteren können durch die bewusste Verwendung von präattentiven Merkmalen wie Farben oder Formen Beziehungen zwischen einzelnen Elementen aufgezeigt werden, die aufgrund ihrer Netzwerklage nicht ersichtlich sind. Hierbei ist jedoch zu beachten, dass das Gesetz der Nähe einen höheren Einfluss auf die menschliche Wahrnehmung als das Gesetz der Ähnlichkeit hat.

Abbildung 115 zeigt hierzu das Ergebnis einer bibliometrischen Analyse zum Thema aktuelle Technologieentwicklungen, die in naher Zukunft für die Ausrüster GmbH relevant werden könnten. Basis der Analyse sind Veröffentlichungen in wissenschaftlichen Fachzeitschriften. Besonders relevante Bereiche wurden mittels Rahmen hervorgehoben und separat beschriftet.

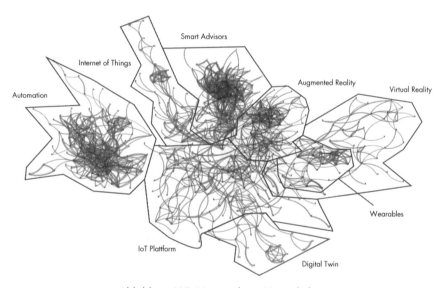

Abbildung 115: Netzwerk mit Hervorhebung

Eine Sonderform von Netzwerken ist das **Baumdiagramm** (vgl. Witten et al. 2017, S. 70 f.). Ein Baum enthält keine Maschen und weist eine hierarchische Struktur auf. Als Entscheidungsbaum dient ein Baumdiagramm vorrangig zur Visualisierung von Ergebnissen von Klassifikationsanalysen.

Der Vorteil dieser Visualisierungsform ist seine intuitive Verständlichkeit. Sie zeigt klar, dass in der Regel mehrere Variablen gemeinsam notwendig sind, um eine hinreichende Klassifikation vorzunehmen. Insbesondere wenn eine Vielzahl von

Ästen vorliegt, ist der Einsatz von Farbe empfehlenswert. Auf diese Weise können verschiedene Äste klar voneinander abgegrenzt oder besonders relevante Äste hervorgehoben werden. Abbildung 116 zeigt einen Entscheidungsbaum, mit dessen Hilfe zukünftige A-Kunden der Ausrüster GmbH frühzeitig identifiziert werden können.

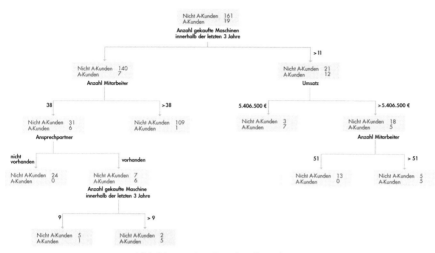

Abbildung 116: Entscheidungsbaum

Als **Dendrogramm** ist das Baumdiagramm zu einer Standardvisualisierungsform der Ergebnisse einer hierarchischen Clusteranalyse geworden. Durch die hierarchische Darstellung der Zusammenhänge von einzelnen Merkmalsausprägungen kann die Bildung der Cluster nachvollzogen werden (vgl. Witten et al. 2017, S. 88). Dabei kann durch die Abstände der Elemente zwischen und innerhalb der Knoten auf die Unterschiede zwischen den Gruppen geschlossen werden (vgl. Schäfer, Richter und Koch 2008). Abbildung 117 verdeutlicht die Ergebnisse einer Clus-

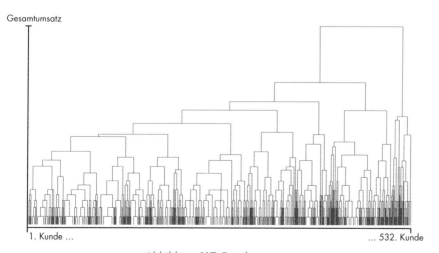

Abbildung 117: Dendrogramm

teranalyse des Kundenstamms der Ausrüster GmbH. Es wird ersichtlich, wie die Cluster gebildet wurden. Eine Entscheidung über die zu wählende Anzahl von Clustern ist so fundierter möglich.

Eine **Treemap** zeigt die Hierarchisierung der Datenstruktur durch die Einteilung einer Fläche in Rechtecke an. Die Flächen innerhalb der Rechtecke werden wiederum in Rechtecke unterteilt. Die Größen der Flächen sind proportional zur Größe, die abgebildet werden soll. Treemaps eigenen sich besonders als interaktive Visualisierungsform auf digitalen Endgeräten. Betrachter können jeweils den Bereich vergrößern, der für sie besonders relevant ist, um dadurch mehr Details zu erkennen (vgl. Fry 2008, S. 190). Durch den Einsatz von Farben können die Rechtecke zudem gruppiert werden. Treemaps eignen sich zur Visualisierung von komplexen Datensätzen, da der abbildbare Detaillierungsgrad sehr hoch ist und Schwächen anderer Diagrammtypen überwunden werden können (vgl. Berinato 2016, S. 232). Abbildung 118 zeigt die Umsatzstruktur des Dienstleistungsgeschäfts der Ausrüster GmbH differenziert nach den korrespondierenden von der Produkten.

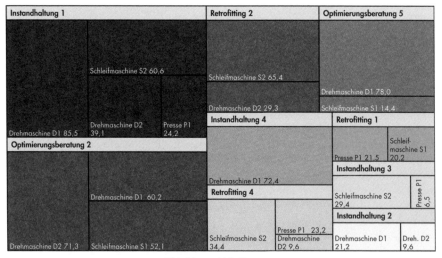

Abbildung 118: Treemap

Visualisierungsformen können vielfältig miteinander kombiniert werden. Dadurch können Schwächen einzelner Formen überwunden und zusätzliche Freiheitsgrade gewonnen werden. Allerdings erhöht sich bei der Verwendung mehrerer Grundformen die Komplexität der Visualisierung. Abbildung 119 ist ein Beispiel für **die Fusion mehrerer Visualisierungsformen**. Sie zeigt einen detaillierten Überblick über die Umsatzstruktur der Ausrüster GmbH. Neben den verschiedenen Formen wird ein blauer Farbverlauf eingesetzt, um darzustellen, wie viele Maschinenbau-Unternehmen, sprich: potenzielle und aktuelle Kunden, in den einzelnen Bundesländern ansässig sind.

Die bisherigen Ausführungen zur Visualisierung konzentrierten sich auf die verschiedenen Diagrammtypen und damit insbesondere auf die Dimension Form. Im Folgenden soll mit dem **Einsatz von Farben** eine weitere Visualisierungsdimension

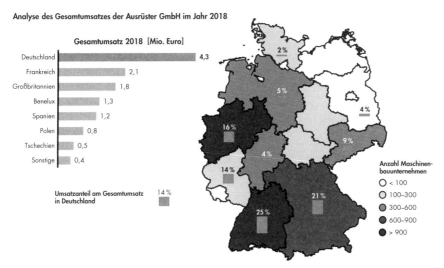

Abbildung 119: Kombination verschiedener Visualisierungsformen

erörtert werden. Farben werden hier interpretiert als Instrument zur Lenkung der Wahrnehmung eines Betrachters, um dessen kognitive Last zu senken. Dabei gilt es zu beachten, dass Farben durch Betrachter in einer subjektiven und kulturell bestimmten Weise interpretiert werden. So wird die Farbe Rot oftmals als Warnhinweis verstanden – allerdings nicht in jedem Kontext. So ist Rot eben auch die Farbe der Liebe.

Es existieren zwar viele Empfehlungen für die Farbnutzung, aber sie sind weder vollständig noch widerspruchsfrei – ein typisches Kennzeichen eines vergleichsweise jungen Forschungsfelds. Überdies adressiert die Mehrzahl der Empfehlung den **Farbton**, obwohl es weitere Farbdimension gibt, wie bspw. die **Farbsättigung**. Im Folgenden befassen wir uns mit einigen Empfehlungen, wohl wissend, dass diese bislang keine vollständige Handreichung für die Praxis der Visulisierung von Evidenzen darstellen.

Typische Einsatzgebiete von Farbgebung sind (vgl. Schumann/Müller 2000, S. 147):

- Unterscheidung verschiedener Elemente,
- Hervorhebung besonders relevanter Elemente,
- Darstellung von Strukturen in einer natürlichen Form sowie
- Hervorrufen von nützlichen Assoziationen bei den Betrachtern.

Ein Beispiel für die Nutzung von Farben in tabellarischen Strukturen sind **Heatmaps**. Abbildung 120 stellt die Umsatzverteilung der Ausrüster GmbH in verschiedenen Ländern dar. Je dunkler die Elemente eingefärbt sind, desto relevanter sind diese. Dieser in der Praxis oft auffindbare Farbverlauf steht beachtenswerter Weise im Gegensatz zu Empfehlung, dass wichtige Sachverhalte in hellen Farben, wie gelb und weiß, und weniger wichtige in dunklen Farben, wie grün und blau, visualisiert werden sollten (vgl. Schumann/Müller 2000, S. 88).

Ein weiteres Beispiel zur Nutzung von Farben sind Skalen. Im Fall von **nominalen Skalen** heben Farben die grundsätzliche Unterschiedlichkeit der Kategorien hervor.

Monatliche Verkäufe	Instand-haltung	Retrofitting	Beratung
Drehmaschine D1	14	23	39
Drehmaschine D1	32	15	59
Schleifmaschine S1	49	34	12
Schleifmaschine S1	29	11	33
Presse P1	30	55	18

Monatliche Verkäufe	Instand-haltung	Retrofitting	Beratung
Drehmaschine D1	14	23	39
Drehmaschine D1	32	15	59
Schleifmaschine S1	49	3	12
Schleifmaschine S1	29	11	33
Presse P1	30	55	18

○ < 10   ◐ 10 – 19 ● 20 – 29 ● 30 – 39 ● > 39

Abbildung 120: Tabelle ohne und mit Einsatz einer Heatmap

Dabei ist allerdings eine Obergrenze von acht Farben zu beachten (vgl. Schumann/ Müller 2000, S. 148 f.). Im Fall von **ordinalen Skalen** dienen Farbverläufe der Visualisierung der Ränge. Im Fall von **metrischen Skalen** bieten sich Grauwertskalen, Regenbogen-Farbskalen und Temperatur-Farbskalen an (vgl. Schumann/Müller 2000, S. 148 f. sowie S. 155–159).

Ein Spezialfall ist das Unterscheiden von positiven und negativen Werten: zwei klar unterscheidbare Farbskalen sind hier zu bevorzugen (vgl. Fry 2008, S. 40). Ein vergleichbarer Fall sind zweipolige **Likert-Skalen**. Diese Skalenart findet häufig Anwendung, um Einschätzung von Personengruppen darzustellen. Beispiele sind die Ergebnisse von Kunden- und Mitarbeiterzufriedenheitsbefragungen sowie Ergebnisse von 360 Grad-Feedbacks. Es ist dann sinnvoll, zwei Farbverläufe zu verwenden, die jeweils zu einem mittleren Wert hin verblassen. Abbildung 121 zeigt eine beispielhafte Farbwahl für drei Skalen.

Farbskala für nominale Skalen

Grauwertskala für ordinale oder metrische Skalen

Zwei-Farben-Skala für zweipolige Skalen

Abbildung 121: Farbverläufe in Verbindung mit verschiedenen Skalen

Für die wahrnehmungsoptimierte Visualisierung ist es essentiell, ein grundlegendes Verständnis über die inhärente Farbwirkung zu entwickeln. Dazu ist ein Exkurs in die allgemeine **Farbpsychologie** hilfreich. Sie widmet sich den Grundspannungen die bereits grundsätzlich in den Farben angelegt – also noch ohne Berücksichtigung von Situation und kulturellen Kontext des Betrachters (vgl. Heimann/ Schütz 2017, S. 256).

Gemäß dem **Farbkreis nach Itten** werden Gelb, Rot und Blau als die drei Grundfarben definiert. Wohingegen die Farben Grün, Violett und Orange eine Mischung aus den drei Grundfarben sind und als Sekundärfarben bezeichnet werden. Weiterer Bestandteil des Kreises sind die Tertiärfarben. Diese entstehen durch eine Kombination aus einer Primär- mit einer Sekundärfarbe. Abbildung 122 zeigt den Farbkreis nach Itten sowie Empfehlungen zur Farbwahl.

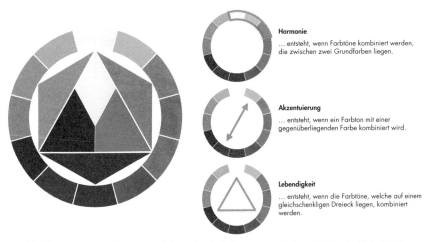

Abbildung 122: Farbkreis nach Itten (In Anlehnung an Heber 2016, S. 125–127)

Der Farbkreis nach Itten ein gängiges Hilfsmittel zur Farbwahl: Zur Erzeugung einer **harmonischen Wirkung** sind die im Kreis nebeneinanderliegenden Farben zu wählen. Dies eignet sich insbesondere bei der Visualisierung von ordinalen Daten. Dabei sind maximal ein Drittel der im Kreis nebeneinanderliegenden Farben gleichzeitig zu verwenden.

Zum **Hervorheben von Unterschieden** eignen ein Hell-Dunkel Kontrast oder ein Qualitätskontrast. Letzteres ist die Kombination einer leuchtenden und gesättigten Farbe mit einer getrübten Farbe, die jedoch aus der gleichen Primärfarbe gemischt wurden. Von der Verwendung von Komplementärkontraste ist dagegen abzuraten, da diese für das menschliche Auge hart und extrem wirken. Dies sind die im Kreis gegenüberliegenden Farben, bspw. Orange und Blau (vgl. Heber 2016, S. 127).

Zur **Akzentuierung** von drei Elementen sind Farben auszuwählen, welche auf den Ecken eines gleichschenkligen Dreiecks liegen, das in den Farbkreis gelegt wurde. Die Farben unterscheiden sich deutlich, haben jedoch die gleiche Intensität.

Eine weitere Orientierung für die Farbauswahl bietet das **Modell von Kandinsky**. Er klassifiziert die Wirkung von Farben anhand von zwei Dimensionen. Die erste Dimension ist die Wärme bzw. die Kälte, welche die Farbe in sich trägt. Ein Beispiel für eine warme Farbe ist Rot. Dagegen wirkt Blau unabhängig von der Betrachtungssituation kalt. Die zweite Dimension ist die Wirkungsrichtung der Wärme bzw. der Kälte. Es werden konzentrische und exzentrische Farben unterschieden. Rot und Blau sind beide konzentrisch und ziehen somit die von ihnen ausgestrahlte Wärme bzw. Kälte in sich hinein. Wohingegen Gelb als exzentrische Farbe die ihr inhärente Wärme auf den Betrachter ausstrahlt (vgl. Heimann/Schütz 2017, S. 257). In der Abbildung 123 ist die inhärente Farbwirkung für alle Grund- und Mischfarben dargestellt.

Im Folgenden werden für ausgewählte Farben Empfehlungen vorgestellt, die teils konzeptioneller Natur sind und teils empirisch belegt:

Blau wirkt aufgrund der kalten und konzentrischen Wirkung zurückhaltend und beruhigend. Diese Farbe drängt nicht in den Vordergrund, sondern vermittelt

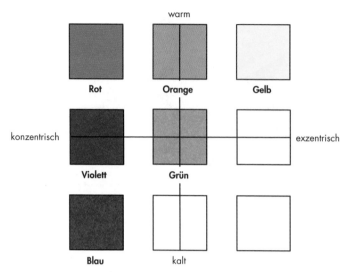

Abbildung 123: Inhärente Farbwirkung der Grund- und Mischfarben
(In Anlehnung an Heimann/Schütz 2017, S. 257)

Seriosität. Daher eignet sich der Einsatz von Blau in Visualisierungsformen für Elemente, die sachlich und zurückhaltend neben den anderen Elementen dargestellt werden sollen (vgl. Heimann/Schütz 2017, S. 259). Die Tendenz zur Seriosität zeigt auch das Ergebnis einer Studie zur Wirkung von Blau in einem Verkaufskontext. So konnten Hsieh et al. zeigen, dass bei der Wahl eines blauen Hintergrunds bei einer Produktpräsentation ein hoher Preis als ein Zeichen von hoher Produktqualität aufgefasst wurde (vgl. Hsieh et al. 2018).

Rot eignet sich als Warnsignal für negative Werte. Diese Farbe steuert effizient die Aufmerksamkeit des Betrachters auf die wesentlichen Elemente der Graphik. Jedoch wird Rot aufgrund der konzentrischen und wärmenden Wirkung auch mit Gefahr assoziiert, so dass diese Farbe für neutral hervorzuhebenden Informationen nicht geeignet ist. Studien zeigen, dass Rot gar zu aggressivem Verhalten des Betrachters führen kann. Bagchi/Cheema zeigten dies am Beispiel eines Kaufprozesses. Rot hinterlegte Produkte führten in Auktionen zu höheren Zahlungsbereitschaften, da die Farbe Rot die Konkurrenzsituation zu anderen Bietern vermittelte (Bagchi/Cheema 2013).

Eine Alternative stellt **Orange** dar. Diese Farbe wirkt weder gefährlich, noch wirkt sie so grell wie die Farbe **Gelb**. Orange verbindet als Mischfarbe die besten Eigenschaften von Rot und Gelb für die Visualisierung (vgl. Heimann/Schütz 2017, S. 265).

Grün ist eine weitere Farbe, um Elemente hervorzuheben. Es wirkt aufgrund der Ausgewogenheit der beiden Wirkungsdimensionen auf den Betrachter beruhigend, ohne dass sie die zurückhaltende Wirkung wie Blau ausübt. Grün wirkt positiv und drückt Lebensfreude aus. Demnach ist es nicht verwunderlich, dass Grün sich zur Visualisierungsfarbe von positiven Werten etabliert hat (vgl. Heimann/Schütz 2017, S. 260 und 265). Zudem wird Grün mit Wachstum, Entwicklung und Erfolg assoziiert (vgl. Elliot/Maier 2012, S. 106).

In der Farbpsychologie werden neben Farben auch sogenannte **Nicht-Farben** behandelt. Dies sind zum einen Weiß und Schwarz sowie Grautöne (vgl. Kohlhammer et al. 2013, S. 62). Letztere sind besonders geeignet zur Visualisierung von Zusatzinformationen. Mit Weiß können dagegen bewusst visuelle Pausen erzeugt werden, in denen die menschliche Wahrnehmung keiner kognitiven Belastung ausgesetzt ist. Hingegen wirkt Schwarz final und kann somit effizient für die Visualisierung von endgültigen Daten eingesetzt werden (vgl. Heimann/Schütz 2017, S. 265 f.).

Empfehlungen zur **Farbsättigung**, also die Reinheit der Farbe, sind seltener als zu Farbtönen. Zu beachten ist, dass die Farbsättigung einen Einfluss auf die Wahrnehmung von Objekten hat: Je gesättigter die gewählte Farbe, desto größer wirkt das Objekt (vgl. Hagtvedt/Brasel 2017). In einer Studie konnte experimentell gezeigt werden, dass bei der Farbwahl für ein Markenzeichen eine hohe Farbsättigung mit einer hohen Begeisterung für die Marke einhergeht (vgl. Labrecque/Milne 2012).

Neben Farben sind auch **Texturen** eine Gestaltungsvariable im Rahmen der Visualisierung. Eine Textur ist ein Muster oder eine Struktur innerhalb eines Visualisierungselements (vgl. Schumann/Müller 2000, S. 103). Abbildung 124 präsentiert ein Beispiel, in dem Textur gezielt zur Wahrnehmungsoptimierung eingesetzt wird. Durch die schraffierte Darstellung der Säulen des Umsatzjahrs 2019 assoziiert der Betrachter Unvollständigkeit mit diesen Werten und kann daher ableiten, dass es sich um Prognosewerte handelt.

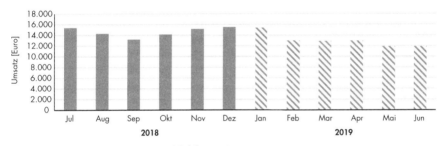

Abbildung 124: Texturen

Der Einsatz eines zusätzlichen Visualisierungselements, wie bspw. Farbe, kann sich positiv und negativ auswirken. Es ist daher eben nicht ein simpler Zusammenhang der Form, je mehr Visualisierungselemente, desto höher die Gefahr eines Informationsüberflusses, zu unterstellen. Zudem ist zu beachten, dass die Interpretation von Formen und Farben immer auch vom kulturellen Kontext des Betrachters abhängt.

Am Ende dieses Abschnitts zur Visualisierung können wir zusammenfassend einige **Grundsätze** festhalten:

- Ausgangspunkt der Visualisierung ist das **Analytics-Problem**.
- Die Visualisierung ist so zu wählen, dass die **kognitive Belastung** des Betrachters möglichst gering ist. Die Gestaltgesetze bilden hier ein sinnvolles Hilfsmittel.
- Die graphischen Elemente einer Visualisierung (Formenvielfalt, Farben, Texturen etc.) sind so **sparsam** wie möglich einzusetzen.
- Für die **Wahl der Farben** existieren zahlreiche Orientierungshilfen aus der Farbpsychologie.

- Die Visualisierung muss **Wahrnehmungsgewohnheiten** des Betrachters berücksichtigen. Einmal etablierte Visualisierungen sollten dauerhaft beibehalten werden.
- Die Visualisierung muss verdeutlichen, dass die dargestellten Evidenzen bestimmten **Gültigkeitsgrenzen** unterworfen sind, wie bspw. einer zeitlichen Erosion ihrer Gültigkeit.

Abschließend sei hier noch betont, dass insbesondere in großen Unternehmen Richtlinien zur Visualisierung existieren. Diese können den hier erörterten Grundsätzen widersprechen, weil andere Ziele im Vordergrund stehen, wie Widerkennbarkeit oder Markenbildung. In solchen Fällen sind zumindest die verbliebenen Freiheitsgrade zu nutzen, um die Visualisierung zu optimieren.

5.5   Fallstudie Ausrüster GmbH

Wie in den Ausführungen zum Aufbau des Buches erörtert, begleitet uns die Fallstudie Ausrüster GmbH, mit deren Hilfe die im jeweiligen Kapitel erörterten Instrumente angewendet werden. Die Ausrüster GmbH ist ein Hersteller von Werkzeugmaschinen zur Metallbearbeitung. Ihr Produktportfolio umfasst, die Drehmaschinen D1 und D2, die Schleifmaschinen S1 und S2 sowie die Presse P1. Ergänzend zu ihrem Produktportfolio bietet sie ergänzende Dienstleistungen an. Mit diesem Dienstleistungsgeschäft verfolgt die Ausrüster GmbH eine Verstetigungsstrategie (vgl. Seiter 2016, S. 13 f.). Ziel ist es, den Gesamtumsatz des Unternehmens mithilfe des Dienstleistungsgeschäfts zu verstetigen. Konjunkturelle Einbrüche des Produktgeschäfts sollen durch ein ansteigendes Dienstleistungsgeschäft zumindest teilweise kompensiert werden. Daher umfasst das Dienstleistungsportfolio 15 After Sales-Dienstleistungen aus den Bereichen Instandhaltung, Retrofitting sowie Optimierungsberatung. Für die drei betriebswirtschaftlichen Probleme wurden bislang auf Basis von Algorithmen **Roh-Evidenzen** gewonnen. Damit das Management der Ausrüster GmbH diese optimal nutzen kann, werden sie nun zu Evidenzen **aufbereitet**. Dies umfasst die Klärung der Mechanismen, die Feststellung der Gültigkeitsgrenzen der Evidenzen sowie die Visualisierung.

» Klassifikationsanalyse

Mithilfe einer Assoziationsanalyse wurden relevante Zusammenhänge zwischen Produkt- und Dienstleistungskäufen identifiziert. Die mit der Analytics-Plattform KNIME erzeugten Parameter sind allerdings interpretationsbedürftig und daher für einen Nutzer nicht leicht zugänglich.

In einem ersten Schritt wird geklärt, welche **Mechanismen** den Assoziationen zugrunde liegen. Anders ausgedrückt: Sind die identifizierten Zusammenhänge inhaltlich begründet und nicht nur durch den Algorithmus? Dazu werden im Rahmen der Befragung Kunden nach möglichen Gründen für die Assoziationen befragt. Ziel ist es, solche Gründe zu identifizieren, die von einer großen Anzahl von Kunden geteilt wird.

In einem zweiten Schritt wurden die **Gültigkeitsgrenzen** der Assoziationen festgestellt. Eine wesentliche Grenze ist die unterschiedliche **Datenverfügbarkeit**. Da nicht alle

Dienstleistungen zur gleichen Zeit am Markt eingeführt wurden, liegen für einen Teil der Dienstleistungen erst wenige Daten vor. Folglich können Assoziationen, die solche Dienstleistungen betreffen, zu diesem Zeitpunkt noch nicht identifiziert werden. Eine regelmäßige Wiederholung der Assoziationsanalyse ist daher notwendig.

Eine weitere Grenze kann aus einer **Prämisse** der Analyse abgeleitet werden. So wurde unterstellt, dass die Effekte eines Bundlings unabhängig vom Verhalten der Konkurrenten sind. Diese Prämisse ist bereits in der grundsätzlichen Lösungsidee angelegt, da sie lediglich auf die eigene Vertriebsleistung fokussiert. So berücksichtigt die Analyse nicht, ob ein bestimmtes Bundle vom Wettbewerb als Standard am Markt etabliert wird. Ein solcher Standard kann konträr zu den gefundenen Assoziationen sein, was deren Sinnhaftigkeit infrage stellt.

Abschließend werden die Roh-Evidenzen in einem dritten Schritt als **Chord-Diagramm** visualisiert. Aus Gründen der Komplexitätsreduktion werden nur die relevantesten Assoziationen in die Abbildung aufgenommen. Dies umfasst alle Assoziationen mit einer **Konfidenz** von mindestens 60%. Eine Assoziation, die den Wert knapp verfehlte, wurde trotzdem aufgenommen. Abbildung 125 stellt die fünf wichtigsten Assoziationen vor.

Abbildung 125: Chord-Diagramme zur Visualisierung der Assoziationen

Die Dienstleistungen einer Dienstleistungsfamilie erhielten dieselbe **Färbung**. Die Farben wurden so gewählt, dass sich die Dienstleistungsfamilien klar voneinander abgrenzen. Die **Breite der Verbindungslinien** zwischen den Dienstleistungen repräsentieren die Konfidenzen der entsprechenden Assoziationen.

» Evidenzen der Klassifikation

Mithilfe einer **Klassifikationsanalyse** wurde ein Entscheidungsbaum zur Prognose von A-Kunden erarbeitet. Vor einer Anwendung ist allerdings zu prüfen, ob die Prädiktoren, also die Attribute an den Knoten, inhaltlich begründet sind und nicht lediglich Artefakte darstellen. Die Prüfung erfolgt mittels **Expertenbefragungen**. Dies sei hier, an einem Ast des Entscheidungsbaums beispielhaft erörtert:

Es handelt sich um Kunden, die innerhalb der letzten drei Jahre maximal elf Maschinen bei der Ausrüster GmbH gekauft haben. Der geringere Bedarf an Maschinen kann auf eine vergleichsweise junge Geschäftsbeziehung hinweisen. Weiterhin handelt es sich bei den Kunden um kleine Unternehmen mit weniger als 38 Mitarbeitern. Darüber hinaus sind die Ansprechpartner in den Unternehmen mindestens in einer leitenden Position oder als Teil der Geschäftsführung tätig. Die geringe Mitarbeiterzahl sowie die Beschaffung durch leitendes Personal zeigen zudem den Stellenwert von Maschinen der Ausrüster GmbH in den betroffenen Unternehmen. Durch den letzten Knoten, der wiederum über die Anzahl an gekauften Maschinen innerhalb der letzten drei Jahre eine Unterteilung setzt, wird ersichtlich, dass Unternehmen die zehn oder elf Maschinen gekauft haben zum Segment der A-Kunden zählen. Die Segmentierungsmerkmale und Schwellenwerte sind für die Experten nachvollziehbar.

Eine wesentliche **Gültigkeitsgrenze** des Entscheidungsbaums ist durch das eingesetzte Personal begründet. Die Stabstelle Business Analytics wurde mit internem Personal besetzt, da von diesem erwartet wird, dass es das notwendige Wissen insbesondere für die Interpretation aufweist. Hierfür wurde ein Mitarbeiter aus dem Fachbereich IT identifiziert, der durch sein Studium der Wirtschaftsinformatik eine Schnittstelle zwischen den verschiedenen Rollen wahrnehmen kann. Dieser wird unterstützt von einem Wirtschaftsingenieur, der gegenwärtig im Vertrieb arbeitet und über das notwendige betriebswirtschaftliche Wissen sowie über das Wissen über die Anforderungen und das Verhalten der Kunden verfügt. Beide Mitarbeiter verfügen allerdings über nur geringe Erfahrung im Umgang mit den notwendigen Algorithmen. Bislang wurden beide Mitarbeiter nur grundlegend geschult.

Eine weitere Gültigkeitsgrenze erwächst aus der **Datenqualität**. Bei der Datenerfassung durch Servicetechniker können fehlerhafte Datensätze aufgrund von Unkenntnis oder mangelhafter Arbeitseinstellung im Hinblick auf die Dokumentationspflichten entstehen. Servicetechniker, die den Nutzen der Datenerfassung nicht kennen und dadurch ggf. eine geringe Motivation aufweisen, die Datenerfassung gewissenhaft durchzuführen, müssen durch Fortbildungen sensibilisiert werden. Allerdings wurden diese Schulungen noch nicht von allen Servicetechnikern absolviert.

Eine dritte Grenze ist auf die Prämisse der **fehlenden Vertragsstrafen** zurückzuführen: Die Auswahl, welcher Kunden prioritär behandelt wird, erfolgte bislang unsystematisch, was auch dadurch begründet ist, dass Vertragsstrafen für geringe Verspätungen im Dienstleistungsvertrag ausgeschlossen sind. Eine zunehmende Etablierung von relevanten Vertragsstrafen würde zur Ungültigkeit dieser Prämisse führen. Die Lösungsidee A-Kunden im Falle von Ressourcenengpässen prioritär zu behandeln, würde dann grundsätzlich infrage gestellt, da ggf. hohe Vertragsstrafen mit Nicht-A-Kunden vereinbart wurden.

Die Visualisierung lehnt sich zwar an dem von KNIME als Output gelieferten Entscheidungsbaum an, wurde aber in folgenden Aspekten verändert:

- Die Informationen in Textform wurden auf das Wesentliche reduziert.
- Abkürzungen wurden durch Langformen ersetzt.
- Schwellenwerte wurden decodiert und mit Einheiten versehen.

Zudem wurde im Vergleich zum KNIME-Baum ein manuelles Pruning vorgenommen: Da das Segmentierungskriterium „Einsatz" die Homogenität nicht wesentlich erhöht hat, wurde diese Segmentierung nicht aufgenommen. Abbildung 126 zeigt den auf diese Weise aufbereiteten Entscheidungsbaum.

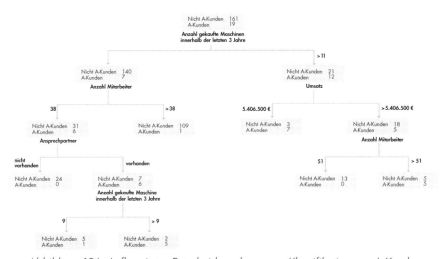

Abbildung 126: Aufbereiteter Entscheidungsbaum zur Klassifikation von A-Kunden

» Evidenzen der Regressionsanalyse

Mithilfe einer Assoziationsanalyse wurden Faktoren identifiziert, die eine Korrelation mit der Kundenzufriedenheit aufweisen. Vor Anwendung der Evidenzen ist allerdings zu klären, ob auch tatsächlich eine Kausalität vorliegt. Für den betrachteten Sachverhalt Kundenzufriedenheit werden Experten im eigenen Unternehmen befragt. Hierzu zwei Beispiele:

- Prädiktor „Anzahl Einsätze pro Servicefall": Eine Befragung der Vertriebsmitarbeiter, dass die Kunden der Ausrüster GmbH in der Regel zwar ein gewisses Verständnis für mehrere Einsätze im Rahmen eines Servicefalls haben; allerdings würden sie es als positiv werten, wenn auch ein Einsatz ausreichen würde.

- Prädiktor „Durchführung_ID": Er beschreibt, ob ein eigener Techniker oder ein geschulter Mitarbeiter des Kunden die Reparatur durchgeführt hat. Der Einsatz eines geschulten Mitarbeiters des Kunden beeinflusst das Serviceniveau negativ. Der befragen Vertriebsmitarbeiter sehen eine potenzielle Erklärung für diesen negativen Zusammenhang in einem mangelhaften Schulungskonzept.

Eine wesentliche **Gültigkeitsgrenze** des gewonnen Regressionsmodells ist in der Datenqualität zu begründet. Für die Servicetechniker besteht ein hoher Anreiz Einsatzzeiten bei Kunden bewusst unvollständig oder positiv verzerrt zu erfassen. Eine solche Verzerrung kann nicht einfach korrigiert werden, da zwar für alle Servicetechniker der Anreiz besteht, aber nicht alle diesem Anreiz tatsächlich folgen und falsche Werte zurückmelden.

Als **Visualisierungsform** wurden Liniendiagramme gewählt. Zudem wurden ausgewählte Servicefälle in Form von Punkten integriert, damit deutlich wird, dass die Gerade eine Approximation ist. Für jeden Prädiktor wird ein separates Liniendiagramm erstellt. Abbildung 127 visualisiert den Einfluss des Prädiktors „Anzahl Einsätze pro Servicefall". Es zeigt den negativen Zusammenhang zwischen der Anzahl der Einsätze eines Servicetechnikers im Rahmen eines Servicefalls und der Kundenzufriedenheit.

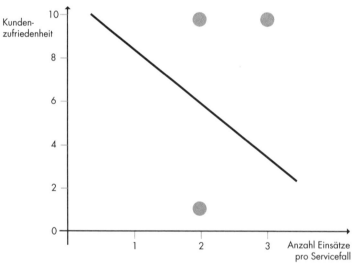

Abbildung 127: Einfluss des Prädiktors „Anzahl der Einsätze pro Servicefall" auf die Kundenzufriedenheit

---

Zusammenfassung

Ziel des Teilprozesses Preparation ist die **Aufbereitung** der gewonnenen **Roh-Evidenzen**, so dass Nutzer diese in optimaler Weise anwenden können. Dies umfasst die Klärung der Mechanismen, die den Evidenzen zugrunde liegen, die Feststellung von Gültigkeitsgrenzen der Evidenzen sowie die Visualisierung. Die **Klärung der Mechanismen** ist einer der meist unterschätzten Aufgaben im Rahmen von Business Analytics. Mithilfe von Algorithmen werden zwar Roh-Evidenzen gewonnen, aber deren Nutzung ist erst dann sicher möglich, wenn die zugrunde liegenden Mechanismen geklärt sind. Ansonsten droht die unreflektierte Übernahme von Artefakten in Managemententscheidungen. Wesentliche Ansätze zur Klärung sind wissenschaftlichen Theorien sowie die Befragung von Experten.

Weiterhin wurden die **Gültigkeitsgrenzen** von Evidenzen thematisiert: Die Annahme einer absoluten räumlichen, zeitlichen und inhaltlichen Generalisierbarkeit der gewonnenen Evidenzen ist in aller Regel nicht zulässig. Begrenzend wirken vor allem die angenommenen Prämissen sowie die Daten und Algorithmen. Sind **Gültigkeitsgrenzen** der Evidenzen nicht bekannt, droht eine Anwendung von Evidenzen, die in einem bestimmten Kontext nicht gültig sind oder ihre Gültigkeit nach einer bestimmten Zeit verloren haben. Daher wurde ein Suchschema eingeführt, mit dessen Hilfe die Gültigkeitsgrenzen systematisch identifiziert werden.

Schließlich wurden verschiedene Formen der **Visualisierung** von Evidenzen erörtert. Suboptimale Visualisierung führt dazu, dass die Betrachter Evidenzen teilweise oder gar vollständig falsch wahrnehmen und interpretieren. Selbst fehlerfrei erarbeitete Evidenzen können dann ihre positiven Effekte nicht entfalten. Daher wurden unterschiedliche Formen der Visualisierung für die verschiedenen Arten von Evidenzen erörtert. Im Mittelpunkt stand deren Eignung zur Visualisierung spezifischer Evidenzen. Hinzu wurden Gestaltungsempfehlungen zu Formen und Farben gegeben.

Der Teilprozess Preparation ist der **Übergabepunkt**, an dem die Evidenzen an den Nutzer übergehen. Anwendung und Überwachung der damit verbundenen Effekte ist nicht Teil von Business Analytics.

Wiederholungs- und Vertiefungsfragen

- Was sind die Ziele des Teilprozesses Preparation?
- Weshalb ist die Klärung der zugrunde liegenden Mechanismen vor der Anwendung der Evidenzen notwendig?
- In welchem Verhältnis stehen die Begriffe Mechanismus und Artefakt?
- Was ist eine Theorie und welche Rolle spielt sie bei der Klärung von Mechanismen?
- Welche Alternativen zur Klärung von Mechanismen existieren, wenn keine passende Theorie verfügbar ist?
- Welche Faktoren begrenzen die Generalisierbarkeit von Evidenzen?
- Was versteht man unter einer Prämisse? Geben Sie Beispiele.
- Nennen Sie Gültigkeitsgrenzen, die sich für die Evidenzen aus den verwendeten Daten ergeben.
- Was sind die Gründe für Evidenzerosion und wie lässt sich dieses Phänomen verhindern?
- Warum ist die Visualisierung von Evidenzen notwendig?
- Welche Grundsätze zur Visualisierung von Evidenzen kennen Sie?
- Sollten Farben zur Visualisierung eingesetzt werden und wie erfolgt die Auswahl derselben?
- Nennen Sie Vor- und Nachteile von Chord-Diagrammen.
- Welche Rolle spielen die Gewohnheiten der Betrachter für die Visualisierung von Evidenzen?
- Nennen Sie alternative Visualisierungsformen, die typisch für die Darstellung von Ergebnissen einer Klassifikationsanalyse sind.

Weiterführende Literatur

Eine Vertiefung zu einer Vielzahl im betriebswirtschaftlichen Kontext relevanten **Theorien** bieten die Werke von Kieser/Ebers (2014), Wiswede (2004) sowie das dreibändige Werk zu Theorien der Sozialpsychologie von Frey/Irle (1993, 2002a & 2002b).

Für die Vertiefung über die Rolle von Theorien empfiehlt sich ein einführendes Werk zur Wissenschaftstheorie.

Eine Vertiefung des Themengebiets **Visualisierung** bieten Schumann/Müller (2000). Insbesondere werden dort die hier nur kurz behandelten Themen Visualisierungsprozess, Einflussfaktoren auf die Visualisierung sowie der Einfluss der Charakteristika der Betrachter behandelt.

Weitere Hilfestellungen für eine wahrnehmungsoptimierte Gestaltung von Graphiken geben Berinato (2016) und Nussbaumer Knaflic (2017) Für einen vertiefenden Einblick in die Wirkung von einzelnen graphischen Merkmalen, unter anderem Farbe, ist das Buch von Heimann/Schütz (2017) empfehlenswert.

6 Fallstudien

»Das abschließende Kapitel dient der Vertiefung des Erlernten anhand von vier **Fallstudien.** Dabei handelt es sich um reale, teils anonymisierte Unternehmensfälle. Sie decken eine große Bandbreite von betriebswirtschaftlichen Problemen ab: von der Optimierung der Vertriebsaktivitäten, über die Identifikation relevanter technologischer Trends und die Senkung administrativer Kosten mittels Robotic Process Automation, bis hin zur Einführung von Predictive Maintenance.«

Abbildung 128: Struktur von Kapitel 6

6.1   Fallstudie Bodenbelag GmbH – Optimierter Vertrieb durch Prognose zukünftiger Fokuskunden

Die **Bodenbelag GmbH** ist ein führender Hersteller von **Bodenbelägen** aller Art. Bisher konzentriert sich das Unternehmen auf besonders relevante Kunden: die Fokuskunden. Das Management gelangte zur Erkenntnis, dass es sinnvoll wäre, auch jene Kunden in die verstärkten Vertriebsaktivitäten mit einzubeziehen, die sich zukünftig zu Fokuskunden entwickeln werden. Das **betriebswirtschaftliche Problem** lautet folglich: Wie können zukünftige Fokuskunden bereits heute in den Fokus des Vertriebs gerückt werden?

Als **Lösungsidee** möchte die Bodenbelag GmbH solche Bestandskunden identifizieren, die sich in Zukunft als Fokuskunden qualifizieren. Diese Lösungsidee erlaubt die Überführung des betriebswirtschaftlichen Problems in ein **Analytics-Problem**, das einer Analyse durch Algorithmen zugänglich ist: Auf Basis welcher Attribute kann prognostiziert werden, welche Bestandskunden sich zu Fokuskunden entwickeln werden? Als **Fokuskunden** werden jene Kunden bezeichnet,

- die einen Jahresumsatz von mehr als 50.000 € generieren,
- deren jährliche Umsatzentwicklung mindestens 2 % beträgt,
- die eine neutrale bzw. positive Netto-Deckungsbeitragsentwicklung verzeichnen und
- die bei mindestens zwei Konzernmarken Güter beziehen.

Der Ausgangspunkt der Analyse ist ein Überblick über die geographische Verteilung der aktuellen Fokuskunden. Abbildung 129 zeigt den entsprechenden KNIME-Workflow. Denjenigen Kunden, die obige Voraussetzungen für Fokuskunden erfüllen, wird die Zielvariable 1 zugeordnet, die anderen Kunden erhalten die Zielvariable 0.

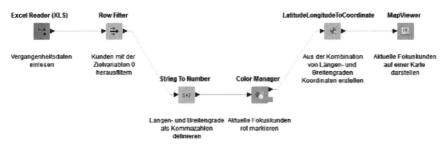

Abbildung 129: KNIME-Workflow der geographischen Analyse

Die Knoten des Workflows haben folgende Funktionen:

- **XLS Reader** liest die Tabelle der Kundendaten ein und stellt die Daten für den Workflow bereit. **Row Filter** filtert diejenigen Kunden heraus, denen die Zielvariable 0 zugeordnet wurde, die also keine Fokuskunden sind.
- Für den LatitudeLongitudeToCoordinate Knoten müssen die Längen- und Breitengrade als Zahl definiert sein, was durch **String To Number** ermöglicht wird.
- **Color Manager** konfiguriert die Farbe der Punkte, die auf der Karte dargestellt werden sollen.
- Der **LatitudeLongitudeToCoordinate** Knoten erstellt Koordinatenpunkte und ermöglicht so dem **MapViewer**, dass die aktuellen Fokuskunde auf einer Europakarte dargestellt werden können.

Die rechte Seite der Abbildung 132 stellt die 79 aktuellen Fokuskunden dar, die auf Basis der Daten von 2013 bis 2017 ermittelt wurden.

Zur Lösung des Analytics-Problems wird eine **Klassifikationsanalyse** durchgeführt, um jene Charakteristika zu identifizieren, die Fokuskunden von normalen Kunden unterscheiden. Sie dienen dann zur Prognose zukünftiger Fokuskunden. Warum aber werden nicht direkt die vier Merkmale verwendet, die bei der Definition der Fokuskunden eingeführt wurden? Hierfür gibt es zwei Gründe. Erstens ist es möglich, dass nicht alle vier Merkmale notwendig sind, um eine klare Unterscheidung zwischen Fokuskunden und normalen Kunden zu vollziehen. Zweitens ist es möglich, dass Merkmale existieren, die wesentlich einfacher und besser zu prognostizieren sind, als die vier Merkmale aus der Definition. Daher werden in die Klassifikationsanalyse zusätzlich CRM-Daten mit einbezogen. Tabelle 10 zeigt diese in der Übersicht.

Attribut	Erläuterung
SAP-Nummer	Eindeutige Nummer, über die jeder Kunde identifiziert werden kann.
Name	Entspricht dem Unternehmensnamen des Kunden.
PLZ	Entspricht der Postleitzahl des Unternehmenssitzes des Kunden.
Ort	Entspricht dem Ort des Unternehmenssitzes des Kunden.
Region	Entspricht dem Bundesland des Unternehmenssitzes des Kunden.
Kundenklasse	Gibt die Kundenklasse des Kunden von AA bis C an.
Konzernmarken	Gibt die Anzahl an Konzernmarken an, die ein Kunde einkauft.
Umsatz 2013–2017	Umfasst die generierten Umsätze des Kunden im jeweiligen
Netto-DB 2013, 2016 & 2017	Gibt den prozentualen Netto-Deckungsbeitrag im jeweiligen Jahr an.
Preisumsetzung 2013–2017	Prozentualer Anteil, um den die Preise im jeweiligen Jahr angehoben werden konnten.

Tabelle 10: Daten aus dem CRM-System

Diese Daten werden, wie im Workflow in Abbildung 130 ersichtlich, eingelesen und stellen damit die Analysegrundlage zur Identifikation zukünftiger Fokuskunden dar. Das Klassenattribut des Entscheidungsbaums ist die Zielvariable „Fokuskunde". Diese hat die Ausprägung 1, falls der Kunde anhand der Vergangenheitsdaten als Fokuskunde identifiziert wurde und die Ausprägung 0, falls die Kriterien eines Fokuskunden nicht erfüllt wurden. Mit dem abgebildeten KNIME-Workflow sollen Muster in den Ausprägungen aller Attribute erkannt werden, die zu der Zielvariablen 0 oder 1 führen.

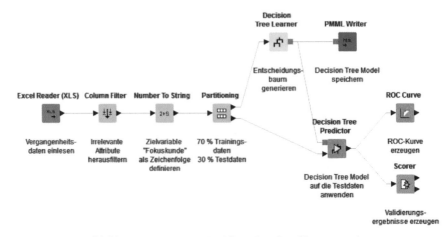

Abbildung 130: KNIME-Workflow der Klassifikationsanalyse

Die einzelnen Knoten führen spezifische Transformationen der Daten aus, die im Folgenden erörtert werden:

- Mithilfe des **XLS Reader** werden die Tabelle mit den Kundendaten eingelesen und für den Workflow bereitgestellt. **Column Filter** entfernt irrelevante Attribute für die weitere Betrachtung.
- Bei der Anwendung eines Entscheidungsbaums mittels der KNIME Analytics Plattform muss die Zielvariable als Zeichenfolge definiert sein, was durch **Number To String** ermöglicht wird.
- **Partitioning** teilt die Daten in eine Lern- (70 %) und Testmenge (30 %).
- Der **Decision Tree Learner** ist Kern des Workflows. Mit ihm wird der Entscheidungsbaum auf Basis der Lernmenge gewonnen. Als Segmentierungskriterium dient ein Gini-Index
- Der **Decision Tree Predictor** ermittelt auf Basis des erlernten Baums Vorhersagewerte für die Testmenge.
- Der **Scorer** überprüft die Ergebnisse des erlernten Entscheidungsbaumes und **ROC Curve** erstellt die ROC-Kurve als Basis der Evaluation. Damit lassen sich Aussagen über die Güte des Entscheidungsbaums treffen.

Der in Abbildung 131 gezeigte Entscheidungsbaum zeigt als erstes Segmentierungskriterium den durchschnittlichen Umsatz. Durch den Schwellenwert von 55.908,10 € kann somit eine Teilmenge mit 1190 Kunden generiert werden, die zu 99,8 % aus normalen Kunden besteht und unterhalb dieses Schwellenwerts liegt. Die andere Teilmenge liegt oberhalb des Schwellenwerts und umfasst noch 155 Kunden, wovon 54 Kunden Fokuskunden sind. Diese Teilmenge mit 54 Fokuskunden wird über die durchschnittliche Umsatzentwicklung und die durchschnittliche Entwicklung des Netto-Deckungsbeitrags weiter klassifiziert. Die letzte generierte Teilmenge, die alle drei gesetzten Schwellenwerte überschreitet, umfasst 55 Kunden, wovon 54 als Fokuskunden markiert sind.

Anhand dieser drei Attribute konnte eine sehr homogene Teilmenge erzeugt werden, die 54 der zu Beginn 56 Fokuskunden enthält. Auffällig ist das Fehlen der Anzahl gekaufter Konzernmarken als Segmentierungsattribut. Für die Klassifikation dieser Trainingsdaten ist dieses Attribut nicht notwendig. Auch wurden keine zusätzlichen Merkmale identifiziert worden, die nicht Teil der Definition von Fokuskunden sind.

Zur **Validierung** liefert der Scorer folgende Ergebnisse: Der Entscheidungsbaum identifiziert 554 normale Kunden als normale Kunden identifiziert (true negatives), kein normaler Kunde wurde als Fokuskunde identifiziert (false positives), 21 Fokuskunden wurden als solche auch identifiziert (true positives) und zwei Fokuskunden wurden als normale Kunden eingestuft (false negatives). Insgesamt liefert der Entscheidungsbaum ein sehr gutes Ergebnis.

Die Erkenntnisse sollen nun verwendet werden, um zukünftige Fokuskunden zu identifizieren. Dafür ist es notwendig, für die drei Attribute die Werte der Jahre 2018 bis 2022 zu prognostizieren. Bei der Prognose der Umsätze der Jahre 2018 bis 2022 werden vier verschiedene Faktoren berücksichtigt:

- die durchschnittliche Umsatzentwicklung des einzelnen Kunden (individuelle Komponente *I*),

- die durchschnittliche Umsatzentwicklung der einzelnen Kundenklasse (kollektive Komponente *K*),
- das Bevölkerungswachstum *B* und
- die Reallohnentwicklung *R*.

Die kollektive Komponente berechnet sich aus dem durchschnittlichen Umsatzwachstum innerhalb jeder Kundenklasse AA bis C. Dabei werden die individuelle und die kollektive Komponente jeweils mit 0,5 gewichtet und anschließend aufsummiert. Auf diese Weise wird für jeden Kunden die Dynamik innerhalb sei-

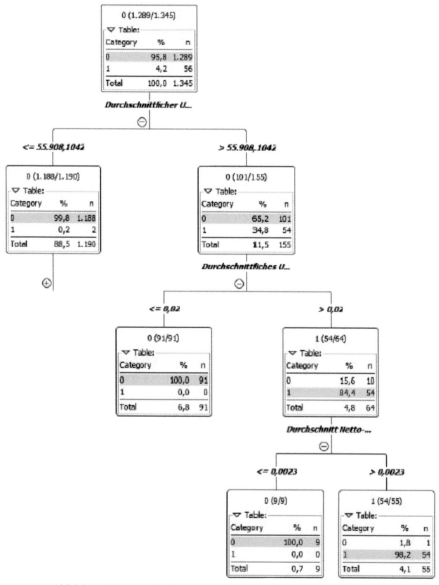

Abbildung 131: Entscheidungsbaum zur Klassifikation von Fokuskunden

ner Vergleichsgruppe berücksichtigt. Unter der Annahme, dass das langfristige Umsatzwachstum aller Kunden innerhalb einer Kundenklasse zum Mittelwert konvergiert, wird außerdem auch eine konservative Prognose zukünftiger Umsätze erreicht. Zu dieser zusammengesetzten Wachstumsrate werden noch das Bevölkerungswachstum je Bundesland und die Reallohnentwicklung hinzuaddiert. Hierbei wird die Annahme getroffen, dass ein Wachstum der Bevölkerung in gleichem Maße zu zusätzlichen Investitionen in der Bau- und Handwerkerbranche führt. Da das Bevölkerungswachstum je Bundesland stets kleiner als ein Prozent ist, wird die Umsatzwachstumsrate durch diese Annahme jedoch nicht stark beeinflusst. Auch für die Reallohnentwicklung wird angenommen, dass eine reale Steigerung der Löhne zusätzliche Investitionen im Bausektor hervorruft. Diese Wachstumsraten bewegen sich bei ca. einem Prozent, sind in der Regel jedoch deutlich kleiner als die individuelle und kollektive Wachstumskomponente. Zusammengefasst kann ein Umsatz A für das Folgejahr berechnet werden als:

$$A\left(t_0+1\right)=A\left(t_0\right)\cdot\left(1+\frac{1}{2}\left(I+K\right)+B\left(t_0+1\right)+R\left(t_0+1\right)\right)$$

Anhand dieser Formel und der vier enthaltenen Wachstumsfaktoren können somit für jeden Kunden Umsatzprognosen für die Jahre 2018 bis 2022 erstellt werden. Aus diesen Umsatzprognosen kann mit dem arithmetischen Mittel wiederum der durchschnittliche Umsatz berechnet werden. Auch das durchschnittliche Umsatzwachstum lässt sich mit diesen Werten ermitteln.

Bei der Prognose der zukünftigen Netto-Deckungsbeiträge werden zwei Faktoren berücksichtigt. Wie bei der Ermittlung der zukünftigen Umsätze werden hier ebenfalls eine individuelle und kollektive Komponente berücksichtigt. Die individuelle Komponente umfasst die mit dem gewichteten geometrischen Mittel errechnete durchschnittliche Netto-Deckungsbeitragsentwicklung eines jeden Kunden über die Jahre 2013, 2016 und 2017. Die kollektive Komponente berücksichtigt erneut die durchschnittliche Netto-Deckungsbeitragsentwicklung innerhalb einer Kundenklasse. Auf diese Weise wird neben der individuellen Entwicklung eines Kunden wieder eine Entwicklung innerhalb der Vergleichsgruppe herangezogen. Zukünftige Netto-Deckungsbeiträge N berechnen sich folglich als:

$$N\left(t_0+1\right)=N\left(t_0\right)\cdot\left(1+\frac{1}{2}\left(I+K\right)\right)$$

Nach der Prognose der Netto-Deckungsbeitragswerte kann eine Netto-Deckungsbeitragsentwicklung über die Jahre 2018 bis 2022 ermittelt werden. Auf Basis dieser Berechnungsvorschriften kann eine Tabelle mit den prognositizierten Kundendaten für die Jahre 2018 bis 2022 erstellt werden. Der auf den Vergangenheitsdaten basierende Entscheidungsbaum kann nun auf diese Werte angewendet werden und so Fokuskunden für das Jahr 2022 identifiziert werden. Als Ergebnis werden 162 Fokuskunden prognostiziert.

Die rechte Seite von Abbildung 132 stellt das Ergebnis dar. Zu den blau markierten Fokuskunden des Jahres 2017 kamen 85 hinzu – in der Karte grün gefärbt. Für zwei aktuellen Fokuskunden wurde prognostiziert, dass diese ihren Status verlieren. Sie sind in der Abbildung grau gefärbt.

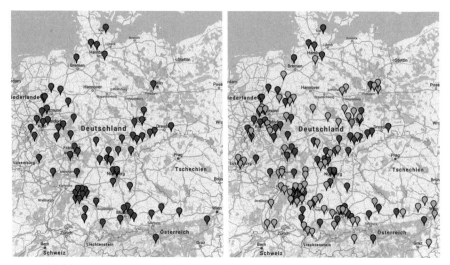

Abbildung 132: Geographische Verteilung der Fokuskunden im Jahr 2017 und Prognose für 2022

Zusammengefasst kann festgehalten werden, dass der Großraum München und Stuttgart und das Gebiet zwischen beiden Städten ein Schwerpunktstandort für Fokuskunden ist und voraussichtlich bleiben wird. Dasselbe gilt für Nordrhein-Westfalen rund um das Ruhrgebiet. Mit dieser Prognose ist auch eine erwartete Erschließung einiger Teile Österreichs verbunden, was vor allem für den Raum Wien gilt. Im Jahr 2022 sind zudem erstmals Fokuskunden in Luxemburg zu erwarten.

6.2 Fallstudie BrainMine GmbH – Identifikation von Technologietrends durch Patendatenanalyse

Die **BrainMine GmbH** produziert interaktive **Assistenzsysteme** zur Unterstützung von Mitarbeitern in Produktion und Logistik. Das aktuelle Produktprogramm ist auf Augmented Reality-Datenbrillen fokussiert, die die Träger mithilfe von zusätzlichen Informationen im Sichtbereich individuell und situationsabhängig unterstützen. Eine ausschließliche Fokussierung auf Datenbrillen erscheint dem Management der BrainMine GmbH allerdings als risikoreich. Es wird befürchtet, dass Konkurrenten mittels neuer Technologien Assistenzsysteme entwickeln, die die Datenbrillen zumindest teilweise substituieren. Das **betriebswirtschaftliche Problem** lautet daher: Welche Technologietrends verfolgen die Konkurrenten der BrainMine GmbH, die zu einer Gefahr für das eigene Produktprogramm werden können?

Patentdaten sind ein Ansatzpunkt, um technologische Trends zu erkennen. Als **Lösungsidee** möchte die BrainMine GmbH daher eine technologiebezogene Patentanalyse zur Früherkennung möglicher Trends vornehmen. Die Prämisse einer solchen Analyse ist, dass Patente in naher Zukunft in der Regel zu marktfähigen Produkten führen. Mit einer Analyse der angemeldeten Patente können somit Informationen über potenzielle zukünftige Produkte konkurrierender Unternehmen gewonnen werden.

Patente bestehen in der Regel aus technischen Zeichnungen sowie Texten, die den Neuigkeitscharakter beschreiben. Technologietrends manifestieren sich in der Regel in Form von Häufigkeiten technologiespezifischer Worte über eine Gesamtheit von Patenten. Auf Basis dieser Überlegung wird aus dem Problem folgendes **Analytics-Problem** abgeleitet: Welchen zeitlichen Verlauf haben Häufigkeiten technologieanzeigender Stichworte in der Gesamtheit aller Patente, die von Konkurrenzunternehmen angemeldet wurden?

Die **Datenquellen** zur Lösung des Analytics-Problems sind Patentdatenbanken, wie die des Europäischen Patentamts und des Deutschen Patent- und Markenamts. Diese Datenbanken umfassen folgende Daten:

- Patenttitel,
- Zusammenfassung,
- Erfindungsbeschreibung,
- Datum von Anmeldung und Erteilung,
- Namen von Unternehmen und Erfindern
- sowie Zeichnungen.

Für das hier vorliegende Analytics-Problem reicht ein Teil dieser Informationen bereits aus. Mithilfe der Beschreibung des Patentinhalts in Textform, dem Patentanmelder sowie dem Zeitpunkt der Patentanmeldung kann eine Patentdatenanalyse durchgeführt werden. Abbildung 133 zeigt einen beispielhaften Auszug aus einer Patentrecherche.

Abbildung 133: Auszug Patentrecherche beim Deutschen Patentamt
(https://register.dpma.de (Suchbegriff: Datenbrille; Carl Zeiss); Abruf am 13.03.2019)

Abbildung 134 zeigt exemplarisch ein Patent für eine Datenbrille und insbesondere den Text, der deren Projektionseigenschaften beschreibt. Dieser Text bildet den Ansatzpunkt für das Text Mining.

Bei der Auswahl der Patente ist zu beachten, dass marktfähige Produkte eine Vielzahl von Patenten umfassen. Im Falle einer Datenbrille sind dies u. a. Patente zu:

- Herstellung von Gläsern,
- Kunststoffbearbeitung,
- Software sowie
- Projektionseigenschaften der Gläser.

Zur Bestimmung der **Datengrundlage** muss die BrainMine GmbH zwei Entscheidungen treffen, die den Patentdatenbestand eingrenzen. Die erste Entscheidung ist

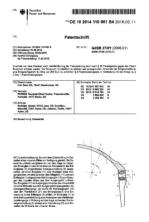

Zusammenfassung : Es wird eine Datenbrille zum Darstellen eines virtuellen Bildes zur Verfügung gestellt. Die Datenbrille umfasst wenigstens ein vor dem Auge zu tragendes Brillenglas (1) und ist mit einer am Randbereich des Brillenglases (1) angeordneten Anzeigevorrichtung (9) ausgestattet, die einen Bildgeber (11) zum Anzeigen eines Ausgangsbildes und eine zwischen dem Bildgeber (11) und dem Brillenglas (1) angeordnete Abbildungsoptik (13) zum Erzeugen des virtuellen Bildes aus dem Ausgangsbild umfasst . Der Bildgeber (11) ist Ausgangspunkt eines das virtuelle Bild mit einer Bildweite aus dem Ausgangsbild erzeugenden Abbildungsstrahlengangs, der durch die Abbildungsoptik (13) über den Randbereich (21) des Brillenglases (1) eine Einkopplung in das Brillenglas (1) erfährt. Im Brillenglas (1) ist eine Auskoppeleinrichtung zum Auskoppen des Abbildungsstrahlengangs in Richtung auf das Auge vorhanden. Die Anzeigevorrichtung (9) umfasst eine Vorrichtung (23) zum Einstellen der Bildweite des virtuellen Bildes.

Abbildung 134: Patent Carl Zeiss Aktenzeichen: 102014110961.9 beim Deutschen Patentamt (https://register.dpma.de/DPMAregister/pat/PatSchrifteneinsicht? docId=DE102014110961B4; Abruf am 13.03.2019)

hinsichtlich der zu betrachteten Patentinhaber zu treffen. Es stellt sich die Frage, welche Unternehmen als Konkurrenten wahrgenommen werden und daher in die Analyse eingehen sollen. Die zweite Frage bezieht sich auf den zu analysierenden Zeitraum. Ein zu kurzer Zeitraum schränkt die Erkenntnisse zu stark ein. Daher entscheidet sich die BrainMine GmbH für einen vergleichsweise langen **Betrachtungszeitraum** von 20 Jahren. Als Analyseplattform nutzt die BrainMine GmbH KNIME. Abbildung 135 zeigt den in drei Bereiche untergliederten KNIME-Workflow zur Patentdatenanalyse.

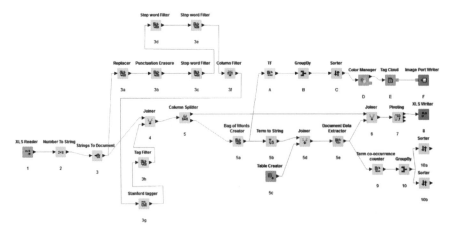

Abbildung 135: KNIME-Workflow der Patentdatenanalyse

Der erste Bereich des KNIME-Workflows umfasst Knoten, die dazu dienen, die Patentdaten für die eigentliche Analyse vorzubereiten. Schritte der **Vorverarbeitung** sind u. a. Entfernung von Stoppwörtern, die Reduktion auf die Stammform, die Entfernung von Nicht-Buchstaben und die Transformation in quantitativ-multidimensionale Form. Hier sei beispielhaft die Funktion ausgewählter Knoten erörtert:

- Der **XLS Reader** liest Tabellenblätter ein stellt somit die Patentdaten für die weitere Verarbeitung bereit.
- Der **Replacer** ersetzt vorgegebene Bausteine mit einem anderen Ausdruck. Die Patentabstracts weisen häufig zusammengesetzte Wörter auf. Da jedoch Text Mining-Algorithmen Wörter wie „RFID-Technologie" als ein eigenständiges Wort ansehen, das bei einer Suche nach „RFID" nicht gefunden werden kann, muss der Bindestrich durch ein Leerzeichen ersetzt werden.
- **Punctuation Erasure** entfernt alle Satzzeichen im Textdokument.
- Der **Stop Word Filter** entfernt alle Begriffe, die in der angegebenen Stoppwortliste enthalten sind. Er beinhaltet bereits vorgefertigte Listen für unterschiedliche Sprachen. Alternativ kann eine eigene Liste integriert werden.
- Der **Stanford Tagger** ist ein Part-of-Speech Tagger, der die Sprache des Dokuments interpretiert und jedem Wort die dazugehörige Wortklasse (Substantiv, Verb, Adjektiv usw.) zuordnet.
- Die zuvor bestimmten Wortklassen werden mithilfe des **Tag Filters** aussortiert. Es kann somit ausgewählt werden, dass die Output-Spalte nur noch Substantive enthält.
- Der **Bag of Words Creator** erzeugt eine Sammlung von Wörtern einer Dokumentenmenge.

Der zweite Bereich des KNIME-Workflows dient der Erstellung einer sogenannten **Tag Cloud**. Sie stellt die Häufigkeiten der Stichworte in den Patenten graphisch dar. Abbildung 136 zeigt das Ergebnis der Auswertung.

Abbildung 136: Word Cloud zur Patentdatenanalyse

Wiederum sei beispielhaft die Funktion ausgewählter Knoten zur Gewinnung der Tag Cloud erörtert:

- Mithilfe von **TF** werden alle gleichen Wörter gezählt und ausgegeben.
- **GroupBy** summiert die vorher bestimmten Häufigkeiten wodurch anschließend jedes Wort mit der absoluten und relativen Häufigkeit verknüpft ist.
- **Tag Cloud** erzeugt eine Verteilung der Wörter nach ihrer Häufigkeit, d. h. die am häufigsten vorkommenden Wörter werden zentral angeordnet, die restlichen Wörter gruppieren sich nach ihrer Häufigkeit um das Zentrum.

Der dritte Bereich des KNIME-Workflows dient der eigentlichen Lösung des Analytics-Problems. In diesem Teil des Workflows werden die Häufigkeiten der technologierelevanten Stichworte bestimmt. Wesentlicher Input ist hierfür die Stichwortliste, die zuvor auf Basis der Tag Cloud bestimmt wird. Dieser nicht durch KNIME, sondern durch Experten, ausgeführte Schritt ist notwendig, um das Erfahrungswissen der Entwicklungsingenieure der BrainMine GmbH in die Analyse einfließen zu lassen. Auch für diesen Schritt seien im Folgenden ausgewählte Knoten erörtert:

- Der **Table Creator** erstellt eine Tabelle in KNIME, die die Stichworte enthält, die von den Experten als relevant eingestuft wurden.
- Der **Joiner** verbindet zwei Tabellen zu einer Datenbank. In diesem Fall die Bag of Words mit der erstellten Schlagwortliste.
- Mithilfe von **Pivoting** wird eine Ausgabetabelle erzeugt. Sie beantwortet die Frage: Wann und von wem wurde welches Patent, das die gewünschten Schlagworte enthält, angemeldet?

Abbildung 137 zeigt die Häufigkeiten der technologieanzeigenden Worte in sämtlichen Patenten der betrachteten Konkurrenzunternehmen für einen Zeitraum von 2013–2018.

Term as String	2013	2014	2015	2016	2017	2018
WEIGHT	856	785	1082	1173	2033	1883
APPLICATION	406	260	430	454	666	652
SENSOR	354	234	332	344	536	590
DISPLAY	407	280	435	437	465	467
FUNCTION	266	192	294	320	383	471
SIZE	230	187	238	260	275	291
BATTERY	219	290	426	407	533	407
DESIGN	246	172	326	304	344	438
CONNECTION	172	110	208	202	307	503
GLASS	134	94	110	137	269	276
EQUIPMENT	173	107	171	195	307	317
PROJECTION	269	25	44	49	223	165
FRAME	133	102	148	180	286	413
CHIP	110	94	176	186	228	482
INTEGRATED	113	97	116	122	154	173
VERBINDUNG	48	16	49	34	65	84
COMPATIBILITY	34	36	56	65	89	67
WIRELESS	57	47	75	83	81	92
VIEW	57	28	57	32	59	57
PRECISION	54	20	34	24	40	57
HANDLING	68	10	18	24	53	48

Abbildung 137: Häufigkeitstabelle als Ergebnis der Patentdatenanalyse

Die Ergebnisse werden nun von Experten der F&E-Abteilung der BrainMine GmbH interpretiert. Hierzu ist eine **Visualisierung** in Form eines Liniendiagrammes sinnvoll. Abbildung 138 visualisiert, dass die Anmeldung von Patenten zu Sensoren im Jahr 2014 ihren Höhepunkt erreichte. Weiterhin zeigt sich die hohe Relevanz der Forschung zu Batterietechnologie. Sie trägt wesentlich zum Mobilitätsradius und zur Einsatzzeit von Assistenzsystemen bei.

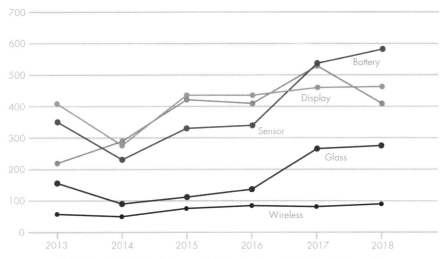

Abbildung 138: Visualisierung des Ergebnisses der Patendatenanalyse

Allerdings muss bei der Nutzung der Evidenzen eine wesentliche **Grenze** beachtet werden: die Patentstrategie der betrachteten Konkurrenten. Die Prämisse der hier durchgeführten Analyse ist, dass Patente in naher Zukunft in der Regel zu marktfähigen Produkten führen. Allerdings können die Konkurrenzunternehmen auch eine andere Patentstrategie verfolgen. So können zentrale Technologien bewusst nicht als Patent angemeldet werden, um Offenlegungspflichten zu entgehen. Eine solche Technologie wird in der erörterten Analyse nicht identifiziert. Eine Alternative ist die Anmeldung von Patenten zur Blockade von Konkurrenten ohne die geschützte Technologie in eigenen Produkten einzusetzen. Auch dieser Fall muss bei der Interpretation der Ergebnisse berücksichtigt werden.

6.3 Fallstudie InnoMA GmbH – Automatisierte Investitionsentscheidungen durch Robotic Process Automation

Die **InnoMA GmbH** ist ein Hersteller von **Extrusionsanlagen** zur Verarbeitung thermoplastischer Kunststoffe. Sie dienen der Herstellung von Blasfolien, Gießfolien, Glättwerksfolien und Vliesstoffen. Mit dem schnellen Wachstum des Unternehmens insgesamt ging ein überproportionales Wachstum der Mitarbeiterkapazität in den administrativen Bereichen einher. Dies führte zu einer deutlichen Erhöhung des Anteils der administrativen Kosten an den Gesamtkosten des Unternehmens.

Um für eine sich abzeichnende Verschlechterung der Konjunktur vorbereitet zu sein, stellt sich folgendes **betriebswirtschaftliches Problem**: Wie können die administrativen Kosten gesenkt werden?

Als genereller **Lösungsansatz** wird die weitgehende Automatisierung administrativer Prozesse angestrebt. Konkret soll, wo immer sinnvoll möglich, Robotic Process Automation (RPA) eingesetzt werden. RPA beschreibt Softwareroboter, die selbstständig repetitive, regelbasierte und auf strukturierten Daten basierende Prozessschritte ausführen. Die bestehenden Prozesse werden system- und programmübergreifend, ohne Eingriff in den Prozessablauf, durch den Einsatz von Softwarerobotern automatisiert. Dadurch entsteht weder Aufwand in der Prozessanpassung noch in der Anpassung der IT-Systemlandschaft. Durch visuelles Tracking kann der Mitarbeiter den Softwareroboter bei seiner Arbeit beobachten, wie dieser bspw. Daten kopiert und konsolidiert.

Als Pilotprozess wurde die Bewertung von Investitionsanträgen gewählt. Die bisherigen Regeln zur Genehmigung von Investitionsanträgen lassen dem Entscheider einen großen Spielraum. Daher ist eine Automatisierung nicht trivial. Vielmehr müssen die impliziten Entscheidungsregeln expliziert werden. Eine Befragung der bisherigen Entscheider über ihr Entscheidungsverhalten führte allerdings nicht zu einem klaren Regelsystem. Vielmehr verwiesen diese auf ihre umfassende Erfahrung sowie auf eine gesamthafte Würdigung der Investitionsanträge. Aus der These, dass dennoch Entscheidungsmuster existieren, die den Entscheidern nur nicht bewusst sind, folgte das **Analytics-Problem**: Nach welchen Kriterien wurden Investitionsanträge bislang positiv bzw. negativ entschieden?

Zur Lösung des Analytics-Problems soll eine Klassifikationsanalyse durchgeführt werden. Diese benötigt eine möglichst umfassende Datenmatrix, welche sämtliche verfügbare Attribute der Investitionsanträge und der Entscheidungssituation beinhaltet. Tabelle 11 stellt diese in einer Übersicht dar.

Daten	Bedeutung
Investitionsdaten	
Kapitalwert	Der Kapitalwert eines Projekts ist die Summe der Barwerte aller Ein- und Auszahlungen
Return on Investment (ROI)	Der ROI ist die Gesamtkapitalrendite des Projekts (Gewinn/Gesamtkapital)
Time to Break-even	Zeit in Jahren bis das Projekt die Gewinnschwelle erreicht
Marktattraktivität	Geschätzte Attraktivität des adressierten Markts auf einer Skala von 1 bis 10
Wettbewerb	Intensität des Wettbewerbs [0, 1]
Projektdaten	
Abteilung	Antragsstellende Abteilungen
Bewertung der Projektidee	Klassifikation als Produkt- oder Serviceinnovation

Daten	Bedeutung
Projektdaten	
Bedeutung des Projekts	Die Bedeutung des Projekts aus Kundensicht auf einer Skala von 1 bis 10
Projektnutzen	Projektnutzen auf einer Skala von 0 bis 5
Chancen/Risiken	Beurteilung des Chancen-Risikoprofils auf einer Skala von −1 bis 1
Innovationsgrad	Beurteilung des Innovationsgrads der Projektidee auf einer Skala von 0 bis 5.
Schlüsselressourcen	Kosten für genutzte Schlüsselressourcen (Material, Personal, Kapital, Know-how)
Personalbedarf	Anzahl der am Projekt beteiligten Personen
Geschäftskritikalität	Bedeutung des Projekts für das Unternehmen auf einer Skala von 1 bis 100
Projektmanagement	Reife des vorgeschlagenen Projektmanagements auf einer Skala von 1 bis 100
Review	Zeigt an, ob ein interner Vorabreview der Idee erfolgt („1") oder nicht („0")

Tabelle 11: Datenbasis für RPA

Abbildung 139 zeigt den KNIME-Workflow der Klassifikationsanalyse:

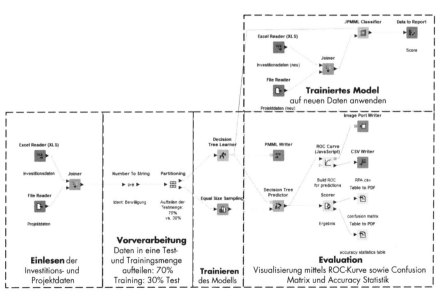

Abbildung 139: KNIME-Workflow der Investitionsentscheidungsanalyse

Die einzelnen Workflow-Abschnitte führten spezifische Transformationen der Daten aus, die im Folgenden erörtert werden:

1) Mithilfe der **Reader** (XLS sowie File) wurden unterschiedliche Daten in Form von Tabellen in verschiedenen Formaten (hier: .xls sowie .csv) eingelesen und anschließend mittels des **Joiner** kombiniert, so dass im weiteren Workflow ein Datensatz vorhanden war.

2) **Number to String** wandelt das Attribut „Investition bewilligt" in eine Zeichenkette um. Darauf aufbauend wird der Datensatz mittels **Partitioning** in eine Lern- und Testmenge geteilt. Jeder maschinelle Lernalgorithmus setzt ein Training sowie eine Auswertung voraus. Hier werden die Daten im Verhältnis 80 zu 20 aufgeteilt.

3) Mit dem **Decision Tree Learner** wird der Entscheidungsbaum auf Basis der Lernmenge gewonnen. Zudem wird mit diesem Knoten ein Pruning (Minimal Description Length) durchgeführt. Im Rahmen dieses Pruning-Ansatzes werden Prognosegenauigkeit und Komplexität des Baums gegeneinander aufgewogen.

4) Der **Scorer** überprüft die Ergebnisse des Erlernten. **ROC Curve** erstellt die ROC-Kurve als Basis der Evaluation und veranschaulicht die Abhängigkeit der Effizienz mit der Fehlerrate für verschiedene Parameterwerte visuell.

5) Das Ergebnis kann nun für die Automatisierung der Bewilligung von Investitionen genutzt werden. Die im ersten Schritt eingelesenen Daten des Projekts werden mittels **JPMML Classifier** geschätzt. Das Ergebnis dient dann der Automatisierung.

Das wesentliche Ergebnis der Klassifikationsanalyse in Abbildung 140 zeigt die impliziten Regeln auf, den die Entscheider bislang gefolgt sind, obwohl sie sich dessen nicht bewusst waren.

Die Mehrheit der bisherigen Entscheider stand der Automatisierung der Bewertung von Investitionsanträgen skeptisch gegenüber. Bislang wurde auf die Erfahrung menschlicher Entscheider vertraut. Um die Akzeptanz einer Automatisierung mittels RPA zu erhöhen, wurden die Ergebnisse der Klassifikation diskutiert. Im Mittelpunkt standen drei Äste des Entscheidungsbaums.

Pfad 1 zeigt als Segmentierungsattribute Projektmanagement, Time to Break-even und die Schlüsselressource Kapital. Der Pfad führte zu einer Nichtbewilligung von Investitionsanträgen. Aufgrund der Schwellenwerte kann der Pfad wie folgt interpretiert werden: Ein Investitionsantrag, der ein unausgereiftes Projektmanagement, eine lange Dauer bis zur Gewinnschwelle sowie ein durchschnittliches Investitionsvolumen aufwies, wurde bislang von den Entscheidern abgelehnt.

Pfad 2 zeigt als Segmentierungsattribute Projektmanagement, Time to Break-even, Chance/Risiko, Projektnutzen sowie Innovationsgrad. Die Experten diskutierten diesen Pfad ausgiebig, da die Phänomene „geringer Projektnutzen" sowie „geringer Innovationsgrad" für sie nicht nachvollziehbar waren. Sie waren der Auffassung, dass diese beiden Kriterien in ihren bisherigen Entscheidungen eine deutlich höhere Wertung erfahren hätten. Darauf entgegnete der Leiter der Abteilung Finanzen, dass der Algorithmus nur so gut sein könne wie die Testdaten, die wiederum aus den bisherigen Entscheidungen der Entscheider bestanden.

Pfad 3 zeigt als Segmentierungsattribute Projektmanagement, Review, Schlüsselressource Kapital und Schlüsselressource Maschinen. Der Pfad führte ebenfalls zu einer Bewilligung von Investitionsanträgen. Aufgrund der Schwellenwerte kann der Pfad wie folgt interpretiert werden: Ein Investitionsantrag, der ein ausgereiftes Projektmanagement hatte, aber nicht vorab intern geprüft worden war sowie überdurchschnittliche Investitionsvolumen (Kapital und Maschinen) aufwies, wurde bislang bewilligt. Die Experten hinterfragten, warum es die Kombination aus einem fortgeschrittenen Projektmanagement und einer fehlenden internen Vorabprüfung geben könne. Dieser Punkt konnte allerdings nicht geklärt werden.

Die Entscheider wunderten sich generell darüber, dass alle Entscheidungen des Algorithmus nur auf wenigen Attributen beruhten, während sie bei ihren Entscheidungen eine Vielzahl von Kennzahlen berücksichtigten. Vor allem die ihrer Meinung nach wesentlichen Finanzdaten eines Investitionsantrags wie bspw. der Kapitalwert, der Return on Investment, die Marktattraktivität sowie der Wettbewerb wurden nicht berücksichtigt. Vor dem Hintergrund nicht vollständig akzeptablen Fehlerrate von 16,7 % (AUC: 0,899) und den Unstimmigkeiten in der Diskussion wurde beschlossen, RPA vorerst parallel zu den menschlichen Entscheidern zu etablieren.

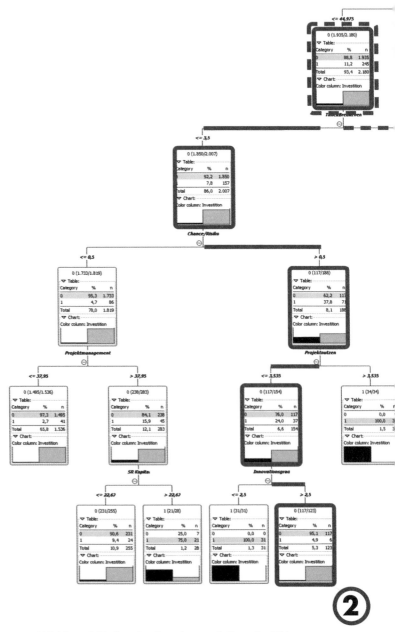

Abbildung 140: Entscheidungsbaum als Basis für RPA

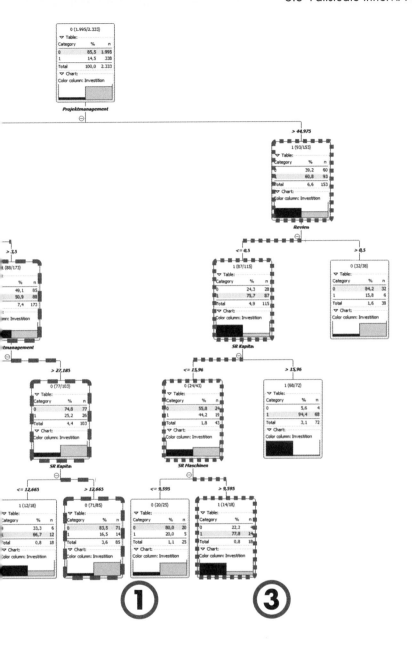

0 (1.995/2.333)		
▽ Table:		
Category	%	n
0	85,5	1.995
1	14,5	338
Total	100,0	2.333
▽ Chart:		
Color column: Investition		

Projektmanagement

> 44,975

1 (93/153)		
▽ Table:		
Category	%	n
0	39,2	60
1	60,8	93
Total	6,6	153
▽ Chart:		
Color column: Investition		

Review

> 3,5

t (88/173)		
%	n	
0	49,1	85
1	50,9	88
7,4	173	
mn: Investition		

tmanagement

<= 0,5

1 (87/115)		
▽ Table:		
Category	%	n
0	24,3	28
1	75,7	87
Total	4,9	115
▽ Chart:		
Color column: Investition		

SR Kapita

> 0,5

0 (32/38)		
▽ Table:		
Category	%	n
0	84,2	32
1	15,8	6
Total	1,6	38
▽ Chart:		
Color column: Investition		

> 27,185

0 (77/103)		
▽ Table:		
Category	%	n
0	74,8	77
1	25,2	26
Total	4,4	103
▽ Chart:		
Color column: Investition		

SR Kapita

<= 15,96

0 (24/43)		
▽ Table:		
Category	%	n
0	55,8	24
1	44,2	19
Total	1,8	43
▽ Chart:		
Color column: Investition		

SR Maschinen

> 15,96

1 (68/72)		
▽ Table:		
Category	%	n
0	5,6	4
1	94,4	68
Total	3,1	72
▽ Chart:		
Color column: Investition		

<= 12,665

1 (12/18)		
ategory	%	n
0	33,3	6
1	66,7	12
otal	0,8	18
olor column: Investition		

> 12,665

0 (71/85)		
▽ Table:		
Category	%	n
0	83,5	71
1	16,5	14
Total	3,6	85
▽ Chart:		
Color column: Investition		

①

<= 9,595

0 (20/25)		
▽ Table:		
Category	%	n
0	80,0	20
1	20,0	5
Total	1,1	25
▽ Chart:		
Color column: Investition		

> 9,595

1 (14/18)		
▽ Table:		
Category	%	n
0	22,2	4
1	77,8	14
Total	0,8	18
▽ Chart:		
Color column: Investition		

③

6.4 Fallstudie Raumklima GmbH – Auf dem Weg zu Predictive Maintenance

Die **Raumklima GmbH** produziert Anlagen der **technischen Gebäudeausrüstung**. In jüngster Zeit sieht sich das Management neuartigen Kundenwünschen gegenüber: Gebäude, die aktiv vom Nutzer gesteuert werden können und deren physische sowie digitale Infrastruktur vollständig miteinander vernetzt sind. Zudem steht die Raumklima GmbH vor der Herausforderung, dass Kunden einen höheren Anlagenverfügbarkeitsgrad im Bereich Heizung, Lüftung und Kühlung fordern. Als Reaktion auf die Kundenwünsche sollen zukünftig **Predictive Maintenance-Lösungen** angeboten werden. Hierdurch sollen Ausfälle der Anlagen schon im Voraus erkannt und durch Servicetechniker via Remote-Zugriff oder vor Ort behoben werden.

Aufgrund der Umsatzverteilung im Bereich Heizung, Lüftung und Kühlung entscheidet sich die Raumklima GmbH zunächst für eine Konzentration auf Heizungsanlagen. Mit der dadurch gewonnenen Erfahrung sollen zu einem späteren Zeitpunkt die Lüftungs- und Kühlungsanlagen in die Lösung eingebunden werden. Das **betriebswirtschaftliche Problem** lautet folglich: Wie kann Predictive Maintenance für Heizungsanlagen umgesetzt werden?

Als **Datenbasis** zur Lösung des Problems werden die bisher über das Condition Monitoring aufgenommenen Ausfallmeldungen um Anlagen- und Umgebungsdaten erweitert. Dabei handelt es sich um

- Anlagendaten: Daten der Kessel- und Mischertemperatur, Brennereinschaltungen pro Tag, Vorlauftemperatur, Kesselstütztemperatur, Nachlauftemperaturen, Einschaltdifferenz in Grad Kelvin, Kesselleistung und Ölverbrauch,
- Umgebungsdaten: Außen- sowie Innentemperatur.

Diese Daten werden in Zukunft fortlaufend erfasst und gespeichert, um über eine durchgängige Datenbasis für die Analyse zu verfügen. Zudem wurde vom Management der Raumklima GmbH beschlossen, dass im Falle einer erfolgreichen Testphase, eine Erweiterung der Sensorik der Anlagen in Erwägung gezogen wird. Die Datenbasis kann dann um diese Daten ergänzt werden. Abbildung 141 zeigt einen Ausschnitt der Datenmatrix, die der Raumklima GmbH für die erste Analyse vorliegt.

		Heizkreis			Warmwasser			Brenner		
Nr.	Innen-temperatur °C	Vorlauf-temperatur in °C	Rücklauf-temperatur in °C	Laufzeit Pumpe in h	Temperatur Wasser-ladung in °C	Temperatur Wasser-kessel in °C	Wärme-menge in kWh	Starts am Tag	Laufzeit in h	Ölverbrauch in Liter
1	20,64	28,5	23,5	19,99	56	45,9	11,8	12	6,59	6,88
2	20,73	30,5	24,3	19,94	56,5	50,8	12,9	14	7,98	9,70
3	21,08	29,6	24,3	19,91	57,8	51,5	9	12	6,8	9,04
4	21,08	28,9	24	19,94	58,1	51,8	5,7	10	6,22	8,29
5	21,28	29,1	24,3	19,84	57,1	52,1	6,9	9	6,27	8,19

Abbildung 141: Auszug aus der Datenmatrix der Raumklima GmbH

Die grundsätzliche **Lösungsidee** für das betriebswirtschaftliche Problem ist die möglichst optimale Prognose der Ausfälle der betrachteten Heizungsanlagen. Das **Analytics-Problem** der Raumklima GmbH lautet folglich: Wie können die Ausfälle einer Heizungsanlage prognostiziert werden?

Aufgrund der freien Verfügbarkeit und Anwendungsvielfalt entscheidet sich die Raumklima GmbH für die Nutzung der Analytics-Plattform KNIME. Mithilfe des in KNIME hinterlegten Klassifikationsanalyse-Algorithmus Decision Tree Learner soll ein **Entscheidungsbaum** als Lösung des Analytics-Problems erarbeitet werden. Den zugehörigen KNIME-Workflow zeigt Abbildung 142.

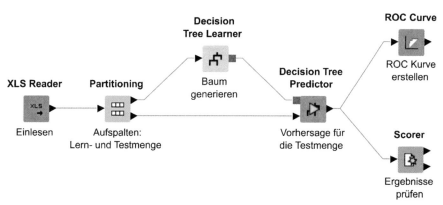

Abbildung 142: KNIME-Workflow der Klassifikationsanalyse

Die einzelnen Knoten führen spezifische Transformationen der Daten aus, die im Folgenden erörtert werden:

- Mithilfe des **XLS Reader** werden die Tabellen mit den Anlagen- und Umgebungsdaten eingelesen und für den Workflow bereitgestellt. **Partitioning** teilt die Daten in eine Lern- und Testmenge.
- Mit dem **Decision Tree Learner** wird der Entscheidungsbaum auf Basis der Lernmenge gewonnen. Zudem führ er ein Pruning (Minimal Description Length) durch. Im Rahmen dieses Pruning-Ansatzes werden Prognosegenauigkeit und die Komplexität des Baums gegeneinander abgewogen.
- Der **Decision Tree Predictor** ermittelt auf Basis des erlernten Baums Vorhersagewerte für die Testmenge.
- Der **Scorer** überprüft die Ergebnisse des erlernten Entscheidungsbaumes und **ROC Curve** erstellt die ROC-Kurve als Basis der Evaluation.

Mithilfe dieses Workflows konnte der in Abbildung 143 dargestellte Entscheidungsbaum für die Prognose des Ausfalls einer Heizungsanalage erstellt werden. Das Klassenattribut hat die beiden Ausprägungen „In Ordnung" und „Monat". Letzteres gibt an, dass die Anlage in einem Monat ausfallen wird. Es wurden die folgenden Segmentierungsattribute identifiziert:

- „Ti °C" ist die Innentemperatur in Grad Celsius,
- „Ta °C" ist die Außentemperatur in Grad Celsius,

- „Ti-Ta K" ist die Differenz zwischen Innen- und Außentemperatur in Grad Kelvin,
- „Twwl_" ist die Temperatur der Wasserladung in Grad Celsius,
- „Twwl-Twk" ist die Temperaturdifferenz zwischen der Wasserladung und dem Wasserkessel in Grad Kelvin,
- „Tww°C" ist die Temperatur des warmen Wassers in Grad Celsius,
- „Laufzeith" ist die Laufzeit des Brenners in Stunden und
- „TAbgas°C" ist die Abgastemperatur der Heizung in Grad Celsius.

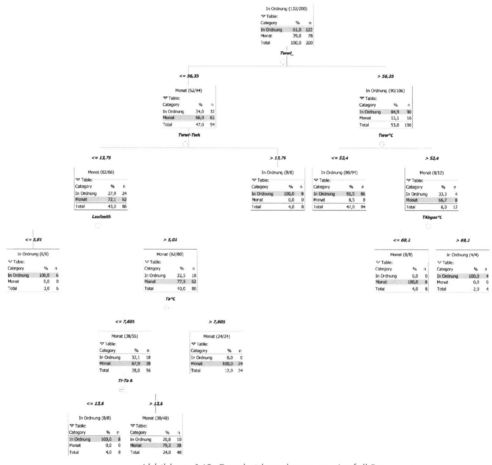

Abbildung 143: Entscheidungsbaum zur Ausfall-Prognose

Erster Prädiktor ist die Temperatur der Wasserladung. Liegt diese unter 56,35 °C, so kann es zu einem Ausfall in einem Monat kommen. Allerdings nur, wenn die Temperaturdifferenz zwischen Wasserladung und Wasserkessel kleiner gleich 13,79 Grad Kelvin und die Laufzeit des Brenners größer 5,01 Stunden ist. Hier gilt es zu beachten, dass der Heizung kein Ausfall in einem Monat droht, wenn unter diesen Bedingungen zudem die Außentemperatur kleiner gleich 7,61 °C und die Temperaturdifferenz zwischen Innen und Außenraum größer gleich 13,6 Grad Kelvin ist.

Andererseits kann festgestellt werden, dass die Heizungsanlage nicht in einem Monat ausfallen wird, wenn die Temperatur der Wasserladung größer 56,35 °C ist. Eine Ausnahme ist, dass es zu einem Ausfall in einem Monat kommen kann, sobald die Temperatur des Warmwassers größer 52,4 °C ist und die Abgastemperatur bei Werten kleiner gleich 69,2 °C liegt.

Zur Evaluation des erlernten Entscheidungsbaums wurden verschiedene Ansätze verwendet: die Accuracy-Rate erreicht einen Wert von 88 %. Von den untersuchten 200 Fällen wurden insgesamt 24 falsch klassifiziert. Wie Abbildung 144 zeigt, weist die ROC-Kurve zudem einen akzeptablen Verlauf auf.

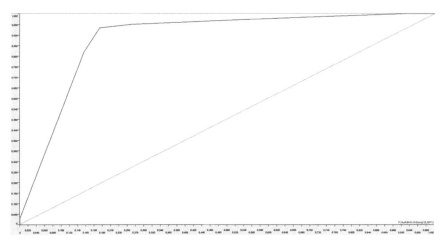

Abbildung 144: ROC-Kurve

Das Ergebnis liefert eine tragfähige Basis für die Raumklima GmbH, um ihr bisheriges Condition Monitoring hin zu einem Angebot von Predictive Maintenance-Lösungen weiter zu entwickeln. Allerdings werden parallel Überlegungen angestellt, wie mit den beiden Fällen der Fehlklassifikation umgegangen werden soll: einem Fehlalarm und dem Ausbleiben eines Alarms.

Weiterführende Literatur

Weitere **Fallstudien** enthält der Sammelband von Hofmann/Klinkenberg (2014). Die einzelnen Fallstudien werden nicht nur konzeptionell besprochen, sondern auch in der Software RapidMiner schrittweise umgesetzt.

Literaturverzeichnis

Acatech, Umsetzungsempfehlungen für das Zukunftsprojekt Industrie 4.0, 2013.

Adams, J. S., Inequity in Social Exchange, in: *Berkowitz, L.* (Hrsg.), Advances in Experimental Social Psychology, 2. Auflage, New York 1965, S. 267–299.

Aggarwal, C. C., Data Mining – The Textbook, Heidelberg u. a. 2015.

Aggarwal, C. C., Neural Networks and Deep Learning – A Textbook, Cham 2018.

Aggarwal, C. C., Zhai, C. X. (Hrsg.), Mining Text Data, New York u. a. 2012.

Austin, R. D., Measuring and Managing Performance in Organizations, New York 1996.

Baars, H., Predictive Analytics in der IT-basierten Entscheidungsunterstützung – methodische, architektonische und organisatorische Konsequenzen, in: Controlling 28 (2016) 3, S. 174–180.

Baars, H., Kemper, H.-G., Integration von Big Data-Komponenten in die Business Intelligence, in: Controlling, 27 (2015) 4/5, S. 222–228.

Bacher, J., Pöge, A., Wenzig, K., Clusteranalyse – Anwendungsorientierte Einführung in Klassifikationsverfahren, 3. Auflage, München.

Backhaus, K., Blechschmidt, B., Fehlende Werte und Datenqualität – Eine Simulationsstudie am Beispiel der Kausalanalyse, in: DBW 69, (2009) 2, S. 265–287.

Backhaus, K., Erichson, B., Plike, W., Weiber, R., Multivariate Analysemethoden – Eine anwendungsorientierte Einführung, 14. Auflage, Berlin und Heidelberg 2016.

Bagchi, R., Cheema, A., The Effect of Red Background Color on Willingness-to-Pay – The Moderating Role of Selling Mechanism, in: Journal of Consumer Research 39, (2013) 2, S. 947–960.

Bamberg, G., Baur, F., Krapp, M., Statistik – Eine Einführung für Wirtschafts- und Sozialwissenschaftler, 18. Auflage, München 2017.

Batini, C., Scannapieco, M., Data and Information Quality – Dimensions, Principles and Techniques, 2016.

Barabási, A.-L., Network Science, Cambridge 2016.

Baum, H., Coenenberg, A. G., Günther, T., Strategisches Controlling, 5. Auflage, Stuttgart 2013.

Berinato, S., Good charts – The HBR guide to making smarter, more persuasive data visualizations 2016.

Birnberg, J. G., Luft, J., Shields, M. D., Psychology Theory in Management Accounting Research, in: *Chapman C. S., Hopwood, A. G., Shields, M. D.* (Hrsg.), Handbook of Management Accouting Research, Volume 1, Amsterdam 2007, S. 113–135.

BITKOM (Hrsg.), Cloud Computing – Was Entscheider wissen müssen. Ein ganzheitlicher Blick über die Technik hinaus. Positionierung, Vertragsrecht, Datenschutz, Informationssicherheit, Compliance, Berlin 2010.

BITKOM (Hrsg.), Big Data Technologien – Wissen für Entscheider, Berlin 2014.

Bleiholder, J., Schmid, J., Datenintegration und Deduplizierung, in: *Hildebrandt, K., Gebauer, M., Hinrichs, H., Mielke, M.* (Hrsg.) Daten- und Informationsqualität – Auf dem Weg zur Information Excellence, 3. Auflage, Wiesbaden 2015, S. 121–140.

Böck, M., Köbler, F., Anderl, E., Le, L., Social Media Analyse – mehr als nur eine Word Cloud, Wiesbaden 2017.

Böhnert, A.-A., Benchmarking – Charakteristik eines Managementinstruments, Hamburg 1999.

Brehm, J.W., A theory of psychological reactance. New York 1966.

Brynjolfsson, E., Hitt L. M., Kim H. H., Strength in Numbers: How Does Data-Driven Decisionmaking Affect Firm Performance?, 2011.

Cegelski, C. G., Jones-Farmer, L. A., Knowledge, Skills, and Abilities for Entry-Level Business Analytics Positions – A Multi-Method Study, in: Decision Science, 14 (2016) 1, S. 91–118.

Chapman C. S., Hopwood, A. G., Shields, M. D. (Hrsg.), Handbook of Management Accouting Research, Volume 1, Amsterdam 2007.

Chen, H., Chiang, R., Storey, V., Business Intelligence and Analytics: From Big Data to Big Impact in: MIS quarterly, 36 (2012) 4, S. 1165–1188.

Christensen, K., Leadership-Forum – Embracing Machine Learning, in: Rotman Management, 9, (2016) 3, S. 44–48.

Cleve, J., Lämmel, U., Data Mining. 2. Auflage, München 2016.

Coronel, C., Morris, S., Database Systems: Design, Implementation & Management, 11. Auflage, Stamford 2014.

Corsten, H., Gössinger, R., Produktionswirtschaft – Eine Einführung in das industrielle Produktionsmanagement. 14. Auflage. München 2016.

Davenport, T. H., Big Data@Work – Dispelling the Myths, Uncovering the Opportunities, Boston 2014.

Davenport, T. H., Harris, J. G., Competing on Analytics. Boston 2007.

Davenport, T. H, Patil, D. J., Data Scientist: The Sexiest Job of the 21st Century, in: Harvard Business Review, 90 (2012) 10, S. 70–76.

Dhar, V., Data Science and Prediction, in: Communications of the ACM, 56 (2013) 12, S. 64–73.

Diamantopoulos, A, Winklhofer, H. M., Index construction with formative indicators: An alternative to scale development in: Journal of Marketing Research, 38 (2001) 2, S. 269–277.

Dickenberger, D., Gniech, G., Grabitz, H.-J., Die Theorie der psychologischen Reaktanz, in: *Frey, D., Irle, M.*(Hrsg.), Theorien der Sozialpsychologie – Band 1: Kognitive Theorien, 2. Auflage, 1993, S. 243–273.

Dickson, G., An Analysis of Vendor Selection Systems and Decisions, in: Journal of Purchasing, 2, (1966) 1, S. 5–17.

Domschke, W., Drexl, A., Klein, R., Scholl, A., Einführung in Operations Research, 9. Auflage, Berlin und Heidelberg 2015.

Dorfer, L., Datenzentrische Geschäftsmodelle als neuer Geschäftsmodelltypus in der Electronic-Business-Forschung – Konzeptionelle Bezugspunkte, Klassifikation und Geschäftsmodellarchitektur, in: Zeitschrift für betriebswirtschaftliche Forschung, 68 (2016) 3, S. 307–369.

Doty D. H., Glick, W. H., Typologies as a Unique Form of Theory Building – Toward Improved Understanding and Modeling, in: Academy of Management Review, 19 (1994) 2, S. 230–251.

Duda, R. O., Hart, P. E., Stork, D. G., Pattern Classification, 2. Auflage, New York u. a. 2001.

Eberl, M., Formative und reflektive Konstrukte und die Wahl des Strukturgleichungsverfahrens, in: Die Betriebswirtschaft, 66 (2006) 6, S. 651–668.

Ebers, M., Organisationsmodelle für Innovation, in: Zeitschrift für betriebswirtschaftliche Forschung, 69 (2016) 1, S. 1–29.

Ebers, M., Gotsch, W., Institutionenökonomische Theorien der Organisation, in: *Kieser, A., Ebers, M.* (Hrsg.), Organisationstheorien, 7. Auflage, 2014, S. 195–255.

Eckert, C., IT-Sicherheit: Konzepte – Verfahren – Protokolle, 9. Auflage, München 2014.

Eckstein, P. P., Angewandte Statistik mit SPSS – Praktische Einführung für Wirtschaftswissenschaftler, 8. Auflage, Wiesbaden 2016.

Egle, U., Keimer, I., Kompetenzprofil „Digitaler Controller", in: Controller Magazin, 43, (2018) 5, S. 49–53.

Ereth, J., Kemper, H.-G., Business Analytics und Business Intelligence – Säulen eines integrierten Ansatzes der IT-basierten Entscheidungsunterstützung, in: Controlling, 28 (2016) 8/9, S. 458–464.

Eley, M., Simulation in der Logistik – Einführung in die Erstellung ereignisdiskreter Modelle unter Verwendung des Werkzeugs „Plant Simulation", Berlin und Heidelberg 2012.

Elliot, A. J., Maier, M. A., Color-In-Context Theory, in: *Devine, P., Plant, A.* (Hrsg.), Advances in Experimental Social Psychology, Band 45, San Diego u. a. 2012, S. 61–125.

Engelmann, F., Großmann, C., Was wissen wir über Information?, in: *Hildebrandt, K.,Gebauer, M.,Hinrichs, H., Mielke, M.* (Hrsg.) Daten- und Informationsqualität – Auf dem Weg zur Information Excellence, 3. Auflage, Wiesbaden 2015, S. 3–23.

Evans, J., Business Analytics – Methods, Models, Decisions, 2. Auflage, Essex 2017.

Evergreen, S. D. H., Effective Data Visualization – The Right Chart for the Right Data, Los Angeles 2017.

Feldman, R.; Sanger, J., The Text Mining Handbook – Advanced Approaches in Analyzing Unstructured Data, Cambridge und New York 2007.

Few, S., Information Dashboard Design – Displaying data for at-a-glance monitoring, 2. Auflage, Burlingame 2013.

Finger, R., Dittmar, C., Big-Data-Architektur und -Technologie, in: *Dittmar, C., Felden, C., Finger, R., Scheuch, R., Tams, L.* (Hrsg.), Big Data – Ein Überblick, Heidelberg 2016, S. 33–43.

Finlay, S., Predictive Analytics – Myths, Misconceptions and Methods, Basingstoke 2014.

Franks, B., The Analytics Revolution – How to Improve Your Business by Making Analytics Operational in The Big Data Era, Hoboken, NJ, 2014.

Fleisch, E., Weinberger, M., Wortmann, F., Business Models and the Internet of Things, Bosch IoT Lab White Paper, 2014.

Frey, D., Irle, M., (Hrsg.), Theorien der Sozialpsychologie – Band 1: Kognitive Theorien, 2. Auflage, Bern 1993.

Frey, D., Irle, M., (Hrsg.), Theorien der Sozialpsychologie – Band 2: Gruppen-, Interaktions- und Lerntheorien, 2. Auflage, Bern 2002a.

Frey, D., Irle, M., (Hrsg.), Theorien der Sozialpsychologie – Band 3: Motivations-, Selbst- und Informationsverarbeitungstheorien, 2. Auflage, Bern 2002b.

Fry, B., Visualizing Data, Exploring and Explaining Data with the Processing Environment, Sebastopol 2008.

Fuchs, C., Diamantopoulos. A. Using single-item measures for construct measurement in management research Conceptual issues and application guidelines, in: DBW, 69 (2009) 2, S. 195–210.

Gartner IT Glossary, Business Analytics, URL: http://www.gartner.com/it-glossary/business-analytics/, abgerufen am 20.04.2016, 2016.

Gesellschaft für Informatik e. V. (Hrsg.), Data Literacy und Data Science Education – Digitale Kompetenzen in der Hochschulausbildung, Policy Paper der Präsidiums-Task-Force „Data Science" der Gesellschaft für Informatik e. V. in Zusammenarbeit mit Vertretern der Deutschen Mathematiker Vereinigung e. V., der Deutschen Physikalischen Gesellschaft e. V. und der Gesellschaft Deutscher Chemiker e. V., Berlin 2018.

Göbel, E., Neue Institutionenökonomik – Konzeption und betriebswirtschaftliche Anwendungen, Stuttgart 2002.

Gluchowski, P., Business Analytics-Grundlagen, Methoden und Einsatzpotenziale, in: HMD Praxis der Wirtschaftsinformatik, 53 (2016) 3, S. 273–286.

Gronau, N., Analytics Manufacturing, in: Productivity Management, 17 (2012), 5, S. 19–21.

Gronau, N., Thim, C., Fahrholz, C., Business Analytics in der deutschen Praxis – Aktueller Stand und Herausforderungen, in: Controlling, 28 (2016) 8/9, S. 472–479.

Hagtvedt, H., Brasel, S. A., Color Saturation Increases Perceived Product Size, in: Journal of Consumer Research, 44 (2017) S. 396–413.

Halper, F., Next-Generation Analytics and Plattforms, TDWI Best Practice Report, Renton, WA 2015.

Hartung, S., Gestalttheorie, in: Hartung, S. (Hrsg.): Gestalt im Management, Berlin und Heidelberg 2014, S. 1–30.

Hastie, T., Tibshirani, R., Friedman, J., The Elements of Statistical Learning – Data Mining, Inference, and Prediction, 2. Auflage, New York, NY 2009.

Heber, R., Infografik – Gute Geschichten erzählen mit komplexen Daten, 1. Auflage, Bonn 2016.

Heimann, M., Schütz, M., Wie Design wirkt – Psychologische Prinzipien erfolgreicher Gestaltung, 1. Auflage, 1., korrigierter Nachdruck, Bonn 2017.

Heinrich, B., Klier, M., Datenqualitätsmetriken für ein ökonomisch orientiertes Qualitätsmanagement, in: *Hildebrandt, K., Gebauer, M., Hinrichs, H., Mielke, M.* (Hrsg.) Daten- und Informationsqualität – Auf dem Weg zur Information Excellence, 3. Auflage, Wiesbaden 2015, S. 49–67.

Heinrich, B., Klier, M., Obermeier, A. A., Schiller, A., Event-driven Duplicate Detection – A Probability-based Approach, in: ECIS Proceedings, 2018.

Hermann, K., Stoi, R., Wolf, B., Robotic Process Automation im Finance & Controlling der MANN+HUMMEL Gruppe, in: Controlling: Zeitschrift für erfolgsorientierte Unternehmenssteuerung, 30, 2018, 3, S. 28–34.

Hildebrandt, L., Temme, D., Probleme der Validierung mit Strukturgleichungsmodellen, in: DBW, 66 (2006) 6, S. 618–639.

Hintze, J. L., Nelson, R. D., Violin Plots – A Box Plot-Densitiy Trace Synergism, in: The American Statistician, 52 (1998) 2, S. 181–184.

Höppner, F., Fuzzy-Clusteranalyse. Verfahren für die Bilderkennung, Klassifizierung und Datenanalyse, Braunschweig und Wiesbaden 1997.

Hofmann, M., Klinkenberg, R. (Hrsg.), Rapid Miner – Data Mining Use Cases and Business Analytics Applications, Boca Raton 2014.

Holsapple, C., Lee-Post, A., Pakath, R. (2014), A unified foundation for business analytics, in: Decision Support Systems, 64 (2014) 8, S. 130–141.

Homburg, C., Kundennähe im Industriegüterunternehmen – Konzeptionen – Erfolgsauswirkungen – Determinanten, 3. Auflage, Wiesbaden 2000.

Homburg, C., Klarmann, M., Die Kausalanalyse in der empirischen betriebswirtschaftlichen Forschung – Problemfelder und Anwendungsempfehlungen, in: DBW, 66 (2006) 6, S. 727–748.

Horváth, P., Herter, R. N., Benchmarking – Vergleich mit den Besten der Besten, in: Zeitschrift für Controlling (ZfC), 4 (1992) 1, S. 4–11.

Horváth, P./Seiter, M., Steuerung des Transformationsprozesses – Entwicklung eines spezifischen Performance Measurement-Systems, in: Zeitschrift für betriebswirtschaftliche Forschung, 65 (2012), S. 25–44.

Horváth, P., Gleich, R., Seiter, M., Controlling, 13. Auflage, München 2015.

Hsieh, Y.-C., Chiu H.-C., Tang, Y.-C., Lee, M., Do Colors Change Realities in Online Shopping?, in: Journal of Interactive Marketing, 41 (2018) S. 14–27.

Iliewa, Z., Trügerische Charts – Interview mit Zwetelina Iliewa, in: Harvard Business Manager, 41 (2019) 3, S. 16–17.

Ittner, C. D., Larcker, D. F., Meyer, M. W., Subjectivity and the Weighting of Performance Measures: Evidence from a Balanced Scorecard, in: The Accounting Review, 78 (2003) 3, S. 725–758.

Jernigan, S., Ransbotham, S., Kiron, D., Data Sharing and Analytics Drive Success With IoT, in: MIT Sloan Management Review, September 2016.

Jost, P.-J., Die Prinzipal-Agenten-Theorie im Unternehmenskontext, in: *Jost, P.-J.* (Hrsg.), Die Prinzipal-Agenten-Theorie in der Betriebswirtschaftslehre, Stuttgart 2001, S. 11–43.

Kemper, H.-G., Baars, H., Mehanna, W., Business Intelligence – Grundlagen und praktische Anwendungen, 3. Aufl., Wiesbaden 2010.

Kieser, A., Ebers, M., (Hrsg.), Organisationstheorien, 7. Auflage, Stuttgart 2014.

Kimball, R., Ross, M., The Data Warehouse Toolkit: The Definitive Guide to Dimensional Modeling, 3. Auflage, Indianapolis, IN 2013.

Kirchgässner, G., Wolters, J., Hassler, U., Introduction to Modern Time Series Analysis, 2. Auflage, Berlin, Heidelberg 2013.

Kirchherr, J., Klier, J., Lehmann-Brauns, C., Winde, Mathias., Future Skills – Welche Kompetenzen Deutschland fehlen, Future Skills Diskussionspapier 1 des Stifterverbands für die deutsche Wissenschaft e. V., Essen 2018.

Klier, M., Heinrich, B., Datenqualität als Erfolgsfaktor im Business Analytics, in: Controlling, 28 (2016) 8/9, S. 488–494.

Kohlhammer, J., Proff, D. U., Wiener, A., Visual Business Analytics – Effektiver Zugang zu Daten und Informationen, Heidelberg 2013.

*KPMG, BITKOM (*Hrsg.), Mit Daten Werte schaffen – Report 2015, o. O. 2015.

*KPMG, BITKOM (*Hrsg.), Mit Daten Werte schaffen – Report 2017, o. O. 2017.

*KPMG, BITKOM (*Hrsg.), Cloud-Monitor 2018 – Strategien für eine zukunftsorientierte Cloud Security und Cloud Compliance, o. O 2018.

Kumar, U. D., Business Analytics – The Science of Data-Driven Decision Making, New Dehli 2017.

Labrecque, L. I., Milne, G. R., Exciting red and competent blue – the importance of color in marketing, in: Journal of the Academy of Marketing Science, 40 (2012) S. 711–727.

Lamprecht, A., Tucker, C., The 4 Mistakes Most Managers Make with Analytics, HBR-Online-Artikel, https://hbr.org/2016/07/the-4-mistakes-most-managers-make-with-analytics, abgerufen: 13.10.16, 2016.

Laudon, K. C., Laudon, J. P., Schoder, D., Wirtschaftsinformatik – Eine Einführung, 3. Auflage, München, 2016.

Laursen, G., Thorlund, J., Business Analytics for Managers, Wiley: Hoboken, NJ, 2010.

Lehner, J. M., Bei Management-Entscheidungen sicherer werden, in: Controlling & Management Review, 60 (2016) 1, S. 22–28.

Leskov, J., Rajarman, A., Ullman, J. D., Mining of Massive Datasets, 2. Auflage, Cambridge, 2014.

Locke, E. A., Latham, G. P., Building a Practically Useful Theory of Goal Setting and Task Motivation – A 35-Year Odyssey, in: American Psychologist, 57 (2002) 9, S. 705–717.

Locke, E. A., Latham, G. P., New Directions in Goal-Setting Theory, in: Current Directions in Psychological Science, 15 (2006) 5, S. 265–268.

Luca, M., Kleinberg, J., Mullainathan, S., Algorithms Need Managers, Too – Know how to get the most out of your predictive tools, in: Harvard Business Review, 95 (2016), 1, S. 97–101.

Mainzer, K., Information – Algorithmus, Wahrscheinlichkeit, Komplexität, Quantenwelt, Leben, Gehirn, Gesellschaft, Wiesbaden 2016.

Maleri, R.; Frietzsche, U., Grundlagen der Dienstleistungsproduktion, 5. Auflage, Berlin und Heidelberg 2008.

Manutiu, S., Digitalisierung im Controlling – Mehrwert durch Robotic Process Automation, in: Controlling: Zeitschrift für erfolgsorientierte Unternehmenssteuerung., 30, 2018, 3.

Manyika, J., Chui, M., Brown, B., Bughin, J., Dobbs, R., Roxburgh, C., Hung Byers, A., Big data – The next frontier for innovation, competition, and productivity, o. O., 2011.

Marz, N., Warren, J., Big Data – Principles and best practices of scalable real-time data systems, o. O., 2015.

Matern, F., Huhn, W., Perrey, J., Dörner, K., Lorenz, J.-T., Spillecke, D., Turning buzz into gold – How pioneers create value from social media, o. O., 2012.

Mehanna, W., Tatzel, J., Vogel, P., Business Analytics im Controlling – Fünf Anwendungsfelder, in: Controlling, 28 (2016) 8/9, S. 502–508.

Mell, P., Grance, T., The NIST Definition of Cloud Computing, Gaithersburg 2011.

Mittelstraß, J. (Hrsg.), Enzyklopädie Philosophie und Wissenschaftstheorie, Band 1, Stuttgart und Weimar, 2004a.

Mittelstraß, J. (Hrsg.), Enzyklopädie Philosophie und Wissenschaftstheorie, Band 2, Stuttgart und Weimar, 2004b.

Mittelstraß, J. (Hrsg.), Enzyklopädie Philosophie und Wissenschaftstheorie, Band 3, Stuttgart und Weimar, 2004c.

Mittelstraß, J. (Hrsg.), Enzyklopädie Philosophie und Wissenschaftstheorie, Band 4, Stuttgart und Weimar, 2004d.

Morison, R. F., Davenport, T.H., Organizing Analysts, in: *Davenport, T.H.* (Hrsg.), Enterprise Analytics – Optimize Performance, Process, and Decision Through Big Data, Upper Saddle River, 2013, S. 157–178.

Neusser, K., Zeitreihenanalyse in den Wirtschaftswissenschaften, 3. Auflage, Wiesbaden, 2011.

Nussbaumer Knaflic, C., Storytelling mit Daten – Die Grundlagen der effektiven Kommunikation und Visualisierung mit Daten, München 2017.

Osterwalder, A., Pigneur, Y., Business Model Generation – Ein Handbuch für Visionäre, Spielveränderer und Herausforderer, Frankfurt a. M. 2011.

Osterwalder, A., Pigneur, Y., Bernarda, G., Smith, A., Value Proposition Design, Hoboken, NJ, 2014.

Peter, P. J., Construct validity: A review of basic issues and marketing practices, in: Journal of Marketing Research, 18 (1981) 2, S. 133–145.

Pfeffer, J., Sutton, R.I., Evidence-based Management, in: Harvard Business Review, 84 (2006) 1, S. 63–74.

Picot, A., Dietl, H., Franck, E., Organisation, 3. Auflage, Stuttgart 2002.

Porter, M. E., Heppelmann, J.E., How Smart, Connected Products Are Transforming Competition, in: Harvard Business Review, 92 (2014) 11, S. 64–88.

Provost, F., Fawcett, T., Data Science for Business – What You Need to Know About Data Mining and Data-Analytics Thinking, Sebastopol, 2013.

Raab, G., Unger, A., Unger, F., Marktpsychologie – Grundlagen und Anwendung, 4. Auflage 2016.

Redman, T. C., Data Driven – Profiting From Your Most Important Business Asset, Boston, 2008.

Rohweder, J. P., Kasten, G., Malzahn, D., Piro, A., Schmid, J., Informationsqualität – Definitionen, Dimensionen und Begriffe, in: Hildebrandt, K./Gebauer, M./Hinrichs, H./Mielke, M. (Hrsg.) Daten- und Informationsqualität – Auf dem Weg zur Information Excellence, 3. Auflage, Wiesbaden 2015, S. 25–46.

Rössler, P., Skalenhandbuch Kommunikationswissenschaft, Wiesbaden 2011.

Rossiter, J.R., The C-OAR-SE procedure for scale development in marketing, in: International Journal of Research in Marketing, 19 (2002) 4, 305–335.

Sarstedt, M., Wilczynski, P., More for Less? A Comparison of Single-Item and Multi-Item-Measures. in: DBW, 69 (2009) 2, S. 211–227.

Saxena, R., Srinivasan, A., Business Analytics – A Practitioner's Guide, New York 2013.

Schäffer, U., Management Accounting & Control Scales Handbook, Wiesbaden 2007.

Scheuch, R., Big-Data-Methodik und Vorgehen, in: *Dittmar, C., Felden, C., Finger, R., Scheuch, R., Tams, L.* (Hrsg.), Big Data – Ein Überblick, Heidelberg 2016, S. 21–32.

Schneider, D., Allgemeine Betriebswirtschaftslehre, 3. Auflage, München 1987.

Schnelle-Schneyder, M., Sehen und Photographie, Berlin und Heidelberg 2011.

Schniederjans, M. J., Schniederjans, D. G., Starkey, C. M., Business Analytics Principles, Concepts, and Applications – What, Why and How, Upper Saddle River, NJ 2015.

Schroeck, M., Shockley, R., Smart, J., Romero-Morales, D., Tufano, P., Analytics – Big Data in der Praxis – Wie innovative Unternehmen ihre Datenbestände effektiv nutzen, o. O. 2012.

Schumann, H., Müller, W., Visualisierung – Grundlagen und allgemeine Methoden, Berlin und Heidelberg 2000.

Seiter, M., Die Fußangeln des Plattformgeschäfts, in: Frankfurter Allgemeine Zeitung (FAZ), 05.11.2018, 257, S. 18.

Seiter, M., Industrielle Dienstleistungen – Wie produzierende Unternehmen ihr Dienstleistungsgeschäft aufbauen und steuern, 2. Auflage, Wiesbaden 2016.

Seiter, M., Grünert, L., Esser, L., Organisation von Business Analytics – Formen und Entwicklungspfade, in: Zeitschrift für betriebswirtschaftliche Forschung, Sonderheft 72/17, S. 49–63.

Seiter, M., Rosentritt, C., Stoffel, L., Service Analytics als neues Arbeitsfeld des Controllers – Umsetzung von Business Analytics im Dienstleistungscontrolling, in: Controlling, 28 (2016) 8/9, S. 519–525.

Shannon, W., Weavor, C., Mathematische Grundlagen der Informationstheorie, München und Wien 1976.

Siebert, G., Kempf, S., Benchmarking, 3. Auflage, München 2008.

Silverman, D., Doing Qualitative Research – A Practical Handbook, 4. Auflage, London u. a. 2013.

Staehle, W. H., Conrad, P., Sydow, J., Management – eine verhaltenswissenschaftliche Perspektive, 8. Auflage, München 1999.

Statista, Anzahl der Artikel in einem Supermarkt in Deutschland nach Sortiment im Jahr 2012, abrufbar unter: https://de.statista.com/statistik/daten/studie/294107/umfrage/artikel-in-einem-supermarkt-in-deutschland-nach-sortiment/, abgerufen am: 02.12.2016.

Stein, B., Morrison, A., The enterprise data lake – Better integration and deeper analytics, in: Technology Forecast: Rethinking integration, (2014) 1, S. 1–9.

Steinmann, H., Schreyögg, G., Management – Grundlagen der Unternehmensführung, 6. Auflage, Wiesbaden 2005.

Sterman, J. D., Business Dynamics – Systems Thinking and Modeling for a Complex World, Boston u. a. 2000.

Strese, H., Seidel, U., Knape, T., Botthof, A., Smart Home in Deutschland, Institut für Innovation und Technik, Berlin 2010.

Tan, P.-N., Steinbach, M., Kumar, V., Introduction to Data Mining, Harlow 2014.

Trkman, P., McCormack, K., Paulo Valadares de Oliveira, M., Ladeira, M.-B., The impact of business analytics on supply chain performance, in: Decision Support Systems, 49 (2010) 3, S. 318–327.

Tufte, E. R., Beautiful Evidence. Cheshire, Conn. 2010.

Ulrich, P., Fluri, E., Management, 7. Auflage., Bern u. a. 1995.

Van der Aalst, W.M.P., Process Mining – Discovery, Conformance and Enhancement of Business Processes, Berlin und Heidelberg 2011.

Voorsluys, W., Broberg, J., Buyya, B., Introduction to Cloud Computing, in: *Buyya, R., Broberg, J., Goscinski, A.* (Hrsg.), Cloud Computing – Principles and Paradigms, Hoboken, NJ 2011, S. 3–41.

Wagner, K., Taylor, A., Zablit, H., Foo, E., A Digital Disconnect in Innovation? bcg.perspectives abrufbar unter: https://www.bcgperspectives.com/content/articles/innovation_growth_digital_economy_digital_disconnect_in_innovation/ abgerufen am: 02.12.2016, 2014.

Weiber, R., Mühlhaus, D., Strukturgleichungsmodellierung – Eine anwendungsorientierte Einführung in die Kausalanalyse mithilfe von AMOS, SmartPLS und SPSS, o. O. 2010.

Wiswede, G., Sozialpsychologie-Lexikon, München und Wien 2004.

Witten, I. H., Frank, E., Hall, M. A., Pal, C. J., Data Mining – Practical Machine Learning Tools and Techniques, 4. Auflage, Cambridge, MA 2017.

Wittmann, W., Unternehmung als unvollkommene Information, Wiesbaden 1959.

Wöhe, G., Döring, U., Brösel, G., Einführung in die Allgemeine Betriebswirtschaftslehre, 26. Auflage, München 2016.

Wu, X., Kumar, V., Quinlan, J. R., Ghosh, J., Yang, Q., Motoda, H., McLachlan, G. J., Ng, A., Liu, B., Yu, P. S., Zhou, Z.-H., Steinbach, M., Hand, D. J., Steinberg, D., Top 10 algorithms in data mining, in: Knowledge Information Systems, 14 (2008) 1, S. 1–37.

Sachverzeichnis

Wie leistungsstarke IT-Teams entstehen.

Insider-Wissen

Die Fähigkeit, qualitativ hochwertige Software schnell und stabil bereitzustellen, ist ein wesentlicher Werttreiber für ein Unternehmen. Die Autoren erläutern in diesem Buch ihre intensiven Forschungsergebnisse zur Softwarebereitstellung und identifizieren 24 Schlüsselkompetenzen, mit denen Sie eine wirkliche Technologietransformation in Ihrer Organisation einleiten.

Der Inhalt

‣ Performance und Kultur messen und verändern
‣ Continuous Delivery: Technische Praktiken
‣ Architektur: Systemtypen und Bereitstellungsperformance
‣ Management-Praktiken für die Softwarebranche
‣ Produkte und Prozesse
‣ Deployment Pain und Burn-out
‣ Mitarbeiterzufriedenheit, Identität und Engagement
‣ Transformationale Führung
‣ High Performance Leadership und Management

Forsgren/Humble/Kim
Das Mindset von DevOps:
Accelerate

2019. 216 Seiten. Gebunden € 34,90
ISBN 978-3-8006-5963-0

Portofreie Lieferung
≡ vahlen.de/26640934

Vahlen

"

Die Form der Informationsdarstellung darf keine Kunst sein, sondern ein professioneller, klarer, leicht nachvollziehbarer Standard.

Prof. Dr. Dr. h.c. Jürgen Weber

MIT
ÜBER 200
ABBILDUNGEN

Das Grundlagenwerk für Berichtsersteller und Berichtsempfänger

Es ist nicht gut bestellt um die Geschäftskommunikation. Führungskräfte quälen sich durch überfrachtete Berichte und langweilen sich in unverständlichen Präsentationen. Die betriebswirtschaftliche Kommunikation ist nicht effektiv genug – sowohl das, was schriftlich berichtet, als auch das, was live präsentiert wird. Es ist schlichtweg zu mühsam, die benötigten Informationen aus Berichten, Präsentationen und Dashboards zu beziehen.

Fehlende Standards bei der visuellen Kommunikation sind ein wichtiger Grund für die fehlende Effektivität. Dieses Standardwerk zeigt auf, wie visuelle Einheitlichkeit die Kommunikation mit Berichten, Präsentationen und Dashboards verbessert. Rolf Hichert und Jürgen Faisst entwickeln eine visuelle Berichtssprache und wenden diese auf Diagramme und Tabellen in Management- und Geschäftsberichten, den zugehörigen Präsentationen und interaktiven Management-Informationssystemen an. Praxisbeispiele belegen: Sie sind auf dem richtigen Weg.

Hichert/Faisst
Gefüllt, gerahmt, schraffiert

2019. 232 Seiten.
Gebunden € 49,80
ISBN 978-3-8006-5982-1
Neu im Mai 2019

Portofreie Lieferung
≡ vahlen.de/27205830

Vahlen

"
Wer häufig Daten präsentieren muss, sollte dieses praxisnahe Buch unbedingt lesen.

Erzählen Sie eine Geschichte mit Ihren Daten.

Mit diesem Buch entdecken Sie die Kraft des Geschichtenerzählens mit quantitativen Informationen, sodass Sie in Resonanz mit Ihrem Publikum kommen. Die einzelnen Kapitel sind einerseits theoretisch fundiert und andererseits sehr anwendungsorientiert durch die zahlreichen realen Beispiele.

Neue Impulse

Blicken Sie jetzt hinter die üblichen Werkzeuge zur Visualisierung mit dem Ziel, an die Wurzel quantitativer Informationen heranzukommen, um eine ansprechende, informative, spannende Geschichte zu erzählen.

Cole/Nussbaumer/Knaflic
Storytelling mit Daten

2017. XVII, 226 Seiten.
Kartoniert € 34,90
ISBN 978-3-8006-5374-4

Portofrei geliefert:
vahlen.de/17580987

Vahlen

Reden Sie weniger & fragen Sie mehr.

Revolutionäres Konzept

Harlan Howard hat einmal gesagt, dass es in jedem großartigen Country-Song drei Akkorde und die Wahrheit gibt. Dieses Buch gibt Ihnen sieben Fragen und die Werkzeuge, um sie jeden Tag anzuwenden, und dadurch mit weniger Anstrengung mehr Wirkung zu erzielen.

,,

Dieses Buch ist voll mit praktischen, nützlichen und interessanten Fragen, Ideen und Werkzeugen, die jede Führungskraft zu mehr Wirksamkeit führen.

Dave Ulrich, Autor von HUMAN RESOURCE CHAMPIONS und HR TRANSFORMATION

Michael Bungay Stanier arbeitet die Grundlagen des Coachings anhand von sieben Kernfragen heraus. Wenn Sie seine einfachen wie profunden Techniken meistern, werden Sie doppelt beschenkt: Sie werden Ihren Mitarbeitern eine effektivere Unterstützung sein und feststellen, dass der ultimative Coach für Sie Sie selbst sind.

Daniel H. Pink, Autor von DRIVE und WHEN

Vahlen